웹에 날개를 달아주는 웹 성능 최적화 기법

웹에 날개를 달아주는 웹 성능 최적화 기법

초판 1쇄 발행 2020년 12월 7일
2021년 5월 30일
2022년 2월 18일
2024년 11월 15일

지은이 강상진, 윤호성, 박정현
펴낸이 한창훈
편 집 정재은

펴낸곳 루비페이퍼 / **등록** 2013년 11월 6일(제 385-2013-000053호)
주소 경기도 부천시 원미구 길주로 284 913호
전화 032-322-6754 / **팩스** 031-8039-4526
홈페이지 www.RubyPaper.co.kr
ISBN 979-11-86710-60-9

* 이 책은 저작권법에 따라 보호받는 저작물이므로 무단 전재와 무단 복제를 금하며, 이 책 내용의 전부 또는 일부를 이용하려면 저작권자와 루비페이퍼의 서면 동의를 받아야 합니다.
* 책값은 뒤표지에 있습니다.
* 잘못된 책은 구입처에서 교환해 드리며, 관련 법령에 따라서 환불해 드립니다. 단 제품 훼손 시 환불이 불가능 합니다.

추천사

서비스 기획자 관점에서 볼 때 웹 사이트 속도는 단순한 개발 관련 이슈에만 그치지 않습니다. 웹 성능은 마케팅, 영업, 그리고 그 서비스를 사용하는 사용자의 경험, 심지어 백엔드와 파트너 시스템의 성능에까지 영향을 미칠 정도로 그 영향력이 큽니다. 이 책은 개발자를 위한 웹 프런트엔드의 성능 개선과 최적화를 주로 다루고 있는 듯 보입니다. 그러나 동시에 성능 개선에 대한 고민은 궁극적으로 사용자에게 보다 나은 서비스 경험을 제공하기 위한 기획자와 서비스 운영자들의 고민을 반영하고 있다는 점 역시 느낄 수 있었습니다. 따라서 이 책은 개발 과정에서 개발자들이 어떻게 고객과 소통해야 하는지를 함께 고민할 수 있는 좋은 지침서가 될 것을 확신합니다.

LG전자 디지털트랜스포메이션센터 팀장 **김형국**

개발자로서 초기에 웹 사이트를 개발할 때에는 새로운 기술들을 이용해서 유행하는 UI/UX를 도입하는 데에만 관심을 가졌습니다. 하지만 대규모 서비스를 개발하고 유지 보수하면서 웹 사이트 최적화가 기본적으로 되어 있어야 이러한 기술이나 아키텍처 등이 의미 있다는 것을 알게 되었습니다. 이 책의 장점은 웹의 근간인 네트워크 프로토콜에서부터 폭넓게 웹 성능 최적화를 설명해 준다는 점입니다. 처음 웹 사이트 최적화에 대해 접하거나 실습을 통해 최적화를 적용해보고 싶은 분들께 이 책이 큰 도움이 될 것입니다.

삼성SDS 백엔드 개발자 **장재혁**

현대의 웹은 고전적인 웹 사이트가 운영되는 플랫폼일 뿐만 아니라 화상 회의, 인공지능, VR, AR 등의 서비스와 사용자를 이어주는 범용 플랫폼입니다. 리치 콘텐츠는 증가했지만 사용자는 여전히 IT 서비스와 실시간에 가까운 상호 작용을 선호합니다. 국내 개발자들도 이제 웹 프런트엔드 성능 최적화에 관심을 가져야 하는데 이 책을 통해 빠르게 개념을 이해하고 다양한 최적화 기술을 적용해볼 수 있으리라 믿습니다.

마이다스인 CTO **신대석**

우리는 인터넷 없이는 살아가기 힘든 세상을 살고 있습니다. VR, IoT, Connected Car 등 인터넷의 중요성은 더 커지고 있습니다. 이커머스 기업만 온라인 비즈니스를 하던 시대는 지나가고 기업들은 직접 웹 사이트와 앱을 운영하며 온라인 비즈니스를 강화하고 있습니다. 조금이라도 더 빠르고 안정적인 웹 사이트를 개발하고 운영하는 것이 경쟁력이 된 시대적 변화 속에서 웹 최적화는 필수입니다. 하지만 웹 사이트 성능을 최적화하려면 프런트엔드, 백엔드, 네트워크 등에 대한 전반적인 이해와 노하우가 있어야 가능합니다. 이 책은 그 모든 노하우를 한 번에 이해할 수 있도록 구성되어 있으며 그동안 웹 사이트 최적화에 고민이 많았던 분들께 매우 훌륭한 길잡이가 될 것입니다.

Akamai Technologies 한국 법인 웹사업부 본부장 **김도균**

초기 인터넷은 다양한 프로토콜과 서비스가 존재하는 곳이었지만 지금의 인터넷은 그 자체가 웹(web)이라 불려도 어색하지 않게 되었습니다. 오랫동안 큰 변화가 없었던 HTTP는 최근 수년 사이에 급격하게 변화하고 있어 실무에 제대로 활용하기 위해서 알아야 할 것들이 폭발적으로 늘어났습니다. 이 책은 HTTP의 기본기와 활용에 필요한 기술들을 알려줍니다. 뿐만 아니라 진화하고 있는 프로토콜의 이해를 바탕으로 웹 성능 최적화에 대한 가이드라인을 제시해 주고 있습니다. 넓은 범위의 기술을 부담스럽지 않은 깊이로 다루고 있어 초~중급 웹 개발자, 혹은 관련된 엔지니어링 업무를 수행하는 분들께 좋은 지침서가 될 것입니다.

라인플러스, Service Engineering **노승헌**

백엔드 개발자로서 주로 비즈니스 로직의 알고리즘, 데이터베이스의 쿼리 속도, 동시성이나 병렬성 등 애플리케이션과 직접 관계된 부분에 초점을 맞춰 웹 성능을 개선하고 있습니다. 하지만 이 책을 읽으면서 '그동안 참 안일하게 개발해 왔구나' 하는 생각과 함께 부끄러움을 느꼈습니다. 이 책은 웹이 포괄하고 있는 요소들과 그 요소의 특징을 이용한 성능 개선의 방법을 제시합니다. 프런트엔드, 백엔드 개발자 모두에게 단순히 잘 동작하는 개발 방법을 넘어 더 나은 성능을 제공하는 웹 애플리케이션을 개발하는 방법을 알려줄 것입니다.

카카오페이 백엔드 개발자 이준영

일반적인 성능 개선 방법으로 서버를 증설하거나 캐싱을 사용하는 등 백엔드의 성능 개선을 생각하는 경우가 많습니다. 백엔드 최적화도 중요하지만 사용자 입장에서는 몇십 밀리 세컨드의 성능 개선 효과가 잘 체감되지 않는 경우가 많습니다. 그러나 프런트엔드를 최적화하면 몇백 밀리 세컨드에서 초 단위의 효과를 보기도 합니다. 단순히 코딩을 잘한다고 웹의 성능을 개선할 수 있는 것이 아니라 브라우저의 동작 원리를 제대로 이해해야 합니다. 이 책은 실용적인 웹 성능 개선 방법을 여러 측면으로 다루고 있습니다. 책을 읽으며 '우와! 웹 성능 최적화를 이렇게 자세하게 다룰 수 있구나'라고 느꼈고 제게도 많은 도움이 되었습니다. 독자 여러분께도 이 책이 도움이 되길 바랍니다.

benx 인프라 엔지니어 강대명

웹 성능 최적화가 필요할 때 일반적으로 서버/클라이언트 측면의 개선 방법을 떠올립니다. 이 책은 최적화 방안 중 많은 웹 개발자들이 놓치기 쉬운 프로토콜 최적화 방안에 대해서도 다루고 있습니다. HTTP/3는 기반 프로토콜이 TCP에서 UDP로 변했다는 점에서 완전히 새롭게 태어났다고 볼 수 있는데 이 책은 새로운 프로토콜의 특징과 구조 및 동작 원리를 알기 쉽게 설명합니다. 실무 개발자들과 웹 개발을 공부하는 학생들에게 본인의 시스템에 적합한 최적화 방법과 더불어 성능 향상을 위한 통찰력을 제공하는 책이라고 생각합니다.

네이버 뮤직나우 개발자 강태희

저자 서문

기업의 웹 사이트 성능은 마케팅이나 영업 분야뿐만 아니라 서비스 사용자의 경험 속에 기억될 브랜드 가치와도 연결되어 있습니다. 따라서 웹 사이트 성능을 이야기할 때 프런트엔드와 백엔드에 어떤 콘텐츠를 어떤 로직과 알고리즘으로 요청하고 응답할지에 대한 문제를 심도 있게 다루어야 합니다.

몇몇 번역서를 제외하고 아직까지 국내에는 프런트엔드 최적화를 통한 웹 성능 향상 그리고 웹을 전달하는 HTTP 프로토콜 성능 향상을 다룬 이렇다 할 기술서가 없습니다. 저자들은 쉽고 간단하게 적용할 수 있으면서도 효과가 매우 큰 웹 성능 최적화에 대한 기술서를, 독자 여러분이 흥미를 느낄 수 있도록 집필하였습니다. 모쪼록 웹 프런트엔드 최적화를 처음 접하시거나 본격적으로 적용하려는 개발자분들에게 도움이 되었으면 합니다.

"좋은 개발자는 시스템이 어떻게 동작하는지 안다. 그러나 훌륭한 개발자는 그것이 왜 그렇게 동작하는지를 이해한다"라는 명언을 기억하고 있습니다. 독자 여러분이 이 책을 통해 웹이 어떻게 작동하는지 아는 것에 그치지 않고 왜 그렇게 설계가 되었고, 최적의 성능을 위해 그 설계가 어떻게 진화하고 있는지를 이해하신다면, 저자들이 집필에 지새운 무수한 밤은 더할 나위 없이 보람될 것입니다. 마지막으로 출판 제안과 더불어 책이 나오기까지 많은 시간 노력해주신 루비페이퍼에 깊이 감사드립니다.

2020.12.01
저자 강상진, 윤호성, 박정현 일동

> 책에 사용된 예제 소스는 다음 페이지에서 내려받을 수 있습니다.
> http://webfrontend.org/

※이 책은 일반적인 웹 공학의 관점에서 웹 성능 기술을 다루었으며 저자들이 속한 기업의 독자적인 기술이나 사업 방향과는 무관합니다.

Contents

Chapter 01 | 웹 성능이란 무엇인가?

1.1 웹   001
     1.1.1   웹의 역사   001
     1.1.2   웹의 대표적인 요소   002

1.2 웹 성능이 중요한 이유   006

1.3 웹 성능 측정 방법   009
     1.3.1   크롬 브라우저의 개발자 도구   010
     1.3.2   WebPageTest 서비스   012
     1.3.3   구글 PageSpeed   015

1.4 웹 성능을 만드는 지표   017
     1.4.1   사용자 환경 – 프런트엔드   019
     1.4.2   공급자 환경 – 백엔드   020
     1.4.3   전달 환경 – 네트워크   021

1.5 웹 성능과 프런트엔드   023
     1.5.1   브라우저 렌더링   025

1.6 웹 성능 예산   027
     1.6.1   정량 기반 지표   028
     1.6.2   시간 기반 지표   029
     1.6.3   규칙 기반 지표   029
     1.6.4   성능 예산 활용   030

Chapter 02 | 웹 최적화

2.1 웹 최적화란   034
     2.1.1   프런트엔드 최적화   034
     2.1.2   백엔드 최적화   035
     2.1.3   프로토콜 최적화   036

2.2	**TCP/IP 프로토콜**	037
	2.2.1 TCP 혼잡 제어	038
2.3	**HTTP 프로토콜**	040
	2.3.1 HTTP 최적화 기술	040
	2.3.2 HTTP 지속적 연결	041
	2.3.3 HTTP 파이프라이닝	046
2.4	**DNS**	047
	2.4.1 DNS의 작동 원리	047
	2.4.2 사용 중인 다양한 도메인 확인 방법	049
	2.4.3 웹 성능을 최적화하는 도메인 운용 방법	051
2.5	**브라우저**	052
	2.5.1 브라우저의 역사와 특징	052
	2.5.2 내비게이션 타이밍 API	053
	2.5.3 내비게이션 타이밍 속성	054
	2.5.4 내비게이션 타이밍 속성값 구하기	059

Chapter 03 웹 사이트 성능을 개선하는 기본적인 방법

3.1	**HTTP 요청 수 줄이기**	065
	3.1.1 스크립트 파일 병합	067
	3.1.2 인라인 이미지	070
	3.1.3 CSS 스프라이트	071
3.2	**콘텐츠 파일 크기 줄이기**	073
	3.2.1 스크립트 파일 압축 전달	074
	3.2.2 스크립트 파일 최소화	076
	3.2.3 이미지 파일 압축	078
	3.2.4 브라우저가 선호하는 이미지 포맷 사용	080
	3.2.5 큰 파일은 작게 나누어 전송	081
3.3	**캐시 최적화하기**	084
	3.3.1 인터넷 캐시 사용	086
	3.3.2 브라우저 캐시 사용	087
3.4	**CDN 사용하기**	089

Chapter 04 이미지 최적화

4.1	이미지의 중요성	091
4.2	디지털 이미지의 종류와 특성	096
	4.2.1 래스터 이미지 vs 벡터 이미지	098
	4.2.2 무손실 이미지 형식 vs 손실 이미지 형식	099
4.3	이미지 변환 기법	104
	4.3.1 무손실 압축	104
	4.3.2 손실 압축	107
4.4	반응형 웹에서의 이미지 배치 전략	115
	4.4.1 반응형 웹의 문제점	117
	4.4.2 원인은 이미지	119
	4.4.3 반응형 이미지	125
	4.4.4 반응형 이미지 구현 방법	127
4.5	적응형 이미지 전략	135
	4.5.1 적응형 이미지 아키텍처	137
	4.5.2 기기 정보에 따라 서버 로직 수행	140
	4.5.3 브라우저별 이미지 전달	141
	4.5.4 캐시 고려 사항	142

Chapter 05 웹에서 가속을 이끌어 내는 방법

5.1	웹 브라우저 현황 알아보기	145
5.2	웹 브라우저 동작 이해하기	149
	5.2.1 브라우저 아키텍처	150
	5.2.2 중요 렌더링 경로	152
5.3	브라우저 렌더링 최적화하기	157
	5.3.1 DOM 최적화하기	158
	5.3.2 자바스크립트와 CSS 배치하기	160
	5.3.3 자바스크립트 최적화하기	162
	5.3.4 CSS 최적화하기	165
	5.3.5 이미지 로딩 최적화하기	166

5.4	도메인 분할 기법 이용하기	169
	5.4.1 도메인 분할 기법과 HTTP/2	174
5.5	사용자 경험 개선하기	175
	5.5.1 사용자 경험 지표 바로 알기	175
	5.5.2 사용자 요청에 빠르게 반응하기	178
	5.5.3 사용자 시선 붙잡기	181
	5.5.4 사용자 상호 작용 방해하지 않기	185

Chapter 06 캐시 최적화

6.1	캐시	189
6.2	웹 캐시 동작 원리	192
	6.2.1 HTTP	193
	6.2.2 HTTP의 캐시 제어 방식	195
	6.2.3 캐시 유효성 체크	202
	6.2.4 캐시 콘텐츠 갱신	206
6.3	캐시 최적화 방안	208
	6.3.1 캐시 가능한 콘텐츠 구분하기	209
	6.3.2 올바른 캐시 정책 설정하기	212
	6.3.3 캐시 주기 결정하기	213
	6.3.4 캐시에 적합한 디렉터리 구조 구성하기	215
	6.3.5 캐시 키 올바르게 사용하기	217
	6.3.6 CDN 사용하기	222
6.4	동적 콘텐츠 캐시	222
	6.4.1 동적 콘텐츠 캐시	224
	6.4.2 POST 응답 캐시	227
6.5	고급 캐시 전략	228
	6.5.1 Edge Side Include	229
	6.5.2 HTML5 로컬 스토리지	236

Chapter 07　CDN

7.1	CDN을 사용하는 이유	241
7.2	CDN의 원리	245
	7.2.1　CDN 서비스 아키텍처	246
	7.2.2　CDN 동작 방법	247
	7.2.3　CDN 적용 방법	248
7.3	다중 캐시 전략	249
	7.3.1　캐시 축출	249
	7.3.2　롱테일 콘텐츠	250
	7.3.3　캐시 서버 간 캐시 콘텐츠 공유	251
	7.3.4　다중 계층 캐시	252
7.4	전달 경로 최적화	255
	7.4.1　라스트 마일 최적화	256
	7.4.2　프로토콜 최적화	263
7.5	기타 성능 옵션	268
	7.5.1　CDN이 대신 제공하는 기본 기능	268
	7.5.2　신기술 적용을 위한 CDN 기능	273

Chapter 08　웹 프로토콜 최적화

8.1	HTTP의 발전	277
	8.1.1　HTTP/1.1	278
	8.1.2　HTTP/2	279
	8.1.3　HTTP/3	280
8.2	HTTP/2의 최적화 기술	281
	8.2.1　HTTP/2의 이진 프레임	282
	8.2.2　멀티플렉싱	285
	8.2.3　헤더 압축	286
	8.2.4　서버 푸시	288

8.3 HTTP/3의 최적화 기술 — 289
- 8.3.1 QUIC — 290
- 8.3.2 HTTP/3의 등장 배경 — 291
- 8.3.3 HTTP/3의 특징 — 293
- 8.3.4 HTTP/3을 지원하는 제품군 — 294
- 8.3.5 새로운 프로토콜 적용 시 고려할 점 — 294

Chapter 09 웹 최적화 트렌드

9.1 웹 최적화의 역사 — 297
- 9.1.1 모바일 기기의 등장과 모바일 사이트 최적화 — 298

9.2 PWA — 300
- 9.2.1 PWA 주요 기술 — 303
- 9.2.2 PWA 사례 — 309

9.3 AMP — 312
- 9.3.1 AMP의 특징 — 314
- 9.3.2 AMP의 구성 요소 — 315
- 9.3.3 AMP와 반응형 웹 디자인 — 326

9.4 웹 최적화의 실상과 과제 — 327
- 9.4.1 웹 최적화의 실상 — 328
- 9.4.2 웹 최적화의 과제 — 333

Chapter 10 웹 최적화 실습하기

10.1 WebPageTest로 웹 성능 진단하기   341
    10.1.1   WebPageTest 고급 기능 활용하기   342
    10.1.2   WebPageTest의 최적화 진단 요소   350
    10.1.3   WebPageTest API 활용하기   356

10.2 구글의 웹 최적화 기술 적용하기   361
    10.2.1   Lighthouse 웹 사이트 측정 도구   361
    10.2.2   PageSpeed 웹 성능 최적화 모듈   368

10.3 웹 사이트에 프로토콜 최적화 적용하기   373
    10.3.1   프로토콜 최적화를 위한 조건   374
    10.3.2   Let's Encrypt 인증서 발급 및 설치하기   374
    10.3.3   Apache 웹 서버에 HTTP/2 적용하기   380
    10.3.4   Nginx 웹 서버에 HTTP/2 적용하기   381
    10.3.5   QUICHE 라이브러리를 사용한 HTTP/3 적용   385

10.4 다양한 조건에서 웹 성능 비교하기   389
    10.4.1   Golang에서 제공하는 이미지 타일 서비스   389
    10.4.2   WebPageTest를 사용한 웹 성능 비교   390
    10.4.3   웹 성능 개선 결과 확인   391

CHAPTER

웹 성능이란 무엇인가?

1*

1.1 : 웹

웹은 오늘날 전 세계 사람들이 인터넷에 연결된 컴퓨터를 통해 수많은 정보를 공유할 수 있는 인터넷의 대표적 서비스입니다. 인터넷과 동일하게 인식되기도 하지만 사실 웹은 인터넷이 제공하는 수많은 서비스 중 하나일 뿐입니다. 인터넷을 통해 사용할 수 있는 서비스들은 이메일, 메신저, 텔넷(Telnet), FTP 등 다양하지만 이 중에서 웹이 사용자와 서비스 면에서 절대적인 비율을 차지합니다.

1.1.1 웹의 역사

웹은 처음에 세계 여러 대학과 연구 기관에서 일하는 물리학자들 간 공동으로 연구를 진행하고 그 결과를 빠르게 공유하기 위해 팀 버너스 리(Tim Berners Lee) 등이 개발했습니다.

이전에도 이미 TCP/IP 혹은 UDP를 이용한 클라이언트-서버 간 네트워크 통신 또는 소켓 네트워크 기술을 사용하여 데이터를 교환할 수 있었습니다. 그러나 웹 사이트라는 페이지를 기반으로 문자뿐만 아니라 다양한 정보를 문서 읽듯 제공하고, 이를 읽을 수 있는 전용 프로그램인 브라우저를 일종의 데이터베이스로 사용해 필요한 정보를 조회하고 전달할 수 있는 방법을 고안했습니다.

웹은 하이퍼텍스트를 바탕으로 관련 있는 문서끼리 연결한 문서의 집합체라고 정의할 수 있습니다. 하이퍼텍스트는 단어의 뜻 그대로 텍스트(문자)를 뛰어넘는 다양한 콘텐츠를 아우르는 형식입니다. 웹 서버는 TCP/IP 기술에서 고전적인 서버의 역할을 하며 문서 형식의 콘텐츠 정보를 전달합니다. 클라이언트에 해당하는 브라우저는 전달받은 페이지를 사용자가 볼 수 있는 화면에 출력하는 방식으로 서비스를 제공합니다. 사용자는 서로 연관이 있는 페이지를 연결하는 웹 페이지의 하이퍼링크(hyperlink)를 통해 다른 페이지로 이동하거나 또는 사용자의 정보를 입력해서 보낼 수도 있습니다. 하이퍼텍스트가 출현함으로써 이러한 기능들을 사용할 수 있게 되었습니다.

멀티미디어 기술이 더욱 발전하고 보편화되면서 음성과 영상 콘텐츠를 비롯하여 최근에는 VR(Virtual Reality, 가상 현실)이나 AR(Argument Reality, 증강 현실) 같은 콘텐츠를 생산, 전달, 소비할 때도 웹을 사용합니다.

1.1.2 웹의 대표적인 요소

웹의 대표적인 요소는 크게 세 가지로 요약할 수 있습니다. 첫 번째 요소는 웹 자원이 인터넷상 어느 위치에 존재하고 있는지를 알려주는 방법, 즉 URL(Uniform Resource Locator)입니다. URL은 다음 그림과 같이 클라이언트와 서버가 어떤 방식으로 데이터를 주고받을지 결정하는 프로토콜, 해당 서비스의 이름을 대표하는 도메인 영역, 해당 자원이 위치하는 장소를 구조적으로 나눈 디렉터리 그리고 실제 자원이 존재하는 파일 확장자를 포함하는 자원의 경로로 이루어집니다.

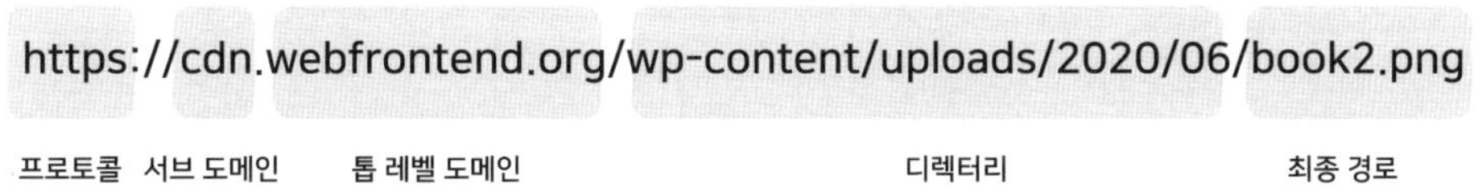

```
https://cdn.webfrontend.org/wp-content/uploads/2020/06/book2.png
```

프로토콜   서브 도메인   톱 레벨 도메인   디렉터리   최종 경로

[그림 1-1] URL의 구성과 의미

위 그림의 URL은 HTTP(HyperText Transfer Protocol)에 보안 요소를 추가한 HTTPS(HTTP Secure) 프로토콜을 사용합니다. 이후 해당 서비스를 제공하는 기업을 나타내는 톱 레벨 도메인이 있습니다. 그 다음 위치하는 디렉터리는 웹 자원을 효율적으로 구분하는 기준을 바탕으로, 디렉터리만 봐도 어떤 카테고리의 콘텐츠에 접근 중인지 알 수 있도록 명시적으로 생성해야 합니다. 자원의 실제 경로 부분에는 일반적으로 대소 문자를 혼용하지 않습니다. 파일 확장자는 존재할 수도 있고 또는 경로로만 위치를 알려줄 수도 있습니다.

웹의 두 번째 요소는 URL을 통해 알게 된 웹의 자원 위치에 접근하는 방식인 네트워크 프로토콜입니다. 웹에서는 대부분 HTTP를 사용하는데 HTTP는 다음 그림과 같이 정보를 주고받는 헤더(header) 부분과 실제 데이터를 주고받는 페이로드(payload) 부분으로 크게 나뉘어 있습니다.

웹 페이지의 내용에 해당하는 부분을 페이로드 또는 바디(body)라고 부르기도 합니다. HTTP 프로토콜은 웹에서 클라이언트(브라우저)와 서버 사이에 필요한 정보는 헤더로 주고받고, HTML이나 이미지 같은 실제 데이터는 페이로드 부분에 받을 수 있도록 설계되었습니다.

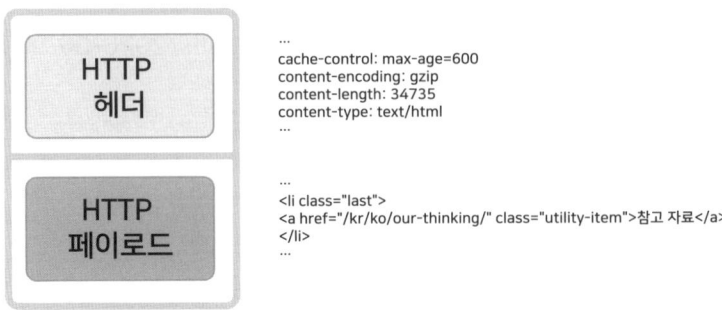

[그림 1-2] HTTP 프로토콜

웹의 세 번째 요소는 해당하는 콘텐츠를 사용자에게 쉽게 나타내기 위한 HTML (HyperText Mark-up Language)입니다. HTML은 다양한 웹상의 콘텐츠를 브라우저를 통해 나타낼 수 있는 태그(tag)라는 명령어로 웹의 목적에 맞는 여러 기능을 수행합니다.

HTML은 웹 페이지에 실제로 나타낼 데이터를 정의하고 페이지 문서의 제목, 단락, 목록과 같은 구조를 표현하는 역할도 합니다. 하이퍼텍스트 기반의 링크를 통해 페이지를 연결하고, 자료의 인용 정보를 표현하는 등 구조적이고 동적인 문서를 웹에서 나타낼 수 있도록 합니다. 또한 이미지와 동영상, 오디오 파일 등의 멀티미디어를 포함할 수 있습니다. 사용자와 웹 서버 사이 대화형 양식을 만들 수도 있습니다.

HTML은 웹 페이지 콘텐츠 안 홑화살괄호(〈 〉)에 둘러싸인 태그로 이루어진 언어입니다. 태그를 사용하여 문서의 내용과 구조를 나타내는 언어를 마크업(markup) 언어라고 하는데, HTML도 마크업 언어의 일종입니다. HTML로 작성된 웹 페이지는 HTTP 기반 네트워크를 통해 웹 서버에서 웹 브라우저로 전달되고, 웹 브라우저는 HTML을 해석하여 웹 페이지 화면을 만들어 사용자에게 제공합니다.

```
128    <div class="page-wrapper--outer" id="main">
129    <header class="global-header header--v2" role="banner">
130    <span style="display:none;">global header</span>
131    <div class="utility-nav-outer-wrapper ">
132    <div class="utility-nav__inner-wrapper inner-wrapper">
133    <nav class="utility-nav" data-module="utilityNav[]:utilitynav" data-ui-component="global-header__utility-nav">
134    <ul class="clearfix inline-list utility-nav__level-one">
135    <li class="tabs tabs__single-tab">
136    <input type="radio" class="tab__radio visuallyhidden" id="dropdownAkamai소개Open" name="dropdown">
137    <label for="dropdownAkamai소개Open" class="tab__label utility-nav-main" data-iconpos="right">
138    Akamai 소개
139    </label>
140    <div class="tab__close-tab">
141    <input type="radio" class="tab__radio visuallyhidden" id="dropdownAkamai소개Close" name="dropdown">
142    <label for="dropdownAkamai소개Close" class="tab__label utility-nav-main" data-iconpos="right">
143    Akamai 소개
144    </label>
145    </div>
146    <div class="tab__content">
147    <ul class="bare-list utility-nav__level-two">
148    <li class="first">
149    <a href="/kr/ko/about/" class="utility-nav-item">개요</a>
150    </li>
151    <li class="">
152    <a href="/kr/ko/about/careers/workplace-diversity.jsp" class="utility-nav-item">다양성</a>
153    </li>
154    <li class="">
155    <a href="/kr/ko/about/company-history.jsp" class="utility-nav-item">기업 연혁</a>
156    </li>
157    <li class="">
158    <a href="/kr/ko/about/careers/" class="utility-nav-item">채용 정보</a>
```

[그림 1-3] HTML

웹 페이지는 HTML 외에도 클라이언트에서 로직을 실행할 수 있는 자바스크립트(JavaScript), 웹 페이지의 레이아웃과 세부 형태를 정의하는 CSS(Cascading Style Sheets) 등을 같이 사용할 수 있습니다. HTML과 콘텐츠는 아래 그림과 같이 브라우저와 웹 서버 간 요청, 전달, 해석의 과정을 거쳐 사용자 화면에 나타납니다. 따라서 웹 서버와 브라우저는 정해진 HTTP 프로토콜대로 작동하도록 설계되었으며, HTML을 이해하고 그에 맞게 콘텐츠를 나타낼 수 있도록 개발되었습니다.

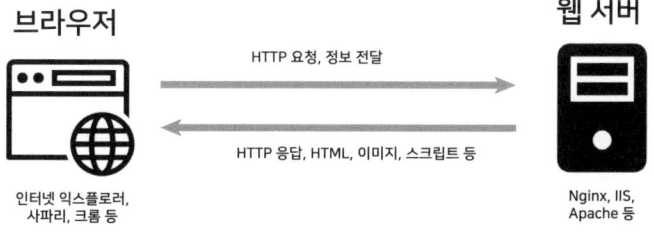

[그림 1-4] 브라우저와 웹 서버 간 통신과 데이터 전달

1.2 : 웹 성능이 중요한 이유

웹 성능(web performance)이라는 용어는 웹 사이트의 기능이나 내용을 의미하는 것이 아니라, 콘텐츠가 신속하게 전달되어 사용자가 원하는 서비스를 빠르게 전달받을 수 있도록 하는 시스템들의 성능을 의미합니다. 쉽게 이야기하자면 웹 성능은 브라우저 주소창에 도메인 주소를 입력하여 해당 사이트로 접속하고 웹 페이지가 로딩되어 내용을 볼 수 있을 때까지 걸린 시간, 즉 웹 로딩 시간(web loading time)을 말합니다.

따라서 웹 성능이 좋다는 의미는 콘텐츠가 빠르게 전달되어 보이는 상태, 즉 웹 페이지 로딩이 빠르다는 뜻입니다. 반대로 웹 성능이 좋지 않다는 것은 웹 페이지 로딩 시간이 길어 사용자가 만족할 수 없을 정도로 시간이 걸린다는 의미입니다.

웹 로딩 속도가 느리면 서비스 사용자의 이탈률이 높아진다는 조사 결과가 있습니다. 예를 들어 여러분도 어떤 사이트 접속에 시간이 너무 오래 걸릴 경우 동일한 서비스를 제공하는 다른 사이트로 이동해 본 경험이 있을 것입니다.

특히 웹 사이트를 통해 수입을 만들어내는 온라인 쇼핑몰 같은 업체라면 사이트 로딩 속도는 매출과 직결되는 중요한 문제기도 합니다. 로딩이 느리면 사용자들은 불만이 생겨 해당 사이트를 이탈할 것입니다. 또한 나중에 기업이 이 문제를 해결했더라도 부정적인 서비스 경험으로 인해 재접속 확률이 무척 낮아지기 때문입니다.

다음 그림은 미국의 대표적인 쇼핑몰 기업 월마트에서 운영하는 walmart.com 웹 사이트 로딩 시간에 따른 구매율(conversion rate)을 계산해 본 결과입니다.

로딩 시간인 x축 값이 작은 구간인 0-2초 사이에 해당하는 y축 구매율을 연결한 선이 가장 높습니다. 즉 로딩이 2초 내에 완료되었을 때 사용자의 구매도 가장 많았다는 의미입니다. 로딩 시간이 점점 길어질수록 구매율은 떨어지기 시작합니다.

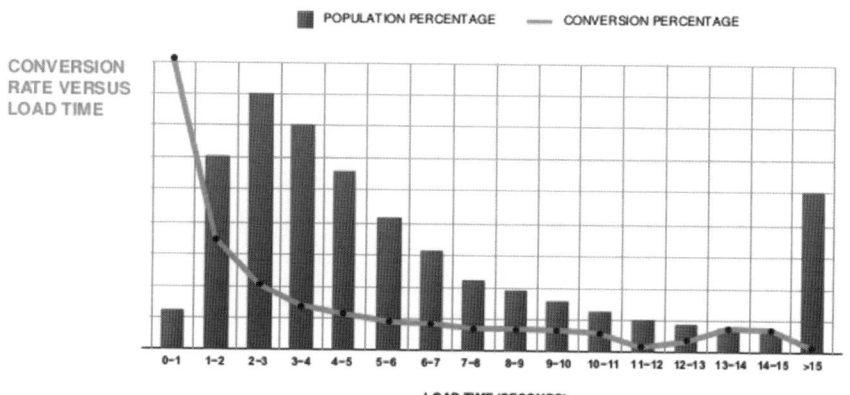

[그림 1-5] 월마트 웹 사이트의 로딩 시간과 구매율의 상관 관계[1]

월마트닷컴은 평균 로딩 시간을 1초 줄이면 구매율이 약 2% 증가한다는 사실도 밝혔습니다. 2%라는 숫자는 큰 변화는 아닙니다. 하지만 전 세계를 대상으로 하는 글로벌 쇼핑몰이라면 매출 단위가 클 것이고 2%의 매출 증가는 의미 있는 성장으로 볼 수 있습니다.

웹 사이트로 매출을 만들지 않는 서비스라고 해도 기업의 이미지는 돈보다 중요합니다. 로딩이 느린 사이트는 사용자의 불만을 일으킬 뿐만 아니라 해당 업체에 부정적인 이미지와 선입견을 갖게 할 수 있습니다.

그렇다면 얼마 만에 웹 페이지 로딩이 완료되어야 사용자가 만족하여 웹 서핑을 계속할까요? 반대로 로딩이 얼마나 오래 걸리면 사용자들이 사이트를 떠나기 시작할까요?

---

1) https://conversionista.se/en/site-speed-conversions/

구글의 조사 자료[2]에 따르면 페이지가 3초 안에 로딩되지 않으면 53%의 사용자가 떠나고 로딩 시간이 길어질수록 사용자 이탈률 역시 늘어난다고 합니다. 3초 안에 웹 사이트에 접속한 사용자의 관심을 끌어야 한다는 데서 이를 3초의 법칙(3 seconds rule)이라고도 합니다. 이 법칙을 성공적으로 웹 사이트에 적용하려면 다음과 같은 요소가 필요합니다.

1. 웹 사이트의 로딩이 빨라야 한다.
2. 웹 사이트의 머리말(headline)이 주목받을 수 있어야 한다.
3. 웹 페이지의 글이 눈에 띄어야 한다.
4. 웹 페이지 내 사용자 행동이 필요한 부분은 명확히 전달해야 한다.

이 중 웹 성능과 연관된 부분은 1번입니다. 기술 발전에 따라 인터넷 전송 속도는 더욱 빨라졌습니다. 웹을 이용해 사용자들이 원하는 정보를 더 화려하고 동적으로 표현하는 기술들도 쏟아져 나왔습니다. 그럼에도 불구하고 사용자가 원하는 평균 웹 로딩 시간은 3초 미만 수준까지 줄어들었습니다.

이에 따라 웹 사이트를 운영하는 기업이나 개인은 콘텐츠를 3초 안에 사용자에게 나타내야 하는 고민에 빠지게 되었습니다. 뉴스와 정보를 전달해야 하는 일반 사이트는 물론, 베스트 상품과 신상품 그리고 많은 이미지와 광고까지 메인 페이지에 노출해야 하는 온라인 쇼핑몰의 경우 콘텐츠 종류가 많고 다양할수록 사이트 로딩 시간이 느려지기 때문입니다.

따라서 많은 기업과 엔지니어들이 콘텐츠를 유지하면서 웹 성능을 향상시키는 웹 성능 최적화(Web Performance Optimization, WPO)에 관심을 갖게 되었습니다. 한국처럼 인터넷 전송 속도가 빠른 나라에선 웹 성능 최적화가 큰 관심을 받지 못했습니다.

---

[2] https://www.thinkwithgoogle.com/marketing-strategies/app-and-mobile/mobile-page-speed-new-industry-benchmarks/

그러나 글로벌 서비스를 지향하며 많은 국가를 대상으로 프로젝트를 진행하는 경우 상대적으로 느린 인터넷 환경에 대비하여 웹 성능 최적화 기술에 주목하고 있습니다.

1.3 : 웹 성능 측정 방법

웹 성능을 측정하는 방법을 이해하려면 먼저 웹 성능에 영향을 주는 요소를 파악해야 합니다. 그리고 이를 측정할 수 있는 적절한 도구를 선택해야 합니다. 웹 성능에 영향을 주는 요소는 다양하지만 여기에서는 크게 사용자 환경, 공급자 환경, 전달 환경의 세 가지로 나누어 살펴보겠습니다.

사용자 입장에서 보면 거주 지역 그리고 4G, 5G, Wi-fi 등 어떤 네트워크 장비 또는 브라우저를 사용하는지 환경이 각각 다릅니다. 그러므로 같은 웹 사이트를 여러 사용자가 같은 시간에 사용하더라도 각자 느끼는 속도에 차이가 생길 수 있습니다.

웹 사이트 공급자 입장에서 살펴보면 DNS 네임 서버 응답 속도, 웹 서버 응답 속도, 웹 사이트의 백엔드 처리 속도, 그리고 프런트엔드 최적화 여부가 접속자의 로딩 시간에 영향을 줍니다.

마지막으로 사용자나 공급자의 전달 환경도 최종적인 웹 성능에 영향을 줍니다. 웹 서버가 위치한 데이터 센터가 자체 전용선을 보유했는지 그리고 유선망과 모바일망에 각각의 서버를 배포했는지에 따라서도 동일한 웹 콘텐츠를 전달할 때 품질이 달라질 수 있습니다.

[그림 1-6] 웹 성능에 영향을 주는 대표적 환경

그렇다면 이런 내용을 감안하여 다양한 환경에서 최적화가 얼마나 잘 되어 있는지, 최적화가 필요한 부분은 어디인지를 판단하고 개선할 방법은 무엇일까요? 웹 성능을 측정할 수 있는 대표적인 서비스들을 이제부터 살펴보겠습니다.

1.3.1 크롬 브라우저의 개발자 도구

최근 사용되는 대표적인 브라우저들은 웹 사이트에 접속하는 순간부터 로딩이 완료되는 시간까지 작업별로 얼마나 많은 시간이 소요되었는지 나타내는 기능을 대부분 제공합니다. 그중 구글 크롬 브라우저의 개발자 도구는 가장 편리하고 강력한 기능을 제공합니다.

크롬을 실행하고 〈Ctrl〉 + 〈Shift〉 + 〈I〉 키를 누른 후 웹 사이트에 접속하면 다음 그림과 같이 하단에서 전체 HTTP 요청 수와 응답 수, 전달받은 콘텐츠 파일들의 크기, DOMContentLoaded 시간, Load 시간, 로딩 완료 시간(Finish)을 확인할 수 있습니다.

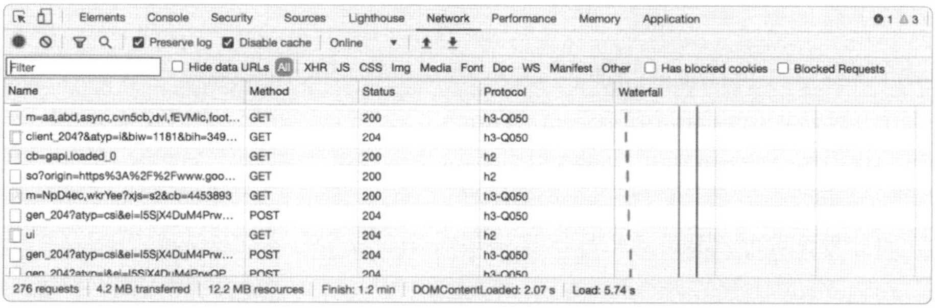

[그림 1-7] 크롬 브라우저 개발자 도구에서 성능 확인

각 항목에 대한 구체적인 내용은 뒷장에서 학습합니다. 최적화를 진행할 경우 웹 로딩 시간이 빨라지는지 이 항목 값들을 통해 확인할 수 있습니다. 또한 개발자 도구에서 제공하는 폭포 차트(waterfall)는 어떤 콘텐츠 파일이 로딩 시간을 얼마나 소모했는지 시각적으로 나타내므로 어떤 항목이 로딩을 느리게 하는지 판단할 수 있습니다.

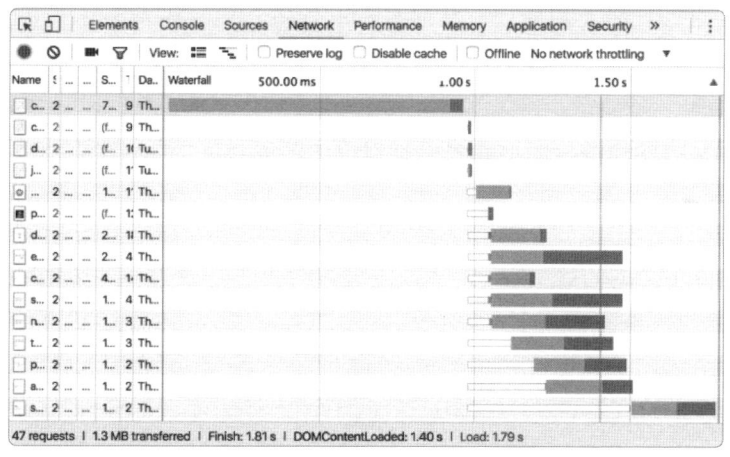

[그림 1-8] 크롬 브라우저에서 각 콘텐츠별 로딩 시간 확인

만약 폰트 파일이 가장 많은 로딩 시간을 차지한다면, 웹 사이트 관리자는 파일 크기가 작은 폰트 파일로 변경하거나 CDN(Content Delivery Network)을 적용하여 인터넷상에서 보다 빠르게 다운로드하도록 할 수 있습니다. 혹은 브라우저 캐시를 적용하여 사용자가 웹 사이트에 다시 접속했을 때 폰트 파일을 추가로 다운로드하지 않고 빠르게 폰트를 적용하도록 돕는 등 다양한 최적화 방법을 고려할 수 있습니다.

1.3.2 WebPageTest 서비스

WebPageTest(WPT)는 세계 여러 위치에서 웹 사이트 로딩 속도를 테스트할 수 있는 무료 서비스입니다. 일반적인 테스트 에이전트가 아니라 실제 유선망이나 모바일 망의 네트워크, 다양한 기기, 브라우저를 세계 곳곳에 설치하여 실제 사용자 환경에서 테스트할 수 있도록 꾸며 놓은 서비스입니다. 따라서 해당 지역의 테스터가 없더라도 세계 여러 지역에서 다양한 네트워크나 기기를 이용해 서비스 중인 웹 사이트에 접속했을 때 성능에 문제가 없는지 테스트할 수 있는 환경을 제공하는 훌륭한 서비스입니다.

WebPageTest[3]의 테스트 기능을 간단히 살펴보겠습니다.

---

3) http://www.webpagetest.org/

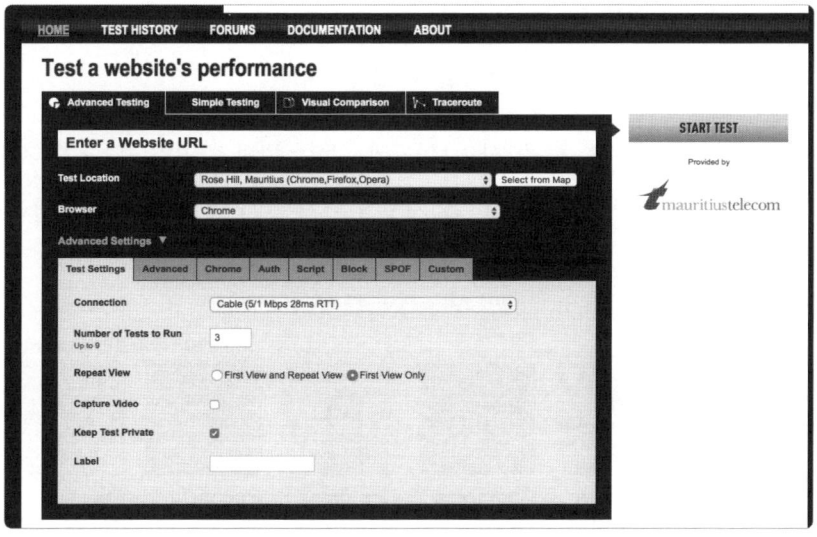

[그림 1-9] WebPageTest 서비스 메인 화면

각 옵션의 기능은 다음과 같습니다.

- 기본 옵션

    URL: 테스트하려는 웹 사이트 주소를 입력합니다.

    Test Location: 실제 접속하는 테스트 장비의 위치를 선택합니다.

    Browser: 테스트를 수행할 브라우저 종류를 선택합니다.

- 추가 옵션

    Connection: 테스트에 사용할 네트워크 종류를 선택합니다.

    Number of Tests to Run: 동일한 조건으로 몇 회 테스트할지 선택합니다. CDN이나 브라우저 캐싱을 수행한 상태에서 웹 성능을 테스트하려면 최소 2회 이상 실시하는 것을 권장합니다.

    Repeat View: 여러 번 테스트할 때 어떤 결과 화면을 볼지 결정합니다.

    Capture Video: 테스트할 때 브라우저의 실제 로딩 화면을 비디오로 캡처하는 옵션입니다.

    Keep Test Private: 테스트 결과를 공개할지 결정합니다.

    Label: 테스트를 구분하는 이름입니다.

그 외에도 자바스크립트를 실행하지 않도록 하거나 인증 정보, 요청 헤더 추가 등의 옵션을 이용해 다양한 테스트를 진행할 수 있습니다.

다음은 WebPageTest로 특정 웹 사이트를 테스트한 결과 화면입니다. 그림처럼 웹 성능에 영향을 주는 6개 항목이 잘 지켜지고 있는지 A부터 F 등급 점수로 알려줍니다. 각 항목을 살펴보겠습니다.

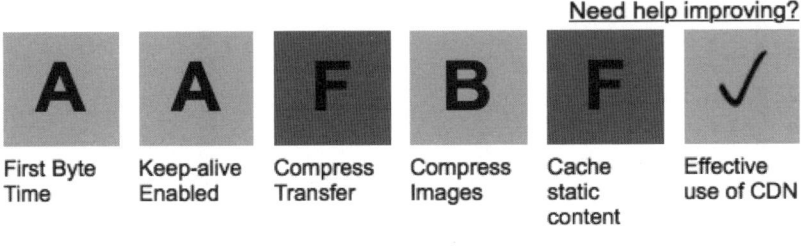

[그림 1-10] WebPageTest의 6개 평가 항목

1. **First Byte Time**: 웹 서버에서 받은 콘텐츠의 첫 번째 바이트가 얼마 만에 도착했는가?
2. **Keep-Alive Enabled**: TCP 연결을 재사용하기 위한 Keep-Alive가 설정되어 있었는가?
3. **Compress Transfer**: 스크립트 파일이 Content-Encoding으로 압축되어 있었는가?
4. **Compress Image**: 이미지를 압축해 최적화했는가?
5. **Cache Static content**: 정적 파일에 브라우저 캐시가 설정되어 있었는가?
6. **Effective use of CDN**: CDN을 효과적으로 적용했는가?

테스트 사이트는 정적 파일 캐싱 설정 외에는 모두 좋은 점수를 받았습니다. 이처럼 WebPageTest를 사용하면 운영 중인 웹 사이트에 적용된 성능 요소를 평가받을 수 있고 이를 통해 미흡한 점을 개선하여 웹 성능을 향상시킬 수 있습니다. 여섯 개 항목에 연관되는 기술은 3장에서 자세히 다룹니다.

1.3.3 구글 PageSpeed

PageSpeed는 웹 사이트 성능 개선을 돕기 위해 구글에서 개발한 서비스입니다. 구글이 만든 웹 성능 요소 지표를 바탕으로 PageSpeed가 다양한 웹 성능 영역을 검출합니다.

PageSpeed의 여러 모듈 중 Mod_pagespeed는 Apache나 Nginx 웹 서버에 추가할 수 있는 오픈 소스 모듈입니다. 따라서 웹 서버에 연동하여 CSS, 자바스크립트, HTML 파일, 이미지 등의 성능 최적화를 돕습니다. 이 모듈은 원본 콘텐츠를 별도로 가공하여 저장할 필요 없이 최적화된 모듈을 웹상에서 클라이언트에게 실시간으로 제공하는 장점이 있습니다. 또한 설치 이후 자동으로 최적화를 실행합니다.

PageSpeed는 PSI(PageSpeed Insights)라는 모듈을 이용해 웹 사이트의 성능 최적화 요소를 평가하는 서비스를 제공합니다. WebPageTest처럼 별도의 테스트 지역이나 세세한 옵션을 선택할 수는 없지만 PC와 모바일 환경의 웹 성능 테스트 결과를 아래 그림과 같이 심플하게 제공하는 장점이 있습니다.

[그림 1-11] PageSpeed의 모바일과 데스크톱 환경에서 성능 평가

PageSpeed는 FCP(First Contentful Paint)와 DCL(DOM Content Loaded) 두 개 메트릭스를 사용해 특정 웹 페이지 성능을 알려줍니다. 두 메트릭스로 측정된 데이터들의 중간값(median)을 통해 빠른 영역, 중간 영역, 느린 영역이 전체 콘텐츠 대비 몇 %인지 비교할 수 있습니다.

FCP는 웹 페이지가 사용자에게 시각적 응답을 보인 시간이므로 이 시간이 빠를수록 사용자는 웹 페이지가 빠르게 로딩되었다고 생각합니다. DCL은 브라우저가 HTML 문서를 로딩 및 해석하는 시간을 측정한 값입니다. 이 시간이 짧아야 사용자가 웹 사이트에 머무르며 콘텐츠를 감상하는 시간이 길어질 수 있습니다.

Page Load Distributions
FCP
19%
65%
16%
DCL
32%
61%
0%
25%
50%
75%
Fast
Average
Slow

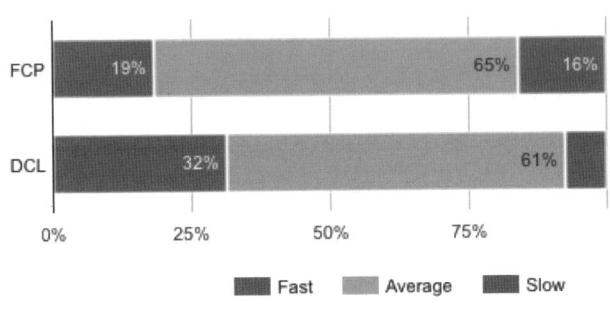

[그림 1-12] PageSpeed의 FCP와 DCL

또한 최적화 상태에 대한 자세한 정보와 함께 어떤 방법으로 개선할 수 있을지 알려줍니다.

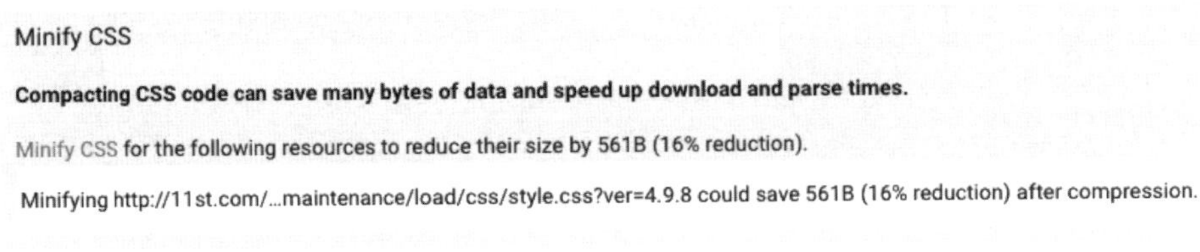

Minify CSS
Compacting CSS code can save many bytes of data and speed up download and parse times.
Minify CSS for the following resources to reduce their size by 561B (16% reduction).
Minifying http://11st.com/...maintenance/load/css/style.css?ver=4.9.8 could save 561B (16% reduction) after compression.

[그림 1-13] PageSpeed의 최적화 제안 사항

위 그림은 특정 CSS 코드를 최소화하면 크기를 561바이트 줄여 현재 파일보다 크기를 16% 정도 줄일 수 있다는 설명입니다.

1.4 : 웹 성능을 만드는 지표

3절에서 웹 성능을 좌우하는 3가지 대표적 항목을 언급했습니다. 이를 좀 더 단순하게 도식화하면 아래 그림처럼 실제 웹 사이트에 접속해 요청 콘텐츠를 전달받아 시각화하는 사용자 환경인 프런트엔드(Front-end)와 콘텐츠를 생성하고 제공하는 공급자 환경인 백엔드(Back-end)로 나눌 수 있습니다.

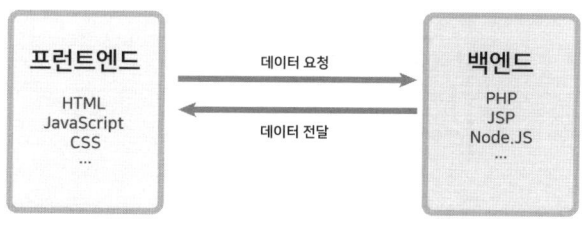

[그림 1-14] 프런트엔드와 백엔드를 전달하는 네트워크

야후의 웹 성능 최적화 부서에서 근무하던 스티브 사우더스(Steve Souders)는 많은 웹 사이트를 연구해 얻은 지식으로 웹 성능 관련 기술서인 《웹 사이트 최적화 기법(High Performance Web Sites)》(ITC, 2008)을 집필했습니다. 그는 이 책에서 14가지 웹 성능 최적화 기법을 정의했습니다. HTTP/2 같은 새로운 프로토콜 기술이 발전하고 웹 개발 트렌드가 변화한 2020년 현재에는 적용할 필요가 없는 부분도 있지만, 대부분 항목이 웹 성능을 최적화하는 데 여전히 중요합니다.

[그림 1-15] 스티브 사우더스의 High Performance Web Sites

스티브 사우더스는 14가지 웹 성능 최적화 기법을 백엔드, 프런트엔드, 네트워크 기술로 나누었습니다. 그 내용은 아래와 같습니다.

최적화	내용
백엔드	1. Expires 헤더를 추가한다. 2. gzip으로 압축한다. 3. 페이지 재진송(redirection)을 피한다. 4. ETag를 설정한다. 5. 캐시를 지원하는 AJAX를 만든다.
프런트엔드	1. HTTP 요청을 줄인다. 2. 스타일 시트는 상단에 넣는다. 3. 스크립트는 하단에 넣는다. 4. CSS 표현식은 피한다. 5. 자바스크립트와 CSS는 외부 파일에 넣는다. 6. 자바스크립트는 작게 한다. 7. 중복 스크립트는 제거한다.
네트워크	1. 콘텐츠 전송 네트워크(CDN)를 사용한다. 2. DNS 조회를 줄인다.

[표 1-1]

야후는 위 항목들을 바탕으로 YSlow라는 서비스를 개발하여 각 웹 성능 최적화 항목이 얼마나 잘 지켜지고 있는지 온라인에서 확인할 수 있도록 했습니다. YSlow 버전이 업데이트되면서 기존 14개 이외의 항목들이 추가되었고 현재는 오픈 소스로써 http://YSlow.org에서 서비스되고 있습니다. YSlow 2.0에 추가된 내용은 다음과 같습니다.

1. AJAX(Asynchronous JavaScript And XML)는 캐시가 가능하도록 만든다.
2. GET 메소드로 XHR을 사용한다.
3. DOM 개체 수를 줄인다.
4. 404 Not Found를 없앤다.
5. 쿠키(cookie) 크기를 줄인다.
6. 쿠키와 상관없는 정적 콘텐츠를 만든다.
7. AlphaImageLoader를 사용하지 않는다.
8. HTML에 이미지 크기를 설정하지 않는다.
9. 파비콘(favicon)은 작게 그리고 캐시할 수 있도록 만든다.

위 내용 중 중요한 기술적 항목은 이 책의 나머지 장에서 자세히 다룹니다. 이 절에서는 프런트엔드와 백엔드 각 환경에 대해 자세히 알아보겠습니다.

1.4.1 사용자 환경 – 프런트엔드

프런트엔드는 사용자가 브라우저를 사용하여 보는 화면 자체를 의미합니다. 웹 페이지 내용을 구현하는 언어로는 HTML을 사용합니다. 자바스크립트가 웹 페이지 로직을 담당하고 CSS로 UI 레이아웃을 구성합니다. 데이터베이스에서 조회한 값들 그리고 이미지와 동영상 또한 프런트엔드의 요소라 할 수 있습니다.

프런트엔드는 감각적인 디자인으로 더 많은 사용자들이 웹 사이트로 유입될 수 있도록 끌어들이는 역할과 콘텐츠를 보기 편하게 전달하는 역할을 실행합니다. 또한 웹 사이트의 얼굴에 해당하기 때문에 상당히 중요한 요소입니다. 바르고 보기 쉽게 콘텐츠를 전달하는 것이 프런트엔드의 가장 큰 목적입니다.

1.4.2 공급자 환경 - 백엔드

백엔드는 사용자에게 보이는 프런트엔드 콘텐츠를 실제 생산하고 저장하여 네트워크를 통해 전달합니다. 대부분 백엔드 요소가 웹 서버 쪽에 구성되어 있으므로 백엔드를 서버 사이드(server side), 프런트엔드를 클라이언트 사이드(client side)라고 합니다.

프런트엔드에 HTML, CSS, 자바스크립트 기술이 필요하다면, 백엔드 내부에는 웹 서버가 수많은 클라이언트와 물리적 통신을 할 수 있도록 Java, JSP, ASP, PHP 등의 프로그래밍 언어로 개발된 서비스가 존재합니다.

데이터베이스 또한 백엔드의 요소입니다. 데이터 조회가 느려지면 그만큼 프런트엔드에서 브라우저 화면에 렌더링(rendering)하는 시간에 영향을 줍니다. 이외에도 네트워크 트래픽의 경로를 설정하고 어느 서버 인스턴스를 사용할지 등 다양한 네트워크 관련 결정 및 작업을 하는 라우터(router) 역시 백엔드 요소입니다. 또한 네트워크 스위치(network switch)도 대표적인 백엔드 요소입니다.

따라서 프런트엔드가 최적화되어 있는데도 웹 성능이 좋지 않다면 백엔드 최적화도 점검해야 합니다. 예를 들어 웹 사이트에 접속하는 사용자가 많아지면서 전반적 성능이 저하되었다면 서버 처리량이나 네트워크 스위치 처리량, 처리 속도에 문제는 없는지 등을 확인해야 합니다. 게시물이 많아지거나 회원 수가 늘어나면서 데이터 질의(query)가 느려졌다면 데이터베이스 정규화(normalization)를 진행하거나, 사용하지 않고 오래된 데이터를 백업 후 삭제하거나, 디스크 메모리 대신 SSD 같은 빠른 저장 장치를 사용하는 등 백엔드 최적화 작업을 거쳐야 합니다.

그렇다면 백엔드의 성능을 빠르게 알 수 있는 방법에는 무엇이 있을까요? 다음은 구글에서 제공하는 구글 애널리틱스(Google Analytics)의 웹 성능과 속도 관련 서비스로 구글 애널리틱스의 Speed 기능을 통해 특정 기간 동안 접속한 사용자의 평균 로딩 시간을 계산한 결과 화면입니다.

[그림 1-16] 구글 애널리틱스의 Speed 평가 항목

전체 페이지 로딩 시간 5.21초 중 페이지 재전송(redirection), 도메인 조회(domain lookup), 서버 연결(sever connection), 서버 응답(server response) 등에서 소요된 시간을 합해도 1초가 되지 않습니다. 이는 백엔드를 제외한 프런트엔드 및 기타에서 로딩 시간의 대부분이 소요되었다는 뜻입니다. 대부분 웹 사이트에서 이 같은 패턴이 나타납니다.

1.4.3 전달 환경 - 네트워크

프런트엔드, 백엔드와 달리 네트워크는 장소와 시간에 따라 속도가 변하기 때문에 성능 측정이 어렵습니다.

일반적으로 네트워크 성능을 제약하는 두 가지 요소는 '대역폭(bandwidth)'과 '지연 시간(latency)'입니다. 대역폭은 일정 시간에 처리할 수 있는 트래픽 양이며 사용자가 갑작스럽게 증가하면 이에 영향을 받아 웹 콘텐츠의 전달 속도를 느리게 만들 수도 있습니다. 지연 시간은 기술적 이유로 사용자에게 콘텐츠를 전달하지 못하고 지연되는 시간을 의미하며 인터넷상의 다양한 환경에 영향을 받습니다.

네트워크는 각 국가의 대표적인 인터넷 서비스 사업자(Internet Service Provider, ISP)가 제공하는 서비스를 사용하고 있는데 ISP의 품질에 따라 대역폭과 지연 시간도 달라질 수 있습니다. ISP 회사마다 유·무선망을 이용하는 사용자와 트래픽 증가에 따라 네트워크 장비 시스템 증설 투자 여부를 결정합니다. 그러므로 보통 분기나 연도별로 평균값을 구하여 네트워크의 성능을 판단합니다.

SpeedTest사의 보고서[4]에 따르면 대한민국 유선 인터넷 속도는 세계에서 여덟 번째로 빠릅니다.

[그림 1-17] 국가별 유선/모바일 인터넷 속도 비교

---

4) https://www.speedtest.net/global-index

그렇다면 모바일 인터넷 속도는 어떨까요? 연구에 따르면 대한민국은 모바일 인터넷 속도가 가장 빠른 국가입니다.

조사 결과를 살펴보면 해외 주요 국가 도시의 모바일 통신 범위와 속도 역시 과거보다 향상되고 있습니다. 모바일 기기 사용자가 늘어나면서 각 국가와 기업이 모바일 망에 지속적인 투자를 한다는 의미입니다.

모바일에 특화된 웹 개발 환경은 어떨까요? 과거에는 웹 사이트를 표현하기 위한 모바일 전용 애플리케이션이 있었고 서버 또한 모바일 전용 개발 언어를 사용하여 기기와 호환해야 했습니다.

모바일 제조사들은 일반 PC와 동일한 환경에서 인터넷을 사용할 수 있도록 PC 환경과 동일한 모바일 전용 브라우저를 개발했습니다. 대표적인 예가 핸드폰 브라우징 환경과 애플리케이션 개발에 사용한 WML(Wireless Markup Language), HDML(Handheld Device Markup Language)을 지원하는 브라우저들입니다.

1.5 : 웹 성능과 프런트엔드

지금까지 살펴본 웹 성능 환경의 대표적인 항목 중 웹 성능에 가장 밀접한 영향을 주는 항목은 어떤 것일까요?

소프트웨어 공학 분야에서의 프런트엔드와 백엔드는 소프트웨어의 표시 영역과 데이터 접근 영역을 구분하면서 생긴 용어입니다. 마찬가지로 웹에서도 사용자에게 제공하는 데이터를 생성, 저장, 전달하는 시스템을 백엔드, 그 데이터를 요청하고 받아서 표현하는 시스템을 프런트엔드라고 분류했습니다.

프런트엔드는 데이터를 표현하는 역할뿐만 아니라 사용자가 입력한 다양한 형태의 데이터를 백엔드에 전달하는 역할도 합니다. 우리가 마우스로 하이퍼링크를 클릭하거나 키보드로 게시물을 작성하는 것 등을 지원하는 시스템 역시 프런트엔드입니다. 클릭한 링크의 페이지를 제공하고 작성한 게시물을 데이터베이스에 저장하는 역할은 백엔드의 몫입니다.

대다수 웹 사이트의 웹 성능을 측정해보면 사이트를 로딩할 때 프런트엔드에서 가장 많은 시간을 소요합니다. 아래는 크롬 브라우저에서 제공하는 폭포 차트에서 백엔드와 프런트엔드 영역을 나누어본 그림입니다.

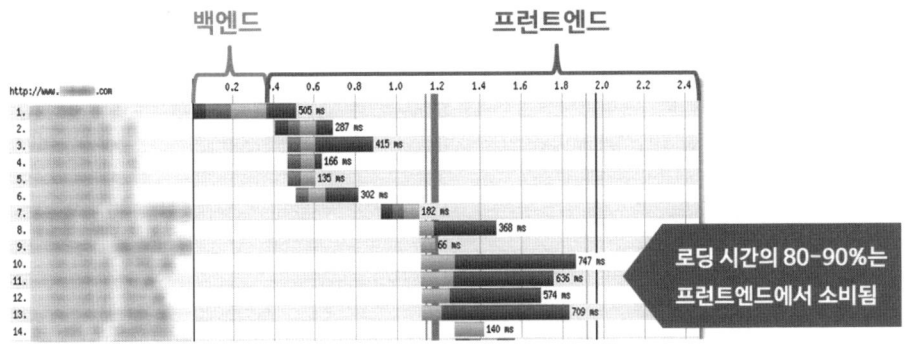

[그림 1-18] 웹 성능에서 프런트엔드가 차지하는 부분

프런트엔드가 페이지 로딩 시간 중 대부분을 차지하는 이유는 웹 서버가 아닌 '사용자(브라우저) 관점에서 원하는 콘텐츠를 전달받았는지'가 웹 성능의 기준이기 때문입니다. 그러므로 사용자의 브라우저에서 웹 성능을 측정합니다. 또한 웹 서버가 콘텐츠를 생산하는 시간보다 사용자가 웹 서비스와 상호 작용하여 원하는 콘텐츠를 가져다 렌더링하는 데 시간이 더 소요되기 때문에 프런트엔드가 웹 성능 지표의 대부분을 차지합니다. 따라서 이 책에서 다루는 웹 최적화 기법도 프런트엔드에 많은 내용을 할당합니다.

1.5.1 브라우저 렌더링

브라우저 렌더링 시 성능 지표를 PageSpeed로 살펴보겠습니다.

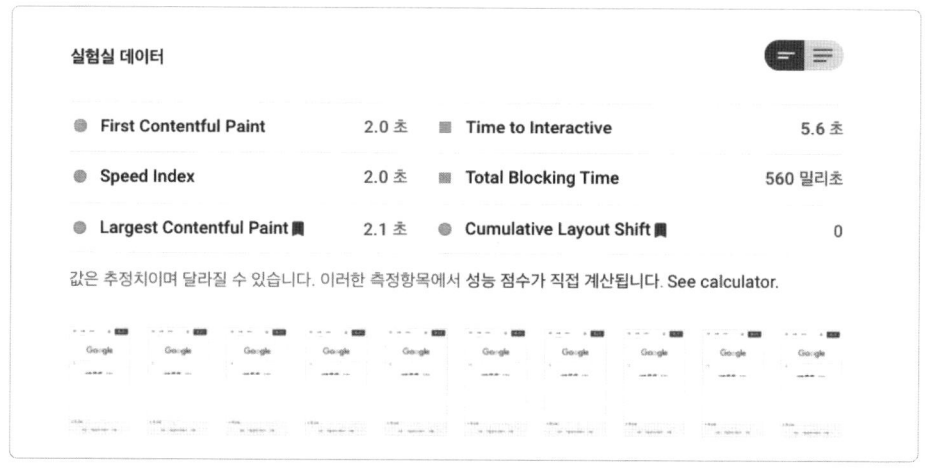

[그림 1-19] PageSpeed의 렌더링 단계별 성능 지표[5]

- FCP(First Contentful Paint): 첫 번째 텍스트 또는 이미지가 표시되는 데 걸린 시간입니다.
- SI(Speed Index): 페이지 콘텐츠가 얼마나 빨리 표시되는지에 대한 정보입니다.
- LCP(Largest Contentful Paint): 가장 큰 텍스트 또는 이미지가 표시된 시간입니다.
- TTI(Time to Interactive): 사용자와 페이지가 상호 작용할 수 있게 된 시간입니다.
- TBT(Total Blocking Time): FCP와 TTI 사이 모든 시간의 합입니다. 작업 지속 시간이 50ms를 초과하면 밀리초 단위로 표현됩니다.
- CLS(Cumulative Layout Shift): 표시 영역 안에 보이는 요소들이 얼마나 이동하는지에 대한 정보입니다.

또 다른 방법으로 크롬 브라우저의 [도구 더보기] → [개발자 도구] → [Lighthouse] 기능을 이용하면 현재 접속한 웹 사이트의 성능 정보를 비롯해 다양한 카테고리의 정보를 확인할 수 있습니다.

---

[5] https://developers.google.com/speed/pagespeed/insights/?hl=ko

[그림 1-20] Lighthouse의 5개 카테고리

테스트 값은 웹 성능 항목을 포함하여 5개 항목을 100점 만점 기준으로 나타냅니다. 이 중 웹 성능 항목은 다음과 같은 상세 지표로 이루어져 있습니다.

[그림 1-21] Lighthouse의 웹 성능 상세 메트릭스 정보

FCP와 LCP가 약 1초 정도 차이를 보이므로 처음 표시되는 콘텐츠와 가장 큰 콘텐츠의 로딩 시간 차이가 크지 않은 것을 확인할 수 있습니다. 또한 FCP 단계 3.4초 후에 사용자 상호 작용(interaction)이 가능했음을 TTI 지표로 확인할 수 있습니다.

지금까지 소개한 방법들을 이용하여 웹 성능에 가장 큰 영향을 주는 프런트엔드 단계별 소요 시간을 확인하고 최적화를 진행한 후 다시 한번 테스트해 각 단계별 소요 시간이 줄어들었는지 확인할 수 있습니다.

1.6 : 웹 성능 예산

웹 성능이 비즈니스 성패를 좌우하는 경우가 많습니다. 특히 전자 상거래와 같은 산업에서는 웹 성능 목표를 명확한 지표로 만들고 관리하는 것이 중요합니다. 웹 성능을 계량할 수 있도록 수치화하여 기업의 목표로 삼을 때 많이 사용하는 방법 중 하나가 웹 성능 예산(web performance budget)입니다.

성능 예산이란 웹 성능에 영향을 미치는 다양한 요소를 제어하는 한곗값을 의미합니다. 웹 페이지의 파일 크기, 페이지를 로딩하는 데 걸리는 시간, 페이지에 포함된 이미지 파일 수 등 다양한 값이 존재합니다.

다음은 성능 예산을 웹 개발팀의 성능 관련 목표로 만든 대표적인 예입니다.

- 메인 페이지의 모든 오브젝트 파일 크기는 10MB를 넘지 미만으로 제한한다.
- 모든 웹 페이지의 각 페이지 내 포함된 자바스크립트 크기는 1MB를 넘지 않아야 한다.
- LTE 환경에서 모바일 기기의 Time to Interactive는 5초 미만이어야 한다.

웹 개발을 담당하는 팀과 개발자에게 성능 예산은 초기 사이트를 설계하고 개발할 때 많은 영향을 줍니다. 예를 들어 웹 디자이너는 고해상도 이미지를 몇 개까지 사이트에 추가할 것인지, 어떤 크기의 웹 폰트 파일을 사용할 것인지 결정할 때 성능 예산을 고려합니다. 개발자와 인프라 담당자는 성능 예산에 결정된 최대 로딩 시간을 넘기지 않기 위해 프런트엔드, 백엔드 혹은 네트워크 구간 중 어느 곳을 최적화할지 찾아내야 합니다.

성능 예산은 크게 세 가지 분류로 나눌 수 있습니다.

  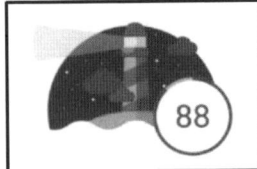

[그림 1-22] 성능 예산의 세 가지 분류

1.6.1 정량 기반 지표

정량 기반 지표(quantity based metrics)란 이미지, 스크립트, 폰트 등 웹 페이지 제작에 필요한 요소들에 대한 한곗값입니다. 웹 페이지를 설계할 때 고려하는 대표적인 정량 기반 지표는 다음과 같습니다.

- 이미지 파일의 최대 크기
- 최대 웹 폰트 파일 개수
- 자바스크립트 파일 크기 합
- 타사 스크립트 개수 합

단순히 파일 크기를 줄이고 파일의 개수를 줄였다 해서 웹 성능이 좋아질 것이란 보장은 없습니다. 같은 크기, 같은 개수로 이루어진 요소를 사용한다고 해도 브라우저가 페이지를 렌더링할 때 어떤 순서로 요소들을 호출하는지, 페이지 레이아웃은 어떻게 설계되었는지에 따라 많은 변수가 있기 때문입니다. 따라서 정량 기반 지표뿐만 아니라 실제 웹 성능 측정값에 대한 성능 예산이 필요합니다.

1.6.2 시간 기반 지표

시간 기반 지표(timing based metrics)는 milestone timing이라고도 부르며, 앞에서 언급한 정량 기반 지표의 단점을 보완하는 성능 예산입니다. DOMContentLoaded, Load와 같이 브라우저에서 실제로 발생하는 다양한 웹 성능 이벤트 값을 측정하여 사용주가 느끼는 웹 성능에 대한 목표치를 설정하는 방식입니다. 다음 값들이 대표적인 시간 기반 지표로 사용됩니다.

- FCP(First Contentful Paint): 텍스트 또는 이미지와 같이 DOM의 첫 번째 비트를 표시하는 시점
- TTI(Time to Interactive): 페이지가 사용자 입력에 안정적으로 응답하는 데 걸리는 시간

1.6.3 규칙 기반 지표

웹 성능 측정 도구들은 자체적으로 웹 성능 지표를 측정하여 각 사이트의 성능 점수를 매기는 알고리즘을 갖고 있습니다. 이 점수를 통해 개발자들은 전반적인 웹 성능 지표를 유사한 사이트들과 비교할 수 있고, 어느 측정 지표의 점수가 낮아 개선 포인트로 삼아야 하는지 결정할 수 있습니다. 또한 성능 측정 도구들은 측정 결과를 통해 어떻게 최적화를 진행해야 하는지 기술적 첨언도 해줍니다. 대표적인 규칙 기반 지표(rule based metrics)는 다음과 같습니다.

- WebPageTest의 성능 점수
- 구글 Lighthouse의 성능 점수

PageSpeed, WebPageTest, 구글의 Lighthouse 등이 제공하는 웹 성능 점수는 공신력 있는 표준 점수이기 때문에 규칙 기반 지표에서 자주 사용됩니다. 혹은 사내에 자체적인 웹 성능 지표에 대한 테스트 케이스(test case)를 만들고 자동화 테스트 시스템을 통해 웹 사이트의 성능을 지표화하는 방식을 이용하기도 합니다.

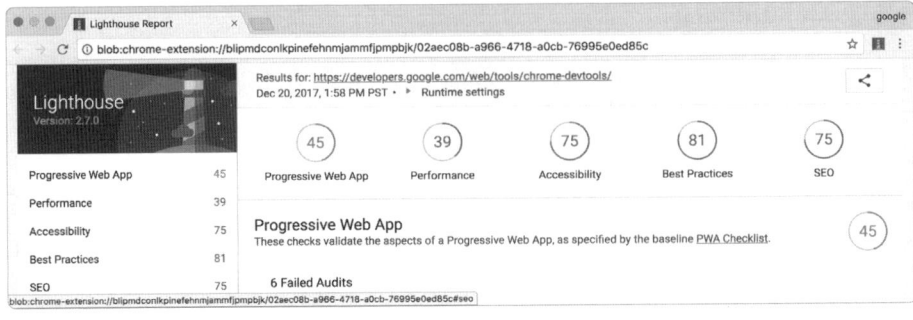

[그림 1-23] 구글 Lighthouse의 성능 점수

정량 기반 지표와 시간 기반 지표를 개선할수록 규칙 기반 지표 점수는 높아집니다.

1.6.4 성능 예산 활용

웹 사이트 기획자들이 사이트에 적합한 성능 예산이 어느 정도 되는지 초기에 가늠하기란 쉽지 않습니다. 일반적으로 경쟁사 사이트나 비슷한 산업군의 대표적인 웹 사이트를 참고합니다. 가장 쉬운 접근 방법은 아주 직관적이고 단순하게 성능 예산 목표치를 설정하고 웹 사이트 설계와 개발을 시작하는 것입니다. 예를 들면 '스마트폰 사용자가 LTE 환경에서 로딩하는 시간이 5초 미만일 것'은 웹 성능 최적화에 대한 지식이 없는 마케팅 팀이라도 이해할 수 있는 목표치입니다.

웹 페이지는 업데이트가 잦기 때문에 콘텐츠의 변화로 인해 웹 성능 요소가 변경될 수 있습니다. 메인 이미지가 변경되거나 글꼴을 추가하거나 소셜 미디어 스크립트를 추가하는 등의 행위는 성능 예산을 벗어나는 작업이 필요할 수 있습니다. 따라서 최근에는 형상 관리 및 새로운 버전을 빌드한 후 배포 이전에 최종 성능 예산을 측정하고 관리하는 방법도 사용합니다. 구글 Lighthouse의 측정값을 빌드의 CI(Continuous Integration) 단계의 테스트 케이스로 사용하는 것이 대표적인 예입니다.

지금까지 웹 성능에 영향을 주는 요소들과 웹 성능을 측정하는 방법을 간단히 살펴봤습니다. 다음 장에서는 웹 최적화가 무엇인지 그리고 웹을 최적화하는 방법들을 알아보겠습니다.

CHAPTER

웹 최적화

2*

최적화(optimization)란 알맞은 상황으로 맞춘다는 의미이며, 일반적으로 최대 효과를 얻기 위해 최선의 노력을 하는 행위를 일컫습니다. 사람의 뇌 역시도 부피는 점점 줄어들지만 지능은 향상되기 때문에 인간의 몸은 여전히 최적화가 진행 중이라는 연구도 있습니다.

IT 시스템에도 최적화가 필요합니다. 같은 비용과 시스템을 사용했더라도 어떻게 설계하고 구현했는지에 따라 성능과 시스템의 신뢰성이 천차만별이기 때문입니다. 하드웨어는 용량 설계를 최적화해야 비용 대비 효과를 얻을 수 있습니다. 웹 사이트는 검색 엔진 최적화(Search Engine Optimization, SEO)를 실행하면 좀 더 빠르게 검색됩니다. 검색 엔진 최적화가 실행된 웹 사이트는 다른 사이트에 비해 자주 상단에 노출되어 많은 방문자를 이끌어내므로 결국 웹 사이트 홍보 또는 웹 사이트를 통한 수익 창출에 도움이 됩니다. 최적화를 실행하면 투입 노력에 비해 상당한 효과를 얻을 수 있습니다.

이번 절에서는 웹 최적화에 대한 내용을 다룹니다.

2.1 : 웹 최적화란

웹 최적화란 최고의 웹 성능을 구현하기 위해 최고의 조건을 만드는 다양한 노력을 의미합니다. 결국 '최고의 성능을 만드는 최적화 조건을 갖추는 것'입니다. 웹 최적화에는 크게 세 가지 방법이 있습니다.

2.1.1 프런트엔드 최적화

프런트엔드 최적화는 웹 UI/UX와 관련된 최적화입니다. 주로 프런트엔드 성능과 관련 있는 HTML, 자바스크립트, CSS, 이미지 파일, 타사 파일 자체나 혹은 이들이 어우러져 콘텐츠를 만들어낼 때 최적화를 진행합니다. 프런트엔드 최적화가 잘 되어 있는 웹 사이트는 브라우저에서 콘텐츠를 다운로드, 로딩, 렌더링할 때 속도가 빨라지는 효과가 있습니다.

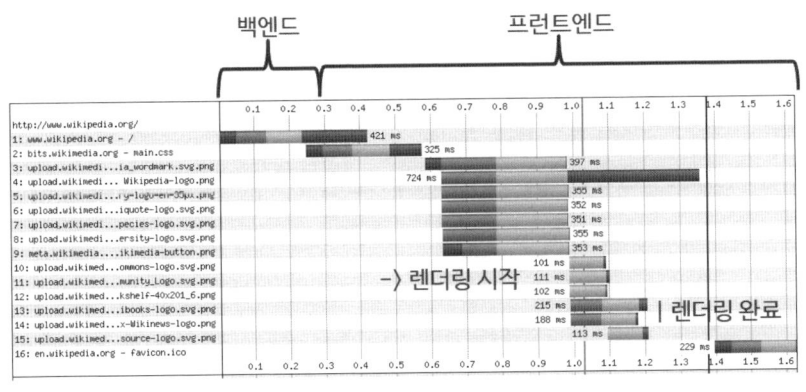

[그림 2-1] 웹 최적화에서 프런트엔드 최적화의 중요성

위 그림은 브라우징 시간별 로딩된 콘텐츠를 나타내는 폭포 차트입니다. 앞부분의 0.3초까지는 백엔드에서, 나머지 대부분의 응답이 프런트엔드에서 발생했습니다. 이를 통해 웹의 성능은 프런트엔드에 좌우됨을 알 수 있습니다.

프런트엔드 최적화 기술은 웹 브라우저를 실제로 사용하는 사용자 환경에 따라 달라집니다. PC, 태블릿, 스마트폰 등 사용자의 기기, 네트워크 속도와 품질 그리고 브라우저 등에 따라 상대적으로 적용해야 합니다. 따라서 웹 사이트를 운영하는 기업은 어떤 경우에 웹 성능이 좋지 않은지를 파악하고 이에 알맞은 조치를 취해야 합니다. 프런트엔드를 최적화하는 대표적 기술은 아래와 같습니다.

- 스크립트를 병합(merge)하여 브라우저의 호출 개수를 줄임
- 스크립트 크기를 최소화해 바이트(byte) 자체를 줄임
- 스크립트를 gzip 등으로 압축하여 전달
- WebP 등으로 브라우저 이미지 형식을 최적화
- 이미지 손실, 무손실 압축
- Cache-Control 응답 헤더를 통해 브라우저 캐시를 충실히 사용
- 도메인 수를 줄여 DNS 조회를 최소화
- DNS 정보 미리 읽어 오기
- CSS를 HTML 상단에, 자바스크립트를 HTML의 하단에 위치시키기
- 페이지 미리 읽어 오기(page prefetching)
- 타사 스크립트가 웹 성능을 방해하지 않도록 조정

2.1.2 백엔드 최적화

웹 UI를 로직에 맞게 만드는 백엔드 관련 최적화입니다. 웹 서버, 웹 애플리케이션 서버, 데이터베이스, 로드 밸런싱, DNS 서버 등이 대표적인 백엔드입니다. 이 시스템들을 튜닝해 정상 출력을 만드는 것이 백엔드를 최적화하는 목표입니다.

다음은 대표적인 백엔드 최적화 방법입니다.

- DNS 응답이 빨라지도록 서버 증설
- DNS 응답을 빠르게 할 수 있도록 DNS 정보를 최대한 캐싱
- 웹 서버가 있는 데이터 센터의 네트워크 출력(throughput)/대역폭(bandwidth) 증설
- 웹 서버, 웹 애플리케이션 서버의 CPU/RAM 증설
- 프록시 서버를 설정하여 웹 콘텐츠를 캐싱
- CDN(Content Delivery Network)을 사용해 인터넷상에 콘텐츠 캐싱
- 데이터베이스 정규화로 디스크 I/O 최적화
- 데이터베이스 캐싱으로 응답을 빠르게
- 로드 밸런싱을 통해 가장 성능이 좋은 웹 서버로 요청을 연결
- 웹 애플리케이션 로직을 가볍고 빠르게 개발

백엔드 최적화는 프런트엔드 최적화에 비해 가시적인 효과가 크지 않지만 웹 사이트의 빠른 로딩보다 네트워크를 정상적으로 사용하고 콘텐츠를 전달하기 위해 반드시 필요한 요소입니다.

2.1.3 프로토콜 최적화

웹 콘텐츠를 전달하는 HTTP/HTTPS 프로토콜 자체의 효과를 극대화하면 웹 서버가 클라이언트에게 콘텐츠를 최대 속도와 최저 지연 시간으로 전달할 수 있습니다. 프로토콜 최적화는 웹 콘텐츠를 더 빠르게 요청하고 응답하도록 프로토콜을 업그레이드하는 과정입니다

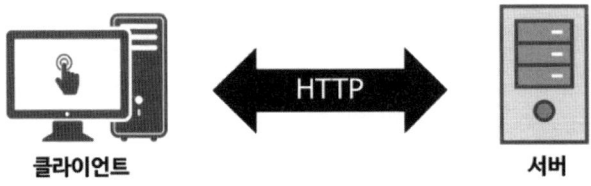

[그림 2-2] 프로토콜 최적화

2.2 : TCP/IP 프로토콜

1장에서 학습한 것처럼 웹에서는 TCP/IP 프로토콜의 일종인 HTTP를 사용해 콘텐츠를 전달합니다. 네트워크 계층 구조를 표준화한 OSI(Open System Interconnection) 7개 계층 모델[1]에서 TCP는 4번째인 전송 계층에 속하고 HTTP는 7번째인 응용 계층에 속합니다. 전송 계층은 네트워크상에서 송신자와 수신자 사이에 데이터 전송을 보장하는 역할을 합니다. 응용 계층은 사용자가 메일을 보내고 FTP로 파일을 업로드하고 인터넷으로 웹 서핑을 하는 것처럼 실제 네트워크상에서 소프트웨어와 사용자의 상호 연동을 담당합니다. 이 두 개의 계층은 독립적인 것이 아니라 상위 계층인 응용 계층이 하위 계층인 전송 계층을 바탕으로 운용되는 구조입니다.

TCP 네트워크를 사용하는 네트워크에 있어 대표적인 성능 지표는 대역폭과 지연 시간입니다. 대역폭은 특정 시간 동안 얼마나 많은 네트워크 트래픽을 보낼 수 있는지 시간당 전송량을 의미합니다. 예를 들어 크기가 큰 이미지 파일을 다운로드하려면 완료 시간은 클라이언트와 서버 사이 대역폭에 영향을 받습니다.

지연 시간은 클라이언트와 서버 간 콘텐츠를 전달하는 물리적인 시간을 말합니다. 일반적으로는 클라이언트와 서버 사이 요청, 전달, 응답까지 걸리는 시간입니다. 브라우저가 콘텐츠를 해석하고 화면에 렌더링하는 단계는 클라이언트 측에서만 실행하므로 지연 시간에는 포함되지 않습니다.

서버와 클라이언트 두 호스트를 모두 왕복하는 데 걸리는 지연 시간은 Round Trip Time(RTT)이라고 합니다. 이 값은 인터넷상에서 게임을 즐기거나 화상 채팅 등을 할 때 품질에 영향을 줍니다. 따라서 스트리밍 서비스 관련 회사들은 지연 시간이 길

---

1) https://www.iso.org/ics/35.100.01/x/

고 짧음에 따라 전달받는 영상 파일의 품질을 조절하여 버퍼링을 줄일 수 있는 가변 스트리밍(adaptive streaming) 방식을 사용합니다.

TCP와 웹 성능은 밀접한 관련이 있기 때문에 TCP의 성능이 나빠지면 웹 성능도 영향을 받습니다. 이번에는 성능 저하 요소를 해결하는 TCP 기술들을 알아보겠습니다.

2.2.1 TCP 혼잡 제어

TCP 혼잡 제어(congestion control)는 TCP 네트워크의 통신량을 조절하여 TCP 네트워크가 혼잡해지지 않도록 하는 방식을 의미합니다. TCP 네트워크의 통신량이 실제 처리량보다 많아서 문제가 발생하는 것을 TCP 혼잡 붕괴(congestion collapse)라고 합니다. TCP 혼잡 붕괴는 인터넷에 연결된 호스트들이 최대한 많은 정보를 전송하려고 많은 네트워크 패킷을 보내기 때문에 발생합니다.

TCP 혼잡 제어 기술은 패킷을 보내는 쪽에서 네트워크에서 수용할 수 있는 양을 파악하고 그만큼의 패킷만 보내는 약속으로 TCP 혼잡을 해결합니다. 받는 쪽은 패킷이 정상적으로 송신되었음을 알리는 ACK 패킷을 보내며 ACK 패킷을 받은 호스트는 지속적으로 패킷을 보낼 수 있습니다. 처음부터 네트워크가 얼마큼의 패킷을 수용할 수 있는지 정확히 파악하는 것은 어렵고, 그 값도 시간이 지남에 따라 변화합니다. 따라서 호스트가 네트워크의 상태를 시시각각 파악하고 전송 속도를 조절하는 것 또한 혼잡 제어 기능 중 하나입니다.

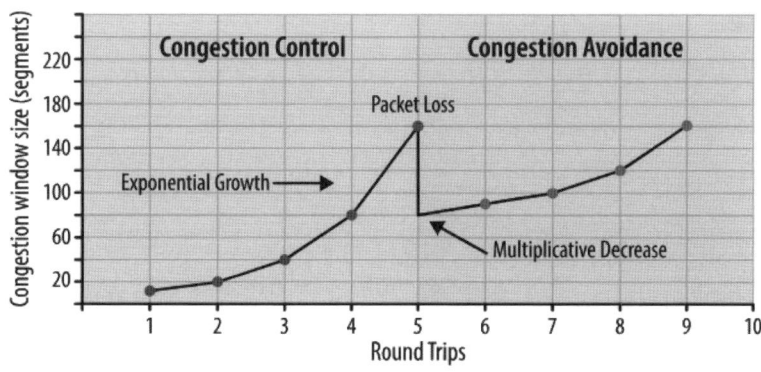

[그림 2-3] TCP 혼잡 제어[2]

다음으로 혼잡 제어의 대표 기술들에 대해 알아보겠습니다.

느린 시작

느린 시작(slow start)은 TCP 연결이 시작되면 전송 가능한 버퍼의 양인 혼잡 윈도우(Congestion Window, CWND)의 초깃값을 작게 설정하여 전송합니다. 통신이 시작되면 먼저 패킷을 1개만 보내고 그 패킷의 정상 수신 응답인 ACK를 받으면 처음 보낸 패킷의 2배인 2개 패킷을 전송합니다. 즉 패킷이 정상적으로 도착할 때마다 더 많은 패킷을 보내고, 이를 패킷 유실(packet drop)이 발생하기 전까지 반복하는 방식입니다. 이는 초기에는 적은 패킷을 보내면서 곱셈 방식으로 전송 패킷의 크기를 빠르게 늘리는 방법입니다.

호스트가 ACK 응답을 받지 못하면 혼잡 윈도우의 크기는 더이상 늘어나지 않습니다. 따라서 느린 시작 기술을 통해 네트워크가 수용할 수 있는 혼잡 윈도우의 크기를 파악하면 그 이상의 패킷을 보내지 않습니다. 이 기술은 HTTP에서도 그대로 사용되며 웹 사이트에 접속한 브라우저는 처음부터 많은 패킷을 보내지 않습니다.

---

[2] https://hpbn.co/building-blocks-of-tcp/

빠른 재전송

빠른 재전송(fast retransmit)은 먼저 도착해야 하는 패킷이 도착하지 않고 다음 패킷이 도착한 경우에도 수신자가 일단 ACK 패킷을 보내는 방식입니다. 그러나 중간에 패킷이 하나 손실되면 송신자는 중복된 ACK 패킷을 통해 이를 감지하고 정상적으로 전송되지 않은 패킷을 재전송합니다. 중복된 패킷을 3개 받으면 반드시 손실된 패킷을 재전송합니다. 동시에 혼잡 제어가 필요한 상황임을 인식해 혼잡 윈도우 창 크기를 줄이는 작업도 실행합니다.

흐름 제어

흐름 제어(flow control)는 TCP 송신자가 데이터를 너무 빠르게 혹은 너무 많이 전송하여 수신자의 버퍼가 오버플로(overflow)되는 현상을 방지하는 기술입니다. 수신자는 수신 버퍼(receive buffer)를 가지고 있는데 이로 인해 상위 계층으로 세그먼트를 보내는 애플리케이션 프로세스에서 데이터를 읽는 속도가 느려질 수 있습니다. 따라서 송신자가 데이터를 전송하는 속도를 애플리케이션 프로세스를 읽는 속도와 유사한 수준으로 만들어 트래픽 수신 속도를 송신 속도와 일치시키는 기술입니다.

2.3 : HTTP 프로토콜

HTTP는 용어 그대로 텍스트 이상 콘텐츠들을 웹에서 전달하기 위해 만들어진 프로토콜입니다. 웹은 HTTP 프로토콜을 통해 전달되므로 HTTP 성능을 개선하면 웹 성능도 향상됩니다.

2.3.1 HTTP 최적화 기술

HTTP/0.9 버전 탄생 이후 HTTP/3 버전이 등장할 때까지 HTTP는 크게 여섯 차례 업데이트를 하였습니다. HTTP 프로토콜 업데이트는 주로 웹 환경 변화에 밀접하게 대응하는 기능을 추가한 것입니다.

HTTP/0.9 버전까지 클라이언트와 서버의 인터넷 통신 정상화, 가용성, 신뢰성 등 기능에 초점을 두었다면 HTTP/1.0 버전부터는 클라이언트와 서버 사이 요청과 응답을 빠르게 할 수 있는 연구가 진행되었습니다. 1.0 버전까지는 단순 CS(Client-Server) 환경에서 사용할 수 있는 충분한 기능이 포함되어 있었습니다.

웹 환경이 멀티호스트(multi-host) 환경으로 변하면서 HTTP/1.1 버전부터 멀티호스트 기능과 클라이언트와 서버 사이에서 TCP/IP 연결을 재사용하는 기능을 추가한 것이 두드러진 업데이트 내용입니다. HTTP/1.1 버전부터 적용된 연결 재사용(persistent connection), 파이프라이닝(pipelining) 기법이 바로 연결 기반의 HTTP 최적화 기술입니다.

2.3.2 HTTP 지속적 연결

TCP의 통신을 연결하는 3-way handshake 방식은 아래 그림과 같이 클라이언트와 서버 사이 SYN, SYN-ACK, ACK의 3번의 요청과 응답으로 이루어집니다.

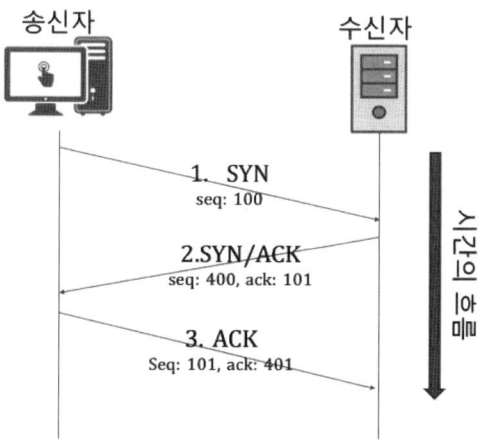

[그림 2-4] TCP의 3-way handshake

HTTP 초기 버전에서는 통신을 통해 여러 오브젝트를 요청하고 응답하려면 3-way handshake 방식으로 TCP 연결을 맺었습니다. 이 방식은 송신자와 수신자 사이 신뢰할 수 있는 안전한 통신을 추구하는 TCP 알고리즘에서 시작되었지만 동시에 많은 웹 콘텐츠를 전달해야 하는 HTTP 통신에서 번거로움이 발생했습니다.

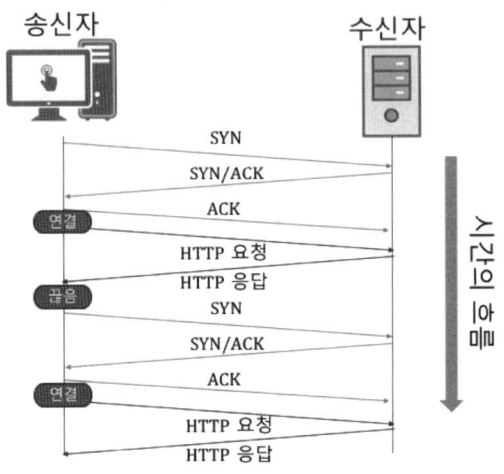

[그림 2-5] 지속적 연결을 사용하지 않는 HTTP 요청과 응답 구조

두 개의 HTTP 요청과 응답을 위해 위 그림처럼 매번 TCP 연결을 맺고 끊는 알고리즘을 사용한다면 결국 웹 로딩 시간에도 영향을 줍니다.

초기 웹 페이지는 콘텐츠의 개수가 많지 않았기에 매번 TCP 연결을 사용해도 큰 불편이 없었지만 콘텐츠 수가 점점 다양해지면서 TCP 연결을 맺고 끊는 것이 웹 성능에 걸림돌이 되었습니다. 예를 들어 5개의 오브젝트를 가진 웹 페이지에 연결하려면 클라이언트와 서버 사이 5번의 3-way handshake 과정으로 TCP 연결을 맺고 끊는 반복 작업이 필요합니다.

웹 사이트에 이미지 등의 멀티미디어 콘텐츠가 늘어나면서 TCP 연결 재사용이 필요하게 되어 등장한 것이 지속적 연결 기술입니다. keep-alive 혹은 연결 재사용이라는 용어로도 불리는 지속적 연결 방식 등장 전후 HTTP와 TCP 연결 변화는 아래 그림을 통해 비교할 수 있습니다.

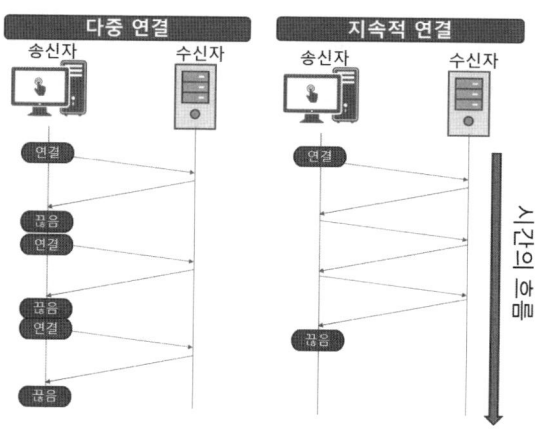

[그림 2-6] HTTP 지속적 연결의 장점

HTTP 지속적 연결은 그림의 오른쪽처럼 클라이언트와 서버가 TCP상에서 한 번 연결되면 둘 사이의 연결이 완전하게 끊어지기 전까지 맺어진 연결을 지속적으로 재사용하는 기술입니다. HTTP/1.0 기반에서 지속적 연결 사용을 원하는 클라이언트가 해당 기능을 지원하는 웹 서버에 HTTP 요청 헤더를 이용하여 아래와 같이 Connection 헤더 및 keep-alive 속성으로 지속적인 연결을 요청하기 시작했습니다.

```
Connection: keep-alive
```

이후 지속적 연결을 지원하는 서버는 클라이언트의 요청을 수용하여 HTTP 응답 후 TCP 연결을 끊지 않고 계속 사용하겠다는 동일한 헤더를 HTTP 응답에 포함하는 것이 HTTP/1.0 RFC[3]의 규약이 되었습니다.

HTTP/1.1 버전에서는 Connection 헤더를 사용하지 않아도 모든 요청과 응답이 HTTP 지속적 연결을 기본으로 지원합니다. 그러므로 HTTP 응답이 완료되거나 TCP 연결을 끊어야 할 때만 Connection 헤더를 사용했습니다.

다음 예제를 통해 HTTP/1.1 버전의 지속적 연결을 살펴보겠습니다. 예제에서는 curl 명령문을 사용했습니다. curl은 HTTP 요청과 응답을 브라우저와 유사하게 커맨드 라인(command line) 형식으로 실행할 수 있는 애플리케이션입니다. 간단한 HTTP 요청이나 웹 서버의 응답을 헤더와 페이로드로 나누어 자세히 살펴볼 때 유용합니다.

```
curl -v -o out https://www.akamai.com/kr/ko/

(중략)

> GET /kr/ko/ HTTP/1.1
> User-Agent: curl/7.37.1
> Host: www.akamai.com
> Accept: */*
>
< HTTP/1.1 200 OK
< Last-Modified: Thu, 22 Sep 2016 04:05:47 GMT
< Content-Type: text/html;charset=UTF-8
< Connection: keep-alive
```

예제에서 클라이언트가 특정 페이지를 요청하며 별도의 Connection 헤더를 보내지 않았지만 HTTP/1.1 통신이 이루어지며 Connection: keep-alive 값을 응답 헤더 내에 받았습니다. 즉 서버가 HTTP 지속적 연결 기능을 지원하고 있으며 이를 기본적으로 사용하겠다고 클라이언트에 전달한 것입니다.

---

3) RFC(Request for Comments)는 IETF(Internet Engineering Task Force)에서 표준 기술을 소개하기 위해 발행합니다.

```
curl -v -o out https://www.akamai.com/kr/ko/ -H "Connection: close"

(중략)

> GET /kr/ko/ HTTP/1.1
> User-Agent: curl/7.37.1
> Host: www.akamai.com
> Accept: */*
> Connection: Close
>
< HTTP/1.1 200 OK

(중략)

< Connection: close
```

위 예제에서는 클라이언트가 HTTP 지속적 연결을 사용하지 않겠다는 요청으로 Connection: close를 헤더에 포함했고 서버는 이를 수락한 메시지를 응답 헤더에 보냈습니다.

두 예제를 통해 살펴본 것처럼 HTTP/1.1에서는 클라이언트와 서버가 HTTP 지속적 연결 기능을 기본으로 지원하며 필요 없는 경우에만 close 요청을 통해 지속적 연결을 사용하지 않겠다고 전달합니다.

그런데 서버에 연결된 모든 클라이언트의 TCP 연결이 계속 늘어나면 자원이 고갈되어 더 많은 클라이언트가 접속할 때 대처하지 못하는 상황이 발생할 수 있습니다. 따라서 웹 사이트의 메인 페이지와 같이 많은 클라이언트가 접속하는 페이지에서는 서버의 성능을 고려해 HTTP 지속적 연결 기능을 사용할지 결정해야 합니다.

반대로 HTTP 지속적 연결을 사용함으로써 단일 시간 동안 TCP 연결의 수를 줄여 서버의 CPU나 메모리 자원을 절약하고 네트워크 혼잡이나 지연을 줄이는 장점도 있습니다. 또한 복수 개의 HTTP 요청과 응답을 병렬로 동시에 처리하기 위한 HTTP 파이프라이닝 기술을 사용하려면 HTTP 지속적 연결 기능이 꼭 지원되어야 합니다.

HTTP/2 버전은 단일 TCP 연결을 통해 클라이언트와 서버 사이 응답 지연 없이 스트림(stream) 형태로 다수의 HTTP 요청과 응답을 주고받을 수 있는 멀티플렉싱(multiplexing) 기술의 토대를 만들었습니다. 따라서 HTTP/2를 사용한다면 더 이상 지속적 연결을 고민할 필요가 없습니다. HTTP/2에 대해서는 이후 자세히 다루겠습니다.

2.3.3 HTTP 파이프라이닝

HTTP 파이프라이닝 기술 개발은 HTTP 선입 선출(First In First Out, FIFO) 방식의 단점을 극복하는 데서 출발하였습니다. 기존에는 HTTP 요청과 응답이 여럿일 때 아래 그림의 왼쪽처럼 하나의 응답이 지연되면 나머지 요청과 응답 모두 지연될 수밖에 없는 구조였습니다.

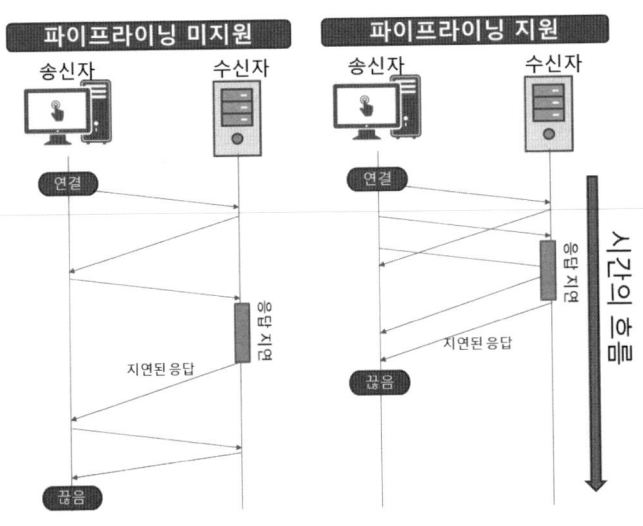

[그림 2-7] HTTP 파이프라이닝 사용을 통한 전송 시간 단축

HTTP 파이프라이닝은 먼저 보낸 요청의 응답이 없어도 다음 요청을 병렬적으로 수신자 측에 전송하는 기술입니다. 따라서 중간에서 응답 지연이 발생하더라도 클

라이언트는 먼저 서버 측의 응답을 받을 수 있어 전체적으로 빠른 웹 로딩이 구현되는 구조입니다.

2.4 : DNS

DNS(Domain Name System)는 인터넷 호스트명을 클라이언트와 서버가 이해할 수 있는 IP 주소로 변환해주는 시스템입니다. IP 주소로 만들어진 웹 사이트를 운영할 때는 DNS가 필요하지 않습니다. 그러나 사용자들이 IP 주소를 외울 수 없기 때문에 대부분 웹 서비스는 사용자가 기억하기 쉬운 호스트명을 인터넷 주소로 사용합니다.

DNS 질의와 응답 성능이 나쁘면 웹 사이트 로딩에 영향을 줄 수 있습니다. 따라서 관리자는 자신이 운영하는 웹 사이트 호스트명의 DNS 질의 속도를 파악하고 이를 개선해야 합니다.

2.4.1 DNS의 작동 원리

먼저 DNS의 작동 원리를 살펴보겠습니다.

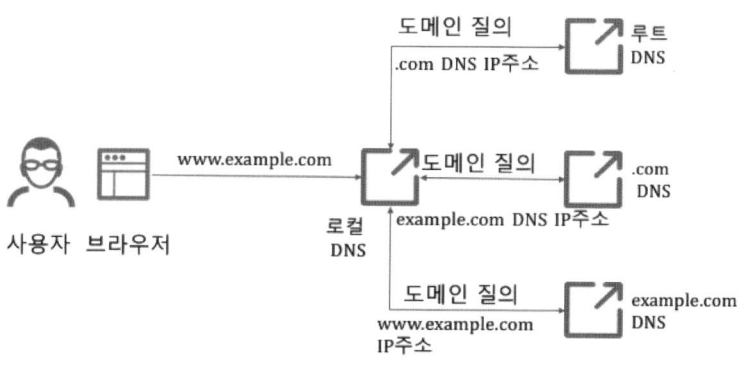

[그림 2-8] 도메인 질의 과정에 사용되는 다양한 DNS 서버

위 그림에 나타난 DNS 질의 과정을 자세히 살펴보면 다음과 같습니다.

1. **로컬 DNS 서버로 질의**

   브라우저는 로컬 DNS 서버에 주소창에 입력된 www.example.com 도메인에 대한 1차 질의를 합니다. 로컬 DNS는 사용자와 인접한 DNS입니다. 사용자가 PC 등에 수동으로 설정한 DNS의 IP일 수도 있고, PC가 DHCP 설정을 통해 사용하는 ISP의 인근 서버일 수도 있습니다. 이 과정에서 해당 도메인 IP 주소가 이전에 질의되었고 그 캐시 주기 값이 남아 있다면 로컬 DNS는 자신이 캐싱하고 있는 IP 주소를 반환합니다.

2. **루트 DNS 서버로 질의**

   소유하지 않은 도메인 정보에 대한 질의를 받으면 로컬 DNS는 전체 도메인을 관장하는 루트 DNS에 www.example.com 도메인에 대한 질의를 합니다. 이 정보가 없는 루트 DNS는 가지고 있는 .com 도메인 서버의 IP 정보를 알려줍니다.

3. **.com DNS 서버로 질의**

   로컬 DNS는 .com 도메인을 관장하는 .com DNS에 www.example.com 도메인을 질의합니다. 이 정보가 없는 .com DNS는 자신이 알고 있는 example.com 네임 서버의 IP 정보를 알려줍니다.

4. **example.com DNS 서버로 질의**

   로컬 DNS는 www.example.com 도메인을 관장하는 example.com DNS에 www.example.com 도메인을 질의합니다. example.com DNS는 자신이 알고 있는 www.example.com 네임 서버의 IP 정보를 알려줍니다.

이와 같이 도메인을 IP 주소로 질의하여 값을 받아오는 과정에는 하나의 DNS 서버가 아니라 도메인 구조 계층에 따라 각각의 DNS 서버들이 관여합니다. 이렇게 계층형으로 나누어진 역할에 따라 순차적인 DNS 질의를 반복하여 값을 받아오는 프로세스 과정을 반복적 질의(iterative query)라고 합니다.

www.example.com 도메인을 질의하여 IP 주소를 받아오는 그림 2-8의 과정에서 DNS 서버들의 속도가 느리거나 제때 응답을 주지 못하면 결국 전반적인 웹 성능에 영향을 미칩니다. 그림의 프로세스에 등장하는 로컬 DNS 서버들은 사용자가 이용 중인 ISP 업체나 DNS 전문 서비스 업체 등이 관리합니다. 루트 DNS 서버는 ICANN(Internet Corporation for Assigned Names and Number) 기관에서 관리합니다. 따라서 웹 서비스 운영 업체는 example.com 서버부터 관여해 DNS 전문 업체의 서비스를 받거나 분산된 DNS 서버를 직접 운영하는 방식으로 DNS 성능을 향상시킬 수 있습니다.

2.4.2 사용 중인 다양한 도메인 확인 방법

최근 웹 사이트는 자신의 웹 서비스 콘텐츠뿐만 아니라 다른 웹 서비스의 다양한 콘텐츠를 호출하여 사용합니다. 특히 오픈 소스(open source) 이용이 활성화되면서 필요한 모듈을 무상으로 지원하는 서비스들을 호출하여 사용하기도 합니다.

하나의 웹 사이트에는 jQuery나 자바스크립트처럼 필요한 로직을 구현하는 모듈뿐만 아니라 웹상에서 사용할 수 있는 무료 폰트, 그리고 화면 배치를 적용하는 CSS 파일들도 이용됩니다. 이 외에도 페이스북, 트위터 같은 소셜 미디어 서비스 SNS를 연동하는 타사 스크립트 또는 사이트에 접속한 사용자 정보를 얻기 위한 구글 애널리틱스 등의 다양한 타사 서비스들이 내장되어 있습니다.

크롬 브라우저를 사용한다면 [도구 더보기] → [개발자 도구] → [Source] 항목을 통해 하나의 웹 페이지에서 어떤 도메인들이 사용되고 있는지 쉽게 파악할 수 있습니다. [Sources] 항목을 선택해 웹 페이지에 접속하면 다음 그림처럼 해당 페이지에서 사용 중인 모든 도메인 호스트명 리스트와 그 도메인에서 어떤 콘텐츠를 가져왔는지 확인할 수 있습니다.

[그림 2-9] 웹 페이지에서 사용 중인 다양한 도메인 리스트 확인하기

이처럼 다양한 서비스들이 각 공급자 도메인을 사용합니다. 그러므로 자신이 운영 중인 웹 서비스 도메인 성능이 빠르다고 해서 DNS를 조회할 때 웹 성능에 문제가 없다고 판단하기 어렵습니다. 특히 타사 서비스는 해당 업체가 DNS를 관리하므로 페이지 안에 삽입된 타사 서비스 도메인 조회 속도가 느려지거나 조회할 수 없는 경우 전반적인 웹 페이지 로딩에 문제가 발생할 수 있습니다.

이러한 문제를 방지하려면 특정 업체의 서비스에서 문제가 발생하지 않도록 지속적으로 모니터링하고 해결해야 합니다. 사용 중인 특정 모듈 서비스 업체의 DNS 조회가 불가능하거나 느리다면 해당 모듈을 다운로드해 자신의 웹 서버에 업로드 후 설치하여 사용하는 방법 등도 고려해야 합니다. 이 방법을 이용하면 DNS 질의를 하는 도메인 수가 줄어들기 때문에 그만큼 DNS 응답 속도를 빠르게 만들 수 있습니다. 그러나 타사에서 자체적으로 업데이트하는 서비스 버전을 사용할 수 없으므로 자주 업데이트 여부를 확인하고 적용해야 한다는 단점도 있습니다.

2.4.3 웹 성능을 최적화하는 도메인 운용 방법

많은 도메인 호스트명을 사용하면 DNS 질의가 늘어나 응답시간이 길어지고 웹 성능에 영향을 줍니다. 따라서 직접 개발한 내부 서비스에 도메인 분할을 하고 싶다면 상위 도메인(top level domain)을 동일하게 해 DNS 질의를 최대한 적게 만드는 것을 권장합니다.

공통된 상위 도메인을 사용하는 서비스들은 도메인 질의를 담당하는 네임 서버에 캐싱된 정보를 재사용할 수 있어 DNS 질의 시간을 단축시킵니다. 또한 동일한 상위 도메인을 사용하면 HTTPS 사용을 위한 SSL 인증서를 와일드카드 형식으로 하나만 생성해도 모든 도메인에 사용할 수 있습니다. 그러므로 인증서 발급 비용과 수고를 줄일 수 있습니다.

HTML의 DNS 프리페치(prefetch) 기능을 사용하면 웹 페이지에 사용된 도메인들의 DNS를 조회하는 시간이 좀 더 빨라집니다. DNS 프리페치란 하나의 웹 페이지에 다수의 도메인 호스트명이 섞여 있을 때 웹 문서 페이지를 여는 시점에 멀티스레드 방식으로 미리 DNS를 조회해 빠르게 IP 주소를 불러오는 기술입니다.

```
<!-- DNS 미리 조회하기 -->
<link rel="dns-prefetch" href="//img.feokorea.com">
<link rel="dns-prefetch" href="//script.feokorea.com">
<link rel="dns-prefetch" href="//api.feokorea.com">
```

위 예와 같이 〈link〉 태그의 지시자 구문에 'dns-prefetch'라는 명령어를 사용해 페이지 상단에서 미리 DNS를 조회하면 브라우저는 웹 콘텐츠를 다운로드함과 동시에 DNS를 조회하여 성능이 더 빨라집니다.

최근 사용되는 많은 브라우저가 dns-prefetch 명령에 관한 HTML 구문을 지원합니다. Can I use[4]라는 서비스에서 어떤 브라우저가 DNS 프리페치 기능을 지원하는지 확인할 수 있습니다. 서비스에 접속하면 현재 오페라 미니 브라우저는 DNS 프리페치 기능을 지원하지 않는 것을 확인할 수 있습니다.

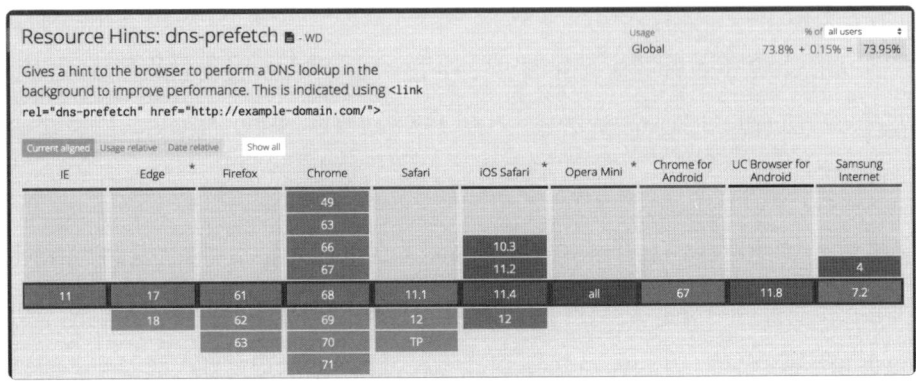

[그림 2-10] DNS 프리페치를 지원하는 브라우저 확인하기

2.5 : 브라우저

브라우저는 앞에서 설명한 HTTP, DNS를 사용해 사용자가 원하는 HTML, 이미지, 오디오, 동영상 등의 웹 콘텐츠를 전달하는 소프트웨어입니다.

2.5.1 브라우저의 역사와 특징

브라우저는 1990년대 초반 웹이 만들어진 시대에 함께 개발되었습니다. HTTP와 DNS 기술을 접목해 DNS로 사용자가 입력한 http:// 주소에서 접속할 웹 서버의 IP를

---

4) https://caniuse.com/?search=dns-prefetch

찾고 HTTP로 웹 서버에 접속해 콘텐츠를 가져오는 단순한 기능을 수행했습니다. 넷스케이프(Netscape)가 이 시기의 대표적 브라우저였습니다. 그 후 마이크로소프트사가 인터넷 익스플로러 3 버전을 출시하며 CSS와 오디오 파일 재생 기능을 추가하였습니다. 이로써 브라우저는 더욱 화려하고 생동감 있는 콘텐츠를 지원하게 되었습니다.

오디오뿐만 아니라 비디오 형태의 멀티미디어 요소가 늘어나면서 이를 쉽게 웹 페이지에 추가하기 위한 HTML5와 CSS 3.0 버전이 개발되었습니다. 또한 이를 지원하기 위해 브라우저의 버전도 빠르게 변화했습니다. 현재 사용되는 최신 버전의 브라우저는 HTML, CSS, AJAX 등의 최신 기술을 대부분 지원합니다. 애플사의 사파리, 모질라 재단이 개발한 파이어폭스, 마이크로소프트사의 인터넷 익스플로러와 에지, 구글의 크롬, 오페라 소프트웨어의 오페라 브라우저가 주로 사용됩니다.

HTTP가 빠르게 웹 콘텐츠를 전달해도 이를 사용자에게 제공하는 브라우저가 빠르게 작동하지 않으면 전반적인 웹 성능은 느릴 수밖에 없습니다. 그러므로 웹 성능을 최종 테스트하거나 디버깅하는 작업은 대체로 브라우저를 통해 수행합니다. 다음은 브라우저를 이용해 웹 사이트의 성능을 확인하는 방법을 알아보겠습니다.

2.5.2 내비게이션 타이밍 API

내비게이션 타이밍 API(Navigation Timing API)는 웹 사이트의 성능을 측정하는 데 사용할 수 있는 데이터를 제공합니다. 이전까지는 브라우저의 자바스크립트 기능을 이용해 웹 페이지가 열리는 시간과 로딩이 완료되는 시간 차이를 계산함으로써 웹 로딩 시간을 구할 수 있었습니다.

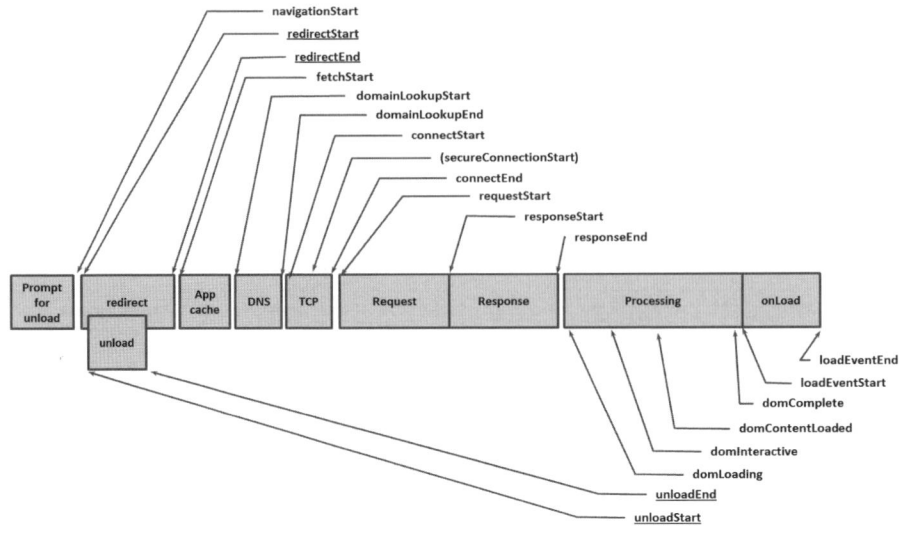

[그림 2-11] 내비게이션 타이밍 API 속성[5]

내비게이션 타이밍 API는 더 유용하고 정확한 종단(end-to-end) 간 대기 시간(latency) 정보를 제공합니다. API는 window.performance 개체(object)의 속성(property)으로 사용할 수 있습니다.

2.5.3 내비게이션 타이밍 속성

그림 2-11의 performance.timing 이벤트 속성은 페이지 로딩 흐름 순서에 따라 다음과 같이 정의합니다.

---

5) https://www.w3.org/TR/navigation-timing/

속성	이벤트	내용
Prompt for unload	navigationStart	이전 페이지 문서가 unload를 시작한 시점, 즉 이전 페이지의 모든 작업이 끝나고 새로운 페이지를 로딩할 준비가 완료된 시점을 의미합니다. 이전 페이지가 없다면 아래에 설명할 fetchStart와 같은 값이 됩니다.
unload	unloadStart	이전 페이지와 현재 페이지가 동일 근원일 때 unload 이벤트가 시작하는 바로 직전 시점입니다. 이벤트가 없거나 동일 근원이 아닐 때 값은 0입니다.
	unloadEnd	이전 페이지와 현재 페이지가 동일 근원일 때 unload 이벤트를 마친 바로 다음 시점입니다. 이벤트가 없거나 동일 근원이 아닐 때 값은 0입니다.
redirect	redirectStart	HTTP에서 페이지 재전송이 수행될 때의 시작 지점을 의미합니다. 페이지 재전송이 없다면 값은 0입니다.
	redirectEnd	HTTP에서 페이지 재전송이 수행될 때 마지막 페이지 재전송 응답의 마지막 바이트를 받은 시점입니다. 페이지 재전송이 없다면 값은 0입니다.
App cache	fetchStart	HTTP 요청으로 새로운 리소스를 불러오기 시작하는 시점입니다. HTTP를 요청하는 애플리케이션이 캐시를 지원한다면 캐시의 존재를 확인하는 시점입니다. 애플리케이션 캐시가 없다면 HTTP 응답으로 리소스를 받아오기 시작하는 시점입니다.
DNS	domainLookupStart	웹 사이트 도메인 DNS로 IP 검색을 시작하는 시점을 의미합니다. 이미 해당 도메인에 연결된 TCP 세션이 남아 있어 도메인 조회가 필요 없거나 DNS 정보가 브라우저나 운영 체제에 캐싱되어 있거나 IP 주소로 접속하는 등 실제 DNS 조회가 발생하지 않으면 fetchStart와 동일한 값입니다.
	domainLookupEnd	DNS 조회 종료 시점으로 DNS 조회가 발생하지 않았다면 fetchStart와 동일한 값입니다.

속성	이벤트	내용
TCP	connectStart	브라우저가 웹 페이지 문서를 받기 위해 서버와 연결을 시도하는 시점입니다. 이미 서버와 연결되어 있거나(persistent connection) 원하는 콘텐츠가 캐싱되어 있거나 로컬 리소스를 이용하여 TCP 연결이 필요 없는 경우라면 domainLookupEnd와 동일한 값을 가집니다.
	SecureConnectionStart	HTTPS로 접속할 때 브라우저가 웹 페이지 문서를 받기 위해 서버와 연결을 시도하는 시점입니다. connectStart 속성과 마찬가지로 서버와 이미 연결된 상태 등 별도 연결이 필요 없는 경우라면 직전 단계인 domainLookupEnd와 동일 값을 가집니다. HTTPS를 사용하지 않는다면 값은 0입니다.
	connectEnd	브라우저가 웹 페이지 문서를 받으려 연결했던 서버와 연결을 끊는 시점입니다. 이미 서버와 연결되어 있거나(persistent connection) 원하는 콘텐츠가 캐싱되어 있거나 로컬 리소스를 이용하여 TCP 연결이 필요 없는 경우라면 domainLookupEnd와 동일한 값을 가집니다.
Request	requestStart	브라우저가 접속한 서버 혹은 애플리케이션 캐시 시스템에 문서를 요청한 시작 시간입니다. 만약 첫 번째 요청이 실패하여 재요청을 하는 경우 이 값은 새 요청 바로 직전 시간을 표기합니다.
Response	responseStart	브라우저가 서버 혹은 캐시 시스템으로부터 응답 데이터의 첫 번째 바이트를 받은 시간입니다.
	responseEnd	브라우저가 서버 혹은 캐시 시스템으로부터 응답 데이터의 마지막 바이트를 받은 시간입니다.
Processing	domLoading	브라우저가 웹 페이지 문서를 만들기 시작하는 시점입니다.
	domInteractive	브라우저가 웹 페이지 문서 준비 상태를 'interactive'로 변경하는 시점입니다.
	domContentLoaded	웹 페이지 문서에서 'DOMContentLoaded' 이벤트가 호출되는 시점입니다.
	domComplete	웹 페이지 문서가 준비 상태를 'complete'로 변경하는 시점입니다.
onLoad	loadEventStart	웹 페이지의 load 이벤트가 발생하는 시점입니다. 이벤트가 발생하지 않았다면 값은 0입니다.
	loadEventEnd	웹 페이지의 load 이벤트가 완료된 시점입니다.

[표 2-1]

그림 2-12의 performance.timing 이벤트 속성은 페이지 로딩 흐름 순서에 따라 다음과 같이 정의합니다.

navigation은 사용자가 어떻게 페이지를 탐색하는가를 조사하는 반면 timing 속성은 탐색과 페이지 로드 이벤트에 대한 데이터를 가지고 있습니다. 먼저 내비게이션 타이밍 API를 지원하는 브라우저로 테스트를 시작해 보겠습니다. 예제에서는 크롬 브라우저를 사용합니다.

크롬 브라우저를 실행하고 [도구 더보기] → [개발자 도구] → [콘솔]을 선택하거나 OS 단축키를 사용하여 접근할 수 있습니다. macOS에서는 ⟨⌘⟩ + ⟨⌥⟩ + ⟨J⟩, Windows에서는 ⟨Ctrl⟩ + ⟨Shift⟩ + ⟨J⟩를 사용합니다.

콘솔 창에서 개체명 performance를 입력하고 ⟨Enter⟩ 키를 눌러 다음 정보를 확인합니다.

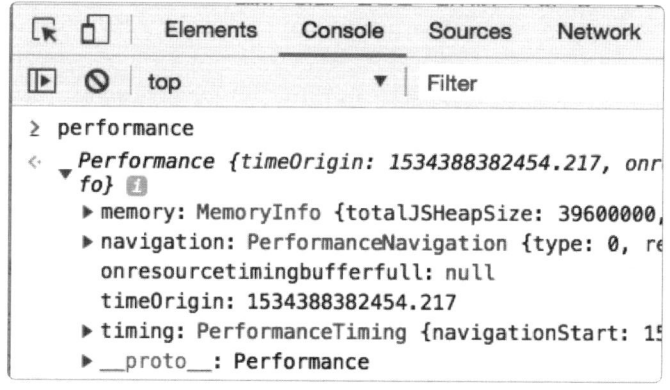

[그림 2-12] performance 개체의 속성

이 중 timing 속성 앞 ▶ 아이콘을 클릭하여 세부 정보를 살펴보겠습니다.

```
▼timing: PerformanceTiming
    connectEnd: 1534389237019
    connectStart: 1534389237016
    domComplete: 1534389238145
    domContentLoadedEventEnd: 1534389237750
    domContentLoadedEventStart: 1534389237617
    domInteractive: 1534389237615
    domLoading: 1534389237095
    domainLookupEnd: 1534389237016
    domainLookupStart: 1534389237011
    fetchStart: 1534389237010
    loadEventEnd: 1534389238162
    loadEventStart: 1534389238145
    navigationStart: 1534389236997
    redirectEnd: 0
    redirectStart: 0
    requestStart: 1534389237019
    responseEnd: 1534389237094
    responseStart: 1534389237073
    secureConnectionStart: 0
    unloadEventEnd: 0
    unloadEventStart: 0
```

[그림 2-13] timing 개체의 속성

key에 해당하는 앞 속성들은 API에서 정의한 웹 브라우저가 웹 페이지를 로딩 시 실행하는 각 단계입니다. 뒤의 값들은 이 단계가 완료된 시간을 Unix Epoch Time 형식으로 변환한 값입니다. 각 performance.timing 속성은 페이지 요청 등의 탐색 이벤트 시간이나 DOM 로딩 시작 등의 페이지 로드 이벤트 시간을 1970년 1월 1일 자정부터 측정한 UTC 형식의 밀리초 단위로 나타냅니다.

이 값들을 통해 각 단계가 언제 완료되었는지, 어떤 특정 항목에서 예상보다 시간이 지체되었는지 확인할 수 있습니다. 해당 값이 0이면 이벤트가 발생하지 않았다는 의미입니다. 각 이벤트 속성에 대한 자세한 설명은 W3C 권고안[6]을 참고하기 바랍니다.

---

6) https://www.w3.org/TR/navigation-timing/

2.5.4 내비게이션 타이밍 속성값 구하기

이번에는 navigation 개체를 클릭하여 상세 값들을 살펴보겠습니다.

```
▼navigation: PerformanceNavigation
    redirectCount: 0
    type: 0
  ▼__proto__: PerformanceNavigation
    TYPE_BACK_FORWARD: 2
    TYPE_NAVIGATE: 0
    TYPE_RELOAD: 1
    TYPE_RESERVED: 255
    redirectCount: 0
```

[그림 2-14] navigation 개체 속성

window.performance.navigation 객체는 페이지 재전송 속성 그리고 앞뒤 이동 버튼이나 URL이 어떤 페이지 로딩을 발생시키는지(trigger) 확인하는 속성을 저장합니다.

위 그림에서 window.performance.navigation.redirectCount 속성은 페이지 내에서 재전송이 몇 번 발생했는지 알려줍니다. 두 번째인 window.performance.navigation.type 속성은 사용자가 해당 웹 페이지에 어떻게 접속했는지에 관한 정보를 알려줍니다. window.performance.navigation.type 속성 중 대표적인 4개 방식에 따른 값은 다음과 같습니다.

상수	값	설명
TYPE_NAVIGATE	0	링크, 북마크, 폼 전송, URL 브라우저 타이핑 등의 방식으로 페이지 접속
TYPE_RELOAD	1	브라우저의 새로고침 버튼을 통해 페이지 접속
TYPE_BACK_FORWARD	2	뒤로가기 버튼을 통해 페이지 접속
TTPE_RESERVED	255	그 외의 방법으로 페이지 접속

[표 2-2] window.performance.navigation.type 속성의 대푯값

아래는 navigationStart 속성으로 사용자가 느끼는 페이지 로딩 시간 값을 구하는 예제입니다.

```html
<html>
<head>
<title>페이지 로딩 시간 구하기</title>

<script type="text/javascript">
    function onLoad() {
        var now = new Date().getTime();
        var page_load_time = now - performance.timing.navigationStart;
        console.log("User-perceived page loading time: " + page_load_time);
    }
</script>
</head>
<body>
이 페이지는 사용자가 인식하는 페이지 로딩 시간을 구하기 위한 문서입니다.
    <script>
        onLoad();
    </script>
</body>
</html>
```

이 코드를 실행하고 크롬 브라우저에서 [도구 더보기] → [개발자 도구] → [Console] 탭을 열면 아래와 같이 페이지 로딩에 소요된 시간을 밀리초 단위로 확인할 수 있습니다.

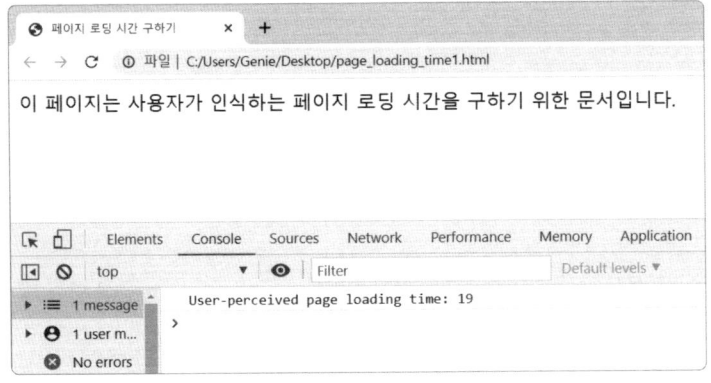

[그림 2-15] 웹 로딩 시간 확인하기

HTML 문서가 실행되며 onLoad() 함수가 바로 호출되는 구조이기 때문에 아주 짧은 시간에 navigationStart가 실행되었음을 그림에서 확인할 수 있습니다. 이 코드를 살짝 변경하여 인터넷상에서 동일한 구글 로고 이미지 파일을 3번 받아오도록 수정해보겠습니다.

```html
<html>
<head>
<title>페이지 로딩 시간 구하기</title>

<script type="text/javascript">
    function onLoad() {
        var now = new Date().getTime();
        document.write("<img src='https://www.google.com/images/branding/
                        googlelogo/1x/googlelogo_color_272x92dp.png'><br>");
        document.write("<img src='https://www.google.com/images/branding/
                        googlelogo/1x/googlelogo_color_272x92dp.png'><br>");
        document.write("<img src='https://www.google.com/images/branding/
                        googlelogo/1x/googlelogo_color_272x92dp.png'><br>");
        var page_load_time = now - performance.timing.navigationStart;
        console.log("User-perceived page loading time: " + page_load_time);
    }
</script>
</head>
<body>
이 페이지는 사용자가 인식하는 페이지 로딩 시간을 구하기 위한 문서입니다.<br>
    <script>
        onLoad();
    </script>
</body>
</html>
```

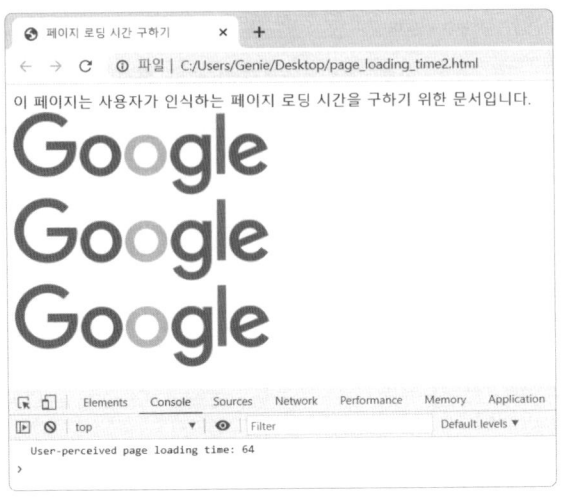

[그림 2-16] 이미지를 추가하여 웹 로딩 시간 확인하기

크롬 브라우저에서 [도구 더보기] → [개발자 도구] → [Console] 탭을 확인하면 첫 번째 코드보다 페이지 로딩에 시간이 더 소요되었음을 알 수 있습니다. 페이지가 복잡해지고 콘텐츠가 많아질수록 로딩 시간은 더욱 늘어납니다.

내비게이션 타이밍 API에 포함된 각 속성값을 사용하면 다양한 성능 지표를 얻을 수 있습니다.

```
// 내비게이션 타이밍 API 개체 생성
var perfData = window.performance.timing;

// navigationStart, loadEventEnd 속성을 사용하여 페이지 전체 로드 시간 구하기
var pageLoadTime = perfData.loadEventEnd - perfData.navigationStart;
console.log("pageLoadTime: " + pageLoadTime + "ms.");

// requestStart, responseEnd 속성을 사용하여 HTTP 요청에서 응답까지 걸린 시간 구하기
var connectTime = perfData.responseEnd - perfData.requestStart;
console.log("connectTime: " + connectTime + "ms.");
```

앞 예제의 pageLoadTime은 사람이 지각하는 페이지 로딩 시간이 아닌, API 속성값으로 구한 페이지 로딩 시간입니다. 웹 사이트 로딩이 완료된 후 이 코드를 아래 그림과 같이 크롬 브라우저의 [도구 더보기] → [개발자 도구] → [Console] 영역에서 실행하면 해당 웹 사이트의 성능 지표를 확인할 수 있습니다.

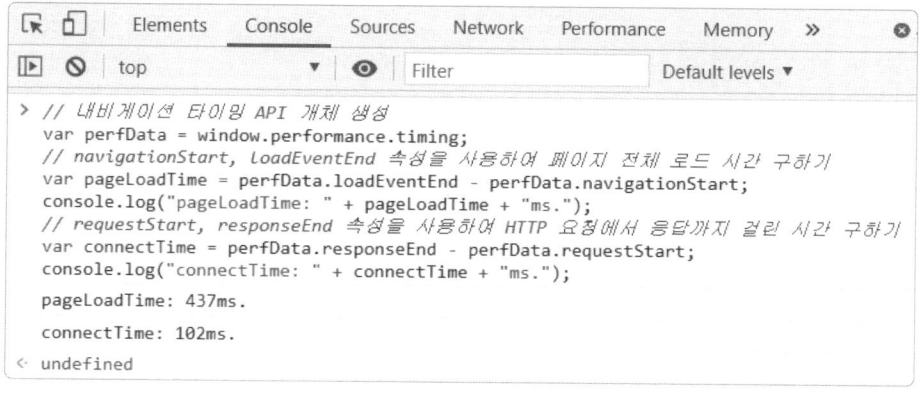

[그림 2-17] pageLoadTime 시간 확인하기

pageLoadTime 값이 예상보다 크면 웹 사이트 최적화를 진행하거나 콘텐츠 수나 크기를 줄여 로딩을 빠르게 해야 합니다. 또한 테스트에 사용한 클라이언트 기기 종류나 네트워크 종류에 상관없이 connectTime 값이 항상 크다면 웹 서버를 좀 더 빠르게 네트워크에 연결할 수 있는 방법을 찾아야 합니다. 예를 들어 웹 서버가 위치한 데이터 센터 사이에 지연 현상이 발생되는 원인을 찾거나 네트워크 응답을 빠르게 할 수 있도록 전달망 품질을 개선하는 방법을 찾아야 합니다.

CHAPTER

웹 사이트 성능을 개선하는 기본적인 방법

3*

3.1 : HTTP 요청 수 줄이기

최근 각광받는 포털이나 쇼핑몰 등의 웹 사이트들은 수많은 이미지와 멀티미디어, 웹 사이트의 독자적 기능을 수행하기 위한 자바스크립트, UI 및 레이아웃을 위한 CSS, 웹 폰트, 음원 파일 등으로 뒤덮여 있습니다.

웹 서핑을 하는 사용자에게는 보이지 않지만 API 호출을 위한 AJAX 요청이나 API 전용 도메인에 대한 HTTP(S) 호출 등 내부에서 웹 사이트의 기능을 수행하는 콘텐츠들도 많이 존재합니다. 또한 타사 제품을 통해 웹 사이트에 접속한 사용자들의 행동 양식을 파악하기 위한 구글 애널리틱스 같은 분석 서비스 콘텐츠들도 존재합니다.

브라우저의 특정 도구를 사용하면 웹 페이지가 어떤 콘텐츠를 얼마나 많이 가지고 있는지 쉽게 알 수 있습니다. 다음 그림은 크롬 브라우저의 [도구 더보기] → [개발자 도구]로 특정 페이지를 분석한 화면입니다.

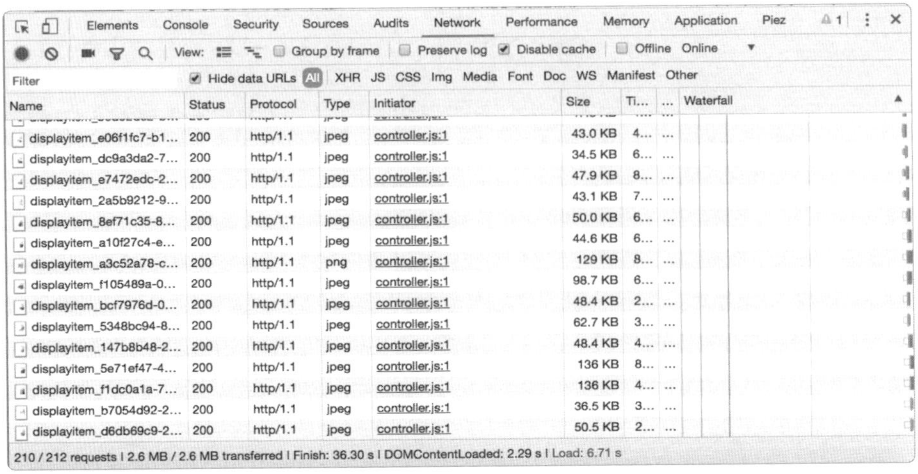

Name	Status	Protocol	Type	Initiator	Size	Ti...	Waterfall
displayitem_e06f1fc7-b1...	200	http/1.1	jpeg	controller.js:1	43.0 KB	4...	
displayitem_dc9a3da2-7...	200	http/1.1	jpeg	controller.js:1	34.5 KB	6...	
displayitem_e7472edc-2...	200	http/1.1	jpeg	controller.js:1	47.9 KB	8...	
displayitem_2a5b9212-9...	200	http/1.1	jpeg	controller.js:1	43.1 KB	7...	
displayitem_8ef71c35-8...	200	http/1.1	jpeg	controller.js:1	50.0 KB	6...	
displayitem_a10f27c4-e...	200	http/1.1	jpeg	controller.js:1	44.6 KB	6...	
displayitem_a3c52a78-c...	200	http/1.1	png	controller.js:1	129 KB	8...	
displayitem_f105489a-0...	200	http/1.1	jpeg	controller.js:1	98.7 KB	8...	
displayitem_bcf7976d-0...	200	http/1.1	jpeg	controller.js:1	48.4 KB	2...	
displayitem_5348bc94-8...	200	http/1.1	jpeg	controller.js:1	62.7 KB	3...	
displayitem_147b8b48-2...	200	http/1.1	jpeg	controller.js:1	48.4 KB	4...	
displayitem_5e71ef47-4...	200	http/1.1	jpeg	controller.js:1	136 KB	8...	
displayitem_f1dc0a1a-7...	200	http/1.1	jpeg	controller.js:1	136 KB	4...	
displayitem_b7054d92-2...	200	http/1.1	jpeg	controller.js:1	36.5 KB	2...	
displayitem_d6db69c9-2...	200	http/1.1	jpeg	controller.js:1	50.5 KB	2...	

210 / 212 requests | 2.6 MB / 2.6 MB transferred | Finish: 36.30 s | DOMContentLoaded: 2.29 s | Load: 6.71 s

[그림 3-1] 크롬 브라우저의 개발자 도구에서 콘텐츠 살펴보기

웹 페이지에서 요청하는 콘텐츠의 수가 많을수록 로딩 완료 시간은 길어집니다. 반대로 이미지 같은 콘텐츠가 적은 페이지는 매우 빠르게 로딩이 완료됩니다. 그러므로 웹 성능을 더 빠르게 하기 위해서 HTTP의 요청 수를 줄여야 합니다. 웹 환경에서 클라이언트(대부분 브라우저)가 특정 웹 페이지 접속을 요청하며 웹 서버와 어떤 방식으로 통신하는지 알면 이를 이해하기 쉽습니다.

일반적으로 브라우저는 DNS 시스템으로 특정 도메인의 접속 IP를 알아내 접속을 하고, HTML 파일을 먼저 응답받은 후 HTML 내에 있는 CSS나 자바스크립트, 이미지 등의 콘텐츠를 차례로 호출합니다. 브라우저가 HTML을 모두 해석하여 콘텐츠를 전부 받아오기까지 호출이 계속 진행되는 것입니다.

다음 그림은 브라우저의 이러한 활동을 나타냅니다. HTML을 받아온 도메인과 콘텐츠 주소가 다르면 DNS 조회부터 다시 수행합니다. 이렇게 조회된 웹 서버 IP를 통해 브라우저와 웹 서버 간 TCP/IP 연결을 맺은 후 실제 콘텐츠를 다운로드합니다.

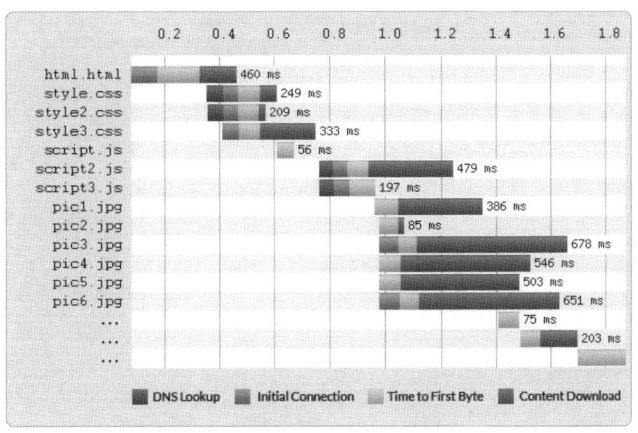

[그림 3-2] 브라우저가 웹 콘텐츠를 순서대로 받아오는 방식

웹 페이지를 단순하게 제작하는 것이 HTTP 프로토콜 요청 수를 줄이는 가장 쉬운 방법입니다. 하지만 웹 사이트를 통해 기업을 홍보하거나 상품 판매를 위해 많은 사용자를 끌어들여야 하는 실제 상황을 고려하면, 웹 성능을 위해 나타낼 콘텐츠를 줄이는 것이 현실적으로 적절한 방법은 아닙니다. 페이지에 나타나는 콘텐츠는 동일하게 유지하며 HTTP 요청 수를 줄이는 방법을 찾아야 합니다.

3.1.1 스크립트 파일 병합

소프트웨어 공학에서는 소프트웨어 개발의 손쉬운 분업화 및 편리한 유지 보수를 위해 최소 기능 단위별로 소프트웨어 모듈을 나누어 개발하는 것을 제안하는데 이를 모듈화(modulation)라고 합니다. 소프트웨어의 일종인 웹 서비스에서도 많은 개발자들이 웹 사이트의 기능에 해당하는 자바스크립트나 CSS 파일들을 기능별로 분리하여 각각의 파일로 저장하고 호출하는 방식을 사용합니다.

Name	Status	Protocol	Type	Initiator	Size
gtm.js?id=GTM-MP7VKD	200	http/2+qui...	script	(index):87	51.1 KB
aksb.min.js	200	http/1.1	script	(index):132	5.1 KB
fontloader.built.1517479390.js	200	h2	script	Push / (index):2969	5.2 KB
app.built.1517479390.js	200	h2	script	(index):2969	239 KB
addthis_widget.js	200	h2	script	(index):3030	112 KB
conversion_async.js	200	http/2+qui...	script	gtm.js?id=GTM-MP7...	5.7 KB
analytics.js	200	http/2+qui...	script	gtm.js?id=GTM-MP7...	14.6 KB
uwt.js	200	h2	script	gtm.js?id=GTM-MP7...	2.2 KB
insight.min.js	301	http/1.1	script	gtm.js?id=GTM-MP7...	382 B
munchkin.js	200	http/1.1	script	VM78:1	1.2 KB
uDRtxOMd.min.js	200	h2	script	VM79:1	16.3 KB
b6be0a52-6193-4a3b-88ea-...	200	http/1.1	script	VM80:1	8.0 KB
tracker_mko.js	200	h2	script	gtm.js?id=GTM-MP7...	810 B
conversion.js	200	http/2+qui...	script	gtm.js?id=GTM-MP7...	7.0 KB
opxLoader.js	200	http/1.1	script	VM87:1	1.2 KB
bat.js	200	h2	script	VM88:1	4.2 KB
fbevents.js	200	h2	script	VM91:1	13.1 KB
ip.json?referrer=&page=https...	200	h2	xhr	uDRtxOMd.min.js:1	919 B
insight.min.js	200	http/1.1	script	insight.min.js	7.9 KB
munchkin.js	200	http/1.1	script	munchkin.js:7	4.2 KB
videos.json	200	http/1.1	xhr	app.built.151747939...	46.4 KB

[그림 3-3] 특정 웹 사이트에서 모듈화된 수많은 자바스크립트 파일

아이러니하게도 소프트웨어 공학에서 제안하는 정복과 분할(divide & conquer) 모듈화는 HTTP 요청 수를 증가시키므로 웹 성능에 부정적인 영향을 미칩니다. 따라서 기능 단위로 모듈화된 여러 파일들을 하나로 합치고 이 하나의 파일을 브라우저가 실행하는 것이 여러 파일들을 각각 호출하는 것과 동일한 결과를 만들 수 있다면, 파일 병합으로 HTTP 요청 수를 줄일 수 있습니다.

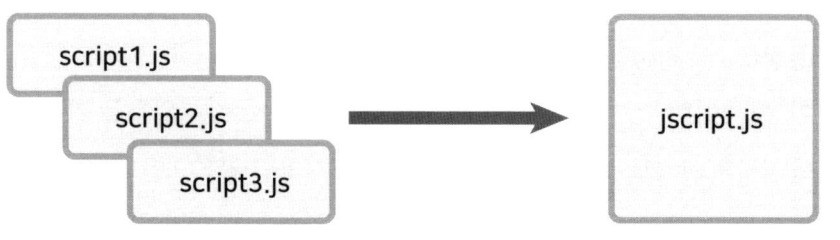

[그림 3-4] 스크립트 병합 예

그림 3-4같이 스크립트 파일을 병합하면 실제 HTML에서도 3개의 자바스크립트 파일 호출이 하나로 줄어듭니다. 그러나 합쳐진 파일의 크기가 너무 크다면 그 파일을 다운로드해 브라우저 화면에 나타내는 로딩 과정이 너무 길어질 수 있으므로 적절한 크기를 유지해야 합니다. 아래는 자바스크립트 파일을 병합해 파일 호출 수를 줄인 예입니다.

```
// 병합 이전
<script src="script1.js"></script>
<script src="script2.js"></script>
<script src="script3.js"></script>

// 병합 이후
<script src="jscript.js"></script>
```

이 원리를 이용하면 자바스크립트나 CSS 같은 텍스트 기반 파일 개수를 쉽게 줄일 수 있습니다. 그림 3-5는 여러 개로 분산된 CSS 파일을 하나로 병합한 후 브라우저에서 로딩 속도를 테스트한 결과입니다.

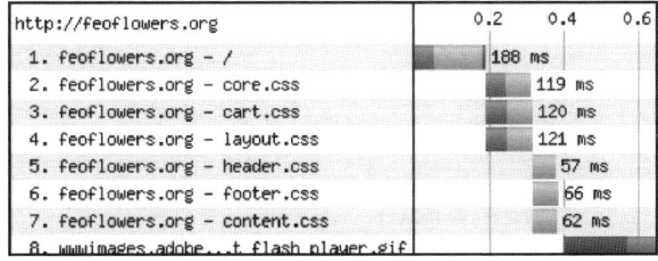

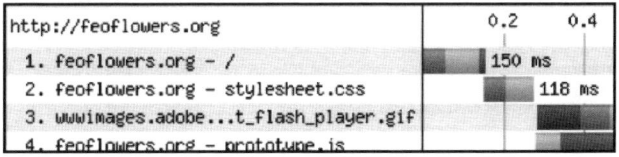

[그림 3-5] 자바스크립트 파일 병합 이전과 이후의 로딩 속도 비교

병합 이전 6개의 CSS 파일 로딩에 약 0.6초가 소요된 반면 병합 이후는 약 0.45초로 로딩 속도가 개선된 것을 알 수 있습니다.

3.1.2 인라인 이미지

다음 그림은 HTML 파일의 CSS 안에 해시 정보를 통해 웹 페이지 배경 이미지 파일을 삽입한 내용입니다. 이 방식을 사용하면 HTML 파일의 바이트 크기가 소폭 커집니다. 그러나 이미지 파일을 따로 호출하여 해당 크기만큼 파일을 받아오는 전통적인 방식과 비교하면 전체 로딩 시간이 단축됩니다. 이와 같은 기법을 인라인 이미지(inline image)라고 합니다.

인라인 방식으로 웹 페이지 안에 이미지를 포함하는 경우 별도의 이미지 파일이 존재하지 않아 인터넷이나 브라우저에 캐시할 수 없으며, HTML이 캐시되어야 동시에 캐시할 수 있습니다. 그러므로 전반적인 성능 개선 여부를 확인하고 선택 사용해야 합니다.

```
...
/* Base-64 encoded footer images go below */
.footnginx {
    padding-left: 43px;
    padding-right: 43px;
    padding-bottom: 15px;
    height: 0px;
    width: 0px;
    border: 0px;
    background-repeat: no-repeat;
    background-image:url(data:image/gif;base64,R0lGODlhUAAPANUAAAAAAoKChQUF
BoaGiQkJCwsLD4+PkJCQk1NTVNTU15eXmJiYmxsbHJycnt7e4ODg4iIi3ZsbJqamqKioqqqqxERLS0t
L+/v8PDw8zMzNTU1Nvb2+Tk5O3t7fPz8/7+/v8AAP8ICP8WFv8cHP8jI/8yMv86Ov9CQv9KSv9VVf91Z
f9ycv97e/+Dg/+Jif+Wlv+bm/+rq/+ysv+5uf/IyP/Q0P/f3//j4//19QAAAAAAAAAAAAAAAAAAAA
AAAACH5BAkAADkALAAAAABQAABAAAb/wENjSCwaj8ikcskcVpSHx2dKrVqvx2Kx2y5eZtmHtEsum8klE
g4rnnI8807nI6/PPXDOnD7XxzlngVQkICxuNjA1H2OcAApTBQMZA3SVGAMFHgAIUwYYMbcKFwgmciI
CAvKoQpU4yUCx2RkwQItwgamJqOHZ4FDQAWkwmmZjgzqcogJWuLUo2UAgGSAA4dF9keu5UBOx8AAwPA
BTGXDQtjyHLqSI3VLAJDpTVDhaW3aAPAQCFo2REndsSA8U7ZTGqwFrwYYMAsxcHABwKROAYhsIf00A7
AABABsGcrnBYkQ7V/GgAWD4gZa1VxS5FFvwSwIACBMAjBG5hcZBcBkpPzR16b1SpYqaZv4yAEAPAAI8u
SQDYaKFyRHO2viCMGVBgg0GworVkGCBBwMOpjBA4OEAswYGAEXNEgPECHgFZKBY8wRnB3CYLOCyLOQXxA
66AE2txAUMLhAMQQIkuWLKay5cuYM6o9N0y8M4AHggAA0w==);
}
```

[그림 3-6] 인라인 이미지 예

파일을 병합하는 방법은 HTTP 요청 수를 줄이는 효과 외에도 인터넷상 프록시나 브라우저에 캐시될 확률을 좀 더 높입니다. 원본 파일이 존재하는 웹 서버에서 아무리 빠르게 인터넷 응답을 준다 해도 사용자 위치의 캐시 서버나 사용자의 PC 또는 모바일 기기에 캐시된 콘텐츠를 사용하는 것이 성능 면에서 훨씬 빠른 방법입니다.

아래 그림에서 파일의 크기를 알려주는 Size 칼럼을 살펴보면 from disk cache, from memory cache와 같이 브라우저에 캐시된 콘텐츠의 로딩 속도를 알려주는 폭포 차트 칼럼의 막대그래프 구간은 매우 짧음을 확인할 수 있습니다.

Type	Initiator	Size	Time	Waterfall
document	cb=gapi.loaded_0:157	(from disk cache)	49 ms	
script	/_/scs/social-static/_/js/k=boq.Notifi...	(from disk cache)	29 ms	
script	/_/scs/social-static/_/js/k=boq.Notifi...	(from disk cache)	27 ms	
font	widget?sourceid=243&hl=ko&origin=...	(from memory cache)	0 ms	
script	/_/scs/social-static/_/js/k=boq.Notifi...	(from disk cache)	14 ms	
xhr	/_/scs/social-static/_/js/k=boq.Notifi...	362 B	210 ms	
xhr	/_/scs/social-static/_/js/k=boq.Notifi...	311 B	213 ms	
script	m=sy6d,sy6e,XAzchc,sy3q,sy3r,sy5r,...	338 B	214 ms	

[그림 3-7] 브라우저 캐시

인터넷상의 캐시와 브라우저 캐시에 대해서는 CDN 항목에서 다시 한번 자세히 다룹니다.

3.1.3 CSS 스프라이트

CSS 스프라이트(CSS sprite)는 여러 개의 이미지를 하나의 이미지 파일로 결합해 필요한 이미지가 위치하는 픽셀 좌표 정보를 사용하는 방식입니다. 주로 아이콘이나 버튼 등 작은 이미지를 사용할 때 유용하며 HTML에 필요한 이미지 영역을 이미지 맵 좌표로 표시합니다.

아래 그림과 같이 다양한 SNS 서비스를 의미하는 아이콘을 모아둔 이미지 파일을 예로 들어보겠습니다.

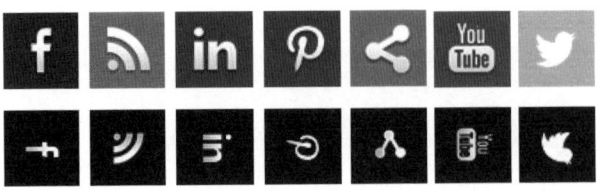

[그림 3-8] 여러 아이콘을 하나의 이미지로 표기한 예

SNS 아이콘들을 각각 이미지로 저장하고 호출해 사용하면 브라우저와 서버 사이에 14번의 HTTP 요청과 응답이 필요합니다. 그러나 하나의 이미지를 사용하는 CSS 스프라이트는 아래 예처럼 CSS 구문을 이용해 각 아이콘을 사용할 수 있습니다.

```
// CSS 스프라이트
(중략)
.sprite_face {
background: url('imgs/sprites_image.png');
background-position: 0 -64px;
width: 50px;
height: 50px;
float:left;
transition: all .2s ease-in-out;
}
.sprite_rss {
background: url('imgs/sprites_image.png');
background-position: -57px -64px;
width: 50px;
height: 50px;
margin-left:10px;
float:left;
transition: all .2s ease-in-out;
}
.sprite_linked {
background: url('imgs/sprites_image.png');
background-position: -114px -64px;
width: 50px;
height: 50px;
```

```
margin-left:10px;
float:left;
transition: all .2s ease-in-out;
}
.sprite_pint {
background: url('imgs/sprites_image.png');
background-position:-171px -64px;
width: 50px;
height: 50px;
float:left;
margin-left:10px;
transition: all .2s ease-in-out;
}
<생략>
```

3.2 : 콘텐츠 파일 크기 줄이기

1절에서 언급한 것처럼 웹 사이트의 파일 수를 줄이더라도 파일 자체의 크기가 크다면 이 또한 웹 성능에 부정적인 영향을 줍니다. 파일이 크면 인터넷 전송 시간이 길어지기 때문입니다. 좀 더 쉽게 예를 들어 브라우저 같은 웹 클라이언트가 1MB와 10MB 파일을 각각 다운로드한다면 후자는 10배 정도 시간이 더 소요됩니다. 누군가 나에게 용량이 큰 파일을 첨부하여 메일을 보냈다면 해당 파일을 다운로드하는 데도 그만큼 시간이 오래 걸립니다.

보다 빠른 웹을 위해 사이트 내 다양한 콘텐츠 파일의 크기를 줄여야 하지만 그렇다고 해서 10분짜리 MP3 음원을 5분으로 자를 수는 없습니다. 또한 10MB 크기를 가진 고품질 이미지 원본 파일을 ½ 크기로 자르면 원본 파일이 변합니다. 그렇다면 어떤 방법으로 파일 크기를 줄일 수 있을까요? 앞서 동일한 콘텐츠를 제공하면서 HTTP 요청 수를 줄이는 방법을 소개했듯이 이번에도 파일 내용은 변하지 않고 크기를 줄일 수 있는 기능들을 소개합니다.

3.2.1 스크립트 파일 압축 전달

웹 사이트의 페이지 로딩을 담당하는 HTML, 사이트 내 다양한 로직을 주로 담당하는 자바스크립트, 사이트의 레이아웃을 담당하는 CSS 파일, 그리고 Ajax나 API 호출에 사용하는 XML, JSON 타입 파일 등은 모두 사람이 눈으로 읽을 수 있는 스크립트(script) 형태의 텍스트(text) 파일입니다.

여러분도 PC에서 작업한 문서 파일 등을 상대방에게 이메일로 전송하기 전 조금이라도 사이즈를 줄이기 위해 zip 파일로 압축해 보낸 경험이 있을 것입니다. 웹 서버 역시 각 웹 서버가 지원하는 방식으로 스크립트 형태 콘텐츠를 압축해 클라이언트에게 더 작은 크기로 내려주고, 이를 다운로드한 클라이언트가 압축을 해제하여 원래 콘텐츠를 사용한다면 인터넷 다운로드 속도가 좀 더 빨라질 수 있습니다.

다만 파일을 압축하여 내려주기 전에 웹 서버와 클라이언트는 서로가 지원하는 다양한 압축 방식 중 어떤 것을 사용할지 하나를 골라 정해야 합니다. 웹 서버에서 클라이언트가 지원하지 않는 압축 방식을 사용해 파일을 내려주면 클라이언트는 이를 해제할 수 없기 때문입니다.

HTTP 프로토콜은 다음 그림과 같이 Accept-Encoding, Content-Encoding 헤더를 사용해 이러한 압축 방식의 정보 교환을 지원합니다.

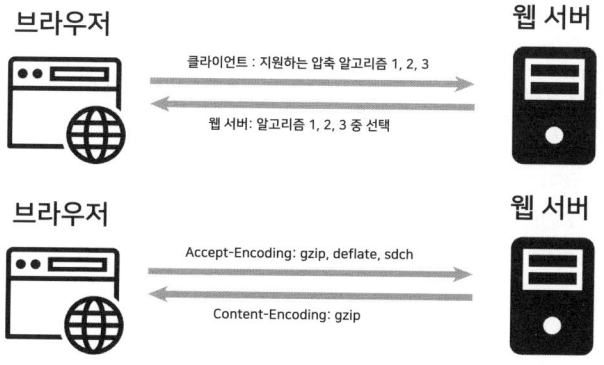

[그림 3-9] 스크립트 파일 압축에 사용되는 HTTP 헤더

클라이언트(대부분 웹 브라우저)는 웹 서버에 콘텐츠를 요청하면서 자신이 지원하는 압축 알고리즘을 HTTP 요청 헤더에 나열하여 알려줍니다. 즉 어떤 방식으로 콘텐츠를 압축 해제할 수 있는지 알려주는 과정입니다. 웹 서버는 내용에 나열된 방식 중 자신이 지원하는 압축 알고리즘 하나를 선택해 HTTP 응답 헤더로 클라이언트에게 알려줌으로써 클라이언트가 해당 방식으로 압축 콘텐츠를 해제할 수 있게 합니다.

이때 요청 헤더는 Accept-Encoding, 응답 헤더는 Content-Encoding을 사용합니다. HTTP를 지원하는 브라우저는 실제로 아래 예와 같은 내용의 헤더를 주고받습니다.

```
// 클라이언트의 요청 헤더 - 브라우저는 gzip, deflate, sdch 압축 방식을 지원함
Accept-Encoding: gzip, deflate, sdch

//웹 서버의 응답 헤더 - 클라이언트가 지원하는 압축 방식 중 gzip을 사용할 것을 명시함
Content-Encoding: gzip
```

각 압축 방식을 간단히 설명하면 다음과 같습니다.

- **gzip**: UNIX 운영체제에서 일반적으로 사용하는 LZ77 파일 압축 라이브러리를 사용합니다. 32비트 CRC로 정상 압축 여부를 검사합니다.
- **deflate**: zlib라는 파일 압축 라이브러리를 사용합니다. RFC 1951에 정의된 압축 방식입니다.
- **sdch**(Shared Dictionary Compression over HTTP): 구글이 개발한 HTTP 상의 압축 방식이며 주로 크롬 브라우저에서 사용합니다.

3.2.2 스크립트 파일 최소화

스크립트 파일 최소화 기법은 HTML, 자바스크립트, CSS같이 코딩된 스크립트 파일에 포함된 주석문, 공백, 개행 문자(new line) 등 실제 로직에 아무런 영향을 주지 않는 부분을 제거하여 전반적인 파일 크기를 줄이는 방식입니다. 아래는 jQuery에서 사용하는 자바스크립트 파일의 일부입니다.

```
/*
 * jQuery FlexSlider v2.1
 * http://www.woothemes.com/flexslider/
 *
 * Copyright 2012 WooThemes
 * Free to use under the GPLv2 license.
 * http://www.gnu.org/licenses/gpl-2.0.html
 *
 * Contributing author: Tyler Smith (@mbmufffin)
 */

;(function ($) {

    //FlexSlider: Object Instance
    $.flexslider = function(el, options) {
        var slider = $(el),
            vars = $.extend({}, $.flexslider.defaults, options),
            namespace = vars.namespace,
            touch = ("ontouchstart" in window) || window.DocumentTouch &&
                                    document instanceof DocumentTouch,
            eventType = (touch) ? "touchend" : "click",
            vertical = vars.direction === "vertical",
            reverse = vars.reverse,
```

```
            carousel = (vars.itemWidth > 0),
            fade = vars.animation === "fade",
            asNav = vars.asNavFor !== "",
            methods = {};

        // Store a reference to the slider object
        $.data(el, "flexslider", slider);
```

(생략)

위 예제는 주석문과 적절한 공백, 개행 문자를 사용해 옆으로 늘어난 스크립트 구문을 적절히 다음 라인으로 나누어 가독성을 높입니다. 또한 추후 업데이트나 디버깅이 쉽도록 개발자를 돕는 형태입니다. 만약 해당 자바스크립트 파일을 더 이상 업데이트하거나 손대지 않는다 예상했을 때 스크립트 파일 최소화 기법으로 파일 크기를 얼마나 줄일 수 있는지 Minify 사이트[1])에서 테스트해 보겠습니다.

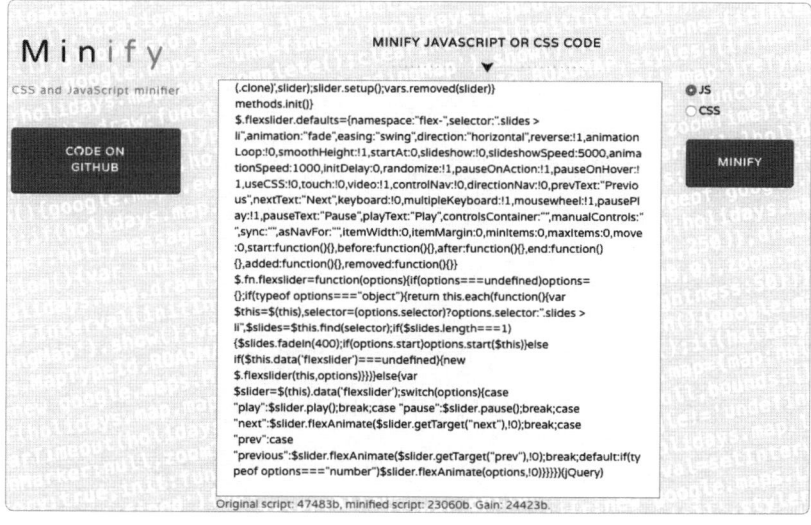

[그림 3-10] 스크립트 파일 최소화를 실행한 결과 화면

---

1) https://www.minifier.org

약 47KB였던 파일 사이즈가 스크립트 최소화 후 23KB 정도로 50% 이상 작아진 것을 그림 3-10에서 확인할 수 있습니다. 자바스크립트의 문법을 변경하지 않았으므로 최소화한 자바스크립트는 브라우저에서 정상 작동합니다.

같은 방식으로 Minify 사이트를 이용해 CSS나 HTML 같은 다른 스크립트 파일도 최소화할 수 있습니다. 그러나 해당 사이트의 로직을 변경해야 하거나 기존에 발견하지 못했던 버그를 디버깅하는 등 개발자의 작업이 필요한 경우 최소화된 파일로는 해당 작업이 불가능할 수 있습니다.

따라서 개발 서버와 운영 서버를 분리하는 방법을 많이 이용합니다. 이것은 개발자들이 개발 서버에서 스크립트 원본 파일을 두고 개발하고, 로직 테스트와 검증 작업이 완료되면 이 스크립트를 최소화해 운영 서버로 이관하여 운영 시에만 최소화된 스크립트 파일을 사용하는 방식입니다.

가장 효과적인 방법은 스크립트 파일 최소화로 불필요한 부분을 제거해 파일을 가볍게 만든 후, gzip 등의 압축 방식으로 서버가 내려준 파일을 클라이언트가 압축 해제하는 두 방법을 모두 사용하는 것입니다.

3.2.3 이미지 파일 압축

이미지 파일은 웹 사이트에서 가장 많은 용량을 차지하는 콘텐츠입니다. 대부분 화려한 사이트에는 고화질 사진이나 배경 화면 등 이미지를 많이 사용하기 때문입니다. 이미지 파일은 해당 파일 정보를 메타 데이터(meta data)에 포함해 저장합니다. 어떤 카메라로 촬영했는지, 해상도가 무엇인지 등이 메타 데이터의 대표적인 내용입니다. 메타 데이터는 사람의 눈에 실제 이미지로써 보이지 않으므로 불필요한 부분을 제거하면 크기를 상당히 줄일 수 있습니다.

tiny png[2]의 온라인 서비스를 이용하면 손실 압축 방식으로 이미지 파일을 압축할 수 있습니다. 압축이 필요한 이미지를 업로드하면 다음과 같이 실시간 압축을 지원합니다.

[그림 3-11] 온라인 이미지 압축 서비스를 사용한 예

아래는 해당 서비스를 이용해 실제로 이미지를 압축해 본 테스트 결과입니다.

[그림 3-12] Tinypng.com의 이미지 압축률 예

위 그림은 별다른 특징이 없는 옅은 회색 배경이 이미지의 많은 부분을 차지하고 있어 압축률이 높습니다.

---

2) https://tinypng.com/

3.2.4 브라우저가 선호하는 이미지 포맷 사용

웹상의 이미지는 JPG, GIF, PNG, BMP 등 다양한 포맷을 사용합니다. 웹 브라우저 시장을 선도하는 구글의 크롬이나 마이크로소프트의 인터넷 익스플로러 개발팀은 자사 브라우저가 동일 품질의 이미지 크기를 더욱 줄일 수 있는 이미지 포맷을 개발했는데, WebP와 JPEG XR이 대표적 형식입니다.

WebP는 손실 압축 방식을 사용하는 이미지 형식입니다. 구글에서 개발하여 자사의 크롬 브라우저와 안드로이드 계열에 적용했습니다. 웹에서 이미지 전달 용도로 많이 사용되는 JPEG 이미지 형식을 대체하기 위해 처음부터 웹 사이트 트래픽 감소, 로딩 속도 단축을 목적으로 개발했습니다. 주로 사진 이미지의 압축 효과가 높고 화질 저하를 최소화하면서도 파일 크기를 작게 만듭니다. 동일 품질의 JPEG 파일보다 작게는 10%에서 크게는 80%까지 압축할 수 있으며 JPEG보다 평균 50% 정도 파일 크기가 작아집니다. 아래 그림은 품질이 JPEG과 거의 동일하지만 파일 크기가 약 69% 작은 WebP 이미지 예입니다.

[그림 3-13] WebP 이미지 압축률 예

JPEG XR은 마이크로소프트가 JPEG 형식에 장점을 추가해 개발한 이미지 압축 형식이며 손실 압축과 비손실 압축 방식을 모두 지원합니다. 마이크로소프트사의 웹 브라우저와 어도비사의 이미지 제작 툴이 이 형식을 지원하는 대표적인 소프트웨어입니다. 웹에서는 평균적으로 JPEG의 30% 정도 크기로 동일한 품질의 이미지를 표시할 수 있습니다.

WebP는 구글이, JPEG XR은 마이크로소프트가 개발했기 때문에 자사의 브라우저를 우선 지원합니다. 따라서 웹 서버는 동일한 이미지를 각 형식으로 두 장씩 준비해 크롬 사용자에겐 WebP로, 인터넷 익스플로러 사용자에겐 JPEG XR 포맷으로 내려주는 방식을 사용할 수 있습니다. 혹은 JPEG 원본 이미지만 저장하고 있다가 요청한 사용자의 브라우저에 맞게 순식간에 변환하여 내려주는 방식도 많이 사용됩니다.

3.2.5 큰 파일은 작게 나누어 전송

500MB 정도 크기의 동영상 파일을 홍보 영상으로 웹 사이트에 삽입했다고 가정하면, 일반적으로 사용자들은 500MB 용량의 파일을 모두 다운로드하며 영상을 보게됩니다. 인터넷 속도가 빠른 지역에서는 문제가 없겠지만 느린 곳이라면 크기가 큰 동영상을 재생할 때 버퍼링이 발생합니다.

사용자가 영상을 처음부터 끝까지 보는 경우도 있겠지만 앞 혹은 중간 등 흥미 있는 부분부터 보는 사용자도 있습니다. 따라서 모든 파일을 다운로드하는 방식은 버퍼링을 유발하며 실제 보지 않는 부분까지 다운로드함으로써 인터넷 자원 낭비가 발생합니다.

이러한 경우를 대비해 큰 파일의 일부분을 순서대로 다운로드하는 부분 요청 응답 방식을 사용할 수 있습니다. 이 방식은 동영상뿐만 아니라 고화질의 큰 이미지, 매우 긴 문서 형태의 파일, 게임 패치 파일 등의 대용량 파일 전송에 사용합니다. 또한 웹 서버가 실시간으로 생성 및 갱신하기 때문에 크기를 가늠할 수 없는 콘텐츠를 전송할 때도 유용하게 사용됩니다.

부분 요청 응답 방식은 웹 서버에 특정 부분 파일 전달을 지원하는 기능이 있을 때만 사용할 수 있습니다. 이 기능은 아래와 같이 웹 서버의 응답 헤더를 통해 확인할 수 있습니다.

```
// 웹 서버의 부분 응답 지원 여부 확인
curl -I http://www.example.com/bigfile.jpg

HTTP/1.1 200 OK
(중략)
Accept-Ranges: bytes
Content-Length: 50000000
(생략)
```

위 예는 curl[3]이라는 명령어를 사용해 클라이언트가 웹 서버에 특정 파일의 부분 전송이 가능한지 확인하는 과정을 시뮬레이션한 것입니다. 웹 서버는 200 OK 정상 응답을 하며 몇 가지 정보를 HTTP 응답 헤더에 포함했습니다.

- **Accept-Ranges**: bytes
  byte 단위로 파일의 부분(Ranges) 지원 기능을 수락(Accept) 한다는 의미입니다.
- **Content-Length**: 50000000
  - 해당 파일의 전체 크기가 50MB라는 정보를 클라이언트에게 알려줍니다.

위와 같이 웹 서버가 부분 파일 지원 기능을 명시하면 클라이언트는 특정 부분만 요청할 수 있습니다.

```
// 파일의 특정 부분 요청하기
curl -v http://www.example.com/bigfile.jpg -H "Range: bytes=0-1023"
```

- **Range**: bytes=0-1023
  전체 파일이 아닌 처음(0)부터 1023바이트까지의 파일만 요청했습니다.

---

3) https://curl.haxx.se/

```
// 웹 서버의 206 응답
HTTP/1.1 206 Partial Content
Content-Range: bytes 0-1023/50000000
Content-Length: 1024
(생략)
(실제 파일의 해당 부분 콘텐츠)
```

부분 파일 요청에 웹 서버는 206 Partial Content 응답으로 자신이 전체 파일 중 부분만 전달했음을 명시하였습니다.

- **Content-Range**: bytes 0-1023/50000000

  전체 파일 범위(50,000,000바이트) 중 처음부터 1,023바이트까지만 전달한다는 의미입니다.

- **Content-Length**: 1024

  현재 전달한 부분 파일의 전체 용량이 시작 위치와 끝 위치를 알려주는 데이터를 포함하여 1,024바이트임을 명시합니다.

위 예제에서는 206 응답과 더불어 전체 파일 중 어느 범위, 몇 퍼센트의 콘텐츠를 내려 주었는지 클라이언트에게 알려주었습니다. 긴 영상을 재생할 때 동영상 플레이어에 보이는 조정 바(progress bar)는 바로 이 값을 이용해 제작합니다.

[그림 3-14] 조정 바를 사용하는 YouTube

클라이언트는 구간별로 부분 파일 요청을 반복하여 콘텐츠가 끊김 없이 서비스될 수 있도록 합니다.

Content-Length에서 전달한 파일이 실제 요청한 0~1,023바이트보다 1바이트 큰 것은 부분 파일의 마지막임을 알려주는 지시자가 포함되어 있기 때문입니다.

```
// 여러 범위를 가진 부분 파일 요청
curl -v http://www.example.com/bigfile.jpg -H "Range: bytes=0-50, 100-150"
```

위 예제는 부분 파일을 요청할 때 여러 범위의 파일을 쉼표(,)를 사용해 동시 요청할 수 있음을 나타냅니다. 특정 부분의 영상을 재생하면서 뒷부분 영상을 살짝 드러내고 싶을 때 유용하게 사용할 수 있습니다.

큰 파일에서 필요한 부분만 요청하고 전달받으면 파일의 다운로드 속도를 빠르게 합니다. 뿐만 아니라 사용하지 않는 구간의 콘텐츠를 낭비하지 않도록 두 마리 토끼를 잡을 수 있습니다.

3.3 : 캐시 최적화하기

IT 분야에서 캐시는 자주 사용되는 콘텐츠나 특정 데이터 등을 임의의 저장소에 복제해두고 재사용하는 방식을 의미합니다. 일반적으로 시스템이 캐시 저장소에 접근하는 시간이 원래 데이터 위치에 접근하는 시간보다 짧고, 시스템의 리소스를 아낄 수 있는 점에 착안해 콘텐츠를 다시 받아오는 시간을 절약하고 싶을 때 캐시를 사용합니다.

컴퓨터 공학 분야에서 캐시는 본래는 컴퓨터 자원을 절약하려는 방법에서 시작하였습니다. 대용량 메인 메모리에 빠르게 접근하는 CPU 캐시나 자주 사용하는 콘텐츠를 미리 하드 디스크에 저장해두는 디스크 캐시 등은 컴퓨터 자원을 적게 사용하면서 반복 사용되는 명령에 빠르게 응답하기 위해 만들어졌습니다.

인터넷상에서 캐시는 ISP 회사가 지역에 분포된 특정 시스템에 사용자와 원격 시스템 사이에서 주고받은 데이터를 캐시하고 다음 사용자에게 제공하는 방식으로 널리 사용됩니다. 콘텐츠를 캐시하는 이 시스템을 프록시(proxy) 서버라고 부릅니다. 프록시 서버 덕분에 ISP 회사들은 네트워크 대역폭을 아낄 수 있습니다. 또한 소비자들은 좀 더 빠르게 콘텐츠 응답을 받을 수 있어 만족도가 증가하는 일석이조의 효과가 있습니다.

인터넷 캐시는 캐시 영역에 미리 데이터를 복사해 두는 PUSH 방식과 실제 요청이 있을 때만 캐시에 저장하는 PULL 방식으로 분류합니다. PUSH 방식은 특정 시간, 특정 지역에 사용자의 요청이 과다하게 몰릴 것에 대비할 수 있습니다. 유명한 게임사가 특정 시간에 한국에서 새로운 게임을 론칭하거나 패치 파일을 배포한다고 가정해 보겠습니다. 유입 트래픽을 예상하고 콘텐츠 리스트를 파악해 여러 지역의 프록시 서버에 미리 배포해두면, 사용자는 빠르게 콘텐츠를 다운로드하고 게임사는 원본 서버의 peak 트래픽 접속을 방지하는 등 서버에 트래픽이 몰릴 때 발생하는 기술적 문제를 예방할 수 있습니다.

인터넷에서 빠른 자원 전달을 위한 인터넷 캐시가 발달하자 해당 콘텐츠를 소모하는 브라우저도 콘텐츠를 캐시하기 시작했습니다. 즉 빈번히 접속하는 웹 페이지에서는 자주 바뀌지 않는 이미지나 자바스크립트, CSS 파일 등을 인터넷 프록시 서버에도 캐시하지만 사용자의 브라우저도 해당 기기에 캐시합니다. 이로써 다음 접속할 때 인터넷에 요청하지 않아도 캐시된 콘텐츠를 사용할 수 있습니다. 이번 절에서는 인터넷 캐시와 브라우저 캐시를 사용하기 위해 필요한 기술적 정보들을 알아보겠습니다.

3.3.1 인터넷 캐시 사용

인터넷상에서 자주 요청되는 콘텐츠를 캐시하는 것은 속도와 인프라 보호 차원에서 중요합니다. 이를 주로 담당하는 시스템은 프록시 서버(proxy server)로 인터넷의 수많은 경로에 거미줄같이 존재합니다.

프록시라는 단어는 본래 대리인을 뜻합니다. 인터넷 구간에서 서버 대신에 클라이언트의 자원 요청에 응답해주는 본연의 기능에서 유래되어 프록시라는 이름을 사용합니다. 일반적으로 콘텐츠 소비자와 제공자 사이의 인터넷 구간이 멀 때 구간의 중간 정도에 하드웨어 또는 소프트웨어 방식으로 프록시를 설치해 사용합니다. 서버와 클라이언트 사이에서 통신을 대신하는 기능 자체를 프록시, 그 중계 기능을 수행하는 서버를 프록시 서버라고 합니다.

프록시 서버는 클라이언트가 처음 요청한 콘텐츠를 원본 서버(origin server)에 대신 요청하여 클라이언트에게 전달해주고 이를 스스로 저장합니다. 이후 다른 클라이언트가 동일한 콘텐츠를 요청했을 때 원본 서버에 접속할 필요 없이 자체 저장한 콘텐츠를 제공합니다.

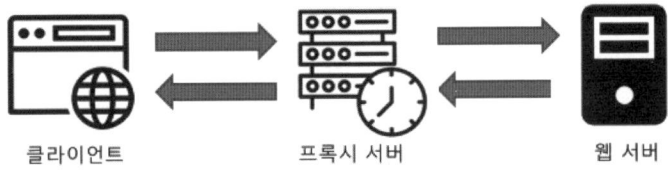

[그림 3-15] 프록시 서버

프록시 서버는 사용자가 많은 지역에 여러 곳을 선택하여 설치합니다. 먼 곳에 있는 원본 서버의 콘텐츠를 캐시를 사용하여 저장하고, 클라이언트가 요청했을 때 서버 대신 응답해 주는 방식입니다. 이 방식을 사용하면 두 가지 장점이 있습니다. 첫 번째로 사용자 부근의 프록시 서버의 응답 속도가 원래 서버의 응답 속도보다 빠릅니다.

두 번째로 원본 서버로 몰릴 수 있는 인터넷 트래픽을 프록시 서버로 분산해 원본 서버의 자원을 절약합니다.

3.3.2 브라우저 캐시 사용

프록시가 클라이언트와 서버 중간에 위치한 인터넷상의 캐시라면, 브라우저 캐시는 클라이언트 위치의 캐시입니다. 특정 웹 사이트에 접속하여 받아온 웹 콘텐츠들 중 브라우저가 저장할 수 있는 콘텐츠들을 클라이언트 측에 저장해 인터넷상의 요청을 아예 하지 않겠다는 개념입니다.

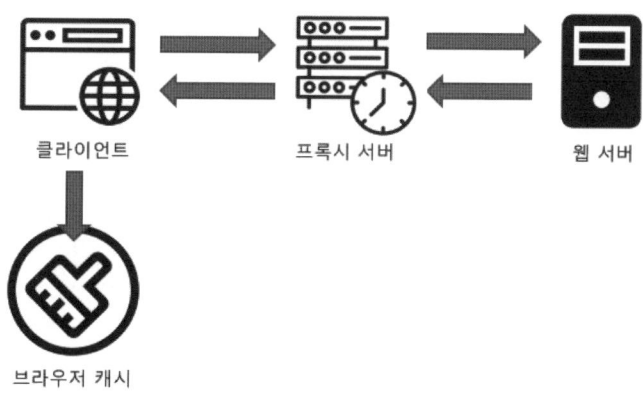

[그림 3-16] 프록시 서버와 브라우저 캐시를 모두 사용한 경우

특정 콘텐츠가 브라우저 캐시를 사용할지 아닐지는 일반적으로 웹 서버에서 먼저 결정해야 합니다. 따라서 웹 서버 관리자는 관련 인원들과 해당 콘텐츠의 캐시 정책을 조사하고 이를 웹 서버의 캐시 설정에 충실히 적용해야 합니다.

특정 콘텐츠를 브라우저에서 캐시할 수 있게 하고, 얼마나 긴 시간 동안 캐시해도 되는지 정책이 결정되면 웹 서버는 다음과 같이 Cache-Control 응답 헤더를 통해 설정 내용을 클라이언트에게 전달합니다. Cache-Control 헤더에는 캐시 기간을 초

(second)로 표시하여 브라우저에 전달합니다. 이 기간을 캐시가 생존하는 시간이라는 의미에서 TTL(Time To Live)이라고도 합니다.

```
// 캐시 TTL의 설정
Cache-Control: max-age=<캐시를 할 시간(초 단위)>

(예제)

Cache-Control: max-age=3600
→ 해당 콘텐츠는 브라우저가 다운로드한 후 1시간 동안 캐시 사용 가능
```

해당 콘텐츠가 개인 정보 등 민감한 정보를 가지고 있거나 절대 브라우저에 캐시하면 안 되는 콘텐츠라면 아래 예와 같이 브라우저가 캐시하지 않도록 설정합니다.

```
// 캐시하면 안 되는 콘텐츠의 헤더 값
Cache-Control: no-store
```

브라우저 캐시를 설정했을 때 브라우저가 원본 서버에 업데이트된 콘텐츠 대신 캐시되었던 예전 콘텐츠를 사용할 수도 있습니다. 따라서 브라우저 캐시를 사용하고 원본 서버의 콘텐츠 갱신 여부를 미리 조사해 변경이 없을 때만 캐시된 콘텐츠를 사용하도록 하려면 다음과 같이 설정합니다.

```
// 원본 서버의 콘텐츠 변경 확인
Cache-Control: no-cache
```

브라우저 캐시 사용 전 웹 서버에서 설정한 캐시 가능 주기를 먼저 확인하여 해당 시간 범위 내에서만 캐시를 사용하고 싶다면 아래와 같이 설정할 수 있습니다.

```
// 캐시 가능 주기 확인
Cache-Control: must-revalidate
```

위에 설명한 값 여러 개를 동시에 설정할 수도 있습니다. 다음 구문은 절대로 캐시하

지 말 것을 클라이언트에게 확고하게 알려줄 때 유용하게 사용할 수 있습니다.

```
// 캐시가 절대 불가능함을 알려주는 헤더 값
Cache-Control: no-cache, no-store, must-revalidate
```

반대로 해당 콘텐츠를 명확히 캐시할 수 있을 때는 public 지시자를 사용합니다. 캐시 주기 시간을 설정할 때 사용하는 max-age 지시자와 동시에 설정할 수도 있습니다.

```
// 캐시할 수 있음을 알려주는 헤더 값
Cache-Control:public, max-age=31536000
```

Cache-Control 헤더의 max-age 값은 브라우저가 콘텐츠를 전달받은 후 얼마의 시간 동안 캐시할지 초 단위로 설정하는 방법입니다. 그러나 특정 날짜의 특정 시간까지 캐시할 수 있는지 일정 자체를 설정하고 싶을 때는 아래 예처럼 Expires 응답 헤더를 사용합니다.

```
// 캐시 가능한 일정을 알려주는 헤더 값
Expires: <캐시 사용이 가능한 날짜>

Expires: Mon, 30 Nov 2020 07:00:00 GMT
→ GMT 시간대 기준, 2020년 11월 30일 오전 7시까지만 캐시 사용 가능
```

3.4 : CDN 사용하기

CDN(Content Delivery Network, 콘텐츠 전송 네트워크)은 인터넷상에서 생산·소비되는 웹 콘텐츠를 사용자에게 빠르게 전달하기 위해 캐시 서버(cache server) 혹은 에지 서버(edge server)라 불리는 대용량 인터넷 캐시 영역에 콘텐츠를 저장해 사용하는 네트워크 방식입니다. 여러 노드를 가진 네트워크에 콘텐츠를 저장하여 제공하는 프록

시의 일종으로 오늘날 인터넷 환경에서 광범위하게 사용되어 전 세계 인터넷 트래픽 성능을 개선해줍니다.

콘텐츠 전송 네트워크는 촘촘히 분산된 서버로 이루어졌으며 사용자의 웹 콘텐츠 요청에 직접 응답합니다. 또한 원본 서버라 불리는 콘텐츠 서버와 사용자(클라이언트) 사이에서 중재자 역할을 합니다.

CDN은 주로 실제 인터넷 사용자가 가입한 ISP의 데이터 센터 내에 캐시 서버를 두고 이를 직접 사용자와 연결해 데이터를 전송합니다. 그러므로 CDN을 사용하면 다음과 같은 장점이 있습니다.

1. 인터넷상 원거리에 있는 콘텐츠를 전달받는 과정에서 클라이언트와 웹 서버 사이에 발생할 수 있는 네트워크 지연(network latency)과 패킷 손실(packet loss) 현상을 줄일 수 있습니다.
2. 사용자는 가까운 에지 서버에 캐시된 콘텐츠를 전달받으므로 전송에 필요한 RTT(Rount Trip Time)가 줄어들어 빠르게 콘텐츠를 받을 수 있습니다.
3. CDN의 에지 서버가 캐시된 콘텐츠를 전송하므로 원본 서버의 부하를 줄일 수 있습니다. 또한 인프라를 확충하는 데 드는 인력과 경비를 줄일 수 있습니다.
4. 콘텐츠가 에지 서버와 주변 에지 서버 사이에 ICP(Internet Cache Protocol)를 이용한 서버 전파를 할 수 있어 캐시 콘텐츠의 재사용률이 매우 높습니다.
5. CDN 사업자들은 사용자 요청 트래픽이나 기술적 특이 사항을 모니터링하는 시스템을 갖추고 있어 인터넷 전송이 필요한 콘텐츠의 시스템과 인적 관리 비용이 절감됩니다.

최근 콘텐츠와 시스템이 데이터 센터에서 클라우드로 이동하는 추세입니다. 따라서 인터넷상에서 콘텐츠를 전달할 때 발생할 수 있는 문제점을 개선하거나 성능을 유지하고 관리해야 하는 새로운 가속화 과제가 등장하고 있습니다. 그리고 이러한 과제를 해결하려는 CDN 기술도 진보하고 있습니다.

CHAPTER

이미지 최적화

4*

4.1 : 이미지의 중요성

직관을 중요시하는 우리나라 사용자 특성을 고려하여 많은 웹 사이트에서 화려하고 선명한 이미지를 사용해 홈페이지를 꾸미는 데 노력합니다. 또한 고품질 이미지로 브랜드 가치나 상품을 홍보하려 하기 때문에 이미지의 중요성은 날로 커집니다. 인터넷 초창기에는 1K 이상 크기의 이미지를 홈페이지에 올리는 것을 상상하기 어려웠습니다. 하지만 초고속 인터넷 시대에 접어들어 홈페이지 관리자들이 사용하는 이미지의 크기가 점점 더 커지는 추세입니다.

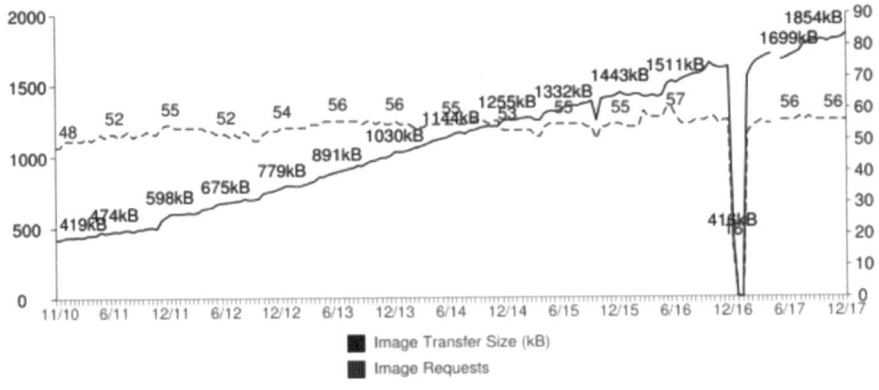

[그림 4-1] 웹 사이트 이미지 크기/이미지 수 추이[1]

위 그림은 웹 사이트에서 사용된 이미지 크기와 개수의 변화를 나타낸 그래프입니다. 그래프에서 보듯 사용되는 이미지 개수는 48개에서 56개로 약 17% 증가했습니다. 그런데 이미지 크기는 419KB에서 1,854KB로 무려 340%나 증가했습니다. 이는 사용되는 이미지 파일 하나의 크기가 무척 커졌다는 것을 의미합니다.

이러한 추세는 고해상도 디스플레이의 발전과 무관하지 않습니다. 디스플레이가 발전하면서 일반 모니터 기기뿐만 아니라 TV로도 웹 페이지를 볼 수 있습니다. 해상도는 FULL HD, 4K UHD를 넘어 5K까지 개발되었습니다. 화소 밀도(pixel density) 또한 2x, 3x 등으로 점차 증가하고 있습니다. 흔히 우리가 4K라고 부르는 모니터의 해상도는 3,840 × 2,160 정도의 크기를 지칭합니다.

---

1) httparchive.org

[그림 4-2] 다양한 크기의 해상도

화소 밀도

화소 밀도란 물리 스크린 공간 안에 얼마나 많은 픽셀이 압축되어 있는가를 의미합니다. 화소 밀도는 1x, 2x와 같은 기기 픽셀 비율(Device Pixel Ratio, DPR)로 표현합니다. 1,024 × 768, 3,840 × 2,160 등으로 표현하는 해상도는 우리에게 익숙합니다. 그러나 1x, 2x, 3x 등으로 표현하는 기기 픽셀 비율은 다소 생소하게 느껴집니다. 이것은 단위 길이 안에 존재하는 픽셀의 개수를 상대적으로 나타내는 단위입니다.

모니터나 TV의 화소 밀도는 보통 인치당 픽셀 개수인 PPI(Pixel Per Inch)로 표현합니다. 그림 4-3의 왼쪽 화면은 1인치(2.54cm) 안에 10개의 픽셀이 있으므로 10PPI로 표현합니다. 오른쪽 화면은 1인치 안에 20개의 픽셀이 있으므로 20PPI로 표현합니다. 왼쪽 화면 대비 오른쪽 화면이 인치당 2배의 픽셀이 있기 때문에 2x DPR 화면이 됩니다. 같은 1인치 안에 픽셀 수가 많으면 많을수록 화소 밀도가 높으며, 화소 밀도가 높을수록 더 선명한 화면을 표현할 수 있습니다.

단위 인치당 픽셀의 수가 2배 많다는 의미는 반대로 픽셀 크기가 ½로 작다는 뜻입니다. 그러므로 왼쪽 화면의 1,024픽셀 너비의 이미지는 오른쪽 화면에서는 반으로 작게 보입니다. 오른쪽 화면은 왼쪽 화면의 너비보다 픽셀 수가 2배 많은 2,048픽셀 픽셀 너비의 이미지를 준비해야 물리적으로 같은 크기의 이미지로 보입니다.

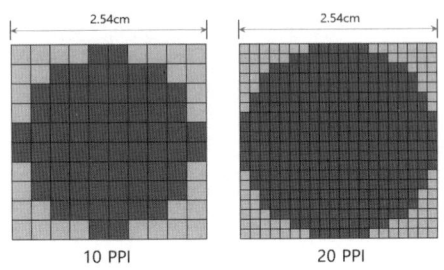

[그림 4-3] 기기 픽셀 비율

웹 이미지의 크기를 얘기할 때 포인트라는 용어를 사용하기도 합니다. 40픽셀 이미지는 말 그대로 40픽셀의 너비를 가진 이미지 하나를 의미합니다. 그러나 40포인트 이미지는 1x에서는 40픽셀, 2x에서는 80픽셀, 3x에서는 120픽셀의 너비를 가진 이미지를 뜻합니다. 따라서 웹 디자이너가 하나의 이미지를 사용할 때 디스플레이를 고려해 여러 크기의 이미지들을 모두 준비해야 하므로 훨씬 더 많은 노력이 필요합니다.

이러한 이미지의 특성은 웹 사이트의 성능에서 가장 중요한 역할을 합니다. 사용자가 사이트에 처음 접속해서 보는 가장 크고 특색 있는 이미지를 Hero 이미지 또는 대문 이미지라고 부릅니다. 사용자가 이 Hero 이미지를 보는 순간 홈페이지가 대부분 로딩되었다 느끼고 나머지 리소스들을 기다릴 여유가 생깁니다. 예를 들어 자동차 회사의 홈페이지에는 사용자들의 눈길을 끌기 위해 주력 차종의 이미지들이 가운데에 크게 배치될 것입니다. 그런데 이러한 Hero 이미지들이 홈페이지에서 가장 늦게 로딩된다면 사용자가 답답함을 느껴 금세 경쟁사의 웹 페이지를 찾아갈 확률이 높아집니다.

[그림 4-4] 주요 자동차 회사의 Hero 이미지

홈페이지 개발자들은 여기서 고민합니다. 비즈니스 부서에서는 구매자의 눈길을 끌기 위해 크고 선명하고 화려한 이미지들을 사용하도록 요구하는 반면 디자이너가 만든 고품질 이미지를 그대로 사용하면 웹 성능 문제로 고객 불만이 발생할 수 있기 때문입니다.

아래 그림은 어느 기업 홈페이지에 접속했을 때의 폭포 차트입니다. 대부분 크기가 큰 이미지들을 다운로드하느라 전체 페이지 로딩 시간이 지연됨을 알 수 있습니다.

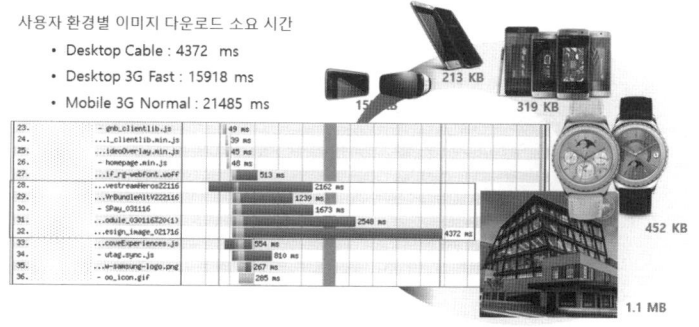

[그림 4-5] 폭포 차트

이렇듯 이미지는 모든 웹 사이트의 기능과 성능 면에서 매우 중요한 역할을 합니다. 이제 이러한 이미지를 가장 효율적으로 사용하는 방법을 알아보겠습니다.

4.2 : 디지털 이미지의 종류와 특성

이미지를 잘 사용하려면 우선 이미지의 종류와 특성을 잘 파악해야 합니다. 그리고 사용될 기기 타입과 용도에 맞춰 적절한 이미지를 선택해야 합니다.

아래 그림은 어느 쇼핑몰의 데스크톱과 모바일 사이트 이미지의 정보를 나타냅니다. 여러분도 알고 있듯 일반적으로 데스크톱 화면이 모바일 기기에 비해 큽니다. 이 쇼핑몰도 382 × 466 크기의 모바일용 이미지보다 큰 1,208 × 302 크기의 데스크톱용 이미지를 사용합니다. 하지만 67KB 무게의 데스크톱용 이미지보다 모바일용 이미지의 무게가 287KB로 더 무겁습니다. 웹 사이트의 성능을 위해서는 모바일 사이트에 더 가벼운 이미지를 사용하는 것이 당연히 유리합니다. 그런데 이처럼 모바일 이미지가 무거운 이유는 무엇일까요?

[그림 4-6] 데스크톱 이미지 VS 모바일 이미지

바로 모바일 이미지에 PNG 타입을 사용하기 때문입니다. PNG 파일은 알파 채널(alpha channel)이라는 이미지 변환 기법을 사용합니다. 알파 채널은 핵심 이미지 레이어를 제외한 배경 이미지 레이어를 제거하여 전체 이미지를 투명하게 만들어 사용할 수 있는 장점이 있습니다. 하지만 같은 품질의 JPEG 대비 파일 사이즈가 커지는 단점도 있습니다. 따라서 투명 기능이 필요하지 않으면 아래 그림처럼 JPEG 타입으로 변환해 사용하는 것이 사이트의 성능을 위한 더 나은 선택입니다.

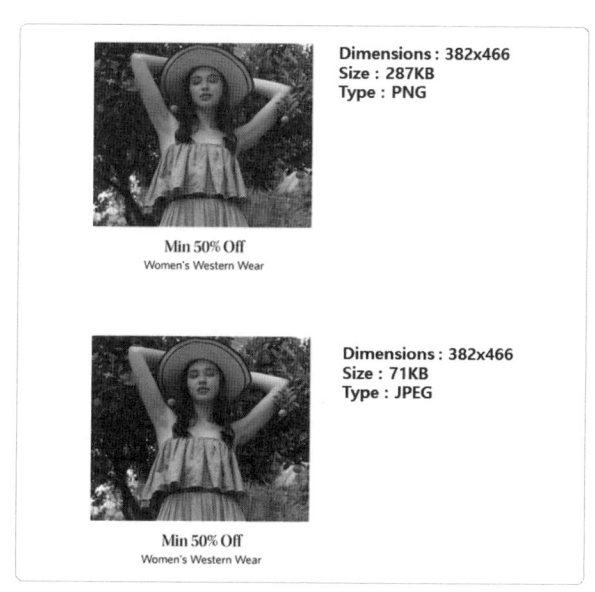

[그림 4-7] PNG vs JPEG

두 이미지가 같은 해상도의 거의 유사한 품질임에도 위와 같이 변경하면 JPEG 이미지의 크기가 PNG보다 약 1/4 정도로 줄어듭니다. 사실 거의 유사한 품질이라는 용어에는 논란의 여지가 있습니다. 어떤 사용자는 품질의 차이를 못 느끼더라도 다른 사용자는 이미지의 색상이나 밝기에 민감하게 반응할 수 있기 때문입니다. 만약 이미지로 특정 제품의 선명도를 나타내고자 했다면 약간의 품질 차이가 제품 이미지나 판매 실적에 큰 영향을 줄 수도 있습니다.

하지만 약간의 품질 차이가 웹 사이트의 성능에 큰 영향을 미친다면 그 역시 재고해야 합니다. KissMetric의 연구 결과[2]에 따르면 페이지 로딩 시간이 1초 느려질 경우 상품을 구매하는 사용자의 비율이 약 7% 감소할 수 있다고 합니다. 결국 이미지 형식의 종류와 특징을 잘 파악하고 사용 목적 및 기기에 맞는 이미지를 선택하는 것이 웹 성능 향상뿐만 아니라 비즈니스에 도움이 됩니다.

4.2.1 래스터 이미지 vs 벡터 이미지

디지털 이미지는 일반적으로 디지털 화면에 이미지들을 어떻게 표현하는지에 따라 래스터 이미지와 벡터 이미지로 분류합니다. 래스터 이미지는 우리가 사용하는 대부분의 이미지 유형입니다. 작은 사각형 모양의 픽셀에 표현하고자 하는 색상 정보를 입력해 이를 컴퓨터로 표현하는 방식입니다. 또한 각각의 픽셀들이 모여 하나의 큰 이미지를 완성합니다. 그렇기 때문에 사이즈가 크거나 품질이 더 좋은 이미지를 만들기 위해서는 그만큼의 정보를 담은 픽셀들을 추가해야만 컴퓨터가 이를 정상적으로 표현할 수 있습니다. 그러므로 확장성은 떨어집니다.

반면 벡터 이미지는 그리고자 하는 대상의 수학적인 정보를 제공합니다. 즉, 그림이 위치할 좌표나 원 또는 사각형 등의 형상, 크기, 색상 등의 정보를 제공하여 컴퓨터가 마치 그림을 그리듯 화면에 표현합니다. 벡터 이미지 중 .svg 확장자를 가진 SVG 파일이 W3C 표준 포맷으로 가장 많이 사용됩니다. 벡터 이미지는 메타 정보를 담고 있으므로 화면이 커지거나 작아진다고 해서 이 정보가 달라지지 않습니다. 그러므로 화면 스케일에 상관없이 항상 선명한 이미지를 표현할 수 있습니다. 하지만 그림이 복잡해지면 이를 표현하기 위한 정보가 기하급수적으로 늘어나며 이를 수학적인 정보로 표현하는 데에도 많은 제약이 있습니다.

---

2) https://neilpatel.com/blog/loading-time/

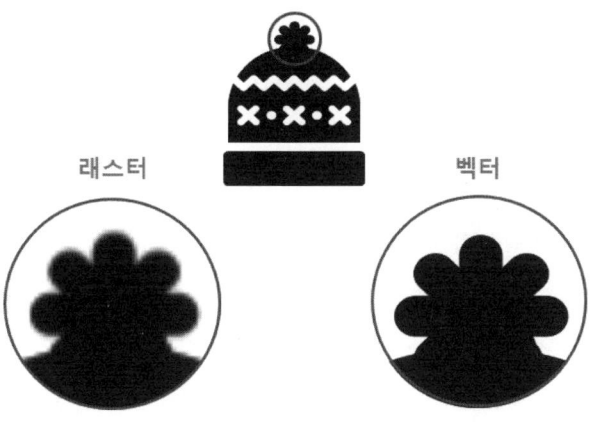

[그림 4-8] 벡터 이미지 vs 래스터 이미지

SVG 파일은 텍스트 기반 콘텐츠이므로 gzip이나 brotli 같은 텍스트 압축 기법으로 간단히 최적화할 수 있습니다. 또한 zopfli 압축 기법으로 svgz 파일을 만들어 사용할 수도 있습니다.

앞서 언급했듯 다양한 타입의 이미지들이 래스터 형태를 기반으로 만들어집니다. 레스터 이미지에는 인터넷의 등장과 함께 꾸준히 네트워크 전송용 이미지로 사용된 친근한 형식들이 있습니다. 또한 한층 향상된 압축 기법으로 최적화된 이미지와 다양한 기능들을 제공하는 최신 형식의 이미지들도 있습니다. 이제부터 이러한 이미지들의 특성 및 장단점을 알아보겠습니다.

4.2.2 무손실 이미지 형식 vs 손실 이미지 형식

이미지 형식을 구분하는 또 다른 기준은 이미지 정보의 손실을 허용하는지 여부입니다. 원본 이미지의 정보 손실을 허용하지 않으면 무손실 이미지라고 합니다. 그리고 필요에 따라 이동할 수 있는 형태를 만들기 위해 정보 손실을 어느 정도 허용하면 손실 이미지라고 합니다.

예를 들어 디지털 카메라로 사진을 찍어 RAW 형식으로 저장한다고 생각해 보겠습니다. 이때 모든 색상 정보와 빛의 정보가 그대로 저장되므로 10M에서 30M 정도 크기로 저장됩니다. 이것을 인터넷에서 관리하고 전송하기 어렵기 때문에 적절한 압축 기법을 이용해 사이즈를 축소해 저장합니다. 이 과정에서 많은 이미지 정보가 삭제됩니다. 또한 눈에 뜨일 정도로 품질 손상을 가져오는 경우도 있습니다. 손실 이미지 형식은 단순 복사를 하거나 저장할 때도 정보 손실이 발생할 수 있으므로 주의해야 합니다.

GIF, PNG는 무손실 이미지의 대표적 형식입니다. JPEG과 WebP, JPEG XR, JPEG 2000과 같이 브라우저에 특화된 이미지 유형들은 손실 이미지에 해당합니다.

GIF

GIF(Graphic Interchange Format)는 인터넷이 활성화된 이래 가장 처음으로 등장한 이동식 이미지 형식으로써 아직까지 널리 사용됩니다. 특히 몇 개 이미지를 묶어 짧은 움직임을 표현하는 애니메이션 기능을 제공해 웹 사이트뿐만 아니라 채팅 프로그램에서 이모티콘으로도 많이 활용됩니다.

하지만 초창기 형식이기 때문에 사용할 수 있는 색이 256 컬러(8bit)로 매우 제한적입니다. 트루 컬러 타입(true color type)인 GIF 이미지로 변형하여 사용할 수 있지만 이 경우 파일 사이즈가 기하급수적으로 커져 비효율적입니다. 따라서 화려한 색상의 복잡한 이미지보다 기업의 로고 같은 다소 단순한 형태의 이미지 표현에 적합합니다.

PNG

PNG(Portable Network Graphic)는 256색만 사용할 수 있는 GIF의 단점과 특허 문제를 해결하기 위해 개발되었습니다. PNG는 GIF와 마찬가지로 무손실 타입 이미지입니다. 그러나 24비트 색상을 사용하므로 GIF보다 고품질 이미지를 표현할 수 있습니다. 24비트 색상은 2의 24제곱승인 16,777,216개 색상을 사용할 수 있다는 뜻입니다. 웹 사이트에는 알파 채널이라고 불리는 투명 기능 때문에 PNG가 많이 사용됩니다. 이 기능으로 이미지의 백그라운드 투명도를 조절해 하나의 이미지에 여러 배경을 바꾸어 이미지를 다양하게 조합할 수 있습니다.

PNG 형식에는 몇 가지 하위 유형이 있는데 크게 컬러 팔레트 PNG와 트루 컬러 PNG로 나눌 수 있습니다. 대부분 웹 사이트에서 사용되는 PNG는 알파 채널이 추가된 트루 컬러 PNG입니다.

[그림 4-9] PNG 알파 채널을 사용한 투명 기능

JPEG

JPEG(Joint Photographic Experts Group)은 사진을 저장하는 사실상의 표준 형식입니다. 디지털 카메라로 만들어지는 RAW 형식 파일은 크기가 너무 크기 때문에 네트워크로 전송하거나 웹에 게시하기 어렵습니다. 이러한 단점을 극복하기 위해 Joint Photographic Experts Group에서 개발한 이미지 형식을 그룹 이름을 요약한 JPEG으로 명명하였습니다. JPEG은 사람의 눈이 인식할 수 있는 색상만 남기고 나머지를 제거하는 방식의 기술을 이용하여 이미지를 표시하는 데 필요한 정보를 줄입니다. 그러므로 고해상도 이미지를 크게 압축한 파일로 저장할 수 있습니다.

JPEG은 사용자가 그 품질 값을 결정할 수 있습니다. 품질 값의 범위는 0-100이며 값을 100으로 설정해도 약간의 품질 손실이 발생합니다. 따라서 동일한 이미지를 여러 번 편집해야 하는 경우 비트맵이나 PNG처럼 무손실 이미지 파일을 사용하고, 편집을 완료하면 JPEG으로 저장하는 것을 권합니다.

JPEG 형식은 PNG나 GIF에 비해 사진 이미지에 가장 적합한 형식으로써 디지털 카메라에서도 널리 사용됩니다. 그림 4-7에서 확인할 수 있듯 압축률이 높아 PNG 파일보다 크기가 훨씬 작습니다. 하지만 투명 기능이나 애니메이션 기능을 지원하지 않는 단점이 있습니다.

JPEG 2000

JPEG 2000은 Joint Photographic Experts Group에서 JPEG의 단점을 보완하려고 새롭게 개발한 이미지 형식입니다. JPEG의 압축 방식과 달리 새로운 방식을 사용하여 이미지 압축률을 높였습니다. 무손실 압축 및 투명 기능, 애니메이션 기능을 지원합니다. 또한 16, 24, 32비트 등 다양한 색상을 지원합니다. 그러나 다양한 기능이 포함된 만큼 다른 형식들에 비해 더 많은 프로세싱 자원이 필요합니다.

JPEG의 뒤를 잇는 표준 이미지 형식으로 JPEG 2000을 발표하였지만 사실 대부분 브라우저에서 지원하지 않습니다. 다만 애플의 사파리 계열 브라우저와 사파리 라이브러리를 사용해 만들어진 iOS용 크롬에서는 JPEG 2000 형식을 지원합니다. jp2 또는 jpx를 JPEG 2000의 확장자로 사용합니다.

WebP

WebP는 구글에서 개발하고 배포한 이미지 형식입니다. 현재 구글 크롬의 시장 점유율을 고려하면 WebP의 영향력이 얼마나 클지 짐작할 수 있습니다. WebP 역시 JPEG보다 개선된 공격적 압축 방식을 사용하여 파일 크기를 25~35% 정도 작게 만들 수 있습니다. 무손실 압축, 애니메이션 기능, 투명 기능도 모두 지원합니다.

WebP는 다른 이미지 형식들에 비해 압축률이 높지만 이미지 품질을 많이 낮추면 화질에 약간의 손실이 발생합니다. 특히 흰색이나 검은색 등 단색의 모서리 부분에 많은 결점이 보이기도 합니다. 또한 JPEG과 같은 점진적 데이터 전송 기능은 갖추지 못했습니다. 일반적인 환경에서는 JPEG보다 전체 파일 크기가 작은 WebP를 사용하는 것이 유리합니다. 하지만 사용자의 네트워크 품질이 낮은 경우를 고려한다면 점진적 데이터 전송 기능이 빠진 점은 아쉽습니다.

JPEG XR

JPEG XR은 마이크로소프트사에서 개발한 이미지 형식입니다. XR은 eXtended Range의 약자로 이 이미지 형식이 지향하는 바를 나타냅니다. 즉 JPEG XR은 JPEG에 비해 R/G/B에 해당하는 색상 채널당 더 많은 수의 채색을 허용해서 표현할 수 있는 색상 범위를 확장했습니다. JPEG 2000이나 WebP와 마찬가지로 무손실 압축 및 투명 기능을 지원합니다. 점진적 데이터 전송 기능도 지원합니다. JPEG XR 역시 향상된 압축 기법으로 파일 크기를 크게 감소시킬 수 있습니다. 그러나 현재 마이크로소프트사의 인터넷 익스플로러와 에지에서만 지원합니다.

아래 표에는 지금까지 설명한 이미지 형식의 특징을 각각 정리했습니다.

	GIF	PNG	JPEG	JPEG 2000	WebP	JPEG XR
압축률	보통	보통	높음	매우 높음	매우 높음	매우 높음
압축 방식	무손실	무손실	손실	손실/무손실	손실/무손실	손실/무손실
애니메이션	지원	미지원	미지원	지원	지원	지원
투명	미지원	지원	미지원	지원	지원	지원
점진적 전송	지원	지원	지원	지원	미지원	지원
지원 브라우저	모든 브라우저	모든 브라우저	모든 브라우저	사파리	크롬 오페라 안드로이드 파이어폭스 (v65+) 사파리 (v14+)	인터넷 익스플로러 에지

[표 4-1] 이미지 형식별 특징

4.3 : 이미지 변환 기법

2절에서는 이미지 특성을 고려해 사용 목적에 맞는 이미지를 선택했습니다. 이번에는 선택한 이미지가 웹에 최적화되도록 변환하는 방법을 알아봅니다. 원시 파일을 다양한 이미지 형식으로 변환하는 방법에 대한 설명은 이 책의 범위를 벗어나므로 생략하겠습니다. 책에서는 이미지 파일 크기를 줄이거나 웹상에서 빠르게 전송하는 방안에 대해서만 설명합니다.

1절에서 이미 언급했듯 이미지 파일의 크기는 웹 사이트 성능에 커다란 영향을 미칩니다. 따라서 이미지를 변환하는 주된 이유 역시 이미지 파일의 크기를 줄이기 위함입니다.

이미지 압축에 대해서는 2장에서 간단히 설명했습니다. 이 절에서는 무손실 압축과 손실 압축에 대하여 더 자세히 알아보겠습니다.

4.3.1 무손실 압축

무손실 압축을 하려면 각 이미지 유형을 다르게 처리해야 합니다. 그러나 대체로 스크립트를 통해 압축을 자동화할 수 있다는 장점이 있습니다. 온라인으로 무손실 압축을 지원하는 서비스 사이트도 많지만 매번 많은 이미지들을 수작업으로 변환하는 일은 번거롭습니다. 따라서 무료로 배포되는 라이브러리의 명령어들을 이용해 자동화하는 방법을 설명합니다.

GIF
GIF는 앞서 언급했듯 256색상만으로 만들어집니다. 애니메이션이 포함되어 있지 않다면 압축률이 더 높은 PNG8이나 각 브라우저에 특화된 이미지 형식으로 변경하는 것을 권합니다.

- ImageMagicK

    ImageMagicK는 비트맵 이미지 생성, 수정, 변환 등 다양한 작업을 할 수 있게 해 주는 유용한 도구입니다. 이 책에서 설명한 모든 형식의 이미지 변환 기능을 지원합니다. 내부적으로는 libwebp, jxrlib를 비롯한 다양한 오픈 소스 라이브러리를 필요에 따라 적절히 사용합니다.

    ```
    #이미지의 정보를 보기
    $identify -verbose example.jpg

    #다른 타입으로 변환
    $convert input.gif output.png
    ```

- Giflossy

    Giflossy는 GIF의 무손실, 손실 압축을 지원합니다. 뿐만 아니라 Animated GIF 생성 및 최적화 등 다양한 GIF 편집 기능에 대한 명령어를 제공합니다.

- Gifsicle

    Gifsicle은 Animated GIF 이미지 생성, 편집, 최적화 도구입니다. Gifsicle을 이용해 애니메이션이 포함된 GIF 파일 사이즈를 줄이거나 WebP로 변환할 수 있습니다. 애니메이션은 여러 개의 이미지 프레임으로 구성되고 각 프레임 이미지 사이에는 움직이지 않는 부분들이 있습니다. Gifsicle은 연속 프레임에서 변하지 않는 부분들을 찾아 제거함으로써 애니메이션을 최적화합니다.

    ```
    $ gifsicle -O2 src.gif > dest.gif
    ```

- gif2webp converter

    구글에서 libwebp와 함께 제공되는 명령어로써 GIF를 WebP로 변경합니다. 컨버터를 다운로드한 후 아래와 같이 사용합니다.

    ```
    $ gif2webp animation.gif -o animation.webp
    ```

- ImageMagicK

    ImageMagicK를 이용해 애니메이션이 포함된 GIF 파일을 다른 형식으로 변경하면 모든 프레임을 개별 파일로 출력합니다. JPEG 2000 확장 형식으로 변경할 경우 애니메이션은 보존됩니다. 그러나 이 경우 파일 크기가 크게 감소하진 않습니다.

PNG

PNG는 PNG임을 알리는 구분자인 첫 8바이트의 서명을 제외하고 청크(chunk) 형태로 이미지 정보를 저장합니다. 이미지 정보를 저장하는 것은 핵심 청크입니다. 이외에도 히스토그램 관련 데이터나 이미지가 어도비 포토샵 같은 소프트웨어에서 작성되었음을 알려주는 정보성 청크 등 사용자 정의 청크를 추가할 수 있습니다. 그러나 이러한 청크들은 대부분 웹 렌더링에 필요하지 않으므로 삭제할 수 있습니다.

- Pngcrush
  대표적인 PNG 최적화 도구 중 하나입니다. 실행 속도 대비 최적화 결과가 좋아 비용에 비해 최대 효과를 냅니다. 오픈 소스이며 Windows, UNIX, Linux 등의 명령행으로 실행되므로 스크립트를 사용해 자동화하기에 적합합니다.

- Pngquant
  Pngquant 또한 PNG에 대한 무손실 압축뿐만 아니라 손실 압축까지 모두 지원하는 명령행 기반 오픈 소스 도구입니다. ImageAlpha나 ImageOptim 등 다양한 GUI형 이미지 압축 도구에서 사용됩니다.

이외에도 OptiPNG & Zopfli와 PngOptimizer 등 다양한 오픈 소스 도구가 있습니다.

JPEG

JPEG 파일 안에는 이미지 정보 외에도 많은 메타 데이터가 포함되어 있습니다. 대표적으로 다음과 같은 종류의 메타 데이터들이 포함되어 있습니다.

- 주석 및 공백
- 어도비 포토샵 같은 편집 애플리케이션 정보
- 카메라 제조사 및 모델, 사진 촬영 날짜, 사진 위치 정보, 축소판 또는 오디오와 같은 EXIF (EXchangeable Image File Format) 정보

이 정보들은 이미지의 세부 정보를 알고 싶을 때는 유용합니다. 그러나 웹상에 이미지를 표시할 때 아무 도움이 되지 않습니다. 따라서 삭제하면 이미지 품질 손실 없이도 파일 크기를 줄일 수 있습니다.

- MozJPEG

    JPEG을 더욱 효과적으로 압축하기 위해 만들어진 라이브러리입니다. JPEG 파일 크기를 효과적으로 감소시킵니다. 뿐만 아니라 다른 이미지 형식에 대한 해독기를 지원해 JPEG으로 변환할 수 있습니다. 손실 압축을 사용하는 JPEG 이미지 특성상 1~100 사이의 품질로 자유롭게 변환할 수 있습니다. 그러므로 MozJPEG 역시 무손실 압축과 손실 압축을 모두 지원합니다. 추가로 Progressive JPEG으로 변환하는 기능도 지원합니다.

- libJpeg

    JPEG을 생성, 변환하기 위해 널리 사용되는 무료 라이브러리입니다. 그중 jpegtran 모듈은 이미지 안 메타 정보를 삭제하거나 Progressive JPEG으로 변환하는 등 최적화 작업 수행을 돕습니다.

- Guetzli

    구글에서 배포한 JPEG 인코더입니다. Guetzli를 사용해 JPEG을 생성하면 libjpeg 대비 파일 크기를 20~30% 감소시킵니다. PNG와 JPEG 파일을 읽어 들여 최적화된 파일을 생성합니다. MozJPEG처럼 quality 옵션을 이용해 원하는 만큼 손실 압축도 할 수 있습니다.

4.3.2 손실 압축

손실 압축은 특정 이미지 정보를 누락, 즉 손실시켜 파일 크기를 줄이는 방법입니다. 예를 들어 사람의 시각은 명암 차이에 민감하지만 채색 차이에 크게 민감하지 않습니다. 따라서 이미지 색이 비슷한 부분을 하나의 색으로 통일해 그만큼의 정보를 손실시켜도 사용자는 눈치채지 못합니다. 손실 압축은 원하는 만큼의 화질을 얻지 못하는 위험이 있으므로 고화질의 사진을 저장해 감상하고 싶다면 손실 압축을 피해야 합니다. 하지만 웹상에 게시하고자 한다면 성능과 화질 사이 득실을 따져봐야 합니다.

대부분 웹 사용자들은 게시된 이미지의 약간의 화질 차이는 신경 쓰지 않습니다. 하지만 100ms의 이미지 로딩 속도 차에는 오히려 민감하게 반응합니다. 따라서 손실 압축 기법을 잘 활용하면 사용자의 시각적 경험은 훼손하지 않으면서도 로딩 속도를 눈에 띄게 향상시킬 수 있습니다.

그렇다면 몇 %까지 손실 압축하는 것이 가장 최적일까요? 대개 이미지에 따라 손실 압축 비율이 달라집니다. 단조로운 색의 이미지라면 손실 허용률이 클 것이고 화려하고 역동적 색상의 이미지라면 손실 허용률이 작아질 것입니다.

Imgmin 프로젝트[3]에 의하면 사람이 품질 저하를 거의 눈치채지 못하면서 파일 크기를 가장 크게 줄일 수 있는 JPEG 품질은 100~75% 사이라고 합니다. 평균적인 JPEG은 100~75% 품질에서는 각 이미지 품질 차이가 거의 눈에 띄지 않지만 품질이 낮아짐에 따라 파일 크기 차이가 커집니다. 다시 말해 대부분 이미지는 75%의 품질로도 브라우저에서 문제없는 화질로 보입니다. 그리고 95% 품질의 이미지보다 크기는 절반 정도로 감소합니다. 75% 이하의 품질은 시각적으로 인지할 수 있을 만큼 차이가 커지므로 사용하기에 바람직하지 않습니다.

필자는 85~80% 정도 품질의 이미지 손실 압축을 권장합니다. 이미지 형식에 따라 차이가 있지만 85~80% 손실 압축은 대부분 손실에 의한 열화 없이 변환되며 100% 품질을 가진 JPEG 파일의 크기를 약 70%까지 줄일 수 있습니다. 표 4-2는 JPEG 형식의 상품 이미지 47,209개를 80% 품질 수준으로 손실 압축했을 때 파일 크기 감소율을 측정한 결과입니다. 원본 이미지의 품질이 98~100% 수준이었을 때 감소율이 50~72%로 크게 나타났습니다. 이미지의 품질이 90% 이하일 때는 한 자릿수 수준의 감소율을 보입니다. 원본 이미지 품질이 91~94%인 경우에도 두 자릿수 감소율을 보이는 것을 감안하면, 원본 화질이 91% 이상일 때 80%로 손실 압축하는 효과가 큰 것을 예상할 수 있습니다.

---

[3] https://github.com/rflynn/imgmin

원본 화질	샘플 개수	파일 크기 합(바이트)	감소 크기(바이트)	감소율(%)
100	1,020	3,425,352	2,461,860	72%
99	32,001	109,047,132	74,346,712	68%
98	514	2,159,200	1,429,344	66%
97	1,054	3,273,648	1,838,448	56%
96	755	2,682,492	1,428,492	53%
95	917	3,015,460	1,511,032	50%
94	6,184	18,168,128	7,063,920	38%
93	489	1,470,604	472,256	32%
92	471	1,310,116	226,992	18%
91	3,616	9,095,116	1,573,412	17%
90	188	452,084	46,592	9%

[표 4-2] 화질 80% 수준의 손실 압축 시 원본 화질에 따른 이미지 파일 크기 감소율

손실 압축을 하려면 기존 이미지 형식을 디코딩한 후 알고리즘에 따라 원하는 화질로 저하시켜 다시 원래 이미지 형식으로 인코딩해야 합니다. 이러한 일련의 작업을 ImageMagick가 지원합니다. ImageMagick는 아래 예처럼 '-quality' 옵션을 이용해 이미지를 원하는 수준으로 재생성합니다.

```
$ convert input.jpg -quality 80 output.jpg
$ convert input.png -quality 80 output.jpg
```

적절한 손실 압축 품질 지수

사용자의 경험을 해치지 않고 파일 크기를 크게 줄일 수 있는 손실 압축의 품질 수준은 100~75% 사이라고 설명했지만 각 이미지 특성에 따라 최적의 품질 수준이 달라집니다. 표 4-2의 예처럼 모든 JPEG 이미지를 80% 품질로 손실 압축하면 최소 50% 정도 파일 크기 감소 효과가 있습니다. 그러나 더 공격적인 손실 압축으로 사용자 경험(user experience)을 저해하지 않고 이미지 크기를 더욱 줄일 수 있습니다. 반대

로 몇몇 이미지의 경우에는 열화 현상이 발생할 위험도 있습니다.

손실 압축을 위한 최적의 품질 지수를 찾기 위해서는 원본 이미지와 손실 압축 이미지의 시각적 차이를 정량 계산할 수 있는 방법이 필요합니다. 두 이미지 간 차이를 정량적으로 수치화해 표현하려는 연구는 계속 진행되고 있습니다. 그 대표적인 알고리즘은 다음과 같습니다.

1. **평균 제곱 오차**

    평균 제곱 오차(Mean Squared Error, MSE)는 원본 이미지 픽셀과 압축 이미지 픽셀 간 평균 수학적 거리를 계산합니다. 쉽게 말해 두 이미지 전체 픽셀 간 차이를 나타냅니다. 각 픽셀에는 이미지 정보가 담겨 있으므로 두 이미지 간 매핑되는 픽셀 값의 차를 구하고 그 제곱 값의 평균을 구합니다. 그리고 아래와 같은 수학 계산으로 두 이미지 간 유사성을 비교합니다. 두 이미지가 동일 이미지라면 결괏값이 0에 수렴합니다.

    $$MSE = \frac{1}{mn} \sum_{i=0}^{m-1} \sum_{j=0}^{n-1} [I(i,j) - K(i,j)]^2$$

    (I: MxN의 원본 이미지, K: I의 압축 이미지)

2. **최대 신호 대 잡음 비**

    최대 신호 대 잡음 비(Peak Signal to Noise Ratio, PSNR)는 영상이나 오디오에서 전송 신호 대비 잡음 비율을 의미합니다. 이미지 관점에서 본다면 원본 이미지 대비 압축 알고리즘에 의해 발생한 오류의 비율이라 할 수 있습니다. 여기서 오류란 원본 이미지와 압축된 이미지의 차이입니다. 따라서 위에서 살펴본 Mean-Squar-Error(MSE) 값을 사용합니다. 오류가 크면 PSNR은 작아지고 원본에 가까울수록 PSNR 값은 커집니다. PSNR의 단위인 dB(decibel)은 압축 코덱의 우수성을 판단하는 데 사용하기도 합니다. 보통 PSNR 값이 30dB 이상이면 원본과 구별이 어려울 정도로 우수합니다.

    MSE 값이 클수록 PSNR 값은 작아지며 원본 대비 나쁜 화질을 의미합니다. 반대로 MSE 값이 작을수록 PSNR 값은 커지며 원본에 가까운 좋은 화질을 뜻합니다. MSE와 PSNR은 원본과의 차이점을 추정하는 데 사용됩니다. 그러나 압축 이미지에 대한 사용자의 시각적 인지 유형이 반영된 것은 아닙니다. 일부 이미지 형식은 사람의 눈에 덜 인식되는 부분을 집중 압축해 품질 저하는 거의 없이 압축률을 향상시킵니다. PSNR과 MSE는 이러한 부분을 고려하지 않기 때문에 특정 이미지 형식에 적용할 경우 잘못된 정보를 제공할 수도 있습니다.

3. **구조적 유사도**

    구조적 유사도(Structural Similarity, SSIM)는 이미지의 구조적 정보를 고려해 품질 차이를 계산하도록 만든 방법입니다. 이미지의 구조 정보란 인간의 시각에서 중요하게 인식되는 밝기(luminance) 정보, 명암 대비(contrast) 정보 그리고 이 둘 사이 상관 관계인 구조 정보를 의미합니다. 알고리즘에 따라 원본 이미지와 압축 이미지 사이의 유사도를 각 정보별로 평가하고 서로 곱해 전체 이미지의 유사성을 평가합니다.

SSIM의 결과는 0에서 1 사이의 점수로 평가합니다. 결과가 1이면 압축 이미지는 원본과 완벽히 동일한 이미지며 0에 가까울수록 화질 왜곡이 심한 이미지라 할 수 있습니다.

또한 SSIM과 유사하지만 값을 역으로 평가하는 역구조적 유사도(DSSIM) 평가도 많이 사용됩니다. 역구조적 유사도에서는 0이 원본과 완벽히 동일한 이미지, 1이 원본과 완전히 다른 이미지임을 나타냅니다.

SSIM은 인간의 시각 인지 유형을 고려하면서 품질을 비교 평가하는 신뢰성 있는 척도로써 연구에 많이 사용됩니다. 하지만 SSIM은 회색조(gray scale)를 기반으로 동작하므로 이미지 사이의 색 차이를 정확하게 인지하지 못하는 한계점이 있습니다. 따라서 이를 보완하는 구글의 Butteraugli 프로젝트 같은 기법들이 지속적으로 소개되고 있습니다.

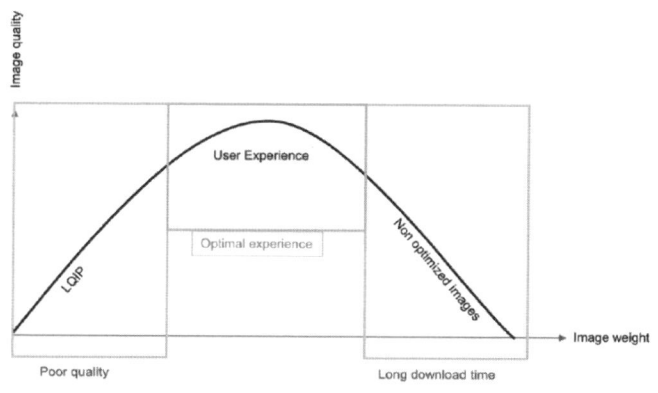

[그림 4-10] 이미지 품질/크기에 따른 사용자 경험의 변화 곡선

SSIM은 사용자 경험을 최대화하기 위한 이미지 최적화에 유용하게 사용할 수 있습니다. 위 그래프에서 볼 수 있듯 사용자의 웹 경험은 이미지의 품질과 비례하지 않습니다. 이미지 품질이 어느 정도 이상 높아지면 파일의 크기가 커져 다운로드 시간이 길어지므로 오히려 사용자의 경험은 저하됩니다. 따라서 SSIM 값을 최대화할 수 있는 품질 지수를 찾아 손실 압축하는 것이 사용자 경험을 최대화하는 길입니다.

주의할 점은 같은 화질의 이미지라 해도 손실 압축에 사용되는 라이브러리와 이미지 형식에 따라 SSIM 값이 다르다는 점입니다. 그림 4-11은 주요 이미지 형식과 라이브러리별로 이미지 화질과 DSSIM 값의 관계를 테스트한 결과입니다. 앞서 설명한 것처럼 DSSIM은 SSIM과 반대로 0에 가까울수록 원본에 근접합니다. 그러므로 그래프에서 같은 화질 수준이라도 라이브러리별로 DSSIM 값에 차이가 있음을 알 수 있습니다. 원본과 최대한 유사성을 가지는 화질을 찾는 것이 목표이므로 특정 DSSIM 값에 대응하는 품질 수준을 이미지 형식과 라이브러리별로 찾아 적용해야 합니다.

예를 들어 0.05 DSSIM 값을 갖도록 이미지 품질을 적용하려고 할 때 WebP는 45%, MozJPEG은 약 50% 이미지 품질을 갖도록 손실 압축해야 합니다. 그리고 DSSIM 값은 사용자의 기기 또는 브라우저 종류나 해상도와 화소 밀도에 따라 다르게 지정하는 것이 이상적입니다.

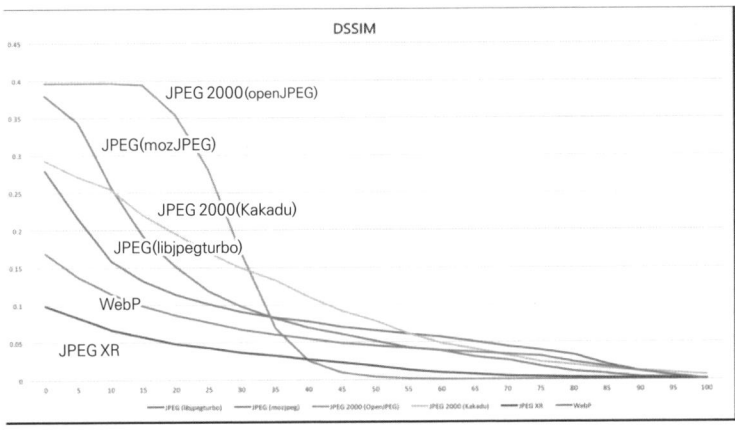

[그림 4-11] 화질과 DSSIM 관계

시각적 인지 능력을 고려한 자동 최적화 도구

SSIM이나 이와 비슷한 다른 알고리즘을 사용해 사람이 인지하지 못할 정도의 이미지 최적화를 수행하는 것은 결코 쉽지 않습니다. 이미지 화질은 원본 이미지의 정보뿐만 아니라 브라우저 종류, 화면 해상도, 화소 밀도, 네트워크 다운로드 속도 등 사용자의 웹 환경도 고려해 결정해야 합니다.

클라이언트 정보 획득 → SSIM 결정 → 화질 수준 계산 → 변환

또한 웹 사이트 내 모든 이미지 파일에 적용하려면 일련의 작업을 자동화해야 합니다. 하지만 이러한 자동 최적화 기능을 제공하는 무료 도구는 찾기 어렵습니다. 따라서 일부 유료 서비스만 설명하겠습니다.

Akamai 같은 CDN 서비스 제공 업체에서는 이미지 트래픽 관련 자동 최적화 기능을 제공합니다. 개별 사용자의 화면 크기, DPI 등의 정보를 고려하여 적절한 SSIM 값에 따라 손실 압축을 수행하고 사용 브라우저에 적합한 이미지 형태로 변환해 전송합니다. 또한 Cloudinary는 클라우드상에서 이미지나 비디오를 관리하는 솔루션을 제공합니다. Cloudinary는 클라우드 내에서 기기 종류에 맞도록 이미지나 비디오를 자동 최적화한 후 제휴된 CDN을 통해 빠르게 전송합니다.

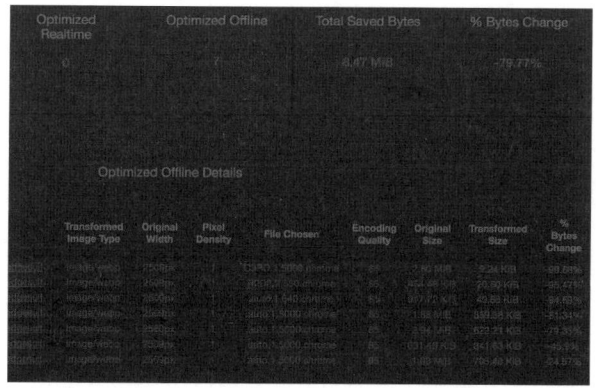

[그림 4-12] Akamai의 이미지 관리 솔루션

잘 알려진 오프라인 최적화 도구로는 JPEGmini가 있습니다. 다음 그림처럼 최적화하려는 이미지들을 끌어다 놓으면 최적의 품질로 손실 압축합니다. 대량의 이미지를 최적화하는 데 유용하지만 오프라인 도구이므로 웹 사용자의 환경 정보는 고려할 수 없습니다.

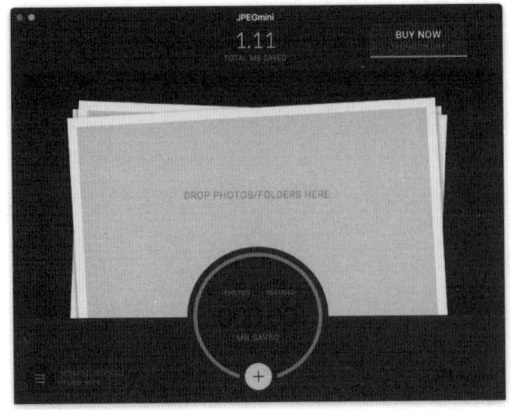

[그림 4-13] JPEGmini

브라우저 특화 이미지로 변환

GIP, PNG, JPEG처럼 모든 브라우저가 지원하는 표준 이미지 형식만 사용한다면 최적화의 수고가 줄어들 것입니다. 그러나 최근 사용되는 기술적으로 진보된 이미지 형식들은 지원하는 브라우저가 달라 변환하기 어렵습니다. JPEG 표준화 그룹이 발표한 JPEG 2000은 애플 사파리 브라우저에서만 지원하며 구글은 WebP, 마이크로소프트는 JPEG XR만을 지원합니다.

따라서 모든 사용자의 웹 경험을 향상시키려면 하나의 이미지를 만들더라도 다양한 브라우저 특화 이미지 형태로 변환시켜 제공해야 합니다. 이에 따른 여러분의 수고를 덜기 위해 형태별 이미지 변환 도구를 간단히 소개하겠습니다.

- WebP
  libwebp는 구글에서 제공하는 C 라이브러리입니다. Linux, Windows, macOS에서 WebP를 인코딩, 디코딩하는 기능을 제공합니다. 인스톨 후 80%의 손실 압축으로 WebP를 생성하려면 아래와 같은 명령을 수행합니다.

  ```
  $ cwebp -q 80 image.png -o image.webp
  ```

반대로 WebP를 다른 이미지 형식으로 전환하는 방법은 다음과 같습니다.

```
$webp image.webp -o image.png
```

ImageMagick도 WebP 변환을 지원합니다. 내부적으로는 libwebp 라이브러리를 사용합니다.

```
$convert input.png output.webp
```

- JPEG 2000

    OpenJPEG 프로젝트에서는 JPEG 2000 이미지를 인코딩, 디코딩하기 위한 C 라이브러리 그리고 관련 도구를 제공합니다. 변환 시 입력 파일로 BMP, RQW, PNG, TIF 등의 무손실 압축 형식만 지원합니다. 손실 압축을 위한 품질 값은 1~100 사이의 값이 아니라 PSNR 값 또는 압축 비율 정보를 사용합니다.

    Kakadu는 JPEG 2000을 쉽게 인코딩, 디코딩하기 위한 라이브러리를 제공합니다. OpenJPEG이 제공하는 라이브러리의 부족한 기능을 잘 채우고 있지만 유료 서비스입니다.

- JPEG XR

    마이크로소프트사는 구글, OpenJPEG처럼 jxrlib[4]이라는 라이브러리와 이를 포함한 도구를 제공합니다.

ImageMagick은 WebP 변환뿐만 아니라 JPEG 2000, JPEG XR로 변환도 지원합니다. 그러나 필자의 경험에 의하면 변환은 할 수 있지만 이미지 파일 크기는 감소되지 않았습니다. 따라서 사용 전 충분한 테스트를 수행하거나 전용 라이브러리 사용을 권합니다.

4.4 : 반응형 웹에서의 이미지 배치 전략

애플사의 아이폰이 처음 출시된 후 스마트폰에 대한 대중의 관심은 기하급수적으로 커졌습니다. 또한 스마트폰을 포함한 다양한 모바일 기기의 기능이 나날이 발전했고 이는 다시 모바일 이용자 수를 증가시켰습니다. 급기야 모바일 인터넷 접속 트래픽이 데스크톱과 유선을 이용한 인터넷 접속 트래픽을 앞질렀습니다.

---

4) https://archive.codeplex.com/?p=jxrlib

이처럼 모바일 사용자들의 인터넷 웹 사이트 접속이 증가하면서 웹 사이트의 구현 추세에도 변화가 생깁니다. 처음에는 모바일 전용 사이트를 별도로 구축하여 사용성을 크게 증가시켰는데 대부분 기존 데스크톱용 도메인 www 부분만 m으로 바꾸어 m.company.com 형태로 사용하였기 때문에 일명 엠닷(m.) 사이트라고도 부릅니다.

하지만 이러한 엠닷 사이트는 금세 몇 가지 문제에 직면했습니다. 첫 번째로 모바일 기기의 크기가 다양해지면서 엠닷 사이트 하나만으로는 모든 기기의 사용자들을 만족시킬 수 없게 되었습니다. 일부 업체에서 모바일용 사이트와 더불어 태블릿용 사이트를 제공하는 것은 이러한 요구사항을 어느 정도 반영한 것입니다.

두 번째로 유지 보수의 문제점이 있습니다. 기존 데스크톱용 사이트와 더불어 모바일 버전의 사이트를 동시에 개발하고 관리해야 하므로 제공 업체들이 비용과 시간을 두 배로 투자해야 하는 효율 문제가 발생했습니다.

세 번째는 모바일 사용자의 사용성 문제입니다. 별도로 구축한 모바일 사이트의 유지 보수가 어려워짐에 따라 모바일 사이트에는 몇 가지 중요한 기능들이 누락되었습니다. 또한 페이지 구조나 UI/UX도 다소 달라져 사용자들이 불편을 겪게 됩니다. 모바일 환경에 익숙해진 사용자들은 점차 모바일 기기에서도 데스크톱과 동일한 사용성을 요구하고 있습니다.

그러던 중 반응형 웹이라는 개념이 등장했습니다. 반응형 웹이란 TV, PC, 태블릿, 스마트폰 등 각종 기기가 제공하는 화면 크기에 맞추어 최적화된 웹 페이지를 제공하는 것을 말합니다. 반응형 웹을 사용하면 다음 그림처럼 동일한 웹 사이트가 각 기기 화면에 최적화된 구조로 변경되어 제공됩니다.

[그림 4-14] 반응형 웹 사이트

반응형 웹을 사용하면 기기별로 웹 사이트를 구축하지 않아도 되므로 유지 보수의 필요성도 없어집니다. 또한 모바일 사용자의 사용성도 개선됩니다. 뿐만 아니라 SEO 측면에서도 큰 이점을 제공합니다. 이미 구글에서는 반응형 웹을 사용한 웹 사이트에 'Mobile-Friendly'라는 타이틀과 함께 검색 우선순위를 높이겠다 공언했습니다.

반응형 웹에 대한 설명은 이쯤에서 마무리하고, 반응형 웹의 이미지 관련 문제점들을 먼저 알아보겠습니다.

4.4.1 반응형 웹의 문제점

반응형 웹을 처음 도입했을 때 데스크톱과 모바일 기기에서 똑같은 사용자 경험을 제공한다는 장점이 있었습니다. 하지만 성능 측면에서 효과적이지 못했습니다. 웹 페이지의 무게는 반응적이지 못했기 때문입니다.

Akamai사에서는 Mediaqueri.es에서 제공하는 347개의 대표적 반응형 웹 사이트의 화면 크기별로 성능이 어떻게 달라지는지 조사했습니다.[5] 같은 조건에서 화면의 크기만 4가지로 달리하는 방법으로 각 사이트의 성능을 테스트했는데, 놀랍게도 화면이 달라져도 사이트의 성능은 모두 동일하다는 결과가 나타났습니다.

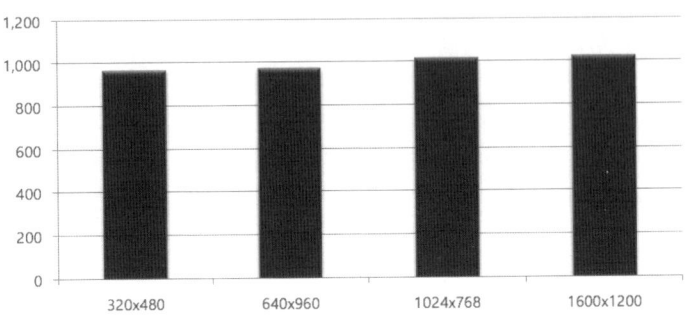

[그림 4-15] 화면 크기별 평균 페이지 무게(KB)

위 그림은 화면 크기별 페이지 무게를 측정한 자료입니다. 페이지 무게가 1MB 전후로 거의 비슷해 로딩에 걸리는 시간도 크게 차이가 나지 않습니다.

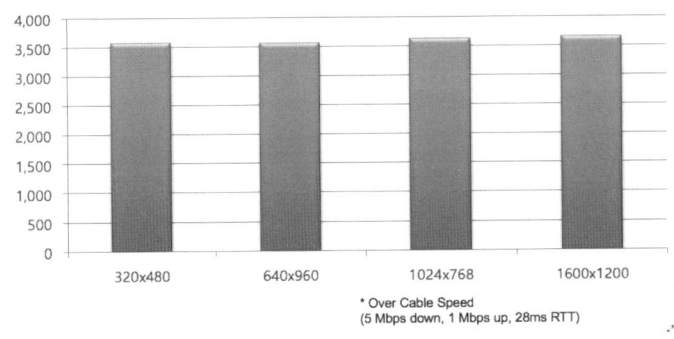

[그림 4-16] 화면 크기별 평균 페이지 로드 시간(ms)

5) https://www.akamai.com/us/en/multimedia/documents/secure/how-to-deliver-fast-engaging-responsive-web-design-sites-white-paper.pdf

앞 그림은 화면 크기별 평균 페이지 로딩 시간을 나타냅니다. 보통 케이블에 연결된 데스크톱 환경에서는 브라우저를 320 × 480이나 640 × 960 사이즈로 보지 않습니다. 그러므로 이 두 화면 크기는 스마트폰 같은 모바일 환경을 염두에 둔 테스트입니다.

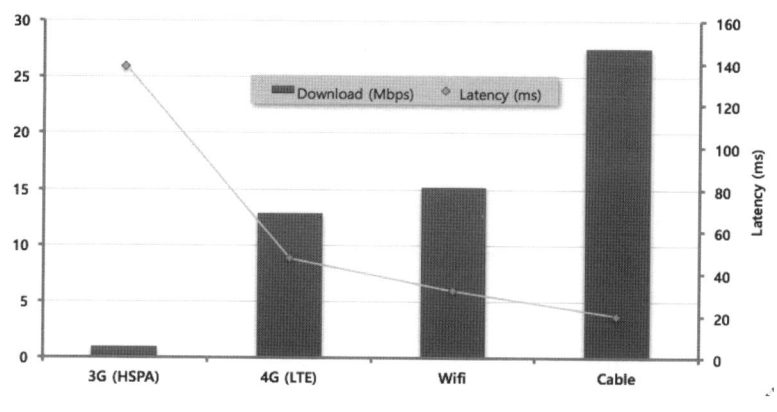

[그림 4-17] 네트워크 유형별 처리량 및 지연 시간

위 그림에서 볼 수 있듯 모바일 환경은 데스크톱 환경에 비해 열악하여 페이지 로딩 시간도 느려집니다. LTE 환경에서 케이블에 비해 절반 정도의 데이터를 처리하고 2배 정도 시간 지연이 발생합니다.

또한 데스크톱에 비해 모바일 기기의 GPU, 메모리 등의 사양이 좋지 않아 모바일 환경에서 페이지 로딩 시간은 더 길어질 것입니다. 결국 모바일 사용자를 위해 도입된 반응형 웹이 오히려 성능 저하로 인해 사용자 경험의 질을 저하시키는 모순이 발생합니다.

4.4.2 원인은 이미지

지금까지 살펴본 반응형 웹 사이트의 문제점은 화면의 크기나 사용하는 기기가 바뀌어도 웹 사이트의 무게가 변하지 않는다는 점입니다. 그렇다면 문제의 원인은 무엇일까요? 바로 사용자의 웹 환경에 따라 변하지 않는 이미지의 크기입니다.

반응형 웹을 만들 때 가장 기본은 데스크톱, 태블릿, 모바일 폰 등 주 사용자들의 기기 종류를 고려하여 브레이크 포인트, 즉 사이즈가 변화하는 지점을 정의하고 그에 맞추어 화면을 디자인하는 것입니다. 이때 반응형 웹의 기본 기술인 미디어 쿼리(media query), 가변 그리드(fluid grid), 유동형 이미지(flexible image) 등의 기술이 적용됩니다. 즉, 미디어 쿼리가 사용자의 환경을 감지하고 가변 그리드가 페이지 레이아웃을 구성하면 그 안의 이미지가 자동으로 확장/축소되면서 화면에 적절히 표현됩니다.

[그림 4-18] 미디어 쿼리, 가변 그리드, 유동형 이미지를 사용한 반응형 웹

그렇다면 웹 개발자들은 어떤 크기 또는 품질의 이미지를 사용할까요? 여러분이 개발자라면 보통 고사양 데스크톱 컴퓨터와 넓은 화면의 모니터, 유선 네트워크 접속 환경으로 빠르게 개발 및 테스트를 진행할 것입니다. 위 그림의 왼쪽처럼 데스크톱 컴퓨터 화면에 적합하게 표현될 웹 사이트를 개발 후 오른쪽처럼 화면 크기가 작아지면 웹 페이지도 동시에 작아지는지 테스트할 것입니다. 이때 여러분이 사용하는 큰 화면에서도 선명하게 보이도록 가장 높은 해상도 이미지를 사용할 것입니다.

그러나 화면의 크기에 맞추어 이미지가 작아지면 파일의 크기도 작아질까요? 아닙니다. 사용자의 기기 화면이 작아졌다고 해서 웹 사이트 무게가 달라지지는 않습니다. 이처럼 화면이 작아졌는데도 필요 이상의 웹 리소스들을 과하게 내려받는 현상(over-downloading)은 크게 아래 세 가지 유형으로 구분할 수 있습니다.

- 내려받아 줄이기(download and shrink)
- 내려받아 숨기기(download and hide)
- 화면 바깥 부분(below the fold)

각 이름에서 내용을 쉽게 유추할 수 있지만 간단히 설명하겠습니다.

내려받아 줄이기

앞에서 반응형 웹 개발을 위한 기본 기술로 유동형 이미지를 사용한다고 설명했습니다. 일반적인 웹 페이지를 개발할 때는 사용될 이미지의 가로 × 세로를 파악하여 적절한 크기의 이미지를 미리 준비합니다. 그리고 HTML의 〈img〉 태그에 준비된 이미지가 있는 위치와 함께 지정된 width와 height를 정의합니다. width, height를 명시하지 않고 코드를 작성하면 브라우저의 처리 성능을 저하시킵니다.

하지만 반응형 웹에서는 화면의 크기가 변할 때마다 나타나는 이미지의 가로세로 크기가 달라지기 때문에 고정된 값을 사용할 수 없습니다. 그래서 고정 값 대신 전체 화면 대비 이미지 영역의 비율 값을 사용합니다. 이 영역에 링크된 이미지 크기가 비율에 맞추어 자동으로 변하기 때문에 이를 유동형 이미지라고 부릅니다.

반응형 웹을 개발할 때 유동형 이미지는 편리한 기능을 제공합니다. 그러나 화면의 이미지 크기가 작아진다고 해서 실제 이미지가 작아지지 않기 때문에 문제가 발생합니다. 실제로는 브라우저가 큰 이미지를 다운로드해 작게 축소하는 처리를 합니다. 이때 가로 × 세로 값이 명시되지 않기 때문에 실시간으로 이 값을 계산하는 추가 과정이 필요합니다. 결국 모바일 환경에서는 과도하게 큰 이미지를 다운로드하려고 네트워크를 낭비합니다. 또한 다운로드한 이미지를 축소하려고 처리 리소스와 시간을 낭비하는 문제점이 있습니다.

다음 그림은 반응형 웹 사이트를 모바일 기기와 데스크톱 컴퓨터에서 각각 로딩한 결과입니다. 밑줄로 표시된 부분이 사이트의 메인 이미지인데 같은 URL이 사용되었습니다. 모바일 기기에서 표현된 영역 크기는 400 × 120, 데스크톱 이미지 영역의 크기는 1,024 × 600입니다. 따라서 데스크톱 이미지는 모바일에 비해 약 13배의 픽셀 정보를 요구합니다. 결국 모바일 사용자는 13배의 필요 없는 정보를 추가로 다운로드하는 셈입니다. 앞에서 설명했듯 LTE 환경이 유선 환경에 비해 2배 이상의 시간 지연이 발생하므로 다운로드 시간이 훨씬 길어집니다. 또한 다운로드한 이미지를 디코딩하기 위해 10배 이상의 처리 시간이 추가로 소요될 것입니다.

[그림 4-19] 내려받아 줄이기

내려받아 숨기기

반응형 웹이 데스크톱과 모바일 환경에 동일한 사용자 경험을 제공한다 하더라도 여전히 데스크톱 화면이 모바일 기기에 비해 훨씬 큽니다. 그러므로 데스크톱 화면에는 비즈니스를 위해 더 많은 정보를 나타내는 것이 유리합니다. 바꿔 말하면 데스크톱 화면에는 모바일 화면에서는 불필요한 리소스들이 존재한다는 의미입니다. 이러한 불필요한 리소스들이 모바일 환경에서도 여전히 다운로드되는 데서 문제가 발생합니다.

다음 쇼핑몰 그림을 보면 왼쪽의 데스크톱 화면은 사용자의 구매 관련 상품들을 더 나타내어 추가 구매를 유도합니다. 그러나 오른쪽 모바일 화면은 의도적으로 이를 제외하도록 개발되었습니다.

[그림 4-20] 내려받아 숨기기

실제 CSS 코드를 보면 미디어 쿼리를 사용해 모바일 기기의 화면 크기를 감지한 후 display: none을 사용하여 해당 블록을 숨기는 것을 알 수 있습니다. 그렇다면 CSS로 화면에 숨겨지는 리소스들은 브라우저가 영특하게 파악하여 다운로드를 하지 않을까요? 그렇지 않습니다.

다음 장에서 설명하겠지만 브라우저는 HTML에 정의된 리소스들을 대부분 그대로 다운로드한 후에 CSS에 의해 화면에 표현할지 아닐지만 결정합니다. 그러므로 CSS로 숨기더라도 브라우저는 이미 해당 리소스들을 다운로드하며 네트워크 리소스를 차지합니다. 다음 그림처럼 크롬 브라우저에서 [도구 더보기] → [개발자 도구]를 사용해 모바일 화면으로 로딩했을 때 데스크톱 화면에만 드러나는 관련 상품 정보들을 모두 다운로드한 것을 확인할 수 있습니다.

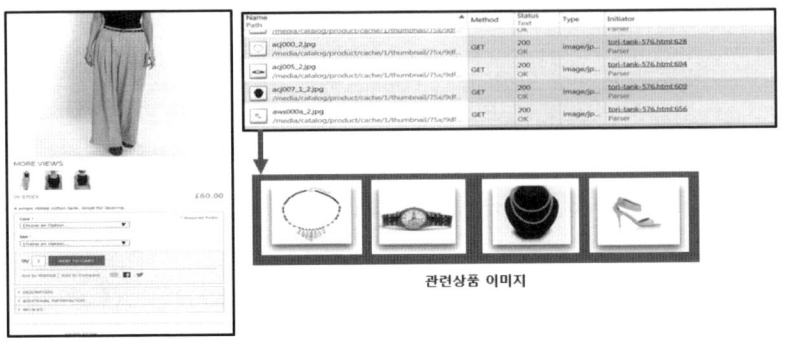

[그림 4-21] 크롬 개발자 도구로 확인한 숨겨진 이미지들

이처럼 브라우저는 CSS에 의해 숨겨진 이미지들도 모두 다운로드해 필요 이상으로 네트워크 자원을 소모하면서 로딩 시간을 지연시킵니다.

화면 바깥 부분

화면 바깥 부분(below the fold)에서 'fold'란 사전적 의미로 접힌 부분을 뜻합니다. 신문 가판대를 보면 그 날의 신문들이 반으로 접혀 전시된 것을 볼 수 있습니다. 이때 사람들에게 보이는 부분을 above the fold, 반으로 접혀서 보이지 않는 부분들을 below the fold라고 합니다. 화면 바깥 부분의 이미지들은 화면에 보이지는 않습니다. 그러나 내려받아 숨기기처럼 모두 다운로드됩니다.

신문 가판대에서 사람들에게 보이는 1면이 판매에 가장 중요한 영향을 미치듯 웹 사이트도 화면 안쪽 부분이 비즈니스 목표 달성에 있어 가장 중요한 역할을 합니다. 만약 화면 바깥쪽 이미지들을 다운로드하기 위해 너무 오랜 시간이 허비된다면 전체 페이지의 로딩 시간이 늦어지고, 화면 안쪽 부분의 로딩 시간에도 영향을 줍니다. 또한 궁극적으로 사용자의 웹 경험을 저하시킵니다.

[그림 4-22] below the Fold

4.4.3 반응형 이미지

지금까지 살펴본 반응형 웹의 문제점을 한마디로 요약하면 모바일 환경에서 필요하지 않은 리소스들을 과도하게 다운로드한다는 것입니다. 과도한 다운로드는 HTML, 자바스크립트, CSS, 이미지 등 모든 리소스에서 나타나는 현상입니다. 그러나 전체 페이지의 약 65%가 이미지라는 점을 감안하면 과도한 이미지 다운로드가 가장 큰 원인이라 할 수 있습니다.

그렇다면 과도한 이미지 다운로드를 어떤 방법으로 해결할 수 있을까요? 간단하게 말하면 사용자의 환경에 따라 그 환경에 적합한 이미지를 전송하면 됩니다. 이렇게 다른 환경 조건에 반응해 그 환경에 적합한 상태로 변경해 제공되는 이미지를 반응형 이미지라고 합니다. 이는 유동형 이미지처럼 브라우저에서 다운로드한 후 처리하는 방법과는 다릅니다. 사용자가 특정 환경에서 특정 이미지를 요청하면 그 환경에 맞도록 이미 변경된 이미지가 전송되는 것이 반응형 이미지입니다. 이를 통해 우리가 살펴본 과도한 이미지 다운로드 문제를 방지할 수 있습니다.

다음 그림은 특정 CDN 업체에서 제공하는 반응형 이미지입니다. 그림에서 보듯 CDN 서버에서는 사용자의 화면 크기를 고려하여 한 이미지 원본에 대한 다양한 버전의 이미지를 미리 준비합니다. 그리고 실제 요청한 사용자의 환경에 가장 적합한 이미지를 전송합니다.

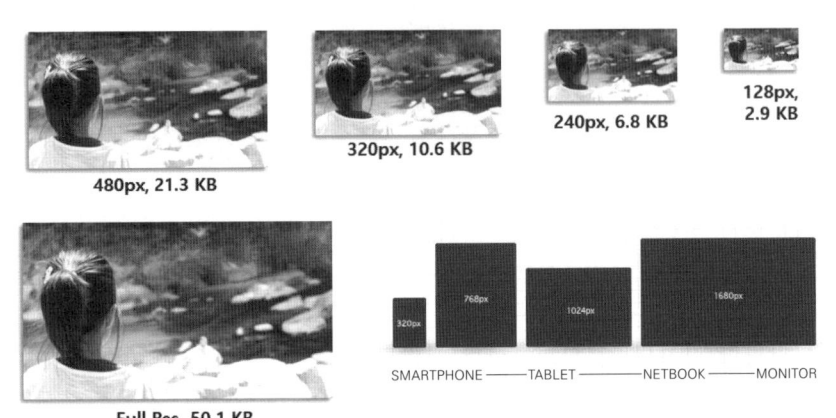

[그림 4-23] CDN 업체에서 제공하는 반응형 이미지

반응형 이미지에 대한 연구는 오래전부터 진행되어 왔습니다. 반응형 이미지 커뮤니티 그룹(RICG)[6]에서는 반응형 이미지에 대한 요구 사항을 정리하고, 기술적 해결 방안을 제시하고, 사용 사례를 정립하는 등 반응형 이미지 구현을 위한 표준화 작업을 꾸준히 진행하고 있습니다.

---

6) http://responsiveimages.org

4.4.4 반응형 이미지 구현 방법

반응형 이미지 구현은 크게 다음과 같은 두 가지 측면에서 접근할 수 있습니다.

1. **프런트엔드 측면에서의 구현**

   미디어 쿼리를 사용해 클라이언트 환경을 파악한 후 그 환경에 맞는 이미지 파일을 호출하도록 웹 페이지를 구현하는 방법입니다. ⟨img⟩ 태그의 srcset 속성이나 ⟨picture⟩ 태그를 사용해서 표준 방식으로 비교적 쉽게 구현할 수 있습니다. 하지만 과도하게 사용할 경우 프런트엔드 코드가 무거워져 성능에 영향을 줄 수 있습니다.

2. **백엔드 측면에서의 구현**

   서버에서 클라이언트의 환경에 맞는 이미지를 선택하여 전송하는 방법입니다. 프런트엔드 코드(HTML, 자바스크립트, CSS등)가 추가되지 않으므로 사이트의 성능을 향상시킬 수 있습니다. 그러나 클라이언트의 환경을 정확히 어떻게 판단할 것인가의 과제가 남아 있습니다. 또한 서버 측 프로그램이 추가되어야 하는 번거로움도 있습니다.

   정확한 클라이언트 환경을 서버에 전달하기 위해 Client Hints를 이용하는 방안이 있습니다. Client Hints는 뒤에서 설명합니다.

백엔드 측면의 구현 방안은 적응형 이미지 전략에서 상세히 설명하겠습니다.

srcset과 size 속성

srcset은 HTML의 ⟨img⟩ 태그 속성으로 사용자의 다양한 환경에 따라 다른 이미지 URL을 지정할 수 있도록 합니다. 아래 예제를 통해 구체적으로 살펴보겠습니다.

```
<img src="small.jpg" alt="rwd"
  srcset="pic-normal.jpg 1x,
          pic-retina.jpg 2x">
```

1x, 2x는 이미지의 화소 밀도를 나타냅니다. 레티나 디스플레이(Retina display)같은 고해상도 화면 기기에서는 pic-retina.jpg가 선택됩니다. 또한 size 속성으로 브레이크 포인트에 따른 이미지 크기를 지정할 수 있습니다. size 속성을 사용할 때는 srcset에 1x, 2x와 같은 화소 밀도 정보가 아닌 width 정보를 정의해야 합니다.

```
<img src="small.jpg" alt="rwd"
  srcset="pic-200.jpg 200w,
          pic-400.jpg 400w"
  size="(max-width: 400px) 100vw, (max-width: 800px) 30vw, 300px">
```

앞의 예제에서 200w, 400w는 이미지의 width를 나타냅니다. size는 이미지가 화면에 표현될 크기를 결정합니다. 예제에서는 화면의 크기가 0~400픽셀일 때 이미지 사이즈를 전체 뷰포트의 100%로 표현하도록 정의합니다. vw란 viewport width를 의미하는데 1vw는 전체 뷰포트의 1% 크기를 뜻합니다. 화면의 크기가 401~800픽셀일 경우 30vw의 이미지를 선택하여 전체 뷰포트의 30% 크기로 표현됩니다.

srcset은 브라우저에 가장 적절한 이미지를 선택하도록 힌트를 주는 역할을 합니다. 앞 예제에서는 이미지를 30% 크기로 표현하도록 정의했으므로 화면 뷰포트 너비가 600픽셀일 때 이미지 크기는 200픽셀이 되어야 합니다. 따라서 pic-200.jpg가 선택됩니다. 그런데 레티나 디스플레이처럼 기기 화면이 2x 이상의 높은 해상도를 가지고 있다면 pic-400.jpg가 선택될 확률이 높습니다.

그러나 브라우저가 사용하는 연산 방식이나 메모리, 혹은 파워가 충분한지에 따라 낮은 해상도 이미지가 선택될 수도 있습니다. srcset은 내려받아 줄이기 문제를 어느 정도 해결해 주지만 이를 완벽하게 지원하진 않습니다. 해상도별로 다른 비율의 이미지를 사용하거나 부분만 확대한 이미지를 사용할 경우 이미지가 비정상적으로 보일 수 있습니다. 따라서 동일한 이미지를 크기만 다르게 사용할 것을 권합니다. srcset과 size에 대한 자세한 설명은 HTML 명세의 img srcset[7] 부분을 참고하시기 바랍니다.

⟨picture⟩ 태그

⟨picture⟩ 태그는 앞서 설명한 ⟨img⟩ srcset의 단점을 모두 보완합니다. 또한 내부적으로 ⟨source⟩ 태그를 사용해 다양한 이미지 URL을 설정하게 합니다. 이때 미디어 쿼리를 사용해 각 URL의 로딩 조건을 구체적으로 정의할 수 있습니다. ⟨img⟩ srcset

---

7) http://w3c.github.io/html/semantics-embedded-content.html#element-attrdef-img-srcset

과는 다르게 정의된 조건에 맞는 이미지만 사용하도록 브라우저를 강제할 수 있으며 조건에 맞지 않는 이미지는 다운로드하지 않습니다. 따라서 내려받아 숨기기와 내려받아 줄이기 문제를 모두 해결하는 가장 효과적인 방법입니다.

```
<picture>
    <source media="(min-width: 45em)" srcset="large.jpg, large-hd.jpg 2x">
    <source media="(min-width: 18em)" srcset="med.jpg, med-hd.jpg 2x">
    <source srcset="small.jpg, small-hd.jpg 2x">
    <img src="small-1.jpg" alt="rwd">
</picture>
```

〈picture〉 태그를 사용하면 HTML 소스가 다소 길어집니다. 또한 모든 브라우저가 이 태그를 지원하지는 않는다는 단점이 있습니다. 〈img〉 태그의 srcset 속성은 특정 브라우저에서 지원하지 않아도 〈img〉의 src 속성에서 이미지 URL을 참조할 수 있어 오류가 발생하지는 않습니다. 그러나 〈picture〉 태그는 브라우저가 지원하지 않으면 정의된 이미지를 다운로드할 수 없습니다. 그러므로 이 태그를 지원하는 브라우저를 미리 파악하는 것이 중요합니다. 다행히 최신 버전의 브라우저들은 대부분 〈picture〉 태그를 지원합니다. 〈picture〉 태그에 대한 자세한 설명은 HTML명세의 picture[8] 부분을 참고하기 바랍니다.

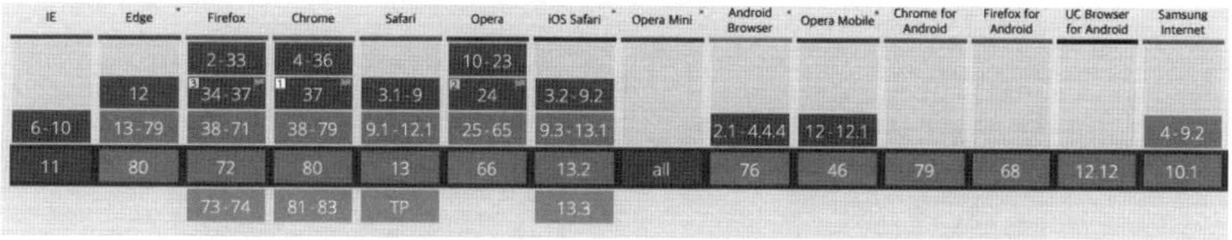

[그림 4-24] 〈pictrue〉 태그를 지원하는 브라우저

위 그림을 보면 인터넷 익스플로러와 구버전의 안드로이드 브라우저들은 아직

---

8) http://w3c.github.io/html/semantics-embedded-content.html#the-picture-element

〈picture〉 태그를 지원하지 않습니다. 우리나라의 많은 웹 사용자들이 인터넷 익스플로러와 Android 기기를 사용한다는 점을 감안하면 간과할 수 없는 문제입니다.

하지만 특정 기능을 지원하지 않는 브라우저에서도 〈picture〉 태그를 사용할 수 있도록 코드 조각이나 플러그인, 즉 polyfill이 많이 공개되어 있으니 활용하여 개발하기 바랍니다. 잘 알려진 polyfill로 Picturefill[9]이 있습니다.

Art direction

앞서 설명한 srcset과 〈picture〉를 사용해도 해결되지 않는 문제가 있습니다. 바로 반응형 이미지가 사용자 환경에 따라 자동으로 변하지 않는다는 점입니다. 다시 말해 하나의 원본 이미지에 화면 크기별, 해상도별 더 나아가 브라우저별로 적합한 이미지들을 만드는 노력과 시간이 필요합니다. 같은 이미지를 크기만 다르게 하는 것이 아니라 이미지의 특징이나 가치가 기기 특성에 따라 표현되도록 정교한 작업이 이루어져야 합니다. 이를 Art direction[10]이라 부릅니다.

[그림 4-25] Art direction

---

9) https://scottjehl.github.io/picturefill/
10) http://usecases.responsiveimages.org/#art-direction

앞 그림은 기기의 크기, 방향에 따라 이미지가 어떻게 달라져야 하는지 잘 나타냅니다. 이미지의 초점이 강아지인지 백악관인지에 따라 작은 기기 화면에 사용될 이미지를 달리 구현해야 합니다. 드러내고자 하는 이미지가 백악관이라면 데스크톱 원본 이미지를 단순 축소해 모바일용 이미지로 사용해도 사용자 경험에는 문제가 없습니다. 그러나 강아지를 나타내고 싶다면 단순 축소했을 때 이미지 안의 강아지가 너무 작아져 사용자에게 의미가 제대로 전달되지 않을 수 있습니다. 따라서 이 경우 이미지 축소가 아닌 crop 기능을 이용해 적합한 이미지를 만들어야 합니다.

Art direction을 적용하려면 개발 및 운영에 많은 시간과 비용이 요구됩니다. 그래서 이를 해결하고자 많은 방법이 개발되고 있습니다. 포토샵으로 유명한 어도비사에서는 Scene7이라는 도구를 통해 원본 이미지를 동적으로 쉽게 편집하고 웹에 배포할 수 있는 기능을 제공합니다. 하지만 원본 이미지를 비롯한 방대한 양의 이미지들이 모두 클라우드상에 저장되어야 하므로 비용이 소요되고 관리가 어려울 수 있습니다.

Client Hints

Client Hints는 <picture> 태그, srcset 속성과는 전혀 다른 접근법을 제공합니다. 앞서 언급했듯 <picture> 태그와 srcset 속성은 HTML 명세의 일부이므로 브라우저에서 모든 처리가 이루어집니다. 그러나 웹을 사용하는 기기나 소프트웨어들이 다양해짐에 따라 모든 처리를 브라우저에만 맡기기 어려워졌습니다. 따라서 웹 페이지를 호스팅하는 서버에서 사용자 환경을 고려해 응답할 내용을 최적화한 후 브라우저에 전달하는 방안이 도입되고 있습니다. 이때 사용자 환경을 서버에 표준 방식으로 전달하기 위해 Client Hints를 사용하도록 논의 중입니다.

현재 HTTP Working Group에서 구글의 주도 하에 Internet-Draft 버전으로 논의를 진행 중이며 아직 실제 사용하는 표준은 아닙니다. 그러나 크롬, 에지, 오페라 브라우저 등에서 지원하므로 필요에 따라 사용할 수 있습니다. Client Hints 헤더는 HTTP 헤더의 일부로 포함되어 전송됩니다. 서버는 이 정보를 기반으로 응답 내용을 최적화해 다시 브라우저에 전송할 수 있습니다.

이는 일반적인 내용 협상(content negotiation)과 동일한 방식입니다. 3장에서 설명한 Accept-Encoding 헤더가 이러한 내용 협상 방식에 속합니다. Accept-Encoding 헤더는 서버로 하여금 응답 내용을 gzip으로 압축해 보내도록 지시합니다.

Client Hints는 다음과 같이 동작합니다.

- 브라우저에서 최초 서버로 HTTP 요청을 보냅니다.
- 서버는 응답 헤더에 Accept-CH를 추가해 Client Hints를 지원하고 있음을 브라우저에 알립니다. 동시에 필요한 정보를 보내줄 것을 요청합니다.

    ```
    Accept-CH: DPR, Width, Viewport-Width
    ```

- 위의 예에서 서버는 다음 요청부터 DPR, Width, Viewport-Width 정보를 함께 보내줄 것을 브라우저에 요청합니다.
- 브라우저에서는 다음 하위 리소스에 대한 요청부터 아래와 같은 관련 정보를 헤더에 추가해 보냅니다.

    ```
    DPR: 2.0
    Width: 320
    Viewport-Width: 320
    ```

- 서버는 최적화된 이미지를 전송한 후 사용한 DPR 정보를 마지막 응답 메시지로 보냅니다.

    ```
    Content-DPR: 1.0
    ```

- 이 DPR 정보는 브라우저가 서버로부터 받은 이미지를 처리할 때 사용됩니다.

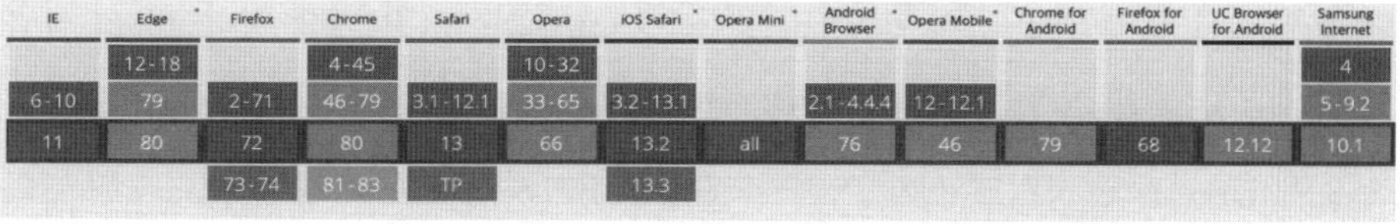

	IE	Edge *	Firefox	Chrome *	Safari	Opera	iOS Safari *	Opera Mini *	Android Browser *	Opera Mobile *	Chrome for Android	Firefox for Android	UC Browser for Android	Samsung Internet
		12-18		4-45		10-32								4
	6-10	79	2-71	46-79	3.1-12.1	33-65	3.2-13.1		2.1-4.4.4	12-12.1				5-9.2
	11	80	72	80	13	66	13.2	all	76	46	79	68	12.12	10.1
			73-74	81-83	TP		13.3							

[그림 4-26] Client Hints 지원 브라우저

이미지 지연 로딩

앞서 살펴본 srcset 속성이나 〈picture〉 태그는 표준 방식으로 반응형 웹의 과도한 다운로드 문제를 처리했습니다. 특히 〈picture〉 태그는 내려받아 숨기기 문제를 완벽하게 해결할 수 있는 매우 효과적인 방법입니다. 하지만 이 두 방법으로는 반응형 웹의 below the fold 이미지를 최적화하지 못하는 문제점이 있습니다.

나타내지 않을 이미지를 처음부터 다운로드하는 것은 웹 성능을 저하시킵니다. 숨어 있는 이미지가 많고 무거울수록 네트워크 대역폭을 많이 소모하므로 정작 중요한 리소스들의 다운로드를 지연시킬 수 있습니다. 그래서 below the fold 이미지에는 자바스크립트를 사용한 지연 로딩 방법을 권장합니다. 아래는 지연 로딩을 사용하는 간단한 예입니다.

```
<script>
function loadReal(img) {
    if (img.display != "none") {
        img.onload = null;
        img.src = img.getAttribute("data-src");
    }
}
<script>
<img src="1px.gif" data-src="book.jpg" alt="A Book" onload="loadReal(this)">
```

위의 예를 보면 〈img〉 항목의 src에는 일종의 가짜 이미지가 링크되어 있고, 실제 이미지는 data-src 속성에 정의되어 있습니다. 가짜 이미지는 1 x 1의 작고 투명한 파일이어야 성능에 영향을 주지 않습니다. 또한 onload 이벤트가 발생할 때 loadReal이라는 함수를 호출합니다. 이 함수는 입력값인 img element가 현재 페이지에서 사용자들에게 노출될 수 있는 상태인지 테스트합니다. 노출될 수 있는 상태라면 img src 속성의 data-src에 정의된 실제 이미지 정보를 링크시킵니다. 이렇게 함으로써 브라우저가 해당 이미지를 다운로드합니다.

물론 실제 상황은 이렇게 단순하지 않습니다. 기기 특성, 화면 크기 등을 고려해야 하거나 대량 이미지 파일들을 한꺼번에 지연 로딩해야 할 수도 있습니다. 다행히 오픈 소스에서 자바스크립트를 이용한 지연 로딩을 지원하는 라이브러리를 많이 제공합니다. 아래는 lazyload[11]라는 라이브러리를 사용한 예입니다.

```
<script src="lazyload.min.js"></script>
<img data-src="real/image/src.jpg"
    src="data:image/gif;base64,R0lGODlhAQABAAAAACH5BAEKAAEALAAAAAABAAEAAAICTAEAOw=="
    onload="lzld(this)">
```

모바일 우선 접근

아직까지 '데스크톱 우선' 전략으로 반응형 웹을 구현하는 기업들이 많습니다. 데스크톱 우선 방식이란 반응형 웹을 개발할 때 데스크톱 화면을 먼저 개발한다는 의미입니다. 반대로 '모바일 우선'이란 모바일 기기에 적합한 페이지부터 개발하는 방법입니다.

데스크톱 화면을 먼저 개발하면 데스크톱에 최적화된 이미지를 많이 사용합니다. 다음으로 모바일 화면을 개발할 때 데스크톱 이미지들을 상당수 그대로 사용합니다. 이 경우 모바일 페이지 성능 저하로 사용자 불편을 야기하고 결국 매출 하락으로 이어질 수 있습니다. 이미 모바일 접속자 수가 데스크톱 접속자 수를 초과하였고 앞으로도 모바일 사용자 증가가 예상되는 만큼 이제는 모바일 우선 접근법을 사용해야 할 것입니다.

---

11) https://github.com/vvo/lazyload

4.5 : 적응형 이미지 전략

4절에서는 반응형 웹의 문제점과 클라이언트 사이드인 웹 브라우저에서 이를 해결하는 방법을 설명했습니다. 반응형 웹은 모든 클라이언트 환경에 같은 웹 페이지로 대응합니다. 따라서 파일 사이즈가 커지고 복잡해지는 또 다른 문제점이 있습니다. 또한 이미지 성능을 위해 뷰포트, 스크린 사이즈, 화소 밀도, 브라우저 등 변수를 고려해야 합니다. 그러므로 하나의 이미지를 다운로드하기 위한 코드가 늘어나고 이미지가 많아질수록 웹 페이지의 크기가 커집니다. 이는 결국 사용자 기기에도 부담을 늘립니다.

아래 예제는 〈picture〉 태그를 사용해 100, 400, 800, 1,000, 1,200, 1,400의 6개 브레이크 포인트와 3개의 브라우저 타입을 고려해 각각 다른 이미지를 다운로드하는 프로그램입니다.

```
<pictrue>
<source type="image/webp" srcset=" /ress_hero__100.webp 100w,
            /ress_hero__400.webp 400w, /ress_hero__800.webp 800w,
            /ress_hero__1000.webp 1000w, /ress_hero__1200.webp 1200w,
            /ress_hero__1400.webp 1400w"/>
<source type="image/vnd.ms-photo" srcset=" /ress_hero__100.jxr 100w,
            /ress_hero__400.jxr 400w, /ress_hero__800.jxr 800w,
            /ress_hero__1000.jxr 1000w, /ress_hero__1200.jxr 1200w,
            /ress_hero__1400.jxr 1400w" />
<source type="image/jp2" srcset=" /ress_hero__100.jp2 100w,
            /ress_hero__400.jp2 400w, /ress_hero__800.jp2 800w,
            /ress_hero__1000.jp2 1000w, /ress_hero__1200.jp2 1200w,
            /ress_hero__1400.jp2 1400w"/>
<img src="/ress_hero__100.jpg" srcset=" /ress_hero__100.jpg 100w,
        /ress_hero__400.jpg 400w, /ress_hero__800.jpg 800w,
        /ress_hero__1000.jpg 1000w, /ress_hero__1200.jpg 1200w,
        /ress_hero__1400.jpg 1400w" sizes="(min-width: 500px) 33.3vw, 100vw"/>
</picture>
```

모바일 기기의 인터넷 속도는 데스크톱에 비해 느립니다. 데이터 용량에도 제한이 있습니다. 따라서 데스크톱과 똑같은 대용량 웹 페이지를 그대로 내려받는 것은 매우 비효율적입니다. 이를 해결하고자 서버 측 반응형 웹 접근 방법이 등장했습니다. 서버 측 반응형 웹 접근 방법은 서버에서 클라이언트의 정보를 파악해 맞춤형 웹 페이지를 생성하여 전송합니다. 아래 그림은 반응형 웹과 서버측 반응형 웹의 차이를 나타냅니다.

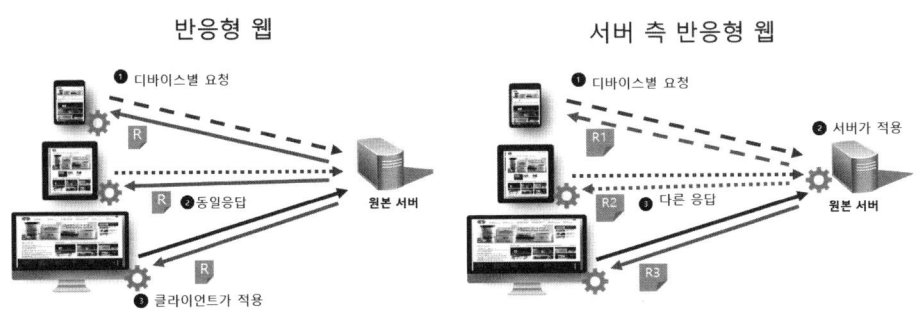

[그림 4-27] 반응형 웹 VS 서버 측 반응형 웹

일반 반응형 웹은 서로 다른 기기별 요청에 동일한 대용량의 응답을 다운로드하고, 클라이언트 측에서 화면 크기에 맞게 콘텐츠를 적용시킵니다. 서버 측 반응형 웹은 기기별 요청을 서버에서 감지하고 각 기기에 적합한 콘텐츠를 만들어 응답합니다.

적응형 이미지는 서버 측 반응형 웹을 구현할 때 필수적인 이미지 호출 방식입니다. 방문자 기기 종류, 화면 크기 등을 감지하고 해당 HTML에 맞는 이미지를 자동으로 선택해 전송합니다.

4.5.1 적응형 이미지 아키텍처

적응형 이미지 아키텍처는 다음 두 부분에서 기존 웹 아키텍처와 다릅니다.

1. 요청 클라이언트 정보를 감지
2. 클라이언트 맞춤형 데이터를 로딩하는 서버 로직 추가

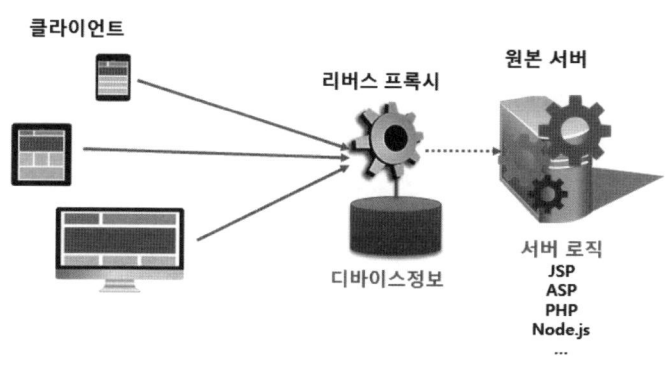

[그림 4-28] 적응형 이미지 아키텍처

적응형 이미지 아키텍처에서 가장 근본적이고 중요한 부분은 클라이언트의 정보를 어떻게 감지하느냐입니다. 반응형 웹에서는 미디어 쿼리를 사용해 클라이언트의 정보를 쉽게 감지하여 반응형 로직을 수행할 수 있습니다. 그러나 서버 측 반응형 웹에서는 HTTP 요청 정보 외에 클라이언트의 정보를 알 길이 없습니다.

앞으로 HTTP 요청에 클라이언트 정보가 추가되어 Client Hints에 담길 예정이지만 Client Hints를 지원하는 브라우저가 적어 실제 사용까지 시간이 걸릴 것입니다. 그러나 HTTP 요청의 User-Agent 헤더를 통해 클라이언트의 정보를 알 수 있습니다. User-Agent에는 브라우저 정보와 버전, 플랫폼, 시스템, 그리고 기타 사용자 정보 등이 담겨 있습니다.

```
# User-Agent 형식

일반적인 형식
User-Agent: <product> / <product-version> <comment>

브라우저 형식
User-Agent: Mozilla/<version> (<system-information>) <platform>
                                    (<platform-details>) <extensions>

예)
Mozilla/5.0 (iPad; U; CPU OS 3_2_1 like macOS X; en-us) AppleWebKit/531.21.10
                                        (KHTML, like Gecko) Mobile/7B405
```

그러므로 우리는 그림 4-28의 아키텍처처럼 원본 서버 앞에 리버스 프록시 서버 또는 애플리케이션을 두고, User-Agent 값을 기반으로 필요한 정보들을 수집해 사용자 정의 헤더나 쿠키에 넣어 서버로 보낼 수 있습니다.

그렇다면 우리에게 필요한 뷰포트, 스크린 크기, 화소 밀도 등의 정보는 어디서 수집할 수 있을까요? 기기 종류, 브랜드, 모델에 따라 이러한 정보들이 서로 다를 텐데 우리가 정보를 직접 수집해 데이터베이스를 구축할 수 있을까요? 하루 7000개 이상의 새로운 기기가 만들어지는 상황에 유지 보수는 제대로 할 수 있을까요?

다행히 기기를 감지해 정보를 제공해주는 여러 가지 솔루션이 있습니다. 대표적 기기 검출 솔루션에는 DeviceAtlas, ScientiaMobile/Wurf, 51degree 등이 있습니다. 이들은 관련 라이브러리를 제공하거나 클라우드 서비스로 기기 정보들을 제공하며 주기적으로 데이터베이스를 업데이트합니다. 그러나 무료로 배포되는 라이브러리는 찾기 어렵습니다.

WURFL
According to the latest and greatest WURFL PHP API 1.9.2.0 (WURFL.xml from 2018-03-03), your device with User-Agent
Mozilla/5.0 (iPhone; CPU iPhone OS 10_3 like Mac OS X) AppleWebKit/602.1.50 (KHTML, like Gecko) CriOS/56.0.2924.75 Mobile/14E5239e Safari/602.1
is identified as
Apple iPhone
Link to this result
Capabilities
is_tablet
false
pointing_method
touchscreen
resolution_width
640
resolution_height
1136
This is just a partial list of capabilities. Licensees have access to over 500 capabilities.

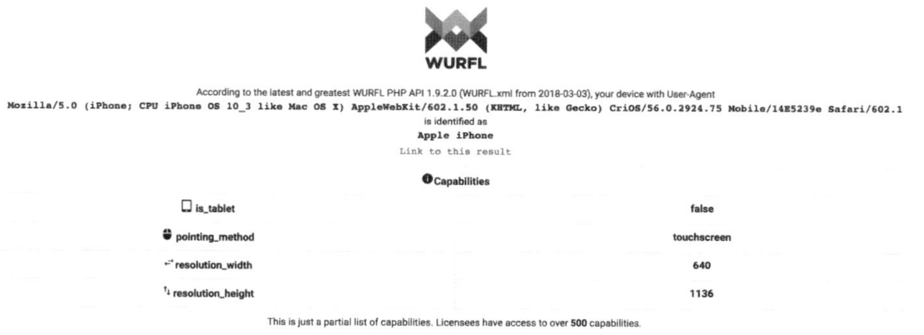

[그림 4-29] WURFL의 기기 검출 정보 예

CDN 서비스를 사용한다면 부가적으로 제공되는 기기 검출 서비스를 고려해 볼 수 있습니다. 아래 그림은 CDN 업체에서 기기 검출 모듈을 사용해 요청 헤더에 담아 원본 서버에 보내주는 정보의 예입니다.

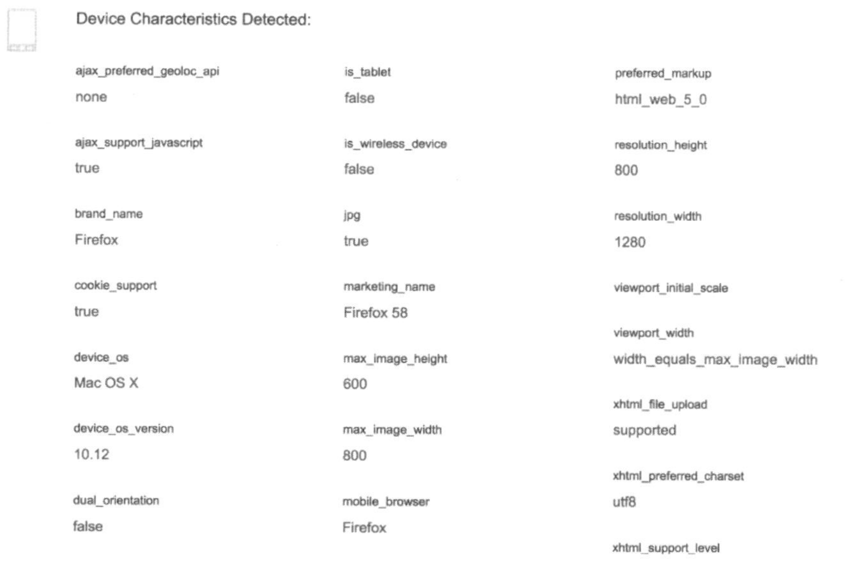

Device Characteristics Detected:
ajax_preferred_geoloc_api
none
ajax_support_javascript
true
brand_name
Firefox
cookie_support
true
device_os
Mac OS X
device_os_version
10.12
dual_orientation
false
is_tablet
false
is_wireless_device
false
jpg
true
marketing_name
Firefox 58
max_image_height
600
max_image_width
800
mobile_browser
Firefox
preferred_markup
html_web_5_0
resolution_height
800
resolution_width
1280
viewport_initial_scale
viewport_width
width_equals_max_image_width
xhtml_file_upload
supported
xhtml_preferred_charset
utf8
xhtml_support_level

[그림 4-30] Akamai 기기 검출 정보

Modermizr.js과 같은 클라이언트 측 자바스크립트로 장치 탐지를 수행할 수도 있습니다. 그러나 이 방법은 먼저 자바스크립트가 로딩되어야 하므로 자바스크립트가 포함된 첫 번째 페이지를 로딩할 때는 사용할 수 없습니다. 그러므로 첫 번째 페이지에 이미지 링크가 많이 포함되어 있다면 피해야 할 방법입니다. 하지만 사이트 이미지를 지연 로딩하고 있다면 이러한 기기 검출 스크립트를 사용해 필요한 시점에 관련 정보를 보내면 됩니다.

4.5.2 기기 정보에 따라 서버 로직 수행

기기 검출 방안에 따라 관련 정보들을 수집했다면 클라이언트 환경에 맞는 이미지 파일을 링크에 연결합니다. 이러한 서버 로직은 아래와 같은 방법으로 수행합니다.

1. 브레이크 포인트를 사전에 정의해야 합니다. 브레이크 포인트를 정하는 방법은 반응형 웹 구성 때와 동일합니다. 만약 100, 400, 800, 1,000, 1,200, 1,400의 6개 브레이크 포인트를 정의했다면 이에 맞추어 이미지들을 미리 준비해야 합니다. 그러므로 6개 이미지를 준비합니다. DPR 2X까지 고려한다면 12개의 이미지를 준비해야 합니다.
2. 검출된 기기의 너비를 추출합니다.
3. 추출한 너비가 어떤 브레이크 포인트보다 작다면 그 포인트에 해당하는 이미지를 로드시킵니다. 가령 기기 너비가 600이라면 800 브레이크 포인트보다 작으므로 너비 800에 해당하는 이미지를 반환합니다.

이 예에서는 웹 사이트 성능 향상을 위해 브레이크 포인트를 6개로 설정했습니다. 그러나 국내의 많은 웹 사이트들은 대부분 모바일, 태블릿, 데스크톱에 해당하는 3개 포인트를 설정합니다. 이 정책은 사이트 성능을 얼마만큼 개선할지에 맞추어 변경해야 합니다.

3번에서는 이미지 화질이 깨지는 것을 방지하기 위해 기기 너비보다 큰 이미지를 로드하였습니다. 이 역시 웹 사이트 성격에 따라 적절한 이미지를 선택하는 정책을 결정하고 서버 로직을 만들어야 합니다.

```
// Pseudo Code
$breaks = array(100, 400, 800, 1000, 1200, 1400);

// 기기 검출 솔루션으로부터 스크린 너비를 추출
$app1 = loadApp('cookie_wurfl');
if (array_key_exists('screen_width', $_COOKIE)) {
   $cookie_screen_width = $_COOKIE['screen_width'];
   $width = $cookie_screen_width;
   $this->cookie_exists = true;
}

// 브레이크 포인트 찾기
foreach ($breaks as $point) {
   if ($width <= $point) {
       $img_width = $point;
   }
}

// DPR 적용
$img_width = $img_width * $dpr;

// 이미지 크기 설정
$img->setImageSize($img_width);
```

4.5.3 브라우저별 이미지 전달

브라우저별 이미지는 HTTP 요청의 Accept 헤더를 참고해 결정할 수 있습니다. 크롬 브라우저는 전용 이미지 형식인 WebP 지원 여부를 Accept 헤더에 표시하고 있고 마이크로소프트 인터넷 익스플로러나 에지도 Accept 헤더에 JPEG XR 지원 여부를 나타냅니다.

```
크롬 'Accept' 헤더
accept: image/webp,image/apng,image/*,*/*;q=0.8

마이크로 소프트 에지 / 인터넷 익스플로러 11 'Accept' 헤더
accept: image/jxr,image/apng,image/*,*/*;q=0.8
```

JPEG 2000을 지원하는 애플 사파리는 Accept 헤더에 별도 표시를 하지 않으므로 기기 검출 솔루션에 의존해야 합니다.

```
// Pseudo code
if (strstr($_SERVER['HTTP_ACCEPT'], 'image/webp') !== false) {
    # WebP로 변환
    $img->setImageFormat('webp');
}

if (strstr($_SERVER['HTTP_ACCEPT'], 'image/jxr') !== false) {
    # JPEG XR로 변환
    $img->setImageFormat('jxr');
}

$browser = $app1->capabilities['mobile_browser'];
$browser_ver = $app1->capabilities['mobile_browser_version'];{
if ((strstr($browser, 'Safari') != false) && $brwoser_ver >= 6
   $img->setImageFormat('jp2');
}
if ((strstr($browser, 'Safari') != false) && $brwoser_ver >= 6){
   $img->setImageFormat('jp2');
}
```

4.5.4 캐시 고려 사항

서버 측 반응형 웹이나 이에 따른 적응형 이미지를 구성할 때 성능을 고려해 이미지를 캐시하는 경우가 많습니다. 적응형 이미지는 동일한 URL을 사용해도 사용자 기기에 따라 서로 다른 이미지가 응답될 수 있습니다. 그러므로 이에 따른 캐시 충돌 현상에 주의해야 합니다.

캐시 충돌 현상은 하나의 URL에 여러 개의 다른 콘텐츠가 응답할 수 있을 때 먼저 응답하는 콘텐츠만 캐시되는 현상입니다. 예를 들어 feokorea.com/mytest.jpg라는 이미지가 스크린 너비에 따라 다른 크기의 이미지를 전달하도록 서버 로직을 구성했다고 생각해 보겠습니다. 모바일과 데스크톱 기기 순서대로 접속했을 때 다운로드되는 이미지 크기가 다를 것입니다. 이 URL을 캐시 서버를 이용해 캐시했다고 가정하면, 이때 이 URL에는 먼저 접속한 모바일 기기에 적합한 이미지가 캐시되었을 것입니다. 그러므로 두 번째 접속한 데스크톱 화면에는 이미 캐시된 모바일 이미지를 다운로드합니다.

이러한 현상을 피하려면 서버에서 응답할 때 Vary 헤더를 활용해서 특정 헤더에 따라 콘텐츠가 달라질 것이라고 캐시 서버에 알려줘야 합니다. 아래 예제는 Client Hints인 Width에 따라 이미지를 달리했을 때의 응답 헤더입니다.

```
# 요청 헤더
GET /mytest.jpg
Accept-CH: DPR, Width, Viewport-Width
DPR: 2.0
Width: 320
Viewport-Width: 320
(생략)

# 응답 헤더
HTTP/1.1 200 OK
Content-Type: image/jpeg
Vary: Width
(생략)
```

만약 CDN 서비스를 사용한다면 Vary 헤더를 사용하는 것보다 CDN 서비스에서 제공하는 캐시 키 정책을 수정하여 기기 정보를 아래 예와 같이 추가하면 됩니다.

```
데스크톱 이미지의 캐시 키:
feokorea.com/mytest.jpg _cid=width=1280

모바일 이미지의 캐시 키
feokorea.com/mytest.jpg _cid=width=320
```

캐시와 캐시 키에 대한 내용은 6장에서 자세히 설명하겠습니다.

CHAPTER

웹에서 가속을 이끌어 내는 방법

5★

5.1 : 웹 브라우저 현황 알아보기

웹 페이지를 경량화하고 요청 수를 줄여도 HTML을 화면에 그리는 것은 결국 웹 브라우저입니다. 따라서 브라우저가 페이지를 화면에 렌더링하는 방식을 이해하고 이를 최적화하는 것이 프런트엔드 최적화의 핵심입니다.

독자 여러분도 아시겠지만 웹에는 다양한 브라우저들이 존재합니다. 그 중에서도 구글의 크롬 브라우저는 전 세계에서 가장 많이 사용됩니다. 다음 그림은 각각 데스크톱과 모바일 브라우저의 점유율을 나타낸 그래프입니다. 크롬은 데스크톱 브라우저에서 69%, 모바일에서는 64%의 점유율을 차지합니다.

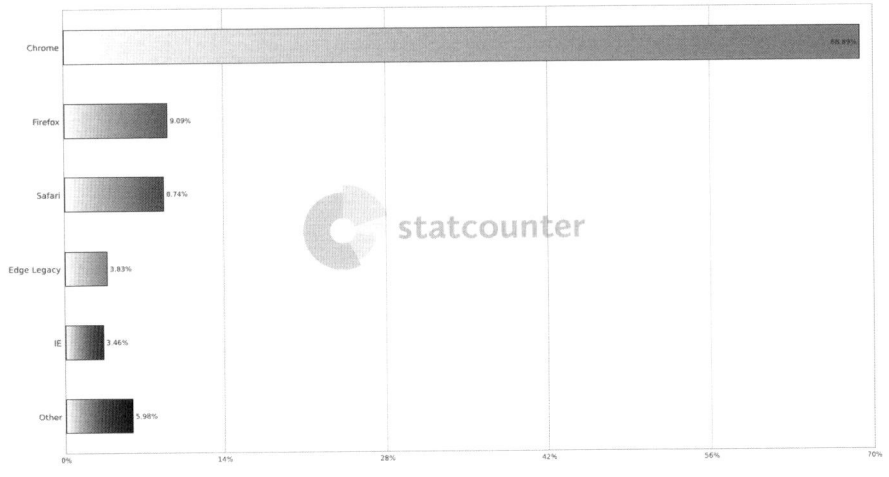

[그림 5-1] 데스크톱 브라우저 점유율(StatCounter)

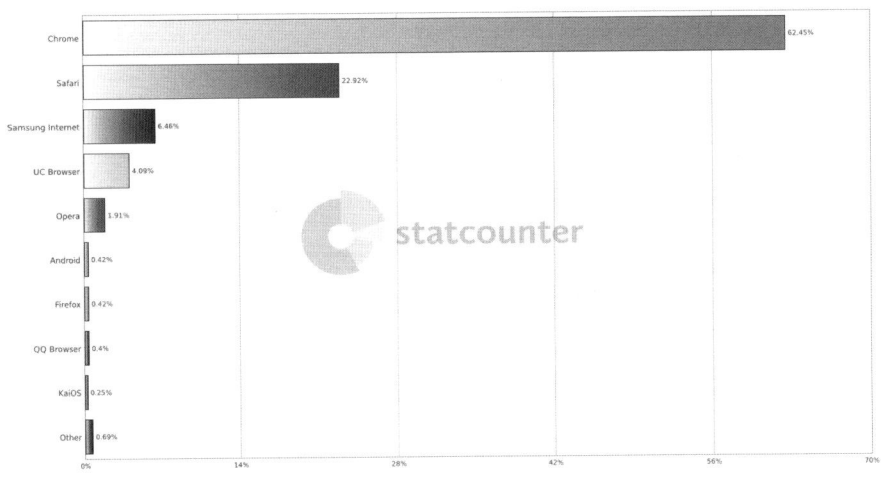

[그림 5-2] 모바일 브라우저 점유율(StatCounter)

데스크톱 브라우저는 사파리와 파이어폭스가 점유율 2위와 3위를 차지했습니다. 모바일 브라우저는 사파리가 22%로 2위, 삼성의 인터넷 브라우저가 6.4%의 점유율로 3위를 차지했습니다.

그렇다면 국내에선 주로 어떤 브라우저를 사용할까요? 그림 5-3과 5-4는 글로벌 리서치 기관 StatCounter의 국내 데스크톱과 모바일 브라우저의 점유율을 나타낸 통계 자료입니다. 우리나라는 Windows 사용자가 많은 만큼 인터넷 익스플로러가 높은 점유율을 유지했습니다.

그런데 아래 그림에서 볼 수 있듯 2016년 처음으로 크롬의 점유율이 인터넷 익스플로러에 앞섰습니다. 국내 금융 사이트, 쇼핑몰의 ActiveX와 공인 인증서 시스템이 여전히 인터넷 익스플로러에 최적화되어 있는데도 크롬의 점유율이 인터넷 익스플로러에 앞선 점은 큰 의미가 있습니다. Windows 버전이 업그레이드되면서 인터넷 익스플로러의 종속성이 약해진 이유도 있겠지만 무엇보다 크롬의 성능이나 사용성이 인터넷 익스플로러에 앞서기 때문에 많은 사용자가 선호한다고 볼 수 있습니다. 모바일 브라우저로는 삼성 인터넷 브라우저가 크롬에 이어 점유율 2위를 차지했습니다.

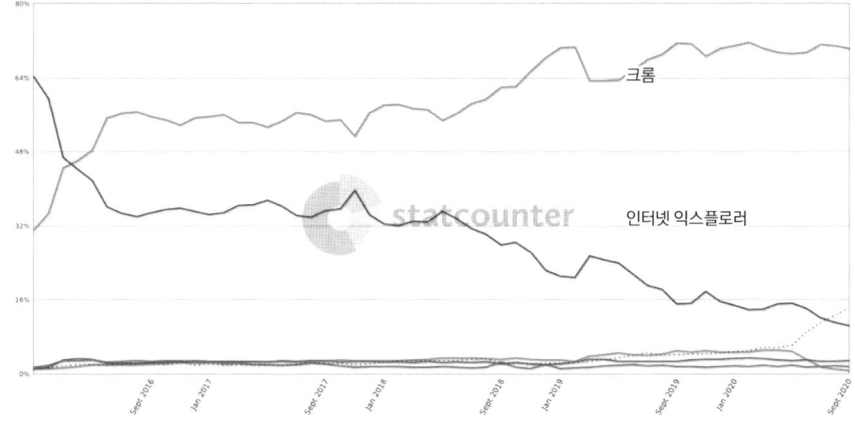

[그림 5-3] 국내 데스크톱 브라우저 점유율 2016-2020(StatCounter)

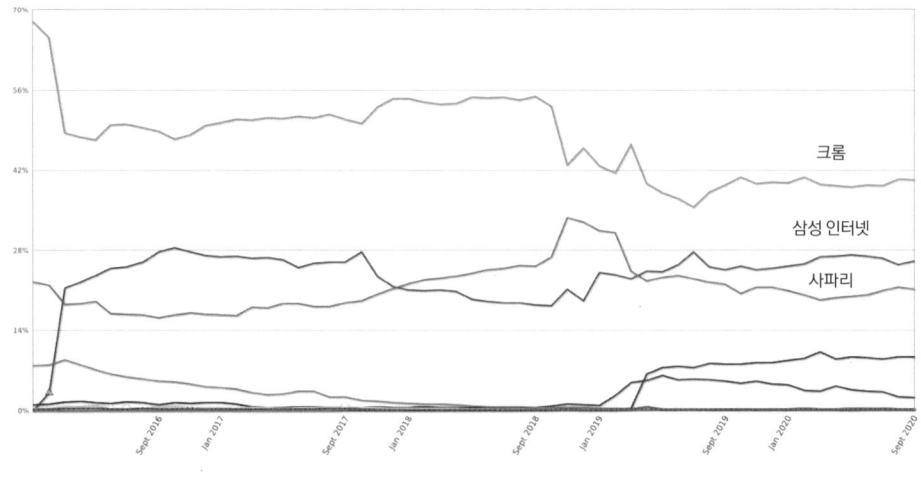

[그림 5-4] 국내 모바일 브라우저 점유율 2016-2020(StatCounter)

4장에서 언급한 것처럼 브라우저별로 지원하는 이미지 타입이 서로 다르므로 점유율이 높은 브라우저에 대한 이미지를 별도로 준비하는 것이 효율적입니다. 특히 국내에서는 인터넷 익스플로러 사용율이 타 국가에 비해 높은 편입니다. 인터넷 익스플로러와 크롬에서 지원하는 전용 이미지 형식뿐만 아니라 지원하는 폰트 타입도 다르므로[1] 주의를 기울여야 합니다.

이처럼 많은 브라우저가 존재하고 저마다의 특징을 가지고 작동합니다. 그러나 웹 페이지를 전송하고 렌더링하는 방식에는 큰 차이가 없이 표준 방식으로 작성된 html을 해석하고, 이에 맞도록 객체를 생성하며 화면 크기에 맞추어 원하는 그림을 그립니다. 지금부터는 브라우저의 동작 방식에 대해 더 알아보겠습니다.

---

1) 인터넷 익스플로러 구버전(6, 7, 8)은 EOT 폰트 타입만 사용하며 WOFF나 TTF 폰트 타입을 지원하지 않습니다. 인터넷 익스플로러를 제외한 다른 브라우저들은 EOT 폰트 타입을 지원하지 않습니다.

5.2 : 웹 브라우저 동작 이해하기

사용자가 입력창에 접속하고자 하는 웹 사이트 주소를 입력함으로써 브라우저의 동작이 시작됩니다. 아래 그림은 브라우저가 웹 사이트의 주소를 이용해 서버로부터 웹 페이지를 다운로드하기까지 흐름을 나타냅니다.

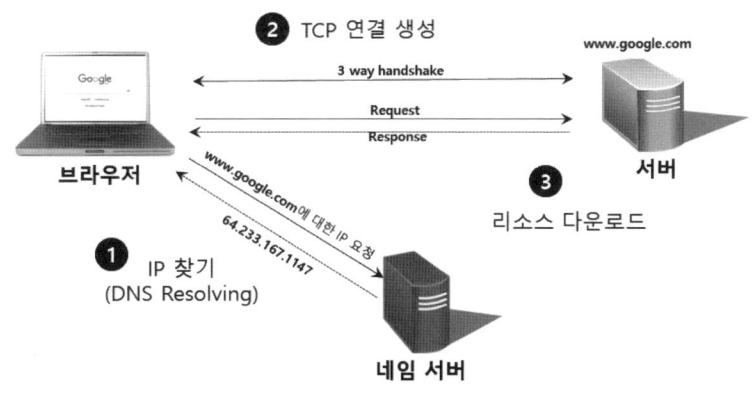

[그림 5-5] 브라우저에서 웹 사이트를 요청하는 순서

브라우저는 가장 먼저 도메인 서버와 통신하여 접속하려는 호스트의 IP를 찾습니다(❶). 그리고 해당 아이피를 가진 서버와 통신을 시도해 TCP 연결을 맺습니다(❷). HTTPS에선 암호화된 연결을 생성하려는 협의 단계가 더 추가됩니다. 이후 연결이 맺어지면 브라우저는 서버로부터 필요한 리소스들을 다운로드해 이를 화면에 표현합니다(❸).

브라우저가 리소스를 다운로드할 때는 먼저 방문 페이지(landing page)의 HTML을 서버에 요청해 다운로드합니다. 그리고 HTML의 구문을 분석(parsing)하면서 HTML 태그에 참조된 CSS, 자바스크립트, 이미지, 폰트 등의 하위 리소스들을 차례로 다운로드합니다. 다음은 리소스들을 다운로드하며 걸리는 시간을 폭포 차트로 나타낸 그림입니다.

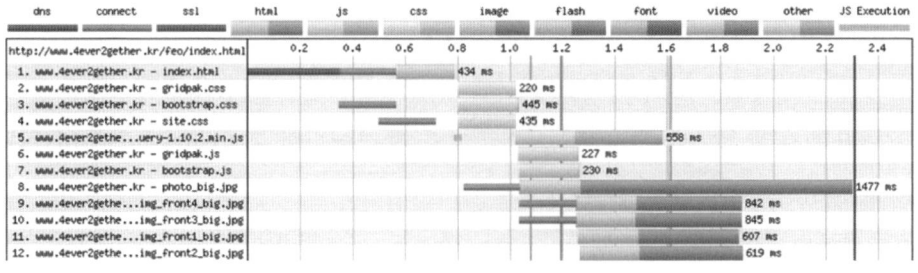

[그림 5-6] 리소스 다운로드 시간을 나타낸 폭포 차트

방문 페이지인 index.html을 다운로드하기 위해 DNS 처리, TCP 연결이 차례로 이루어지고 실제 HTML 파일을 다운로드하는 과정을 그림에서 확인할 수 있습니다. 또한 첫 HTML을 다운로드하고 나서야 나머지 리소스들을 다운로드하는 모습도 볼 수 있습니다. 브라우저는 리소스들을 다운로드하며 동시에 개발자가 원하는 대로 화면에 페이지를 그리는 작업을 수행합니다. 이렇게 화면을 그리는 일련의 작업 절차를 렌더링 경로라고 합니다. 이 렌더링 과정을 조금 더 자세히 알아보겠습니다.

5.2.1 브라우저 아키텍처

렌더링에 앞서 브라우저의 구성 요소들을 살펴보겠습니다. 그림 5-7의 레퍼런스 아키텍처에서 확인할 수 있듯 브라우저는 크게 7개 컴포넌트로 나눌 수 있습니다.

1. **유저 인터페이스**
   이 컴포넌트는 사용자가 브라우저를 통해 상호 작용할 수 있도록 돕습니다. 저마다 이름과 모양이 다른 브라우저들도 주소 입력창, 북마크, 앞뒤 버튼 등 사용자와 상호 작용을 위해 동일하게 제공하는 필수 기능들을 가지고 있습니다. 추가로 브라우저별 차별화된 기능들을 제공합니다.

2. **브라우저 엔진**
   유저 인터페이스와 렌더링 엔진 사이에서 렌더링 상태를 조회하고 렌더링 작업을 제어하기 위한 인터페이스를 제공합니다.

3. 렌더링 엔진

   HTML을 분석하여 그대로 표현하거나 CSS를 분석해 웹 페이지를 멋지게 꾸미기도 하는 등 실제 웹 콘텐츠를 원하는 대로 브라우저 창에 그리는 역할을 합니다. Webkit(사파리), Gecko(파이어폭스), Blink(크롬), Trident(인터넷 익스플로러) 등의 렌더링 엔진이 있습니다.

4. 네트워킹

   네트워크를 통해 HTTP 요청을 보내고 응답받는 역할을 합니다. DNS 조회, TCP 연결 등의 작업을 수행합니다. 브라우저별로 6~10개 스레드로 동시에 TCP 연결을 생성해 리소스들을 신속히 다운로드할 수 있습니다.

5. UI 백엔드

   콤보박스, 드롭박스 등 기본적인 UI 컴포넌트들을 제공합니다.

6. 자바스크립트 해석기

   V8, Spider Monkey 등의 엔진을 사용하여 자바스크립트를 분석하고 해석합니다.

7. 데이터 저장소

   데이터 지속성(persistence)을 유지하기 위한 컴포넌트입니다. 가장 흔하게는 쿠키 값을 로컬 디스크에 저장합니다. HTML5에서는 로컬 스토리지, 인덱스 DB 등을 이용해 더 많은 데이터를 저장할 수 있습니다.

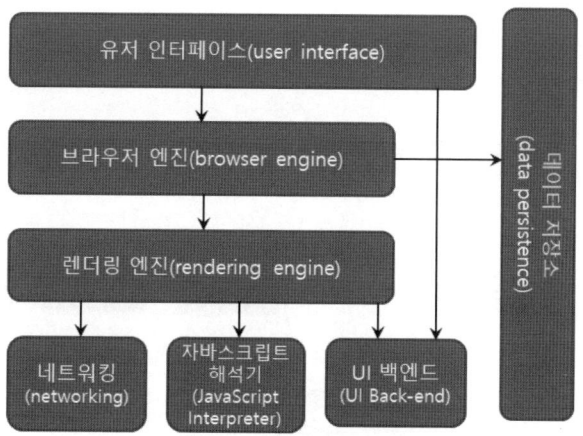

[그림 5-7] 웹 브라우저 레퍼런스 아키텍처[2]

---

2) http://grosskurth.ca/papers/browser-refarch.pdf

사용자 요청을 처리하고 웹 사이트를 표현하기 위해 모든 컴포넌트들이 유기적으로 동작합니다. 그러나 실제로 HTML을 처리해 화면에 렌더링하는 컴포넌트는 렌더링 엔진입니다. 지금부터 이 엔진이 수행하는 렌더링 과정에 대해 좀 더 자세히 알아보겠습니다.

5.2.2 중요 렌더링 경로

렌더링 엔진이 웹 페이지를 구문 분석해 화면에 표현하는 일련의 작업은 선후 관계가 비교적 명확하므로 단일 스레드에 의해 수행됩니다. 예를 들어 HTML이 해석되지 않으면 CSS와 자바스크립트가 수행될 수 없고, 객체 모델이 만들어지지 않으면 브라우저가 화면을 구성할 수 없으며, 화면 구성을 하지 못하면 결국 페이지를 그릴 수 없습니다. 따라서 이 일련의 작업을 브라우저가 어떤 순서로 처리하는지 이해하는 것은 웹 최적화뿐만 아니라 웹 개발에 있어서도 매우 중요합니다.

아래 그림은 브라우저의 중요 렌더링 경로를 나타냅니다.

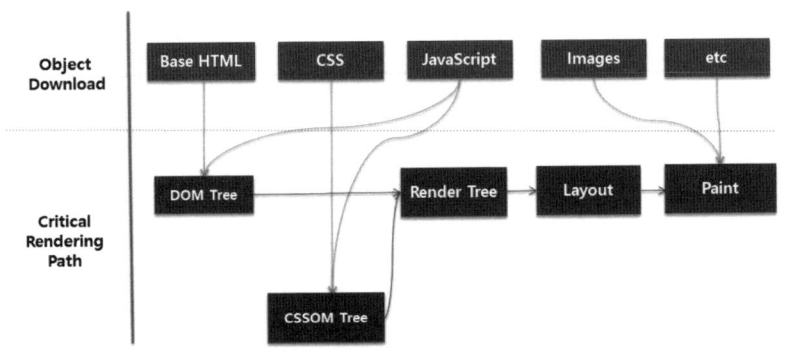

[그림 5-8] 중요 렌더링 경로(Critical Rendering Path)

간략히 설명하면 브라우저는 HTML을 가장 처음 구문 분석하면서 DOM 트리를 만들고 CSS를 구문 분석하여 CSSOM 트리를 만듭니다. 그 후 두 개의 트리 모델을 결합해 최종적으로 렌더 트리를 만듭니다. 일단 렌더 트리가 생성되면 브라우저는 이를 기반으로 페이지 구조를 결정하고 화면에 표현합니다.

DOM 트리 생성

브라우저는 가장 먼저 다운로드한 HTML의 구문을 분석해 태그를 하나하나 해석하여 DOM이라는 객체 모델로 변환합니다. HTML이나 XML 같이 마크업 언어로 작성된 문서들은 사람들의 눈에는 가독성이 있지만, 컴퓨터가 사용하기 어려운 구조입니다. DOM(Documents Object Model)은 C#이나 자바 같은 객체 지향적 프로그램 언어들로 HTML이나 XML 형태의 마크업 문서들을 손쉽게 프로그래밍하기 위해 표준으로 규정한 프로그램 인터페이스입니다. 일단 HTML이 DOM으로 바뀌면 아래 예와 같이 프로그램 인터페이스로 원하는 태그를 조회하고 수정할 수 있습니다.

```
var myElement = document.getElementById("intro");
document.getElementById("demo").innerHTML = "Hello World!";
```

DOM은 다른 프로그래밍 인터페이스와 마찬가지로 객체 속성과 메소드 그리고 이벤트 등을 정의합니다. 브라우저 구문 분석기는 위에서부터 순차적으로 HTML을 분석하며 부모 노드와 자식 노드와의 관계를 파악해 다음 그림처럼 DOM 트리를 생성합니다.

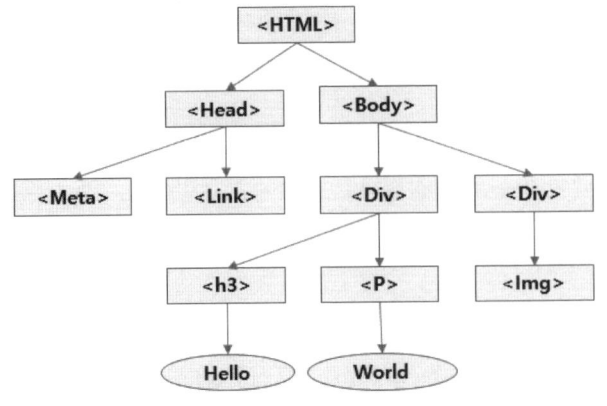

[그림 5-9] DOM 트리

CSSOM 트리 생성

CSSOM(CSS Object Model)은 DOM과 비슷하게 CSS를 처리하기 위한 트리 구조의 프로그래밍 인터페이스입니다. 브라우저가 HTML을 구문 분석하며 CSS를 참조하는 링크를 만나면 해당 CSS 리소스를 다운로드하고 구문 분석기가 CSS를 분석하기 시작합니다.

HTML과 다르게 CSS는 구문 분석에는 엄격한 구문 검사가 적용됩니다. 구문 분석 방법이 다르다 보니 사용하는 구문 분석기와 동작 스레드도 다릅니다. 따라서 HTML 구문 분석 과정이 CSS 분석에 의해 방해받진 않습니다. 그림 5-8에서 알 수 있듯 중요 렌더링 경로상에서 DOM 트리와 CSSOM 트리는 각각 별도로 생성되고 이후 렌더 트리로 통합됩니다. CSS는 페이지 스타일 정보를 나타내므로 CSSOM 트리의 각 노드들은 고유한 스타일 속성을 포함합니다.

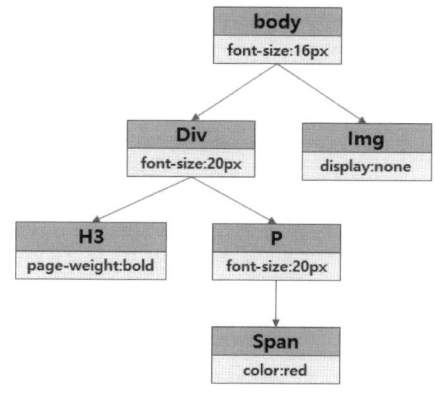

[그림 5-10] CSSOM 트리

렌더 트리 생성

DOM 트리와 CSSOM 트리 구문 분석이 완료되면 브라우저는 두 개의 트리를 병합해 렌더 트리(render tree)를 생성합니다. DOM과 CSSOM을 기반으로 렌더링을 위한 최종 정보를 가진 렌더 객체들을 생성해 이들의 상하 관계를 트리 모양으로 구성한 것이 렌더 트리입니다. 그림 5-11은 DOM과 CSSOM 트리에 의해 생성된 렌더 트리입니다.

DOM 트리의 〈body〉 태그는 렌더링을 하는 데 아무런 의미가 없으므로 제외된 것을 볼 수 있습니다. 대신 레이아웃 시점에 최상위 노드인 루트 노드를 중심으로 하위 노드들의 위치가 결정됩니다. CSSOM 트리의 Img 노드는 display:none으로 설정되어 있으므로 DOM 트리의 〈img〉 태그 역시 렌더 트리에서 제외되었습니다. 렌더 객체는 다음 레이아웃 단계를 수행하기 위한 모든 정보를 가지고 있는데 한 개의 렌더 객체는 한 개의 사각형 모양 영역을 표현할 수 있으며 그 영역에 관한 모든 정보를 포함합니다.

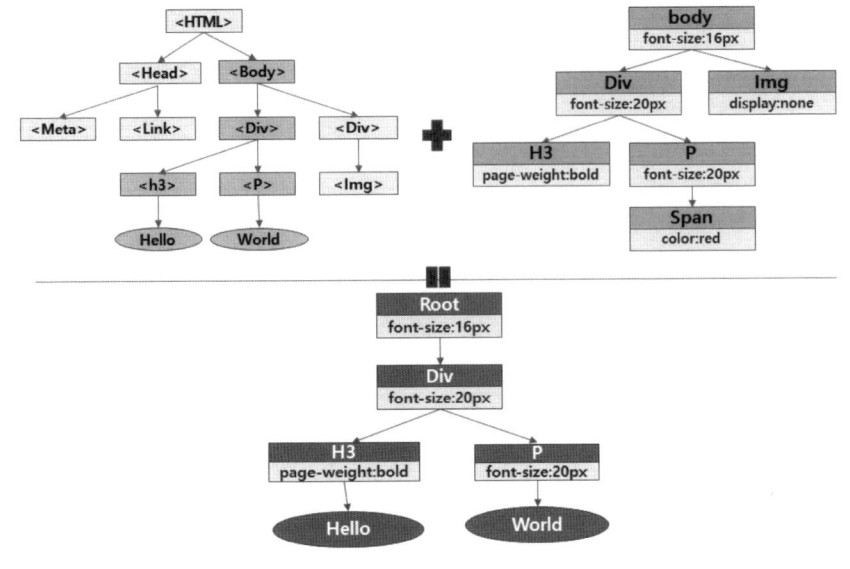

[그림 5-11] 렌더 트리

레이아웃

레이아웃은 렌더 트리 노드들의 위치 정보가 계산되는 단계입니다. 렌더 객체는 사각형 영역을 표시하므로 브라우저 창의 맨 왼쪽 위에서 시작하여 아래, 오른쪽으로 이동하며 각 사각형 영역의 너비와 높이를 계산합니다.

렌더 트리의 루트 노드부터 계산이 시작되는데 루트 노드의 너비는 뷰포트의 크기로 지정됩니다. 바로 아래인 자식 노드들의 너비가 비율로 되어 있다면 이 뷰포트 너비에서 각 자식 노드들의 너비가 계산됩니다. 이 작업은 부모 노드에서 자식 노드로 재귀하여 반복 수행됩니다. 높이 계산은 역으로 자식 노드의 높이에 따라 부모 노드의 높이를 계산합니다. 이 역시 재귀적으로 반복 수행하면서 노드들의 위치가 차례로 계산됩니다.

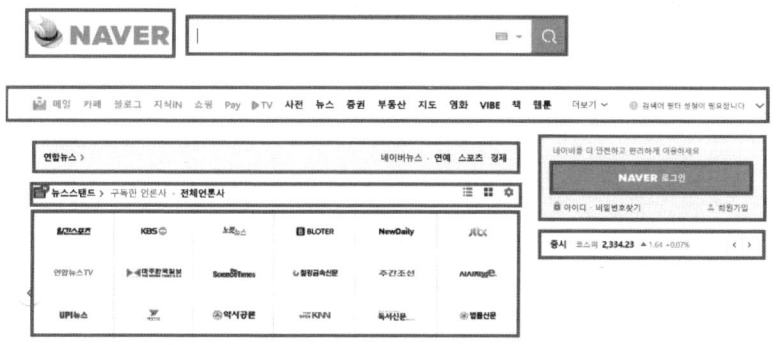

[그림 5-12] 레이아웃

페인트

페인트는 렌더 트리 정보를 바탕으로 브라우저 창에 표현하는 단계입니다. 이미 렌더링을 위한 정보가 모두 준비되었으므로 GPU를 이용해 그리기만 하면 됩니다.

그림 5-8에서 알 수 있듯 자바스크립트는 DOM과 CSSOM을 동적으로 변경할 수 있으며 이 경우 렌더 트리가 변경되고 레이아웃, 페인트 단계가 다시 수행됩니다. 다음으로 자바스크립트의 방해 없이 렌더링을 최적화할 수 있는 방법을 알아보겠습니다.

5.3 : 브라우저 렌더링 최적화하기

이번 절에서는 지금까지 설명한 브라우저 렌더링 과정을 최적화하는 방법을 알아보겠습니다.

5.3.1 DOM 최적화하기

HTML을 DOM으로 전환하는 과정은 구문 분석이 관대하다는 점에서 XML과 다릅니다. XML은 DTD 또는 XML 스키마를 이용해 정의된 구문을 엄격하게 따라야 합니다. 그렇지 않으면 XML을 전달받은 애플리케이션이나 사용자가 콘텐츠의 내용을 잘못 이해해 오류를 발생시킬 수 있습니다.

반면 HTML은 이러한 구문 체크에 관대하므로 작성 시 잘못된 습관이나 실수에 의해 문법 오류가 발생해도 브라우저에는 정상적으로 표현되는 경우가 많습니다. 이렇게 다양한 오류를 포용하기 위해 브라우저는 잘 알려진 수많은 오류 사항에 대한 예외 처리 방안을 구현합니다. 예를 들어 제한된 숫자 이상 중첩된 태그가 많거나 태그를 열고 닫지 않거나 테이블 안에 테이블이 겹치는 등의 오류가 발생하면 내부 알고리즘에 의해 중첩된 태그를 제거하고, 적절한 위치에서 태그를 닫고, 겹친 테이블을 분리하는 일련의 작업을 수행합니다. 따라서 웹 페이지 내에 오류가 많을수록 브라우저는 예외 처리를 위해 더 많은 메모리와 CPU 파워를 소모합니다.

결국 HTML의 구문 오류를 최소화하고 간소화하는 것이 웹 사이트 성능을 향상시키는 기본적이고도 간단한 방법입니다. 최근 사용되는 스마트한 웹 페이지 개발, 편집 도구들은 구문상 오류를 쉽게 찾아 주고 코드를 자동으로 완성해줍니다. 또한 대부분 브라우저에서 제공하는 개발자 도구가 문법, 수행 오류를 쉽게 파악해 알려줍니다. 이러한 도구들을 충분히 활용하여 HTML이나 구문상 오류가 발생하지 않도록 노력해야 합니다.

또한 과도하게 HTML 태그를 중첩 사용하는 행위도 피해야 합니다. 태그가 중첩되어 HTML 문서 구조가 복잡하게 작성되어 있으면, 자바스크립트에 의해 스타일이 변경될 때 각 태그의 레이아웃을 다시 계산하고 재구성하는 데 더 많은 리소스와 시간이 소요됩니다. 일반적으로 중첩된 태그들이 15단계를 넘지 않도록 HTML을 작성하는 것을 권장합니다.

아래 그림은 DOM을 분석해 최적화 방안을 알려주는 무료 도구인 DOM Monster[3]의 실행 화면입니다. 제공되는 자바스크립트를 브라우저의 즐겨찾기에 추가한 후 진단하려는 웹 페이지에서 즐겨찾기에 추가된 DOM Monster를 클릭하면 그림과 같은 페이지 진단 결과가 나타납니다. 전체 노드 개수, 중첩 노드 개수 그리고 사용된 iframe 태그 수에 대한 경고와 함께 기타 최적화 팁을 제시합니다. 또한 문제가 되는 노드들을 페이지 내에서 빨간색 점선으로 표시하므로 개발자가 이를 쉽게 발견하여 수정할 수 있습니다.

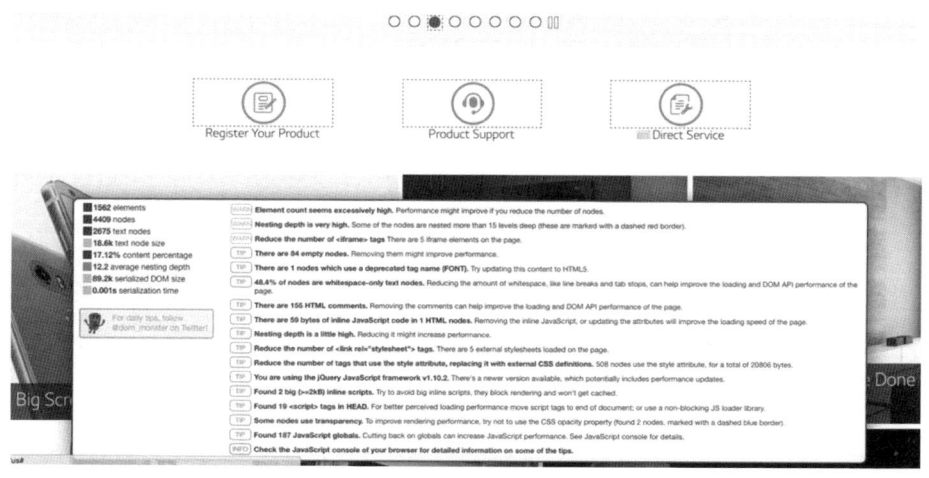

[그림 5-13] DOM Monster

---

3) http://mir.aculo.us/dom-monster/

5.3.2 자바스크립트와 CSS 배치하기

HTML과 CSS에서 사용하는 구문 분석 알고리즘과 스레드는 다릅니다. 그러므로 CSS 구문 분석을 위해 HTML 구문 분석을 처리하는 스레드가 차단당하진 않지만 여기서 자바스크립트가 중요한 역할을 합니다. 왜냐하면 자바스크립트는 이미 생성한 DOM과 CSSOM을 언제든 변경시킬 수 있기 때문입니다. HTML 구문 분석기가 순차적으로 HTML을 해석하는 중 자바스크립트를 만나면 이를 다운로드하고 수행이 완료될 때까지 DOM 생성 작업을 중단합니다. 자바스크립트에 의한 변경이 완료되기를 기다리는 것입니다.

하지만 그 시점에 특정 CSS에 대한 구문 분석 처리 및 CSSOM 생성 작업이 진행 중이라면 자바스크립트가 변경하려는 스타일 시트가 아직 생성되지 않았을 수 있습니다. 그러므로 해당 자바스크립트는 CSSOM 생성이 완료될 때까지 수행을 중지하고 대기합니다. 만약 원하는 스타일 시트가 채 생성되기도 전에 자바스크립트가 이를 수정하려는 경우 스크립트 오류가 발생해 만들고자 하는 웹 페이지가 생성되지 않습니다. 결론적으로 렌더링에 있어 CSS가 자바스크립트보다 더 높은 우선순위를 가집니다. 그리고 두 리소스 모두 전체 렌더링 과정을 지연시킬 수 있는 중요한 렌더링 방해 리소스라 할 수 있습니다.

이러한 CSS와 자바스크립트의 렌더링 방해를 피하려면 CSS를 최대한 소스 위쪽에 배치하여 CSSOM이 가능한 빨리 생성되도록 합니다. 그리고 자바스크립트는 최대한 HTML 아래쪽에 배치하여 DOM과 CSSOM이 모두 생성된 이후에 수행될 수 있도록 하는 것이 가장 효과적입니다.

다음은 자바스크립트를 위쪽에 배치했을 때와 아래쪽에 배치했을 때의 성능 차이를 나타낸 폭포 차트입니다.

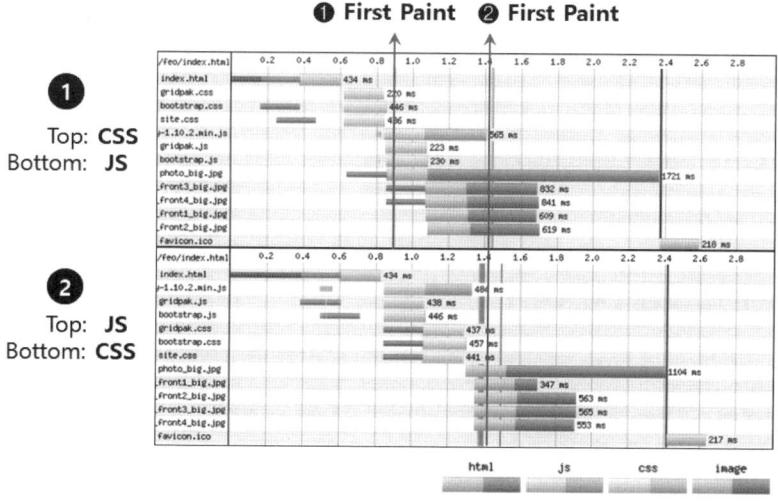

[그림 5-14] CSS와 자바스크립트 배치에 따른 렌더링 시작 시간 비교

❶은 CSS가 HTML 위에, 자바스크립트가 아래쪽에 배치되었을 때의 성능입니다. ❷는 반대로 자바스크립트가 CSS보다 위쪽에 배치되었을 때의 성능을 나타냅니다. 모든 리소스를 다운로드해 페이지 로딩이 완료되는 시점은 약 2.4초 정도로 비슷하지만 렌더링 시작 시점이 0.9초와 1.5초로 약 0.5초의 차이를 보입니다. 이 샘플에서 사용된 자바스크립트는 큰 연산이 필요하지 않은 3개의 프로그램 로직이기 때문에 0.5초 차이도 상대적으로 큰 값입니다.

다음 그림의 화면 슬라이드를 통해 사용자가 경험할 성능 차이를 짐작할 수 있습니다. 실제 운영되는 웹 사이트에서는 훨씬 복잡한 연산이 필요한 자바스크립트들이 많이 사용되므로 이 규칙을 지키지 않으면 보다 큰 성능 차이로 인해 사용자 경험에 영향을 미칠 것입니다.

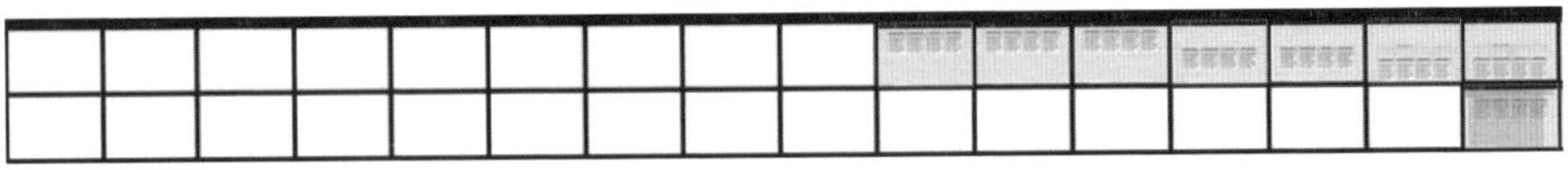

[그림 5-15] 0.1초 간격의 웹 사이트 로딩 화면 슬라이드

5.3.3 자바스크립트 최적화하기

자바스크립트를 HTML 아래쪽에 배치하는 것만으로도 렌더링의 방해 요소가 많이 사라지지만 이는 충분하지 않습니다. 최근의 웹 페이지는 타사 제공 리소스를 포함한 많은 수의 자바스크립트를 사용합니다. 또한 HTML의 위쪽에 배치해야 하는 경우도 부지기수이기 때문입니다. 아래 그림의 ❶은 자바스크립트로 인해 전체 페이지 로딩 시간이 많이 지연되는 사례입니다.

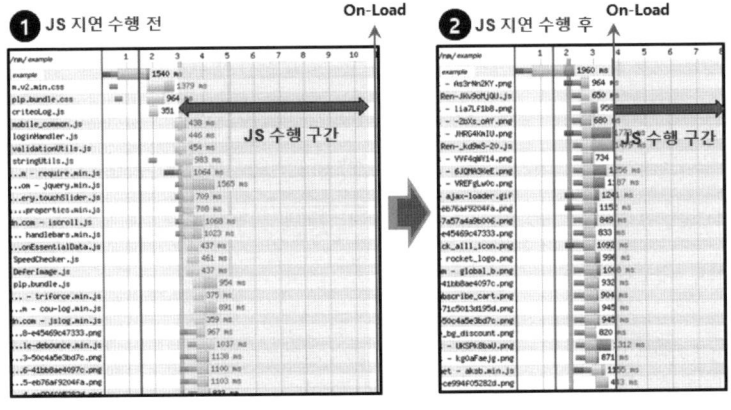

[그림 5-16] 자바스크립트 지연 수행 전후 페이지 로딩 시간 비교

페이지 로딩 시간이 길어지면 메뉴를 선택하거나 텍스트를 입력하는 등 사용자와 웹 사이트 간 상호 작용이 이뤄지기 어렵습니다. 더욱이 구글은 페이지 로딩 완료 시간을 검색 결과에 반영시키므로 검색 순위에도 악영향을 미칩니다. 이렇게 자바스크

립트가 전체 페이지 로딩 시간에 영향을 주는 것을 막으려면 자바스크립트 수행이 렌더링 스레드를 방해하지 않도록 별도 스레드로 자바스크립트를 수행시켜야 합니다. 또는 렌더링 작업이 어느 정도 끝난 이후 스크립트를 수행해야 합니다. 이때 자바스크립트에서 제공하는 관련 속성을 활용할 수 있습니다.

```
<script src="async_script.js" aysnc> </script>
<script src="defer_Script.js" defer> </defer>
```

async 속성은 HTML 구문 분석과 동시에 자바스크립트를 다운로드하고 수행되도록 합니다. defer 속성은 구문 분석 중에 별도의 스레드로 자바스크립트를 다운로드하고 구문 분석이 끝난 이후에 수행되도록 합니다. async 속성은 지연 수행 시 스크립트 간 선후 관계를 따지지 않지만 defer 속성은 스크립트가 호출된 순서에 따라 차례로 수행됩니다. 대부분의 분석, 광고용 타사 자바스크립트들은 위 속성들을 사용하여 메인 페이지의 렌더링 프로세스에 영향을 주지 않도록 구현됩니다.

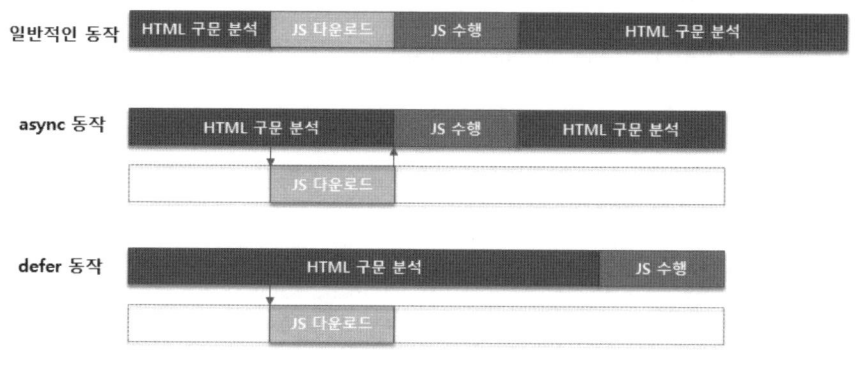

[그림 5-17] 자바스크립트 async, defer 속성 동작 방식

주의할 점은 모든 자바스크립트가 비동기나 지연 처리의 대상이 될 수 없다는 것입니다. 자바스크립트들은 많은 경우 렌더링에 관여하도록 구현됩니다. 또한 스크립트 사이에 종속 관계가 있을 수 있으므로 비동기 처리나 지연 처리를 무분별하게 적용

하면 원치 않게 화면이 일그러지는 현상이 발생합니다. 따라서 이를 피하려면 페이지에 사용되는 자바스크립트들을 초기 렌더링에 꼭 필요한 그룹과 그렇지 않은 그룹으로 분류해 후자의 그룹에 async, defer 속성을 적용해야 합니다.

더 확실한 방법은 브라우저가 페이지 로딩을 명시적으로 끝낸 후 나머지 스크립트를 수행시키는 방법입니다. 브라우저는 페이지 로딩이 완료되면 onload 이벤트를 발생시키므로 아래 예처럼 onload 이후에 스크립트를 수행시키는 것이 페이지 로딩 시간을 단축하는 가장 확실한 방법입니다.

```
// critical JS
<script src="assets/js/jquery-1.10.2.min.js"></script>

// non-critical JS
<script t="assets/js/gridpak.js"></script>
<script t="assets/js/bootstrap.js"></script>
<script type="text/javascript">

// onload 시 non-critical JS를 다운로드한다.
function deferOnload() {
  var element = document.getElementsByTagName("script");
  for (var i = 0; i < element.length; i++)
  {
      element[i].src = element[i].getAttribute("t");
  }
}

// onLoad 이벤트를 등록한다.
if (window.addEventListener)
   window.addEventListener("load", deferOnload, false);
else if (window.attachEvent)
   window.attachEvent("onload", deferOnload);
else window.onload = deferOnload;
</script>
```

그림 5-16의 ❷번 폭포 차트는 이처럼 onload 후 자바스크립트를 수행시켜 페이지 로딩 시간이 개선된 모습입니다.

5.3.4 CSS 최적화하기

브라우저는 CSS가 구문 분석되고 CSSOM이 만들어지기까지 렌더링을 멈추므로 CSS는 렌더링 순위가 가장 높으면서 동시에 렌더링을 가장 방해하는 리소스입니다. 웹 기술이 발전하고 웹 페이지가 점점 화려해지며 CSS도 무거워졌지만 사용자가 기기 화면으로 볼 수 있는 내용은 제한적입니다. 그러므로 모든 CSS가 쓰일 수는 없습니다. 일부 스타일 정보만 첫 화면 렌더링에 사용되고 나머지는 탭으로 숨겨진 부분이나 스크롤을 내려야 보이는 화면 아래쪽 등 잠재적으로 나타날 화면 렌더링에 사용됩니다. 또한 개발 편의성 또는 RTT 감소 목적으로 여러 페이지에 다르게 사용될 스타일 정보들을 한 파일에 통합하면 오히려 렌더링 시작을 지연시키기도 합니다.

CSS는 필요한 정보만 빠르게 다운로드하고 실행해야 브라우저 렌더링을 가속시킬 수 있습니다. 이를 위해 첫 번째로 CSS를 적절히 분리하여 필요한 페이지에 필요한 CSS 파일만 포함해야 합니다. 두 번째로는 첫 화면에 사용될 CSS 파일과 숨겨진 화면에 사용될 CSS 파일을 분리해 후자의 CSS는 지연 수행시켜야 합니다.

필요한 CSS만 다운로드하려면 미디어 쿼리를 활용할 수 있습니다. 이때 미디어 쿼리의 조건과 함께 해당하는 CSS 파일을 링크시키면 조건에 맞지 않는 파일은 다운로드하지 않습니다. 다음은 기기 크기에 따라 적합한 CSS 파일을 다운로드해 적용하는 예제입니다.

```
<link rel="stylesheet" type="text/css" media="screen and (max-device-width: 480px)"
href="styles_base.css">

<link rel="stylesheet" type="text/css" media="screen and (min-device-width: 781px)"
href="styles_desktop.css">

<link rel="stylesheet" type="text/css" media="screen and (max-device-width: 780px)
and (min-device-width: 481)" href="styles_mobile.css">
```

숨겨진 화면에 적용될 CSS 파일들은 아래 예처럼 onLoad 이벤트 발생 이후 적용되도록 처리합니다.

```html
// CSS for above the fold
<link rel="stylesheet" media="all" type="text/css" href="assets/css/gridpak.css" />

// CSS for below the fold
<link rel="stylesheet" type="text/css" defer-ref="assets/css/bootstrap.css"/>
<link rel="stylesheet" type="text/css" defer-ref="assets/css/site.css"/>

// onload 시 below the fold CSS 를 다운로드한다.
function deferOnload() {
   var style = document.getElementsByTagName("Link");
   for(var i=0;i<style.length; i++)
     {
      var a = style[i].getAttribute("defer-ref");
      if(a) style[i].href=a;
     }
}

// onLoad 이벤트를 등록한다.
if (window.addEventListener)
    window.addEventListener("load", deferOnload, false);
else if (window.attachEvent)
    window.attachEvent("onload", deferOnload);
else window.onload = deferOnload;
</script>
```

5.3.5 이미지 로딩 최적화하기

웹 최적화에 있어 이미지 압축은 필수일 정도로 이미지 로딩 최적화는 다른 방법들에 비해 효율적입니다. 이제부터 이미지 로딩을 최적화하기 위해 추가로 고려할 수 있는 방법들을 알아보겠습니다. 다음 그림의 렌더 트리에서 Body 하위 Div 태그 및 이미지 태그를 살펴보겠습니다. DOM 트리에 따르면 이 위치에 이미지가 있어야 하지만 CSSOM에 display:none 속성이 적용되어 렌더 트리에서는 나타나지 않은 것을 볼 수 있습니다.

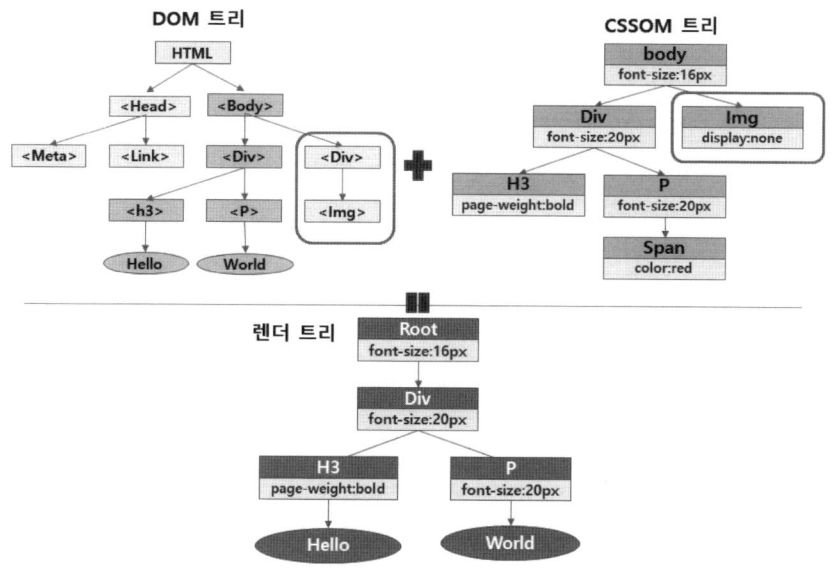

[그림 5-18] 렌더 트리

CSS에 의해 이미지가 숨겨질 것을 미리 알고 있다면 브라우저가 그 이미지를 다운로드하지 않음으로써 페이지 로딩을 더 가속화할 수 있습니다. 하지만 DOM과 CSSOM이 별도 분석되고 생성되기 때문에 브라우저는 이를 미리 알지 못하고 DOM 트리에 나타난 객체들을 모두 다운로드합니다.

그렇다면 화면 렌더링에 필요하지 않은 이미지를 다운로드하지 않으려면 어떻게 해야 할까요?

첫 번째로 만약 그 이미지가 웹 사이트의 주요 이미지가 아니라면 CSS의 background-image 속성을 사용해 원하지 않는 다운로드를 피할 수 있습니다. 브라우저가 CSS를 분석할 때 숨겨질 이미지는 미리 알고 다운로드하지 않기 때문입니다.

두 번째로 자바스크립트를 이용한 지연 로딩 방식을 적용해 불필요한 다운로드를 피합니다. 지연 로딩에 대한 자세한 설명은 4장을 참고하시기 바랍니다.

이미지 지연 로딩이 브라우저 로딩 속도 개선에 효과적일 수 있으나 사용자 경험 개선에 항상 도움이 되지는 않습니다. 모든 이미지에 지연 로딩을 적용하면 브라우저의 프리로더가 이미지를 다운로드할 수 없으므로 오히려 성능을 저해하는 요소가 됩니다.

따라서 지연 로딩은 첫 화면에 등장하지 않거나 숨겨진 이미지들을 다운로드하는 데만 사용하시기 바랍니다.

> **TIP** 구문 분석 도중 CSS, 자바스크립트 태그를 만나면 분석을 중단하고 관련 리소스들을 다운로드하고 실행한 후 다시 다음 태그를 처리합니다. 하지만 대부분 브라우저들이 버전을 거듭하며 이를 개선하려고 노력해왔습니다. 이 노력의 일환으로 개발된 프리로더는 브라우저 자원의 효율적 사용을 위해 렌더링 스레드와 별도 스레드로 실행됩니다. 그리고 다운로드할 수 있는 리소스들을 동시에 받아놓습니다. 프리로더는 〈img src="URI"〉같이 HTML 표준에 정의된 태그와 속성만을 분석해 다운로드합니다. 그러므로 사용자 정의 속성을 활용하는 지연 로딩 방식에는 적용되지 않습니다.

세 번째로 Progressive JPG를 활용할 수 있습니다. Progressive JPG는 고품질 이미지를 한 번에 전송하지 않고 분할 전송하는 방식으로 브라우저에서는 초기에 저품질 이미지가 보이지만 점차 원래 품질을 회복합니다. 인터넷 속도가 빠른 구간에서는 큰 차이를 느낄 수 없지만 인터넷 속도가 느린 구간에서는 사용자가 이미지를 빠르게 볼 수 있어 많은 이점이 있습니다.

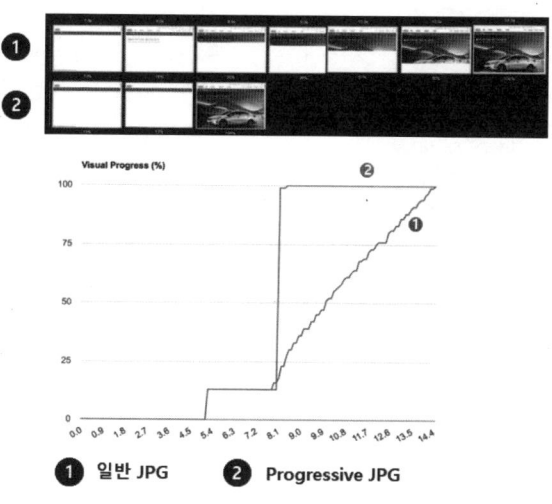

[그림 5-19] Progressive JPG 사용 예

5.4 : 도메인 분할 기법 이용하기

도메인 분할 기법(domain sharding)은 여러 도메인을 소유한 경우 웹 콘텐츠를 병렬적으로 동시에 다운로드할 수 있도록 하는 방법입니다. 브라우저는 HTTP/1.1 프로토콜 하에서 동일 도메인에 순차적(sequential) 다운로드 방식을 사용합니다. 다음 그림의 왼쪽은 동일한 CDN 도메인을 사용해 4개 콘텐츠를 다운로드할 때의 타임라인을 표현한 것입니다.

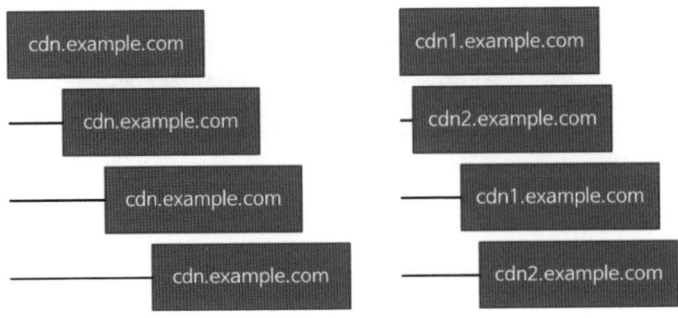

[그림 5-20] 도메인 분할 기법

그림의 오른쪽은 도메인을 2개로 나눈 예로써 완전한 동시 병렬은 아니지만 2개의 도메인에서 거의 동시에 각각 콘텐츠를 다운로드하고 있습니다. 도메인 분할은 달리 보면 HTTP/1.1 프로토콜 하에서 브라우저의 제약을 피하는 방식입니다. 브라우저는 동일 호스트명의 동시 연결 개수를 제한하고 있는데, 한 도메인당 6~13개의 TCP 연결들을 동시 생성해 여러 리소스를 한 번에 다운로드할 수 있도록 허용합니다. 아래의 연결 뷰 그림에서 볼 수 있듯 크롬은 서버와 6개의 연결을 생성하고 리소스들을 다운로드합니다.

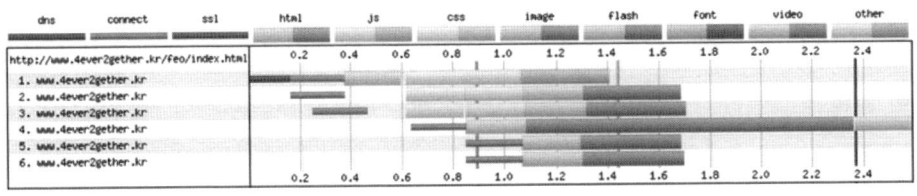

[그림 5-21] 크롬 연결 뷰

브라우저에서 허용하는 동시 연결 개수는 브라우저의 종류와 버전별 차이가 있습니다. 최근 조사에 의하면 11에서 13개 동시 연결을 지원하는 인터넷 익스플로러를 제외하면 대부분 브라우저에서 6개의 동시 연결을 지원합니다.

브라우저 종류	최대 동시 연결 개수
인터넷 익스플로러 11.0	13
파이어폭스	6
크롬	6
사파리	6
오페라	6
iOS	6
Android	6

[표 5-1] 브라우저별 동시 연결 지원 개수

예를 들어 6개의 동시 연결을 지원하는 브라우저에서 도메인 분할 방식을 통해 2개의 도메인을 이용하면 이론적으로는 12개의 연결이 가능합니다. 콘텐츠의 특징에 따라 도메인을 나누어 병렬로 동시 다운로드한다면 전반적인 다운로드 완료 시간이 앞당겨집니다. 만약 독자 여러분이 www.feokorea.com이라는 사이트를 운영한다고 가정할 때, 추가 도메인을 다음과 같이 디자인할 수 있습니다.

- www.feokorea.com: 웹 사이트 메인 페이지 및 동적 콘텐츠를 위한 도메인
- img.feokorea.com: 이미지 호출을 위한 도메인
- script.feokorea.com: 자바스크립트 파일, CSS와 같은 정적 콘텐츠를 위한 도메인
- api.feokorea.com: API 서비스를 사용하기 위한 도메인

이러한 도메인 분할 기법을 이용하면 사이트 전체의 쿠키 사이즈를 축소할 수 있는 장점도 있습니다. 최근 많은 기업의 웹 사이트는 사용자 개개인에 최적화된 페이지를 제공하는 맞춤형 전략을 사용합니다. 사이트를 한 번이라도 방문한 고객을 붙잡기 위해 고객의 성별, 나이, 취미 등 개인 취향에 맞도록 사이트를 구성하고 적절한 상품을 추천하기도 합니다. 이러한 개인화는 사용자가 로그인했거나 또는 로그인하지 않았더라도 사용자 정보를 브라우저 쿠키에 저장해두고 그 사용자가 방문할 때마다 브라우저에서 보내주는 쿠키 정보를 참조하기 때문입니다. 개인화가 심화될 수록 쿠키에는 더 많은 정보가 저장되고 크기도 점점 커집니다.

Name	Value	Domain	Path	Expires / M...	Size
Request Cookies					3727
ABTESTGROUP_MWEB	%7B%2229%22%3A%22A%22%2C%2269%22%3A%22A%22%2C%22151%22...	N/A	N/A	N/A	2829
CARTIC	0	N/A	N/A	N/A	10
FULL_BANNER	N	N/A	N/A	N/A	15
FUN	"{'mobileDeal':[{'reqUrl':'/m/deal.pang','isValid':true]}}"	N/A	N/A	N/A	65
PCID	10631553269209821728135	N/A	N/A	N/A	30
QUATER_BANNER	N	N/A	N/A	N/A	17
RT	"sl=5&ss=1511023814582&tt=6827&obo=0&sh=1511023839439%3D5%3A0%3A68...	N/A	N/A	N/A	493
SUBCARTIC	1	N/A	N/A	N/A	13
_ga	GA1.2.1278752090.1510746300	N/A	N/A	N/A	33
_gat	1	N/A	N/A	N/A	8
_gid	GA1.2.444793656.1510746300	N/A	N/A	N/A	33
cto_idcpy	94908ead-afdb-4c50-8e5d-80c4a8f713fe	N/A	N/A	N/A	48
helloCoupang	Y	N/A	N/A	N/A	16
sid	692e7bba68564707b86b3b108026f59bae0ed26c	N/A	N/A	N/A	44
srchKwd	%ED%81%AC%EB%A6%AC%EC%8A%A4%EB%A7%88%EC%8A%A4%EC%8...	N/A	N/A	N/A	73
Response Cookies					0

[그림 5-22] 크롬 개발자 도구에서 확인한 쿠키 정보

도메인을 여러 개로 분할하는 방법은 기술적으로 크게 어렵지 않습니다. 다만 도메인을 몇 개로 운용하는 것이 최적인지 결정하는 데는 좀 더 면밀한 계획과 테스트가 필요합니다. 하나의 웹 페이지에 포함된 리소스 개수가 얼마나 많은가에 따라 추가할 서브 도메인의 숫자를 결정해야 합니다. 너무 많은 도메인을 추가하면 오히려 브라우저의 성능을 저하시킬 수 있으므로 주의해야 합니다. 동시 다운로드 숫자가 많아질수록 브라우저는 더 많은 CPU 리소스를 사용하고 CPU 리소스가 한계에 도달하면 오히려 다운로드 속도를 느리게 만들기 때문입니다. 또한 브라우저는 각 도메인에 대한 DNS 조회를 수행하고 TCP 연결을 생성하며 생성된 도메인에 대한 연결을 유지해야 하므로 이는 결국 페이지 로딩 속도를 현저히 떨어뜨립니다.

결론적으로 최신 컴퓨터의 CPU 파워 및 네트워크 속도를 감안할 때 리소스 숫자에 따라 도메인 수를 결정하는 것이 바람직합니다. 그러므로 다음 예와 같이 간단한 계산을 이용해 기준이 되는 도메인 숫자를 정하고 다양한 테스트를 통해 적정한 도메인 숫자를 결정하는 것을 권합니다.

- 가정
  - 페이지당 평균 다운로드 리소스 수: 120
  - 목표 응답 시간: 2 초
  - 평균 다운로드 속도: 300ms
  - 브라우저 동시 연결 수: 6개(크롬 기준)

- 도메인 개수를 Nd라고 할 때, 응답 속도는 아래와 같이 계산할 수 있다.
  - 총 연결 수: 6 x Nd
  - 연결당 다운로드 횟수(Np): 120/6Nd
  - 응답 시간: Np x 300ms = 2000ms
  - 도메인 개수(Nd): 3
  - * 초기 HTML 다운로드 시간은 제외

사용할 도메인의 개수가 정해지면 그 수에 맞도록 리소스들을 균등 분할하는 것을 권합니다. 특정 도메인에서 대부분의 리소스를 다운로드한다면 다른 도메인들은 오히려 TCP 연결을 위한 리소스만 낭비하게 되므로 차라리 없애는 것을 추천합니다.

리소스들을 분류하는 방법은 두 가지가 있는데 리소스 성격에 따라 분류하는 방법과 동적으로 분류하는 방법입니다. 리소스 성격에 따른 분류는 자바스크립트, CSS, 폰트 같은 다양한 렌더링과 이미지, 멀티미디어 리소스들을 종류별로 구분하고 그 수를 파악해 도메인별로 균등하게 분배되도록 그룹화하는 방법입니다. 그룹화된 리소스들의 성격에 따라 도메인을 정하면 관리도 더 편합니다.

하지만 보다 정확한 분배를 위해서는 리소스 성격에 따라 분류하기보다 배포 시점에 동적으로 도메인명을 결정하도록 하는 것을 권합니다. 이때 특정 리소스에 항상 같은 도메인이 배정되도록 해야만 캐시 적중률이 높아집니다. 특정 리소스에 동일한 도메인을 배정하는 방안 중 하나로 해시 방식을 사용할 수 있는데 해시 방식이란 해시 함수를 사용해 파일명을 숫자 배열로 변경하고 숫자에 따라 도메인을 결정하는 방식입니다. 예를 들어 배정될 도메인이 두 개일 때 '해시값의 끝자리가 홀수이면 1번 도메인, 짝수이면 2번 도메인'과 같은 방식으로 분류할 수 있습니다.

5.4.1 도메인 분할 기법과 HTTP/2

도메인 분할 기법이 고안된 이유는 HTTP/1.1의 가장 큰 문제점으로 지적되어 온 Head Of Line Blocking 현상 때문입니다. HTTP/1.1에서 클라이언트와 서버 간의 연결은 마치 하나의 차선만 있는 도로와 같습니다. 클라이언트는 하나의 요청을 서버에 보내고 그에 대한 정상적 응답을 받은 후에야 다음 요청을 서버에 보낼 수 있습니다. 이 문제점은 HTTP/2의 멀티플렉싱 기술로 해결되어 도메인 분할 기법을 사용할 이유도 자연스럽게 사라졌습니다. 이 기법을 사용하면 오히려 HTTP/2만의 특징인 헤더 압축 전송, 우선순위 전송 그리고 서버 푸시 기능을 방해하므로 사용하지 않는 것을 추천합니다. 하지만 예전 버전의 브라우저들은 아직 HTTP/2를 지원하지 않기 때문에 아직은 여러 개의 도메인이 필요할 수 있습니다.

최근 사용되는 브라우저들은 HTTP/2의 기능을 저해하지 않으면서 다중 도메인을 사용할 수 있는 방안을 제공합니다. 바로 TCP 연결을 병합(connection coalescing)하는 방식입니다. 연결 병합은 브라우저가 첫 번째 도메인과 맺은 TCP 연결을 나머지 도메인에 재사용하는 방식으로 이 기술이 적용되기 위해서는 몇 가지 고려해야 할 사항이 있습니다.

첫 번째로 브라우저가 DNS를 확인할 때 각 도메인은 모두 동일한 IP 주소를 반환해야 합니다. 브라우저들은 HTTP/2 적용 시 도메인명이 다르더라도 각 도메인의 IP가 같으면 먼저 생성된 TCP 연결을 재사용해 하나의 연결로 처리합니다.

두 번째로 동일한 인증서를 사용해야 합니다. 도메인들이 동일한 IP를 사용해도 인증서가 다르면 암호화된 연결을 위해 각자 TLS 협상을 시도하고 이는 곧 추가적인 TCP 연결을 생성한다는 의미입니다. 하나의 인증서가 다수 도메인을 포함하려면 와일드 카드 인증서나 SAN 인증서를 사용하면 됩니다.

두 가지 사항만 잘 지켜진다면 여러분은 HTTP/1.1 사용자와 HTTP/2 사용자를 모두 고려한 도메인 분할 전송 환경을 성공적으로 구성할 수 있습니다.

5.5 : 사용자 경험 개선하기

모든 산업이 디지털화되면서 사용자의 웹 경험이 무엇보다도 중요한 시대가 되었습니다. 사용자의 웹 경험을 향상시키는 방법은 다양하겠지만, 그 중 웹 사이트 성능 개선은 가장 기본이라고 할 수 있습니다. 하지만, 브라우저의 성능 지표만 향상시킨다고 해서 실제 사용자가 느끼는 성능이 향상되는 것은 아닙니다. 그러므로 이를 위한 다른 방식의 측정 방법 및 개선 방안이 요구됩니다. 이번 절에서는 사용자의 경험을 개선하는 방안에 대하여 알아봅니다.

5.5.1 사용자 경험 지표 바로 알기

웹 사이트 성능을 잘 관리하려면 어떤 지표를 사용할지가 중요합니다. 내비게이션 타이밍 API의 다양한 이벤트들은 브라우저의 화면 렌더링에 대한 유용한 정보들을 제공하기 때문에 지금까지 성능 지표로써 유용하게 사용되어 왔습니다. 특히 페이지 로딩 시간은 많은 웹 사이트의 성능 지표로 사용되고 있지만 자바스크립트를 사용하여 onLoad 이벤트 이후에도 많은 기능들을 처리할 수 있게 됨으로써, '페이지 로딩 시간 = 시각적 완료 시간'이라는 룰은 이미 오래전에 깨졌습니다.

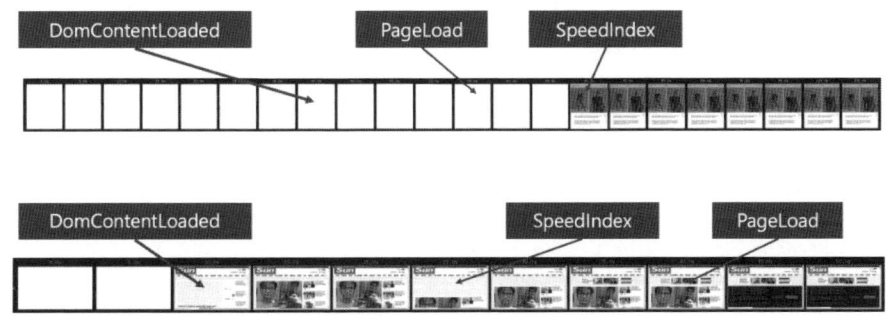

[그림 5-23] 브라우저 중심 지표와 사용자 중심 지표

그림 5-23은 완전히 다른 두 가지 상황을 나타냅니다. 첫 번째 예는 PageLoad 이벤트가 실제 시각적으로 보이는 시점보다 훨씬 빠르게 발생했습니다. 반면 두 번째 예는 화면은 시각적으로 일찍 완성되었는데도 PageLoad 이벤트가 뒤늦게 발생했습니다. 이미지를 포함한 주요 콘텐츠를 해당 이벤트가 발생한 이후에 로딩하도록 개발했다면 첫 번째와 같은 상황이 발생합니다. 반면 해당 이벤트가 발생하기 전에 이미지, 애니메이션, 영상 등 모든 기능들을 로딩시키면 두 번째와 같은 상황이 발생할 수 있습니다. 어느 경우든 사용자의 실제 경험을 정확히 반영하지 못했습니다. 그리고 적절한 개선 작업을 수행하기 어렵습니다. 이와 같은 문제 때문에 웹 사이트의 성능 지표가 브라우저 이벤트 중심 지표에서 사용자 중심 지표로 변화하고 있습니다.

그렇다면 사용자 중심의 지표에는 어떤 것이 있을까요? 가장 먼저 WebPageTest의 Speed Index 지표가 사용되었습니다. Speed Index는 시간에 따른 웹 사이트의 시각적 진행 상태를 수치화한 지표로, 값이 작을수록 시각적 진행 상태가 빠르다는 것을 의미합니다. 다음 그림의 왼쪽 도표는 두 개 웹 사이트의 시간에 따른 진행 상태(%)를 나타냅니다. 두 웹 사이트의 페이지 로딩 시간은 12초로 같습니다. 하지만 A 사이트는 1초 만에 화면의 92%가 시각적으로 완성되었고, B 사이트는 11초가 되어서야 92%가 완성되었습니다. Speed Index 값은 이 도표에서 아직 시각적으로 완성되지 못한 면적을 계산하여 산정합니다. 오른쪽 도표에서 알 수 있듯이 A의 Speed Index가 B의 Speed Index보다 훨씬 작으므로 시각적으로 7.8초 정도나 빠르게 완성된다는 것을 알 수 있습니다.

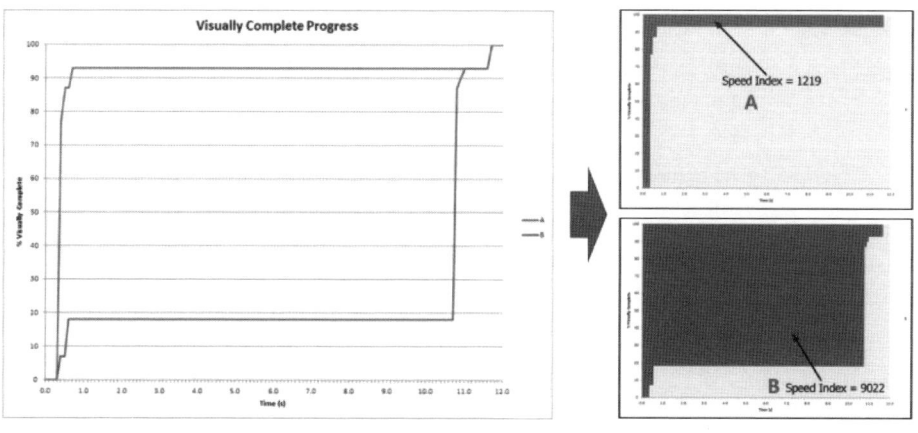

[그림 5-24] Speed Index

이 외에도 구글 크롬 팀을 주축으로 다양한 사용자 중심 성능 지표가 개발되고 있습니다. 예를 들어 화면에 눈에 띄는 콘텐츠가 처음 표현되는 시점인 첫 번째 콘텐츠가 있는 페인트(First Contentful Paint), 히어로 이미지와 같은 주요 콘텐츠가 로딩되는 시점인 가장 큰 콘텐츠가 있는 페인트(Largest Contentful Paint), 사용자와 상호 작용이 어느 정도 가능해지는 시점인 상호 작용 시간 Time to Interactive 등이 주요한 사용자 중심 성능 지표입니다. 다음은 구글과 W3C 컨소시엄이 제시한 사용자 경험의 단계에 따라 주요 지표를 분류하고 각각의 특성을 설명한 표입니다.

사용자 경험	지표	의미	강점	제약 사항
작동하는가?	Back-end Time / Time To First Byte	서버로부터 첫 바이트를 수신하기까지 시간	W3C 표준	시각적인 진행 상태를 알려주지 않음
	First Contentful Paint	첫 콘텐츠의 첫 픽셀이 그려지는 시간	시각적 진행 상태를 알려줌	크롬에서만 지원
	Start Render / First Paint	공백을 포함한 첫 픽셀이 그려지는 시간	렌더링 시작을 알려줌	브라우저별 정의가 상이함
유용한가?	Visually Ready	브라우저 화면에 콘텐츠가 시각적으로 완료되는 시점	다양한 지표를 복합적으로 고려	일부 툴에서만 사용됨
	Speed Index	브라우저의 시각적 완료 단계를 정량적으로 계산	Above The Fold에 대한 정확성	실험적 지표
	Largest Contentful Paint	주요 콘텐츠를 볼 수 있는 시점	Above The Fold에 대한 정확성	크롬에서만 지원
사용 가능한가?	First Input Delay	사용자의 최초 입력에 브라우저가 반응하는 시간	사용자 만족도를 반영함	크롬에서만 지원
	Time to Interactive	사용자와의 상호 작용이 가능해지는 시간	페이지 준비 완료 시점에 대한 지표를 알려줌	정확히 상호 작용이 가능한 시점을 의미하는 것은 아님
즐거운가?	Long Task Time	50ms 이상의 장기 작업 소요 시간	사용자와의 상호 작용에 문제가 있는지 알려줌	지연을 판단할 명확한 기준이 없음

[표 5-2] 사용자 중심의 성능 지표

5.5.2 사용자 요청에 빠르게 반응하기

웹 사이트 방문자에게 첫 응답속도는 마치 사람의 첫인상처럼 중요합니다. 로버트 밀러 박사의 연구에 따르면 인간은 응답 속도가 100ms 늦어질 때 이를 인지할 수 있고, 1초가 지나면 지연으로 인식한다고 합니다. 사용자가 해당 웹 사이트 URL을 클릭했을 때 적어도 1초 안에 반응해야 자연스럽게 그 다음 반응을 기대하게 되고 2초 안에 페이지 로딩이 완료되어야 사용자의 이탈을 방지할 수 있습니다.

사용자 요청에 빠르게 반응하려면 기본적으로 서버의 응답이 빨라야 합니다. 브라우저가 서버에서 응답한 첫 번째 바이트를 수신하는 시간을 Time To First Byte(TTFB)라고 하는데 일반적으로 300~500ms가 이상적이라고 할 수 있습니다. 이를 위해서는 HTML 내의 주석이나 공백 등 불필요한 코드들을 모두 제거하여 전송되는 바이트 크기를 줄여야 합니다. 또한 HTML 페이지를 캐시하여 서버 처리 시간을 최소화하는 것을 권합니다. 캐시 최적화에 대한 자세한 설명은 6장을 참고하시기 바랍니다.

HTML이 브라우저에 일단 다운로드되면 렌더링에 필요한 리소스들을 빠르게 로딩시켜 1초 이내에 브라우저가 화면 렌더링을 시작해야 사용자가 지연을 느끼지 않습니다. 브라우저가 렌더링을 빠르게 시작하게 하려면 아래와 같은 최적화 기법들을 고려할 수 있습니다.

첫 번째, CSS와 자바스크립트 파일들의 크기를 줄입니다. 크기를 줄이려면 공백과 주석을 제거하는 방법이 있습니다. 하지만 근본적으로 렌더링할 페이지에 필요한 부분만 남기고 필요하지 않은 부분은 제거하는 방법이 더 확실합니다. 대부분의 CSS와 자바스크립트들은 각각 3개 또는 4개의 커다란 파일로 통합되어 있고 실제 사용되는 코드는 그 파일들의 30~40%에 불과합니다. 크롬 브라우저의 [도구 더보기] → [개발자 도구] → [Customize and control DevTools] → [More tools] → [Coverage] 모듈을 사용하면 그 페이지에서 실제로 사용되고 있는 코드를 알려주므로 이를 활용해 코드를 분리하는 것을 권장합니다. HTTP/2 특징상 요청 수와는 상관없이 전체 리소스의 크기를 줄여야 다운로드 속도가 향상됩니다. 그러므로 이 리소스 파일들을 여러 개의 작은 파일들로 분리해 특정 페이지에 필요한 리소스들만 다운로드하면 전체 리소스 크기를 크게 줄일 수 있을 것입니다.

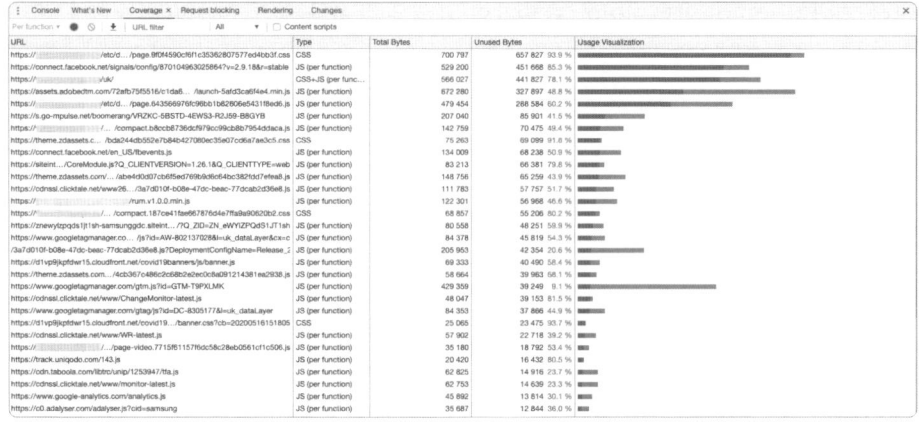

[그림 5-25] 크롬 개발자 도구의 커버리지 모듈

두 번째, CSS와 자바스크립트들을 중요 리소스와 그렇지 않은 리소스로 분류합니다. 기본적으로 화면 안쪽(above the fold)의 웹 콘텐츠를 렌더링하기 위한 파일들이 중요 리소스에 속합니다. 그 외 화면 바깥쪽(below the fold) 콘텐츠를 렌더링하기 위한 파일, 부가적인 기능들을 수행하는 스크립트 파일 등을 중요하지 않은 리소스로 분류할 수 있습니다.

세 번째, 위에서 분류된 중요 리소스들은 가능한 빠르게 로딩시킵니다. 가장 간단하게는 리소스 힌트 preload를 사용하는 방법이 있고, 더 나아가 HTTP/2 서버 푸시를 활용하는 방법이 있습니다. 서버 푸시는 최초 HTML이 다운로드되는 시점에 이루어지기 때문에 preload에 비해 훨씬 빠르게 중요 리소스들을 다운로드할 수 있습니다.

네 번째, 중요하지 않은 리소스들은 나중에 로딩시킵니다. 자바스크립트에 async나 defer 속성을 사용하거나 onLoad 이벤트 이후에 수행하도록 지연시킬 수 있습니다. CSS도 자바스크립트를 사용하여 onLoad 이후에 수행되도록 지연시킵니다.

5.5.3 사용자 시선 붙잡기

브라우저가 화면 렌더링을 시작했더라도 2초 안에 의미 있는 콘텐츠가 표현되지 않으면 사용자가 사이트를 이탈할 가능성이 높아집니다. 사용자가 이탈하지 않도록 시선을 붙잡으려면 Hero 이미지가 가능한 빠르게 화면에 로딩되어야 합니다. 아래 그림은 WebPageTest를 사용하여 주요 기업들의 홈페이지가 로딩되는 과정을 필름 영상으로 찍은 것입니다. 모두 렌더링 시작은 빨랐지만, Hero 이미지의 다운로드가 늦어 사용자의 경험을 저해하는 것을 알 수 있습니다.

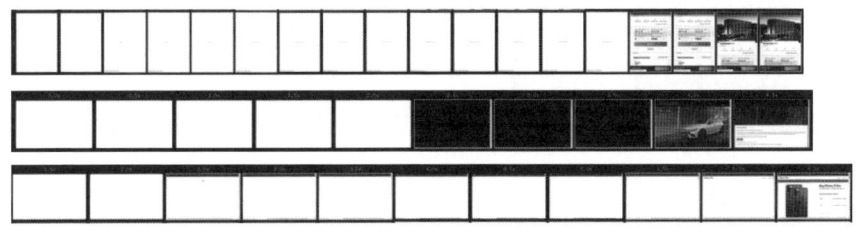

[그림 5-26] Hero 이미지 로딩

이렇듯 Hero 이미지가 늦게 로딩되는 주된 이유는 페이지 로드 시간을 개선하기 위해 모든 이미지들을 일괄적으로 지연 로딩시키기 때문입니다. 지연 로딩은 자바스크립트에 의해 수행됩니다. 그리고 자바스크립트는 중요 렌더링 순서상 DOM, CSSOM들이 만들어진 후에야 수행됩니다. 때문에 이를 사용한 이미지 다운로드 시작 시간도 늦어집니다. 일반적으로 브라우저의 프리로더 스레드가 메인 스레드와는 별도로 페이지 내의 리소스들을 미리 다운로드할 수 있습니다. 그러나 지연 로딩이 적용된 이미지들은 이 프리로더 대상에 포함되지 않습니다. 따라서 이미지 지연 로딩은 Hero 이미지들을 제외한 나머지 이미지들에 적용해야 합니다.

Hero 이미지가 늦게 로딩되는 또다른 이유는 CSS의 background-image 속성으로 지정되었을 경우입니다. HTML의 〈img〉 태그로 지정된 이미지들은 HTML 구문 분석과 함께 다운로드됩니다. 하지만 CSS background-image 속성으로 지정된 이미지들은 CSS가 분석되고 DOM에 적용될 때 다운로드되고, 프리로더에도 적용되지 않습니다. 그러므로 다른 이미지들보다 훨씬 늦게 다운로드됩니다. 아래 그림은 〈img〉 태그를 사용한 경우와 CSS background-image를 사용하여 Hero 이미지를 다운로드했을 경우의 차이를 나타냅니다.

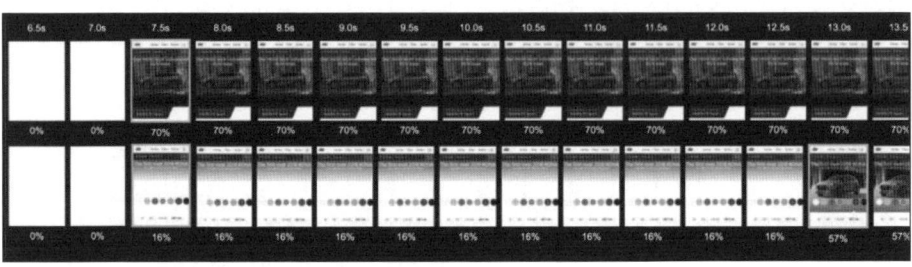

[그림 5-27] 〈img〉 태그(위) vs CSS background-image(아래)

결론적으로 아래와 같은 규칙을 따르면 Hero 이미지를 일찍 로딩하여 사용자 경험을 향상시킬 수 있을 것입니다.

1. HTML의 〈img〉 태그나 〈picture〉 태그를 사용하여 직접 다운로드하고 지연 로딩을 적용하지 않습니다.
2. CSS background-image 속성에 Hero 이미지를 사용하지 않습니다.
3. CSS 배경 이미지로 Hero 이미지를 꼭 사용해야 한다면 리소스 힌트인 preload를 사용해 일찍 다운받습니다.

Hero 이미지와 함께 메인 텍스트(main text) 역시 의미 있는 콘텐츠를 구성합니다. 일반적으로 브라우저에서 텍스트는 폰트를 먼저 다운로드해야 비로소 표현되므로 핵심 메시지를 사용자에게 빠르게 나타내려면 폰트를 빨리 다운로드해야 합니다. 폰트는 페이지 로드 시간을 결정하는 핵심적인 리소스인데도 CSS의 font-face를 통해 로딩되므로 일반적으로 이미지들보다 다운로드 시작 시점이 늦습니다. 따라서 이를 개선하려면 리소스 힌트인 preload를 사용하여 필요한 폰트를 일찌감치 다운로드하는 것을 권장합니다.

그러나 한글 폰트는 자음과 모음을 초성, 중성, 종성으로 결합하여 11,172자를 포함하므로 폰트 파일의 크기가 매우 큽니다. 따라서 preload를 사용해 일찍 다운로드하면 다른 중요 리소스들의 다운로드가 늦어져 결국 렌더링 시작이 늦어지는 부작용이 발생할 수 있습니다. 그래서 preload 전에 폰트 파일을 경량화해야 합니다. 웹에서 검색하면 이미 무료로 제공되는 경량화된 폰트들을 찾을 수 있습니다. 그러나 자체 제작한 폰트를 사용해야 한다면 직접 툴로 경량화해서 사용하는 것을 권합니다.

크기가 큰 폰트 파일을 분석하면 다양한 국가의 언어, 다양한 서체들에 대한 글리프(glyph)들을 모두 포함하는 경우가 많습니다. 온라인 폰트 분석 툴로 폰트를 분석해보면 자신이 사용하고 있는 폰트가 어떤 글리프들을 포함하는지 쉽게 파악할 수 있습니다. 하나의 웹 사이트에서 모든 글리프를 사용할 수 없으므로 필요한 글리프들만 모아 서브세트를 만들 수 있습니다. 한글 폰트는 11,172자를 모두 사용하기보다 KS X 1001 표준에서 지정한 2,350자만 포함하도록 서브세트 폰트를 만들면 파일 크기를 훨씬 줄일 수 있습니다. 파이썬 기반의 fonttools 라이브러리가 잘 알려진 폰트 서브세팅 툴입니다. 서브세트로 만든 폰트 파일은 WOFF2로 압축하여 사용합니다.

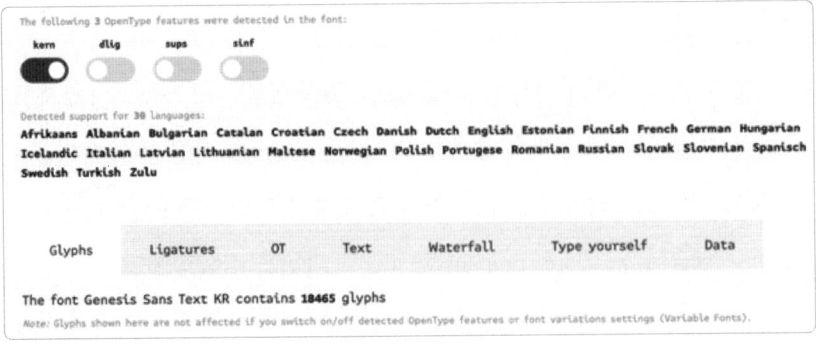

[그림 5-28] fontdrop의 폰트 분석 결과

폰트 경량화와 더불어 폰트 로딩 방식도 메인 텍스트를 빠르게 표현하는 데 중요한 역할을 합니다. 세계적으로 가장 많이 사용되는 크롬 브라우저는 웹 폰트가 다운로드될 때까지 3초를 기다리고, 그 후에도 다운로드되지 않으면 시스템 폰트를 사용하며 최종적으로 웹 폰트가 다운로드되면 시스템 폰트를 대체합니다. 이것은 웹 폰트를 완전히 다운로드한 후 텍스트를 나타내는 방식(Flash Of Invisible Text: FOIT)과 시스템 폰트를 먼저 사용 후 웹 폰트가 다운로드되면 대체하는 방식(Flash Of Unstyled Text: FOUT)을 혼합한 방식입니다. 사용자의 경험을 생각한다면 FOIT 방식보다 FOUT 방식을 사용하여 가능한 빠르게 사용자에게 메시지를 전달하는 것이 바람직합니다. FOUT 방식을 사용하려면 CSS font-face 룰에서 font-display 속성을 swap으로 변경합니다.

```
@font-face {
font-family: MyFont;
    src: url(/path/to/fonts/myFont.woff) format('woff2'),
    font-weight: 400;
    font-style: normal;
    font-display: swap;
}
```

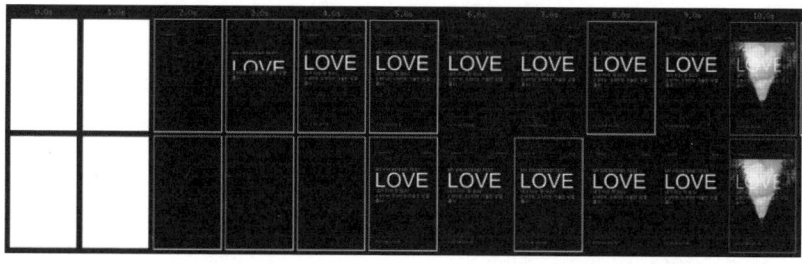

[그림 5-29] font-display: swap과 auto 차이

위 그림은 font-display 속성에 swap을 사용한 페이지(위)와 auto를 사용한 페이지(아래)의 로딩 속도를 비교한 그림입니다.

5.5.4 사용자 상호 작용 방해하지 않기

브라우저가 페이지를 시각적으로 완성했다 하더라도 버튼 클릭, 스크롤 등의 상호 작용이 원활하지 않으면 사용자들의 불만이 증가하고 급기야 타 사이트로 이탈할 수 있습니다. 따라서 사용자의 상호 작용을 측정하는 Time to Interactive나 First Input Delay 같은 지표가 웹 사이트 평판을 가늠하는 훌륭한 지표가 될 수 있습니다. 구글의 Page Speed 점수도 Time to Interactive 지표에 가장 높은 가중치를 줍니다.

Time to Interactive 지표는 CPU 유휴 시간과 네트워크 사용량 등 클라이언트의 몇 가지 물리적 지표에 의하여 결정됩니다. 그러므로 다운로드하는 리소스의 양과 수행 스크립트를 줄이는 것이 가장 중요합니다. 지금까지 설명한 이미지, 자바스크립트 최적화 기법들이 이 지표를 개선하는 데 도움이 될 것입니다.

그런데 이 중 타사(3rd party) 리소스는 우리가 최적화하기 어렵습니다. 최근의 웹 사이트는 광고, 마케팅 분석, 성능 측정 등을 목적으로 다양한 타사 리소스들을 페이지에 로딩시킵니다. 이 리소스들은 타사 도메인에서 다운로드되고 관리되기 때문에 다운로드 속도에 문제가 있어도 여러분이 직접 개선하기 어렵습니다. 그러므로 도입 전 면밀한 성능 검증, 도입 후 주기적인 점검, 사용이 완료되면 잊지 않고 제거하는 작업들이 필요합니다. 실제로 많은 웹 사이트에서 무분별하게 많은 타사 리소스들을 삽입하여 성능 저하를 경험합니다.

RequestMap[4])이나 Ghostery[5]) 같은 툴로 현재 웹 사이트에서 사용하고 있는 타사 리소스들의 현황을 파악할 수 있습니다.

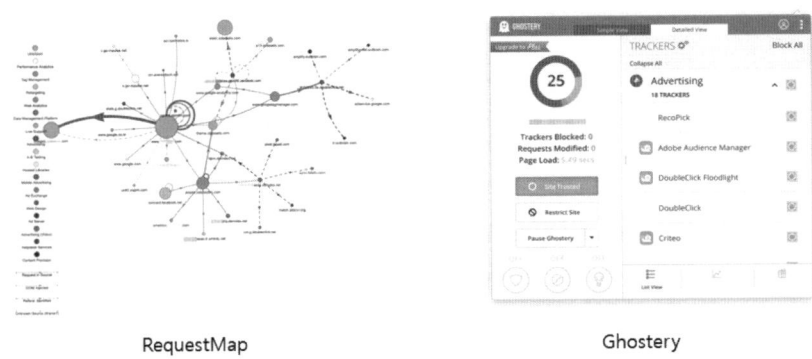

[그림 5-30] 타사 리소스 관리 툴

타사 제공 리소스들이 웹 사이트 성능에 영향을 주지 않게 하려면 그 리소스들을 호출하는 스크립트들이 비동기적으로 다운로드되어야 합니다. 그렇지 않으면 다음 그림처럼 단일 실패 지점(Single Point Of Failure, SPOF)이 발생할 수 있습니다. 만약 그 타사 호스트가 리소스 다운로드 요청에 응답하지 않으면 내 웹 사이트 로딩도 덩달아 지연되므로 피해가 발생할 수 있습니다.

---

4) https://requestmap.webperf.tools/
5) https://www.ghostery.com/

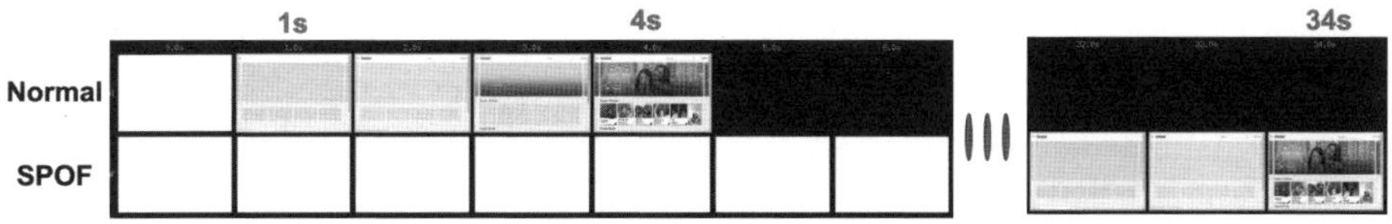

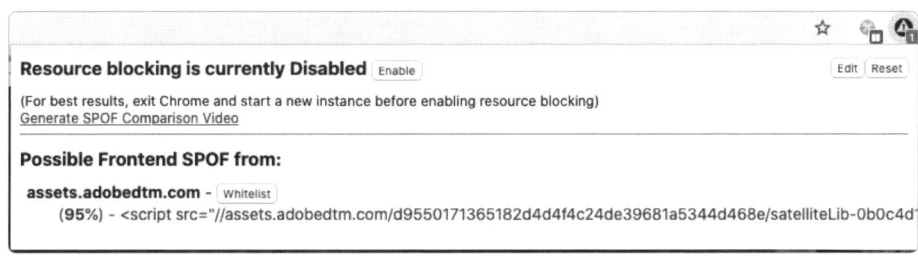

[그림 5-31] 타사 도메인 응답 실패로 인한 단일 실패 지점 발생

자바스크립트를 비동기적으로 호출하는 방법은 이미 설명하였으니 여기서는 생략합니다. 사용하는 타사 리소스가 이러한 잠재적 장애 요소를 가지고 있는지 SPOF-O-Matic[6]을 이용해 확인할 수 있습니다. 이 도구는 크롬 브라우저 플러그인 형태로 동작하고, 실패 가능성이 있는 도메인들의 목록과 함께 WebPageTest로 그 영향도를 바로 평가해보는 기능도 제공하므로 매우 유용합니다.

[그림 5-32] SPOF-O-Matic

---

6) https://chrome.google.com/webstore/detail/spof-o-matic/plikhggfbplemddobondkeogomgoodeg

CHAPTER

캐시 최적화

6.1 : 캐시

애플리케이션의 물리적, 논리적 아키텍처가 아무리 잘 구성되어 있다 해도 필요한 데이터를 매번 서버에서 가공해 제공하는 것은 그 자체로 오랜 시간이 소요됩니다. 더군다나 요청한 데이터 크기가 크거나 동시 요청 수가 많으면 제한된 서버 리소스로 서버가 다운되거나 요청이 큐에 쌓여 오래 대기합니다. 그러므로 응답 시간이 기하급수적으로 늘어납니다. 만약 사용자의 같은 요청에 응답하는 리소스가 항상 똑같다면 서버가 매번 같은 작업으로 데이터를 가공하지 않아도 됩니다. 이때 특정 요청에 대한 데이터를 메모리나 메모리에 가까운 저장소에 Key, Value 형태로 저장하고 인덱스로 빠르게 찾아 응답한다면 서버의 부담이 줄고 응답 시간도 크게 단축할 수 있습니다.

이처럼 콘텐츠 요청에 빠르게 응답하기 위해 서버와 클라이언트 사이에서 응답 콘텐츠의 사본을 저장하는 공간을 캐시라 하고, 이 캐시를 유지하고 처리해주는 별도의 서버를 캐시 서버라고 합니다. 캐시는 보통 클라이언트와 서버 사이에 존재하며 서버의 성능을 크게 향상시키는 역할을 합니다. 웹 애플리케이션은 HTML, 이미지, CSS, 자바스크립트 등 정적 콘텐츠가 많기 때문에 캐시의 역할이 굉장히 중요합니다.

현재 웹 아키텍처에는 다양한 캐시 서버가 존재합니다. 기본적으로 여러분의 브라우저가 사용하는 브라우저 캐시 또는 로컬 캐시, 그리고 서버에서 성능 향상을 위해 별도로 사용하는 리버스 프록시 형태의 캐시 서버가 있습니다. 우리가 잘 아는 웹 서버가 리버스 프록시 서버에 속합니다. 이 리버스 프록시 서버에 캐시 기능을 추가해 리버스 프록시 캐시 서버로 사용하기도 하는데 이를 웹 캐시라고 합니다.

캐시 서버는 원본 서버뿐만 아니라 프록시 서버, ISP 라우터 등 다양한 위치에 존재하며 네트워크 대역폭 및 비용 절감을 위해 사용됩니다. 이들 캐시의 기능상 차이는 많겠지만 캐시를 컨트롤하는 기본 원리는 같습니다.

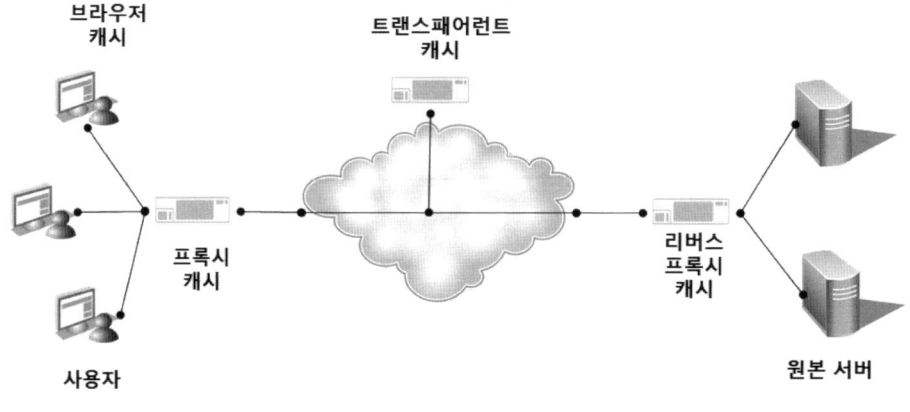

[그림 6-1] 캐시 서버의 종류

이 절에서 주로 설명할 캐시 서버는 웹 캐시라 불리는 리버스 프록시 캐시입니다.

캐시 종류	위치	이점
브라우저 캐시	브라우저	한 번 다운로드한 리소스들을 재사용하여 사이트 로딩을 빠르게 함.
프록시 캐시	브라우저와 ISP	조직 내 사용자들이 접속하는 웹 사이트의 리소스들을 캐시하여 네트워크 연결과 대역폭 사용률을 감소시키고 사용자의 웹 사이트 로딩을 빠르게 함.
트랜스패어런트 캐시	ISP	ISP는 이 캐시를 사용하여 ISP 간 대역폭이 낭비되는 것을 막는다.
리버스 프록시 캐시	ISP와 웹 서버	원본 서버로 향하는 트래픽 대역폭을 감소시키고, 사용자 응답을 개선한다.

[표 6-1] 캐시 서버의 종류와 이점

시중에는 다양한 웹 캐시들이 있으며 여러분이 사용하는 웹 서버에도 기본적인 캐시 기능이 있습니다. 많은 웹 개발자들이 애용하는 Apache HTTP Server에서도 mod_cache, mod_cache_disk, mod_file_cache 모듈들[1]을 활성화해 캐시 서버로 활용할 수 있고, Nginx에서도 콘텐츠 캐시 기능[2]을 제공합니다.

이 외에도 여러분이 쉽게 사용할 수 있는 오픈 소스 웹 캐시 서버는 다음과 같습니다.

- **Apache Traffic Server**[3]: 아파치 소프트웨어 재단(Apache Software Foundation)에서 제공하는 오픈 소스 웹 캐시 서버입니다. 성능이나 확장성이 뛰어난 웹 캐시 서버로 알려져 있습니다.
- **Nginx**[4]: 대중적인 웹 서버 중 하나로 콘텐츠 캐시 기능을 제공합니다.
- **Varnish Cache**[5]: 캐시를 통한 HTTP 가속을 목적으로 개발된 오픈 소스 소프트웨어로 다양한 캐시 및 가속 기능을 제공합니다.

---

1) https://httpd.apache.org/docs/2.4/caching.html
2) https://www.nginx.com/resources/admin-guide/content-caching/
3) http://trafficserver.apache.org/
4) https://nginx.org/
5) https://varnish-cache.org

[그림 6-2] 오픈 소스 캐시 서버

6.2 : 웹 캐시 동작 원리

웹 캐시를 바르게 사용하려면 동작 원리를 잘 이해해야 합니다. 원리는 크게 어렵지 않지만, HTTP 통신을 이해해야 콘텐츠를 캐시하는 과정을 이해할 수 있습니다. 이번 절에서는 웹 캐시의 기본 동작과 함께 HTTP 표준에 입각한 콘텐츠 캐시 방법에 대해 알아보겠습니다.

웹 캐시는 아래 그림처럼 웹 서버와 웹 브라우저 중간에 존재하면서 최초 원본 콘텐츠 요청을 최종 서버에 보내 응답을 받은 후 그 복사본을 만들어 저장하고 사용자에게 응답합니다.

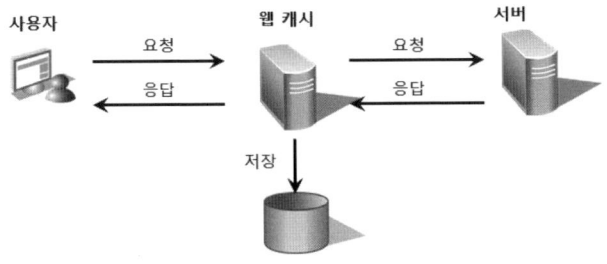

[그림 6-3] 최초 요청에 대한 캐시 동작

이후 같은 콘텐츠에 대한 요청이 오면 최종 서버에서 원본 서버를 가져오는 대신 아래 그림처럼 복사본을 사용자에게 전달합니다. 이렇게 해서 원본 서버로의 트래픽을 줄이고 사용자의 요청에 대한 반응 속도를 빠르게 합니다.

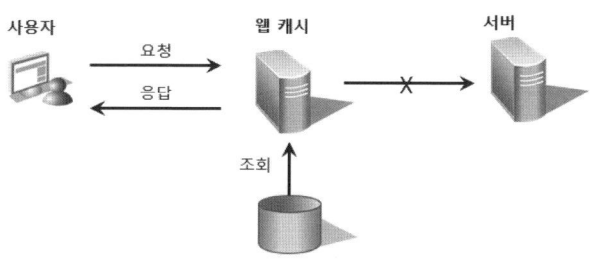

[그림 6-4] 재요청에 대한 캐시 동작

하지만 모든 웹 콘텐츠를 캐시할 수는 없습니다. 요즘처럼 사용자 기호에 따라 웹 페이지가 개인화되어 있는 경우, 개인 정보 보호를 위해 그 콘텐츠를 캐시해선 안 됩니다. 또한 캐시에 저장된 콘텐츠가 변경되면 캐시는 이를 감지해 다시 원본 서버에 원본 콘텐츠를 요청해야 합니다. 그렇다면 이러한 일련의 캐시 컨트롤 과정은 어떤 방식으로 동작할까요? 캐시 서버는 HTTP/1.1 규격(RFC2616)을 기반으로 동작하므로 HTTP에 대한 기본 지식을 먼저 이해해야 합니다.

6.2.1 HTTP

HTTP는 인터넷에서 데이터를 주고받기 위한 클라이언트/서버 모델을 따르는 프로토콜입니다. OSI 7계층 모델의 마지막 7계층인 Application 레벨의 프로토콜이며 TCP/IP 위에서 동작합니다. 일단 TCP Connection이 맺어지면 HTTP는 어떤 종류의 데이터든 전송할 수 있도록 설계되었습니다.

[그림 6-5] HTTP 기본 아키텍처

HTTP는 클라이언트/서버 모델을 따르는데 요청을 보내는 측과 요청을 처리해 응답하는 측으로 해석할 수 있습니다. 클라이언트가 특정 URL에 대한 요청(request)을 서버 측에 보내면 서버는 요청을 처리해 URL에 해당하는 응답(response)을 클라이언트에게 되돌려보냅니다. 일반적으로 HTTP를 요청하는 브라우저와 콘텐츠를 제공하는 웹 서버를 클라이언트/서버로 인식할 수 있습니다. 그러나 캐시 서버 같은 프록시 서버가 중간에 제공되면 브라우저를 클라이언트 측, 캐시 서버를 서버 측이라 할 수 있습니다. 또한 캐시 서버를 클라이언트 측, 웹 서버를 서버 측으로 여길 수도 있습니다.

HTTP는 다음과 같은 특징이 있습니다.

- 클라이언트 서버 모델로 동작한다.
- 비연결성이며 상태를 유지하지 않는 프로토콜이다(Connectionless, Stateless).
- 클라이언트와 서버 간 HTTP 메시지를 주고받으며 통신한다.
- HTTP 메시지는 헤더와 바디 부분으로 구분되어 전송된다.
- 하위 Transport Layer 프로토콜로 TCP를 사용하는데 일반적으로 80포트(SSL은 443포트)를 사용한다.

HTTP에 대한 자세한 설명은 8장을 참고하기 바랍니다. 여기서는 클라이언트와 서버 간 전송되는 HTTP 메시지가 중요하므로 이 부분만 간략히 설명하겠습니다.

HTTP 메시지는 크게 헤더와 페이로드로 구분됩니다. 헤더에는 메시지를 전송할 호스트명, URL 패스 등 메시지 전송 및 처리에 필요한 데이터들이 포함되어 있습니다. 페이로드는 html, 이미지 등 서버가 실제 전송하고자 하는 데이터를 포함합니다.

아래 그림은 HTTP 요청/응답을 나타냅니다.

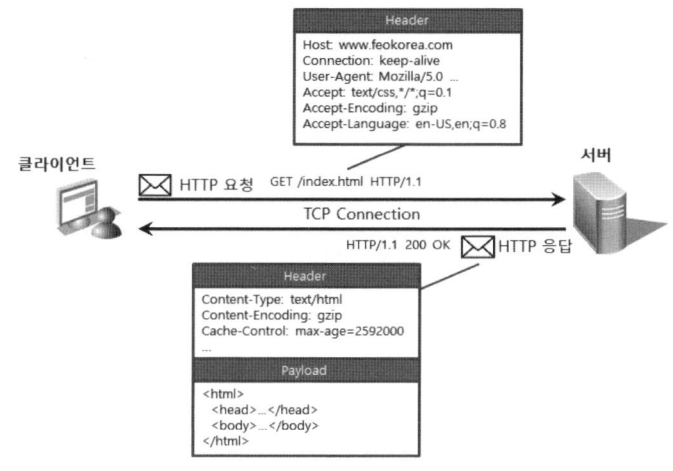

[그림 6-6] HTTP 요청/응답 메시지

6.2.2 HTTP의 캐시 제어 방식

HTTP/1.0까지는 캐시를 제어하는 명시적인 기술이 없었습니다. 단지 웹 콘텐츠가 있는 원본 서버 자원들이 언제까지 유효한지 그리고 만료일 이후 해당 자원이 실제 변경되었는지를 확인하는 요청/응답 헤더를 정의하고 이에 대해서만 기록합니다. HTTP/1.1부터 명시적으로 캐시를 제어할 수 있는 헤더를 추가했는데 이것이 Cache-Control 헤더입니다. Cache-Control 헤더는 3장에서도 간략히 언급했지만 여기서 좀 더 자세히 알아보겠습니다.

HTTP/1.1에서는 캐시를 제어하는 목적을 크게 두 가지로 정의합니다.

- 원본 서버로의 요청 수를 최소화합니다. 이는 네트워크 왕복 수를 줄여 결과적으로 사용자 요청에 대한 응답 속도를 단축할 수 있습니다.
- 완전한 콘텐츠를 응답하지 않아도 됩니다. 이는 네트워크 대역폭과 리소스 낭비를 줄이고 비용을 효율화합니다.

이제부터 HTTP 헤더를 통해 위 두 가지 목적을 어떻게 달성할 것인지 살펴보겠습니다.

Expire

HTTP/1.0은 Expire 헤더를 사용해 원본 서버 콘텐츠의 유효 기간을 지정하도록 정의합니다. 이때 원본 서버는 Expire와 Date 헤더를 함께 보내야 하며 Date 헤더는 요청에 대한 응답이 작성된 시점을 표시합니다. 캐시는 간단하게 Expire 날짜에서 Date 날짜를 빼는 것으로 해당 응답의 캐시 유지 시간(Time To Live)을 결정할 수 있습니다.

```
Time To Live (TTL) = Expire_value - Date_value
```

Expire와 Date 헤더는 모두 원본 서버 시간을 기준으로 생성되는 값으로 아래와 같은 HTTP Date 형식으로 표현됩니다. 따라서 원본 서버는 정확한 시계(clock)를 사용해 값을 생성해야 합니다.

```
예) Mon, 15 Nov 2021 08:12:31 GMT
```

Expire 헤더는 캐시를 명시적으로 제어하지는 않지만 브라우저를 포함한 대부분 캐시 서버에서 콘텐츠를 언제까지 저장할 것인지 판단하기 위해 사용합니다.

> **TIP 시계 동기화**
>
> 정확한 시간 제공을 위해 서버는 글로벌 표준 시간과 동기화되어야 합니다. Network Time Protocol(NTP)는 글로벌 표준 시간 동기화를 위한 메커니즘을 제공하며 대부분 서버에서 이를 구현하고 있습니다. 서버 간 또는 클라이언트와 서버 간 동기화를 위하여 꼭 시계 동기화 여부를 확인하시기 바랍니다.

Cache-Control: max-age

HTTP/1.1에서는 Cache-Control: max-age라는 헤더로 콘텐츠의 캐시 유지 시간을 정의합니다. 원본 서버는 이 헤더를 사용해 캐시에서 특정 콘텐츠를 얼마나 오래 유지하고 있어야 하는지 명시적으로 설정합니다. 이 기간이 지나면 캐시 서버는 원본 서버에 해당 콘텐츠 변경 여부를 체크하거나 새로 갱신해야 합니다. Expire 헤더는 만료 일자를 지정하는 반면 Cache-control: max-age는 유효 기간을 지정합니다.

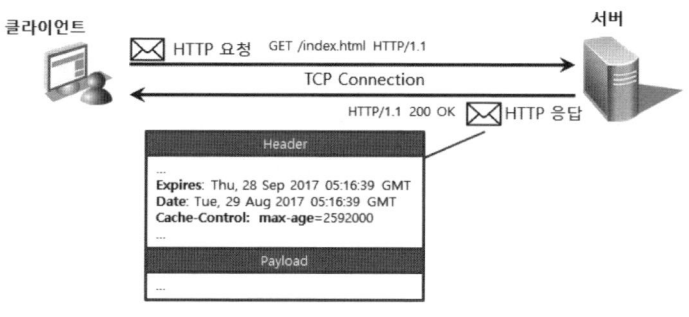

[그림 6-7] Expire/Cache-Control: max-age 헤더

두 헤더는 '원본 서버 콘텐츠의 캐시 TTL을 결정'하는 동일한 용도로 사용됩니다. 그러나 HTTP/1.0 기반의 캐시 서버나 브라우저가 Cache-Control: max-age를 지원하지 않기 때문에 원본 서버는 모든 응답에 두 헤더 값을 모두 표시해야 합니다. HTTP/1.1을 지원하는 캐시 서버는 HTTP 응답에 두 헤더가 모두 명시된 경우 Cache-Control을 우선 사용합니다.

캐시 서버에서 Cache-Control 헤더를 사용한 동작 순서는 아래와 같습니다.

1. 첫 번째 요청에 대해 캐시된 응답이 없으므로 캐시 서버에서는 원본 서버에 그대로 요청을 전송합니다.
2. 첫 번째 요청에 대해 원본 서버에서 응답을 생성하고 해당 객체가 언제까지 유효한지를 HTTP 헤더에 명시합니다.
3. 캐시 서버는 해당 요청에 대한 캐시 키와 함께 응답을 저장하고 만료일을 설정한 후 요청자에게 응답을 전송합니다.
4. 이후 같은 요청을 한 시점이 만료일을 지나지 않았다면 캐시에 저장된 응답을 사용자에게 전송합니다.

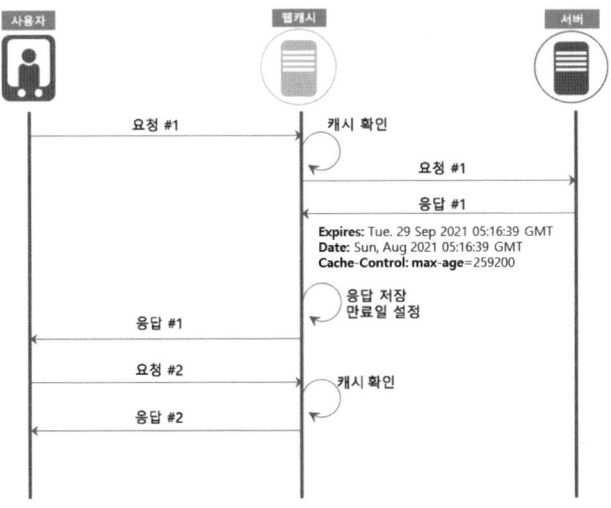

[그림 6-8] 캐시 서버 동작 순서

위 메커니즘으로 캐시는 원본 서버로의 요청 수를 줄이고 이에 따른 네트워크 왕복 시간을 없애 사용자 요청에 대한 응답 시간을 단축시킬 수 있습니다.

> **TIP AGE**
>
> HTTP/1.1 spec에서는 원본 서버에서 Cache-Control: max-age 헤더와 함께 Date 헤더 값을 통해 응답이 생성된 시간을 전달하도록 정의합니다. 캐시 서버에서는 원본 서버에서 보내 준 Date 값과 응답 시간의 차이를 계산해 age라는 헤더에 담아 요청자에게 반환함으로써 해당 응

> 답이 캐시에 얼마나 오래 머물러 있었는지 알려줍니다. 또한 이 age 값을 max-age 값과 비교해 캐시된 응답의 만료 여부를 판단할 수도 있습니다. 정확한 age를 계산하려면 원본 서버에서 캐시 서버까지의 네트워크 전송 시간 및 서버 내에서 발생하는 컴퓨팅 시간까지 모두 고려해야 하므로 계산하기 어렵습니다. 그래서 많은 CDN 업체는 age를 사용하기보다 자체적인 알고리즘으로 캐시 만료 여부를 판단합니다.

Cache-Control: s-maxage

CDN과 같은 공용 캐시 주기를 관리합니다. 일반적으로 대부분 CDN 업체는 캐시 주기를 설정하고 관리하는 별도 방법을 사용합니다. 그래서 다수의 CDN 캐시를 동시에 사용하면 이들을 통합 관리하기 쉽지 않습니다. s-maxage 를 이용하면 사용 중인 모든 CDN의 캐시 주기를 일괄적으로 설정하거나 변경할 수 있습니다. 그러나 s-maxage는 표준으로 도입된 지 얼마 되지 않았으므로 CDN업체가 이 헤더를 지원하는지 먼저 확인해야 합니다.

ETag

ETag(Entity Tag) 헤더는 원본 서버가 리소스를 식별하기 위해 부여하는 고유 번호입니다. 캐시 서버에서는 ETag를 사용해 원본 서버의 리소스가 시간이 지나 만료되었는지, 캐시된 리소스를 새로 갱신해야 하는지 여부를 명확히 판단할 수 있습니다.

ETag는 따옴표 안 임의 문자들의 조합으로 구성하며 어떤 조합이 될지는 전적으로 ETag를 생성하는 원본 서버가 결정합니다. 콘텐츠의 해시값이나 TimeStamp의 해시값 또는 일련 번호 등 구현하기 편한 문자를 사용할 수 있지만 고유한 값이어야 합니다.

```
ETag: "27dad37 1425fcc55e4d42a14879"
```

ETag 값은 크게 'Strong' ETag와 'Weak' Etag 두 가지로 구분하며 Weak ETag는 다음 예와 같이 사용합니다.

```
ETag: w/ "0317"
```

Strong ETag는 모든 리소스에 대해 유일한 값을 가져야 하므로 Weak Etag에 비해 값을 생성하는 과정이 까다롭습니다. Weak Etag를 사용하면 비교적 간단하게 값을 생성할 수 있지만 ETag 값에 대한 신뢰도가 약해집니다. 원본 서버에서 ETag의 역할이 중요하지 않으면 유일성이 약한 ETag 값을 할당할 수 있습니다. 이때 ETag 값에 'w/'를 붙여 '이 값이 유일하지 않을 수 있지만 괜찮다'는 메시지를 캐시 서버에 전달해야 합니다.

또한 ETag는 캐시에 저장된 리소스의 캐시 주기가 끝났을 때 캐시 서버가 원본 서버와 캐시 유효성을 체크할 때도 중요하게 사용됩니다. 이 부분은 뒤에서 자세히 설명하겠습니다.

Cache-Control: public
public으로 설정하면 그 응답은 모든 캐시 서버에 캐시될 수 있고 사용자 제한 없이 모든 사용자에게 응답이 전달될 수 있습니다.

Cache-Control: private
private으로 설정하면 HTTP 요청에 대한 응답은 요청한 사용자만 캐시할 수 있고 CDN 같은 범용 캐시 서버에서는 캐시할 수 없습니다. 엄밀하게 말하면 범용 캐시 서버에서도 캐시할 수 있지만 그 응답을 모든 사용자에게 공유할 수 없습니다. private은 원본 서버가 일부 응답을 특정 사용자에게만 전달하는 데 목적이 있으므로 캐시 콘텐츠가 공유되면 안 됩니다. 결론적으로 최종 사용자의 브라우저에서만 이 응답을 자유롭게 캐시할 수 있습니다. 그러나 Cache-Control: private을 설정한다고 해서 응답에 담긴 개인 정보까지 보호되지는 않으니 주의해야 합니다. public과 private은 응답 메시지를 어디에 캐시할 것인지 지정하기 위해 사용할 뿐 그 자체로 개인 정보를 보호하는 장치가 되지는 않습니다.

Cache-Control: no-cache

no-cache 지시자는 요청과 응답 헤더에 모두 사용할 수 있지만 약간의 의미 차이가 있습니다.

첫 번째로, 이 지시자가 요청 헤더에 있으면 브라우저는 원본 서버나 그 중간에 존재하는 캐시 서버들에게 '캐시된 응답을 받지 않겠다'는 메시지를 전달하는 것과 같습니다. 이 지시자가 있으면 중간에 있는 캐시 서버들은 당연히 이 요청을 원본 서버에 그대로 전달해 원본 서버로부터 최신의 응답을 받아 사용자에게 전달해야 합니다.

이 지시자는 요청 헤더에 max-age=0을 사용하는 것과 비슷하게 동작하지만 미묘한 차이가 있습니다. no-cache를 설정하면 캐시 서버는 항상 원본 서버로부터 최신 응답을 받아와야 합니다. 그러나 max-age=0은 캐시 서버가 원본 서버에서 전체 응답을 가져오기보다 이후 설명할 조건부 요청을 이용해 캐시된 콘텐츠에 변경이 있는지를 먼저 검증합니다. 즉 캐시된 응답이 여전히 유효하면 캐시에 있는 값을 반환합니다.

두 번째로, 이 지시자가 HTTP 응답 헤더에 포함되면 원본 서버가 캐시 서버들에게 캐시된 응답을 보내기 전 원본 서버를 항상 확인하도록 강제합니다. 즉 캐시 서버는 최초 요청에 대해 원본 서버로부터 최신 응답을 받아 캐시 서버에 저장한 뒤, 이후 같은 요청이 오면 캐시된 응답을 반환하기 전에 조건부 요청을 원본 서버에 보내 응답 메시지가 변경되지 않았는지 항상 확인합니다. 엄밀하게 이것은 지시자의 이름처럼 캐시 서버가 캐시하지 못하게 하는 것이 아니라 그저 매 요청마다 캐시된 복사본을 원본 서버와 검증하라 강제하는 것입니다. 그러므로 max-age=0 설정과 동일하게 동작한다고 할 수 있습니다.

만약 원본 서버가 전체 응답이 아닌 특정 헤더 항목만 캐시하고 싶지 않다면 지시자 옆에 캐시하고 싶지 않은 헤더들을 나열하면 됩니다. 예를 들어 no-cache="Accept-

Range"라고 응답에 기술하면 캐시 서버는 응답을 캐시하되, Accept-Range 헤더는 캐시하지 않습니다.

Cache-Control: no-store

no-store 지시문 역시 HTTP 요청 또는 응답 헤더에 모두 사용할 수 있고 쓰임새도 동일합니다. 이 지시문은 서버가 로컬 저장소에 메시지를 저장하지 않도록 지시합니다. no-cache는 응답을 항상 최신 상태로 유지하도록 지시하지만 로컬 저장소에 저장하는 것을 막지 않습니다. 반면 no-store는 응답 메시지가 저장소에 저장되는 것 자체를 금지합니다. 결국 이 지시문의 목적은 캐시 데이터의 예기치 않은 유출을 방지하려는 것입니다. 그러므로 캐시 서버는 HTTP 요청이나 응답에 명시된 이 지시문의 명령을 충실히 따라야 합니다. 이 지시문을 사용하면 개인 정보 보호 수준이 조금 향상될 수 있지만 완벽한 보안 메커니즘으로 신뢰하기 어렵습니다. 따라서 보안 기능만을 목적으로 사용할 수 없습니다.

6.2.3 캐시 유효성 체크

사용자가 특정 웹 콘텐츠에 대한 요청을 캐시로 보냈을 때 캐시에 저장되어 있는 응답의 age가 max-age 값을 넘었다면 그 응답은 더 이상 신뢰할 수 없습니다. 그러므로 캐시는 원본 서버에 요청을 보내 새 응답을 받아야 합니다. 이때 원본 서버에 있는 웹 콘텐츠에 어떠한 변경이 있었다면 원본 서버는 당연히 새로운 응답을 만들어 캐시에 되돌려주고 max-age 값을 다시 설정해 캐시에 저장하도록 지시해야 합니다.

반면 그동안 해당 콘텐츠에 아무런 변화가 없었다면 완전한 응답을 다시 만들어 보내는 것이 의미 있을까요? 이미 캐시된 내용과 동일한 응답을 다시 만들어 보낼 것이므로 캐시에는 아무 변화가 없고 원본 서버는 의미 없는 응답을 만들어 전송하기 위해 서버 자원과 네트워크 대역폭을 낭비합니다.

이러한 비효율적인 요청/응답을 방지하고자 HTTP 표준은 조건부 요청(conditional request)이라는 메커니즘을 정의합니다. 이 메커니즘은 저장된 응답 TTL이 만료되었을 경우 캐시가 항상 원본 서버에서 완전한 콘텐츠를 받아오는 대신 TTL 주기 동안 콘텐츠에 변화가 있을 때에만 새 응답을 만들도록 요청합니다. 원본 서버에서 조건부 요청을 받았다면 해당 콘텐츠에 변경이 있을 때 200 응답 코드와 함께 변경된 콘텐츠를 응답 본문에 포함해 보냅니다. 변경이 없다면 응답 본문 없이 304(Not-modified) 코드만 헤더에 설정하여 보내는데 응답에 본문이 없으므로 서버와 네트워크 자원 낭비를 방지할 수 있습니다.

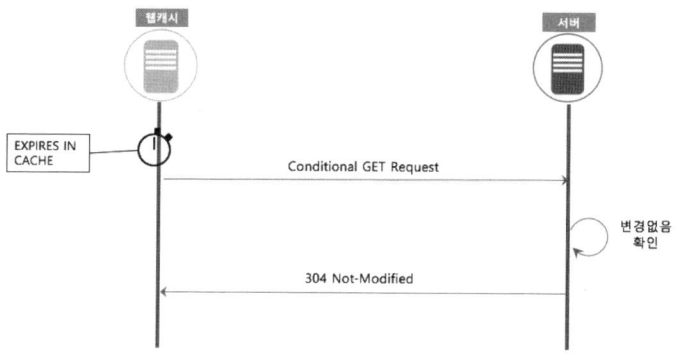

[그림 6-9] 조건부 GET 개념

그렇다면 조건부 요청은 어떻게 보낼까요? 조건부 요청을 보낼 때는 시간을 기반으로 보내는 방법과 콘텐츠를 기반으로 보내는 두 가지 방법을 사용할 수 있습니다.

시간 기반의 조건부 요청

시간 기반의 조건부 요청이란 어떤 요청에 대한 원본 서버의 콘텐츠가 캐시에 저장된 후 변경되었는지 여부를 콘텐츠의 최종 변경 시간 중심으로 확인하는 방법입니다. 어떤 시스템이든 저장된 객체가 변경되어 새로 저장되면 그 날짜와 시간을 메타데이터로 남깁니다. 그리고 원본 서버가 콘텐츠에 대한 응답을 만들어 보낼 때 Last-Modified라는 헤더에 최종 변경 날짜와 시간을 적어 보내도록 합니다.

```
Cache-Control: public, max-age=31536000
Last-Modified: Sat, 26 Aug 2017 14:23:11 GMT
```

캐시는 최초 요청에 대한 이 응답을 저장하고 TTL 시간이 지난 이후 같은 요청이 오면 원본 서버에 '만약 최종 변경 시간 이후에 변경 사항이 있다면 전체 응답을 다시 주세요'와 같은 의미의 요청을 합니다. 그리고 If-Modified-Since라는 헤더에 다음과 같이 Last-Modified의 값을 복사해 원본 서버에 전송함으로써 이 요청을 수행합니다.

```
If-Modified-Since: Sat, 26 Aug 2017 14:23:11 GMT
```

이 날짜 이후 변경 사항이 있다면 원본 서버는 200 코드와 함께 본문이 달린 완전한 응답을, 변경 사항이 없다면 본문 없이 304 코드가 담긴 응답 헤더만을 되돌려줌으로써 불필요한 네트워크 자원 낭비를 막을 수 있습니다.

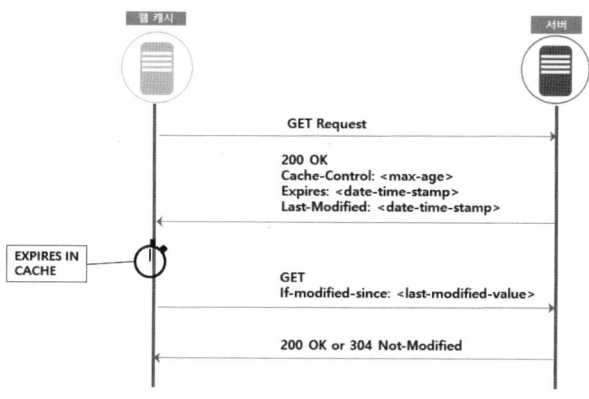

[그림 6-10] 시간 기반의 조건부 요청

콘텐츠 기반의 조건부 요청

콘텐츠 기반의 조건부 요청이란 어떤 요청에 대한 원본 서버의 콘텐츠가 캐시에 저장된 후 변경되었는지 여부를 콘텐츠 고윳값 중심으로 확인하는 방법입니다. 여기서 고윳값은 원본 서버에서 정의하기 나름이지만 주로 해시값으로 추출합니다. 콘텐츠 내용이 약간이라도 수정되면 해시값도 변하기 때문에 이 값을 비교해 콘텐츠의 변경 여부를 파악할 수 있습니다.

원본 서버는 미리 정의된 대로 이 값을 만들어 ETag 헤더에 이 고윳값을 넣어 보냅니다. ETag는 임의의 문자들이 따옴표 안에 포함되도록 하며 이 값은 전적으로 원본 서버가 결정합니다. 이 헤더는 원본 서버의 시계 문제로 날짜와 시간을 파악할 수 없을 때 유용하게 사용됩니다.

```
Cache-Control: public, max-age=31536000
ETag: "15f0fff99ed5aae4edffdd6496d7131f"
```

시간 기반의 조건부 요청에서 살펴보았듯 원본 서버와의 요청/응답 프로세스는 비슷합니다. 캐시는 최초 요청에 대한 응답을 캐시에 저장하고 TTL 시간이 지난 후 같은 요청이 오면 원본 서버에 다음과 같은 의미의 요청을 합니다. '만약 이 콘텐츠와 일치하는 고윳값이 없다면 전체 응답을 다시 주세요.' 그리고 If-none-match 헤더에 ETag 값을 복사하여 원본 서버에 전송함으로써 이 요청을 수행합니다.

```
If-None-Match: "15f0fff99ed5aae4edffdd6496d7131f"
```

원본 서버는 현재 버전의 ETag 값과 요청 헤더의 ETag 값을 비교해 값이 같다면 캐시 저장본이 현재 버전과 동일하다 판단해 304 응답을 전송합니다.

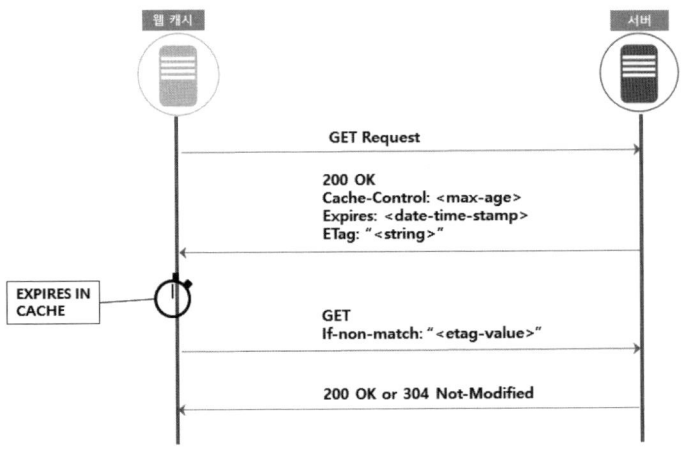

[그림 6-11] 콘텐츠 기반의 조건부 요청

6.2.4 캐시 콘텐츠 갱신

웹 사이트가 개편되었거나 콘텐츠를 급하게 변경했다면 캐시에 저장된 복사본들을 강제로 갱신해야 사용자에게 정상적인 웹 페이지를 서비스할 수 있습니다. 캐시에 저장된 내용을 갱신하기 위해서 다음과 같은 두 가지 방법을 사용할 수 있습니다.

퍼지

퍼지(purge)는 저장소를 완전히 지우는 방식으로 대부분의 캐시 서버가 캐시를 모두 지우는 명령어나 API를 제공합니다. 또한 브라우저의 옵션 메뉴에서 로컬 캐시를 지울 수 있습니다. CDN을 사용할 경우 업체가 제공하는 관리 콘솔이나 API에서 전체 캐시를 삭제할 수 있습니다. CDN을 비롯한 캐시 서버에서 한꺼번에 많은 콘텐츠를 퍼지하려면 원본 서버에 충분한 자원이 있는지 확인하는 등 주의를 기울여야 합니다. 캐시되지 않은 많은 요청이 한꺼번에 원본 서버로 몰려 서버 리소스가 많이 사용되는 부담이 있기 때문입니다.

특히 프로모션을 하거나 새로운 페이지를 오픈할 경우 갑작스러운 퍼지는 피하고 테스트 툴을 이용해 서비스할 웹 페이지 리소스들을 캐시에 미리 저장해두는 것을 권합니다. CDN에 많은 트래픽을 의존하며 원본 서버 용량을 최소로 유지하고 있다면 많은 양의 콘텐츠를 퍼지하는 것은 피하고, 단계적으로 나누어 퍼지하거나 다음에 설명할 무효화 방안을 사용하는 것을 권장합니다.

무효화

무효화(invalidate)는 캐시 저장소를 완전히 지우기보다 조건부 요청을 통해 캐시된 리소스들 중 변경이 있었던 리소스들만 새로 갱신하는 방법입니다. 아래 예와 같이 Cache-Control 헤더를 사용해 캐시 서버의 내용을 강제로 무효화(invalidate)할 수 있습니다.

```
Cache-control: max-age=0, must-revalidate
```

원본 서버나 웹 캐시 서버에서 이러한 무효화 정책을 사용할 경우 퍼지와 동일하게 새 콘텐츠를 받아가려는 트래픽이 잠시 증가할 수 있습니다. 하지만 퍼지와 다르게 대부분 If-modified-since 나 if-none-match 요청일 것이고 실제 변경된 리소스에 한해서만 전체 콘텐츠가 반환되므로 네트워크 대역폭 낭비를 크게 줄일 수 있습니다.

> **TIP** 비동기 캐시 갱신
>
> 어느 날 사용자가 아주 중요한 콘텐츠를 급히 다운로드하려 할 때 마침 캐시 주기가 만료되었고 설상가상 콘텐츠에 변경이 있었으며 파일 사이즈도 크다면, 사용자는 콘텐츠를 다운로드하는 데 오랜 시간 지연을 겪을 수 있습니다. 이런 경우를 피하기 위해 사용자가 기한 만료된 콘텐츠를 요청하기 전 다음과 같이 미리 최신 콘텐츠를 받아두는 방법이 있습니다.
>
> ```
> Cache-Control: max-age=600, stale-while-revalidate=30
> ```
>
> 위 Cache-control 지시자는 600초 동안은 캐시에 저장된 리소스를 서비스 받고 이후 30초는 만료되었지만 여전히 캐시되어 있는 리소스를 서비스 받습니다. 그리고 캐시는 그동안 서버와 통신해 새로운 콘텐츠를 비동기적으로 받아오게 합니다.

6.3 : 캐시 최적화 방안

지금까지는 캐시의 동작 원리와 캐시를 제어하는 방법에 대해 설명했습니다. 이제 캐시를 가장 효율적으로 사용하는 방법을 알아보겠습니다.

이미 설명했듯 캐시를 사용하는 주된 목적은 원본 서버로의 요청 수와 네트워크 대역폭 낭비를 줄여, 많은 트래픽을 처리해야 하는 원본 서버의 부담을 줄이는 것입니다. 더불어 캐시를 사용하면 사용자가 웹 페이지를 요청하고 로딩할 때 서버의 처리 시간을 줄여주고 캐시 서버와 원본 서버 구간에서 발생하는 RTT도 줄여줍니다. 따라서 최종 사용자의 경험도 향상시킬 수 있습니다. 이렇게 캐시를 잘 활용하면 프런트엔드 성능을 크게 향상시킬 수 있습니다.

캐시 사용을 최대화할 수 있는 3가지 기본 원리는 다음과 같습니다.

1. 최대한 많이 캐시하라
2. 최대한 오래 캐시하라
3. 최대한 가까이 캐시하라

이 3가지 원리를 기억하면서 캐시 효율을 좀 더 향상시킬 수 있는 방법을 알아봅시다.

6.3.1 캐시 가능한 콘텐츠 구분하기

먼저 웹 페이지의 어떤 콘텐츠를 캐시할 수 있는지, 혹은 캐시하면 안 되는지 바로 알아야 합니다. 그리고 캐시할 수 있는 리소스들을 최대한 찾아내 캐시를 통해 서비스해야 합니다.

일반적인 웹 페이지에는 어떤 형태의 콘텐츠들이 있을까요? 아래 그림은 http://archive.org에서 제공하는 페이지 내 콘텐츠 종류 및 평균 크기 차트입니다.

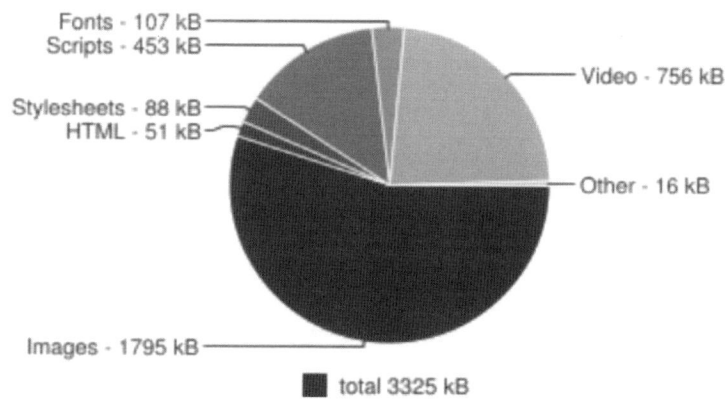

[그림 6-12] 페이지 내 콘텐츠 종류 및 평균 크기(byte)

차트에 나타난 전체 페이지 크기는 3.3MB이고 이미지와 오디오 크기 합이 2.6MB로 약 76%를 차지합니다. 여기에 폰트와 스타일 시트 파일 그리고 일부를 제외한 스크립트 파일도 캐시가 가능한 파일로 분류될 수 있습니다. 결론적으로 웹 사이트의 90% 이상이 잠재적으로 캐시할 수 있는 콘텐츠로 이루어졌습니다.

여러분이 운영 또는 개발하는 웹 페이지는 어떻게 구성되었고, 얼마나 많은 파일들을 캐시할 수 있는지 WebPageTest를 통해 확인할 수 있습니다. 웹 페이지 URL을 테스트 [Enter a Website URL] 박스에 기입하고 테스트를 실행한 후 결과 화면의 [Content Breakdown] 탭을 클릭하면 아래 그림처럼 페이지를 구성하는 종류별 콘텐츠의 요청/바이트 비율을 상세히 확인할 수 있습니다.

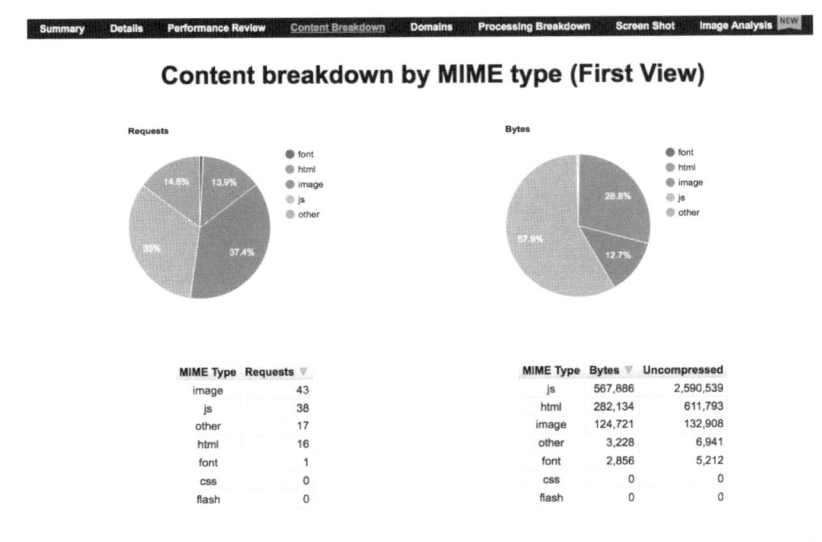

[그림 6-13] WebPageTest 테스트 결과 화면(Content Breakdown)

그렇다면 캐시할 수 있는 콘텐츠와 그렇지 않은 콘텐츠는 어떻게 분류할까요? 먼저 웹 사이트를 구성하는 콘텐츠는 크게 정적인 콘텐츠와 동적인 콘텐츠로 분류할 수 있습니다.

정적 콘텐츠란 URL을 호출할 때마다 변함없이 같은 응답을 주는 콘텐츠로 이미지, CSS, 자바스크립트 등이 대표적인 정적 콘텐츠에 속합니다. 이들은 페이지를 동적이고 화려하게 만드는 중요한 역할을 하지만 호출할 때마다 소스 코드 자체가 달라지진 않기 때문에 정적 콘텐츠로 분류합니다.

동적 콘텐츠란 사용자가 요청할 때마다 서버에 의해 다시 생성, 응답되는 콘텐츠로 서버에서는 HTTP 요청과 함께 입력 시간을 포함한 다양한 변숫값에 따라 콘텐츠를 동적으로 생성하여 응답합니다. Ajax를 사용한 XHR 요청은 요청 값에 따라 서버에서 반환되는 결과가 달라지므로 동적 콘텐츠라 할 수 있습니다. 또한 사용자가 사이트에 로그인했을 때 만들어지는 개인화된 웹 페이지들도 대표적인 동적 콘텐츠입니다. JSP, ASP, PHP 등으로 만들어지는 서버 페이지는 호출한 사용자의 로그인 여부, 접속 위치, 브라우저 정보 등 다양한 변숫값을 사용해 다른 응답 페이지를 만듭니다.

결론적으로, 캐시하기 어려운 콘텐츠는 아래와 같이 분류할 수 있습니다.

- 개인화된 콘텐츠
  접속하는 사용자의 정보에 따라 달라지는 콘텐츠로 원본 서버에서 가공되는 콘텐츠를 의미합니다.

- API 호출이나 Ajax 요청에 대한 콘텐츠
  이러한 요청들은 사용자의 동적 정보를 원본 서버에 전달해 결괏값을 받습니다. 인증이나 결제 등 서버의 작업이 필요하거나 시간에 따라 빠르게 변하는 정보를 받을 때 사용되므로 캐시에 적합하지 않습니다. 그러나 제품 카탈로그를 내려받거나 스케줄을 조회하는 등 입력값이 동일할 때 결괏값이 동일한 콘텐츠도 많습니다. 이러한 정보들은 캐시할 수 있는 콘텐츠이므로 별도로 분류해야 합니다.

- Beacon 전달 또는 쿠키 설정을 위한 호출
  간혹 사용자 정보를 수집하거나 브라우저에 쿠키를 설정하기 위해 아주 작은 이미지를 호출하는 경우가 있습니다. 이러한 요청에 대한 응답이 캐시에 저장되면 원본 서버에 정보를 보내거나 받을 수 없으므로 캐시되면 안 됩니다.

동적 콘텐츠를 고려해 캐시할 수 있는지 판단하는 의사 결정 트리는 그림 6-14에 정리했으니 참고하시기 바랍니다.

캐시할 수 있는 콘텐츠와 캐시할 수 없는 콘텐츠를 구분했으면 각 콘텐츠에 대한 캐시 정책을 정합니다. 이미 HTTP 명세에서 정의하는 캐시 제어 기술을 살펴보았으므로 이 제어 기술을 활용해 올바른 캐시 정책을 세우는 방법을 알아보겠습니다.

6.3.2 올바른 캐시 정책 설정하기

캐시 정책을 세우는 것은 캐시할 콘텐츠들의 성격을 파악하고 그룹화하는 것과 같습니다. 우선 웹 사이트를 구성하는 리소스들을 같은 타입끼리 그룹화하고 아래와 같은 순서를 참고해 하위 그룹을 나누고 캐시 정책을 정합니다.

1. 먼저 캐시할 수 있는 콘텐츠인지 판단합니다.

    일반적으로 정적 콘텐츠들을 캐시 가능한 페이지로 정의할 수 있지만 모든 정적 콘텐츠를 캐시할 수는 없습니다. 보안에 민감한 내용이 담겨 있는 콘텐츠는 정적 페이지라도 캐시하면 안 됩니다. 이와 비슷하게 동적인 페이지라고 해서 모두 캐시가 불가능하진 않습니다. 동적인 페이지에 대한 캐시 방안은 4절에서 자세히 설명하겠습니다. 이처럼 캐시할 수 있거나 캐시할 수 없는 콘텐츠를 파악한 후 캐시할 수 없는 콘텐츠에는 응답 헤더에 Cache-Control: no-store를 붙여 캐시되지 않도록 설정합니다.

2. 캐시할 수 있는 콘텐츠들은 매번 원본 서버에 변경 사항을 확인해야 하는지 판단합니다.

    정적이지만 자주 변하는 콘텐츠들이 있는데 특히 온라인 쇼핑몰처럼 웹 사이트가 매출에 직접적인 영향을 미치는 경우 사이트 변경은 담당자에게 매우 민감한 사안입니다. 예를 들어 이벤트 상품 정보를 전송하는 스크립트처럼 변경 즉시 캐시에 바로 업데이트해야 하는 경우가 있습니다. 이렇듯 변경에 민감한 리소스는 응답 헤더에 Cache-Control: no-cache나 Cache-Control: max-age=0을 사용해 설정합니다. 이때 응답할 리소스가 변경되지 않았다면 전체 리소스가 아닌 304 코드만 응답하면 되므로 네트워크 대역폭 낭비를 방지할 수 있습니다.

3. 캐시할 콘텐츠들의 성격을 판단합니다.

    모든 사용자에게 공통으로 사용될 수 있다면 Cache-Control: public을, 개인화된 콘텐츠라면 Cache-Control: private을 사용합니다. private을 설정할 경우 일반적인 웹 캐시 서버에서 해당 콘텐츠를 캐시할 수 없고 오직 개인 브라우저에서만 캐시합니다.

4. 마지막으로 캐시 주기를 설정하고 max-age를 추가합니다.

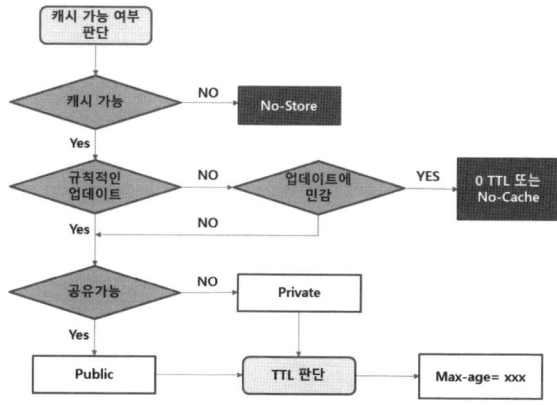

[그림 6-14] Cache-Control 정책 의사 결정 트리

위 그림은 지금까지의 설명을 바탕으로 정리한 Cache-Control 정책을 위한 의사 결정 트리입니다.

6.3.3 캐시 주기 결정하기

기본적인 캐시 정책이 결정되면 구체적으로 얼마 동안 캐시할 것인지 결정해야 합니다. 그렇다면 콘텐츠의 캐시 주기는 어떻게 결정해야 할까요?

> **TIP** 캐시 효율화를 위한 3원칙에서 살펴보았듯 가능한 오랜 기간 동안 캐시하는 것을 권합니다. 캐시 주기가 길수록 사용자 요청이 대부분 캐시에서 처리되므로 원본 서버까지 오는 트래픽을 더 많이 감소시킬 수 있습니다. 하지만 원본 파일이 변경되었을 경우 변경 사항이 캐시까지 반영되려면 캐시 주기가 만료될 때까지 기다리거나 수동으로 지워야 하는 불편함이 있습니다. 반면 캐시 주기가 너무 짧으면 원본 서버로의 트래픽이 증가하지만 원본 파일 변경이 캐시에 빠르게 반영되는 장점이 있습니다.

1. 캐시 주기는 콘텐츠 타입별로 다르게 설정할 수 있습니다.

    이미지나 동영상 등 미디어 파일은 한번 창작되어 웹 페이지에 게시되면 쉽게 변경되지 않습니다. 미디어 파일을 변경해야 할 때 파일명을 그대로 사용하면서 내용을 수정하기보다 대부분 새로운 미디어 파일로 이름을 바꾸고 링크를 변경하는 경우가 많습니다. 링크 자체가 바뀌면 자연스럽게 캐시 서버가 원본 서버로부터 해당 콘텐츠를 불러와 캐시하므로 추가 조치가 필요하지 않습니다. 따라서 특별한 이유가 없다면 캐시 주기를 1년 정도로 길게 설정하는 것을 권장합니다.

2. 만약 링크 변경 없이 이미지 내용만 바꿔야 한다면 캐시 무효화(Invalidation) 방식으로 해당 이미지만 캐시에 업데이트합니다.

    이미지나 미디어 파일을 제외한 CSS, 자바스크립트, 폰트 등의 다른 웹 리소스 파일들은 변경이 얼마나 자주 일어나는지에 따라 다르게 설정하되, 그 범위에서 가능한 길게 설정합니다. 가령 폰트 파일은 스타일 시트나 스크립트에 비해 업데이트 횟수가 드물기 때문에 캐시 주기를 길게 설정하는 것을 권합니다. 그러나 스타일 시트나 스크립트처럼 화면 렌더링에 관련된 파일들은 불규칙하게 수시로 수정이나 업데이트가 발생하므로 상대적으로 짧게 설정합니다. 변경 주기가 잦더라도 캐시하지 않는 것보다 짧게라도 캐시 주기를 정해 캐시하는 것이 성능에 유리합니다.

3. 모든 정적 파일에 대해 캐시 주기를 길게 설정하고 수동으로 캐시 주기를 관리하는 방법도 있습니다.

    수동으로 캐시 주기를 관리하는 방법에는 두 가지가 있습니다. 첫 번째는 아래 예처럼 파일명 뒤에 해시값을 자동으로 붙여 파일명을 변경하는 것입니다.

    ```
    package.b2cdd300.js
    index.60c4c63d.js
    lazy.dff9b078.js
    ```

    하지만 이 경우 한 폴더 내에 여러 버전의 유사한 파일들이 많이 쌓이므로 파일 공간을 주기적으로 관리해야 합니다.

    두 번째는 다음 예처럼 파일 요청 시에 쿼리 스트링으로 버전을 지정하는 방법입니다.

    ```
    core.min.js?201707311505
    index.js?v=201709091404
    lazy_loading.js?version=1.0
    ```

    이 방법은 같은 파일명을 사용하면서 수동으로 콘텐츠도 업데이트할 수 있습니다. 그러므로 필요할 때마다 쿼리 스트링의 버전만 바꿔주면 됩니다.

고객 반응에 민감한 웹 사이트 관리자들은 충분히 캐시할 수 있는 정적 리소스도 캐시하지 않으려 합니다. 이런 경우 Cache-Control: no-store를 설정하기보다 Cache-Control: no-cache, max-age=0을 사용하는 것을 권합니다. 전자는 모든 요청에 대해 원본 서버에서 항상 전체 콘텐츠를 받는 방법이고 후자는 변경이 있을 경우만 바로 캐시에 업데이트하는 방법입니다. 따라서 후자가 네트워크 대역폭 낭비를 줄일 수 있는 방법입니다.

아래는 주요 글로벌 기업들의 캐시 주기 현황을 나타낸 그래프입니다. 그래프를 살펴보면 성능상의 큰 이점에도 불구하고 많은 글로벌 기업들이 캐시 주기를 매우 짧게 정해 사용하는 것을 알 수 있습니다.

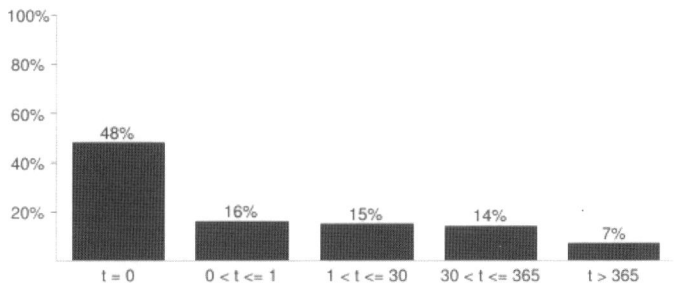

[그림 6-15] 캐시 주기 현황(httparchive.org)

하지만 실제 캐시되고 있는 웹 콘텐츠들의 수명을 살펴보면 그 생명 주기가 설정 캐시 주기에 비해 훨씬 길다는 것을 알 수 있습니다. 지금이라도 운영하고 있는 웹 리소스들의 생명 주기를 다시 한번 파악해보시기 바랍니다. 파일 시스템에서 최종 변경 일자를 확인하거나 브라우저의 개발 툴 또는 curl과 같은 명령어를 사용해 HTTP 헤더의 Last-Modified Date를 확인하는 방법도 있습니다. 그리고 이를 통해 가능한 더 오래 캐시할 수 있도록 캐시 주기를 조절할 것을 권장합니다.

6.3.4 캐시에 적합한 디렉터리 구조 구성하기

웹 콘텐츠의 구성 요소들을 파악하고 콘텐츠별 캐시 정책을 정의했다면 캐시 친화적 디렉터리 구조를 구성하는 것을 권합니다.

캐시에 적합한 디렉터리 구조를 구성하려면 첫 번째로 캐시할 수 있는 콘텐츠들을 별도의 폴더에 분류해 관리합니다. 예를 들어 다음과 같은 정적 콘텐츠들을 /static 이란 폴더 아래 배치할 수 있습니다.

```
/static/image
/static/css
/static/js
```

이러한 방법으로 캐시 서버를 /static/*처럼 간소하게 설정할 수 있습니다. 또한 캐시 가능한 콘텐츠들을 누락시키는 실수를 조금이라도 줄일 수 있습니다.

두 번째로 캐시 주기별로 나누어 구성합니다. 같은 콘텐츠 타입이라도 여러 가지 특성에 따라 캐시 주기가 다를 수 있습니다. 예를 들어 같은 자바스크립트라도 라이브러리와 특정 모듈에 사용되는 자바스크립트의 캐시 주기는 다릅니다. 모듈에 사용되는 스크립트는 자주 변경되지만, 라이브러리로 사용되는 스크립트는 쉽게 변경될 수 없기 때문입니다.

```
/static/js/lib
/static/js/module/A
/static/js/module/B
```

세 번째로 동일한 파일을 여러 곳에 분산시키지 않아야 합니다. 웹 사이트를 구성하다 보면 상대 경로를 사용하려고 같은 파일을 여러 폴더에 복제하여 사용하는 경우가 있습니다. 이는 원본 소스를 관리하는 데도 문제가 되지만 캐시에도 도움이 되지 않습니다. 대부분의 캐시 서버는 URL을 키 값으로 하여 동작하므로 복제 생성되는 URL 수만큼 캐시에도 복사본이 생성되기 때문입니다. 캐시 서버 역시 제한된 메모리와 디스크 영역으로 동작하므로 필요 없는 객체들로 리소스를 낭비하지 않아야 합니다. 따라서 동일한 파일은 한 폴더에 보관하고 관련 URL을 참조할 수 있도록 합니다.

6.3.5 캐시 키 올바르게 사용하기

캐시 키란 캐시 서버가 원본의 복사본을 저장하고 빠르게 조회하기 위해 사용하는 키 값을 말합니다. 일반적으로 웹 캐시는 클라이언트가 요청하는 URL을 캐시 키로 사용합니다.

일반적인 캐시 키 구성

```
호스트/패스?쿼리 스트링
www.foekorea.com/kr/feo/optimization/myPic.jpg?width=200&height=100
```

일반적인 캐시는 위와 같이 구성되어 있습니다. 아래 예제에서 캐시 키들은 서로 다른 객체를 참조합니다.

```
www.foekorea.com/kr/feo/optimization/myPic.jpg
www.foekorea.com/jp/feo/optimization/myPic.jpg
www.foekorea.com/kr/feo/optimization/myPic.jpg?width=200
www.foekorea.com/kr/feo/optimization/myPic.jpg?width=200&height=100
www.foekorea.com/kr/feo/optimization/myPic.jpg?width=200&height=200
```

캐시 오염과 캐시 충돌

원본 서버에 하나의 원본 파일만 존재하는데 캐시에 복사본이 여러 개 존재하는 것을 캐시 오염(cache pollution)이라 합니다. 캐시 충돌(cache collision)이란 요청 URL이 하나인데 브라우저 환경에 따라 서버에서 제공하는 응답이 달라져 결국 최초 요청한 브라우저의 응답만 캐시되는 것을 의미합니다. 이 경우 나머지 브라우저 환경을 사용하는 사용자들은 잘못된 응답을 받습니다.

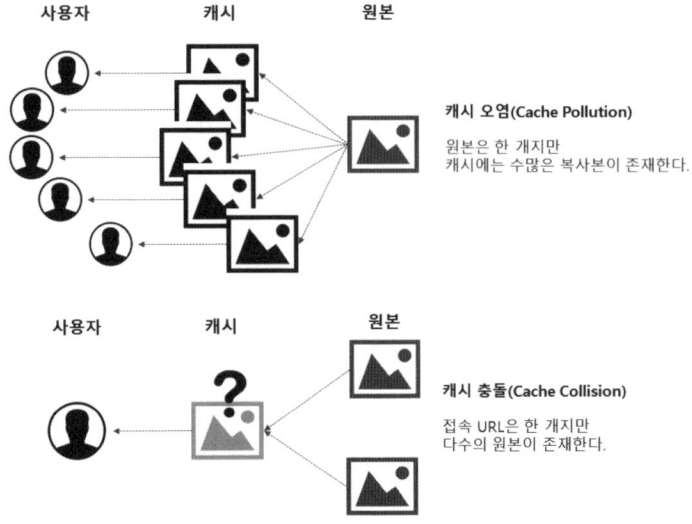

[그림 6-16] 캐시 오염과 캐시 충돌

캐시 오염 제거

캐시 오염은 최종 사용자에게 영향을 주지는 않지만 캐시 서버의 효율성에 큰 영향을 미칠 수 있습니다. 또한 캐시가 퍼지된 경우 원본 서버에 예기치 않은 트래픽 부담을 줄 수 있습니다. 이번에는 이러한 캐시 오염을 피하는 방법을 알아보겠습니다.

첫 번째로 URL에 붙은 특정 쿼리 스트링 값이 달라지더라도 응답이 항상 같다면 캐시 키에서 쿼리 스트링을 무시하도록 설정해야 합니다. 다음 그림의 src 쿼리 스트링은 서버 부하를 분산시키려고 서버를 선택하는 것입니다. 실제 원본 이미지에는 아무런 영향을 미치지 않지만 캐시 서버에서 두 개의 URL을 다르게 인식하므로 결과적으로 다른 복사본을 가집니다.

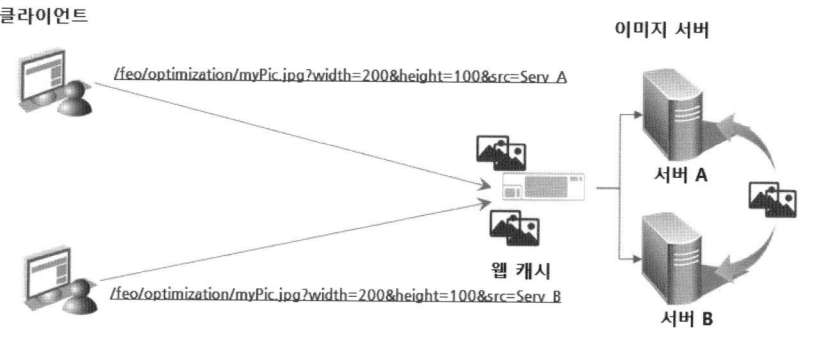

[그림 6-17] 쿼리 스트링에 의한 캐시 오염

대부분 캐시 서버에는 특정 쿼리 스트링을 무시할 수 있는 설정이 있습니다. 해당 설정을 사용해 불필요한 쿼리 스트링을 무시한다면 리소스 낭비를 막을 수 있습니다.

두 번째로 쿼리 스트링의 순서를 동일하게 정렬합니다. 쿼리 스트링 순서가 달라져도 캐시는 이들을 다르게 인식합니다. 아래 예에 나열된 URL들은 쿼리 스트링의 순서만 바뀌었을 뿐 값은 동일해서 URL들에 대한 서버의 응답이 모두 같습니다. 그러나 캐시에서는 각각의 URL들을 다르게 인식하고 다른 캐시 키로 저장합니다.

```
www.foekorea.com/kr/feo/optimization/myPic.jpg?width=200&height=100
www.foekorea.com/kr/feo/optimization/myPic.jpg?height=100&width=200
```

따라서 쿼리 스트링을 사용할 때는 오름차순이나 내림차순으로 항상 동일하게 순서를 정렬해 호출하도록 설정해야 합니다.

세 번째로 Vary 헤더를 바르게 사용해야 합니다. Vary 헤더가 잘못 사용되었을 때 캐시는 같은 페이지의 복사본을 여러 가지 캐시 키로 다르게 저장하기도 합니다. 동일한 요청에도 브라우저 환경에 따라 응답 콘텐츠가 달라지는 경우 Vary 헤더는 이를 캐시 서버에 알려주어 환경별로 다른 콘텐츠를 캐시하도록 합니다. 브라우저 환경과 상관없이 항상 동일한 페이지가 응답되는데도 서버에서 Vary 헤더를 응답에 보낸다면 캐시 서버는 같은 콘텐츠에 대한 응답을 브라우저별로 여러 개 만들어 저장합니다. 따라서 꼭 필요한 경우가 아니면 Vary 헤더를 사용하지 않거나 Cache-Control: private을 사용해 중간 캐시 서버에는 캐시하지 않도록 하는 것을 추천합니다.

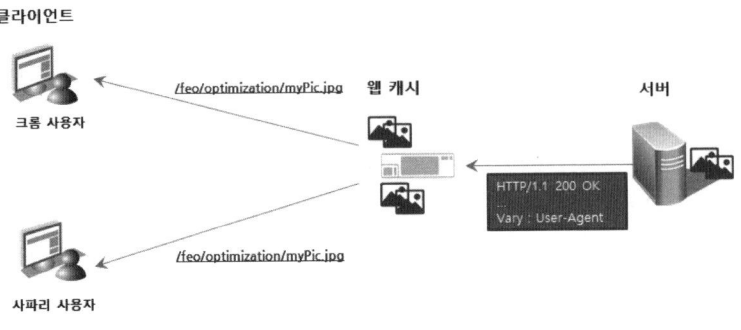

[그림 6-18] Vary 헤더에 의한 캐시 오염

> **TIP** Vary 헤더
>
> Vary 헤더는 단어 그대로 서버의 응답이 상황에 따라 달라지는 것을 의미합니다. 서버는 Vary 헤더에 특정 HTTP 헤더 정보를 나열하여 그 헤더 값에 따라 다른 응답을 준다는 것을 캐시 서버에 알립니다.
>
> 예를 들어 서버가 요청 사용자의 브라우저 타입에 따라 다른 응답을 만든다면 서버는 응답 헤더에 Vary: User-Agent를 추가해 응답해야 합니다. 그래야 캐시 서버가 서버의 응답을 요청 헤더의 User-Agent 값과 매치해 캐시하고 이후 같은 User-Agent 값을 가진 요청에 대해서만 캐시된 해당 응답을 브라우저에 반환합니다. User-Agent 값이 다르다면 다시 원본 서버에서 응답을 받아와야겠지요.
>
> ```
> 예)
> HTTP/1.1 200 OK
> Content-Type: text/html
> Connection:keep-alive
> Content-Length:139
> Content-Type:text/html; charset=ISO-8859-1
> Date:Thu, 21 Sep 2017 15:01:16 GMT
> Server:Apache/2.4.18 (Ubuntu)
> Vary: User-Agent
> ```

> Vary: User-Agent는 구글 같은 검색 엔진의 검색 순위에도 영향을 미칩니다. 검색 엔진 역시 결과 페이지를 캐시하므로 모바일 검색 결과에 데스크톱 페이지가 캐시되어 있다면 당연히 검색 순위가 하락합니다.
>
> 또 다른 좋은 예는 Vary: Accept-Encoding입니다. 브라우저는 요청 헤더에 Accept-encoding: gzip, deflate 등을 사용해 압축 지원 여부를 서버에 알려줍니다. 서버는 요청 브라우저의 압축 지원 여부에 따라 압축된 응답 또는 압축되지 않은 응답을 주어야 합니다. 따라서 캐시 서버가 이 응답들을 다르게 캐시하도록 하기 위해 응답 헤더에 Vary: Accept-Encoding을 추가해야 합니다.
>
> 이렇듯 Vary 헤더를 원본 서버에서 올바르게 구현하는 것이 중요합니다. 잘못 사용하는 경우 캐시 서버가 잘못된 페이지를 캐시하므로 사용자 경험을 저해합니다. 뿐만 아니라 검색 엔진의 순위에도 영향을 미칩니다.

캐시 충돌 방지

캐시 충돌은 동적 페이지를 캐시할 때 주로 발생합니다. 홈페이지의 첫 화면을 예로 들면 로그인 전과 후의 페이지가 다릅니다. 로그인 전 페이지는 누구에게나 같게 보이지만 로그인 후에는 개인화되어 사용자마다 일부 다르게 보입니다.

만약 이 홈페이지를 Cache-Control: max-age=1day로 캐시했다면 첫 사용자가 이 홈페이지에서 로그인 전 화면을 로딩해 캐시 서버에 캐시하면 이후 사용자들은 로그인 여부와 상관없이 같은 화면을 보게 됩니다. 일반적으로 홈페이지는 로그인 전후로 같은 URL을 사용하므로 동적 페이지에 대한 특별한 캐시 설정을 하지 않으면 이러한 캐시 충돌 현상이 나타납니다. 이 현상을 피하려면 기본적으로 동적 페이지에는 캐시를 적용하지 않아야 합니다. 앞서 언급한 것처럼 로그인 전 홈페이지를 캐시하면 로그인이 되지 않는 문제가 발생하므로 보통 홈페이지의 첫 HTML은 캐시하지 않습니다. 일부 동적 페이지에 캐시를 사용하고자 한다면 Cache-Control: private으로 사용자 브라우저에만 캐시하여 페이지 로딩 시간을 단축할 수 있습니다.

6.3.6 CDN 사용하기

캐시 효율화를 위한 3원칙 중 마지막은 사용자에게 가깝게 캐시하라는 것입니다. 이는 초고속 인터넷을 사용하는 우리나라 사용자들만을 대상으로 하는 웹 사이트에선 크게 유용하지 않을 수 있습니다. 그러나 글로벌 사용자를 대상으로 웹 사이트를 운영하고 있거나 운영할 예정이라면 CDN 서비스로 콘텐츠를 사용자 가까이 캐시해 서비스할 것을 권장합니다. 해외 사용자가 국내의 원본 서버를 통해 웹 서비스를 받으려면 많은 ISP와 네트워크 홉을 거쳐야 합니다. 이렇게 연결되는 네트워크 경로는 비용 효율적 방법으로 만들어집니다. 그러므로 많은 시간 지연이 발생할 수 있습니다.

CDN 서비스를 사용하면 세계 여러 지역 데이터 센터들에 리버스 프록시 캐시 서버를 두고 필요한 정적 콘텐츠들을 저장해놓을 수 있습니다. 또한 사용자가 관련 콘텐츠를 요청할 때 사용자와 가장 가까운 캐시 서버에서 해당 콘텐츠가 서비스되므로 시간 지연 없이 빠르게 웹 페이지를 로딩할 수 있습니다. CDN 서비스는 7장에서 자세히 설명하겠습니다.

6.4 : 동적 콘텐츠 캐시

지금까지 캐시와 캐시 효율을 높이는 방법을 살펴봤습니다. 다시 한번 캐시 효율화의 기본 원칙을 언급하자면 가능한 많은 콘텐츠를 가능한 오래, 사용자에 가깝게 캐시하는 것이 중요합니다. 캐시를 사용하면 사용하지 않는 경우보다 성능이 향상되는 폭이 큽니다. 그러므로 가능한 많은 콘텐츠를 캐시하는 것이 페이지 성능을 향상시키는 손쉬운 방법 중 하나입니다.

특히 서버에서 동적 콘텐츠를 처리하는 시간이 전체 응답 시간 중 많은 부분을 차지합니다. 따라서 이들을 캐시할 수 있다면 사용자가 체감하는 응답 시간을 단축시킬 뿐만 아니라 서버의 리소스도 절약할 수 있습니다. 그러므로 정적 콘텐츠를 캐시하는 것보다 더 많은 성능 개선 효과를 얻습니다. 보통 동적 콘텐츠를 캐시할 수 없다고 생각하겠지만 자세히 살펴보면 특성에 따라 캐시할 수 있는 동적 콘텐츠들을 찾을 수 있습니다.

먼저 웹 콘텐츠들을 특성에 따라 분류해 보겠습니다.

1. **정적 콘텐츠와 동적 콘텐츠**

   정적 콘텐츠(static contents)란 한번 생성되어 좀처럼 변하지 않는 콘텐츠입니다. 웹 사이트는 이 사용자가 이 콘텐츠를 요청하면 존재하는 파일을 시스템이나 혹은 메모리에서 찾아 단순히 전달만 합니다. 이미지, 동영상, CSS, 자바스크립트 등이 정적 콘텐츠에 해당합니다.

   동적 콘텐츠(dynamic contents)란 사용자 요청에 따라 서버가 바로 생성하는 콘텐츠를 의미합니다. 따라서 그 데이터의 내용은 사용자 정보, 시간 등 여러 변수에 따라 달라질 수 있습니다. 장바구니, 주식 시세나 날씨 정보 등이 동적 콘텐츠에 해당하고 JSON이나 XML, 혹은 동적 HTML 형태 데이터로 전달됩니다.

2. **익명(anonymous) 콘텐츠와 개인화(personalized) 콘텐츠**

   동적 콘텐츠를 좀 더 분류해보면 익명 콘텐츠와 개인화 콘텐츠로 나눌 수 있습니다. 단어에서 알 수 있듯 익명 콘텐츠는 누구에게나 드러나는 콘텐츠, 개인화 콘텐츠는 요청한 사용자 정보에 따라 다르게 나타나는 콘텐츠를 의미합니다. 예를 들어 웹 사이트에 로그인한 후 보이는 개인 프로필 화면, 예약 정보, 장바구니 정보, 온라인 쇼핑몰에서 흔히 볼 수 있는 개인별 맞춤 정보 등이 개인화 콘텐츠에 해당합니다.

3. **시간에 민감한 콘텐츠와 시간에 둔감한 콘텐츠**

   동적 콘텐츠는 다시 시간을 변수로 하는 콘텐츠들로 분류할 수 있습니다. 시간에 민감한지 여부는 콘텐츠를 필요로 하는 사람이나 제공자의 비즈니스 목적에 따라 다를 수 있어 정확한 예를 들기 어렵습니다. 통상 주식 시세, 환율 정보, 경기 중계 등의 콘텐츠는 시간에 민감한 정보라 할 수 있는 반면 일기 예보 또는 비행기나 선박 스케줄 등은 시간에 덜 민감한 정보라 할 수 있습니다.

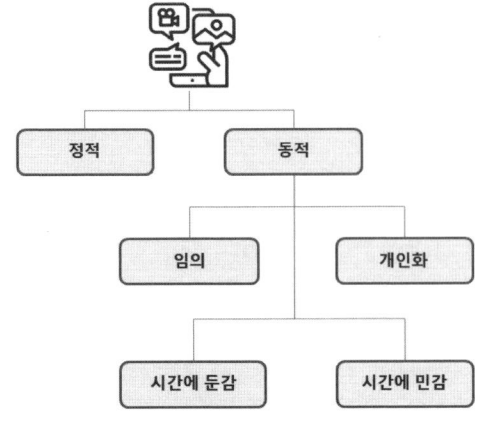

[그림 6-19] 동적 콘텐츠 분류

6.4.1 동적 콘텐츠 캐시

동적 콘텐츠를 사용자에게 전달하기 위해 원본 서버는 아래의 두 가지 방법을 사용합니다.

1. 동적 정보를 쿠키에 넣어 보낸다.
2. Ajax 요청으로 관련 정보를 동적으로 받아온다.

많은 웹 사이트에서 로그인 여부를 쿠키에 넣어 판단합니다. 만약 사용자가 로그인하면 로그인 세션 토큰을 사용자 쿠키에 넣고 매 요청에 쿠키 정보를 활용해 개인화 페이지를 만듭니다. 따라서 해당 쿠키 정보가 있는지에 따라 로그인 여부를 판단할 수 있습니다.

이처럼 요청 쿠키, 헤더 혹은 쿼리 스트링에 동적 콘텐츠에 대한 정보가 있으면 이 정보들을 캐시 키에 추가함으로써 동적 콘텐츠를 캐시할 수 있습니다. 사용자 로그인 페이지는 로그인 정보가 쿠키에 있는 경우와 없는 경우로 그룹화하고 쿠키가 없을 때만 캐시합니다.

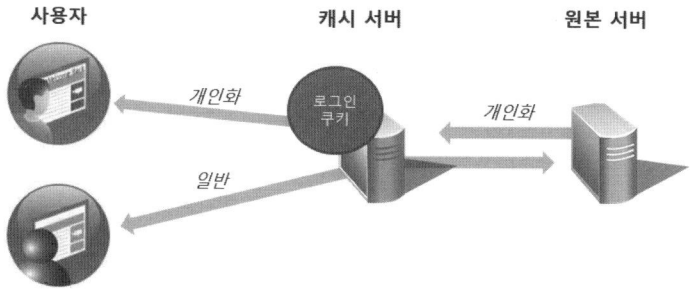

[그림 6-20] 로그인 전 페이지 캐시

이때 첫 번째로 보안에 주의해야 합니다. 개인화 콘텐츠에는 사생활을 침해하는 개인 정보가 포함되어 있을 수 있어 캐시 전에 이를 확인해야 합니다. 물론 대부분의 개인 정보는 POST 요청으로 보내고 POST 요청에 대한 응답은 캐시하지 않는 것이 일반적이지만 보안에 관한 문제는 여러 번 확인하고 조심해도 지나치지 않습니다.

두 번째로 캐시 서버 용량에 유의해야 합니다. 개인화된 콘텐츠가 지나치게 많아서 캐시 서버의 용량이 소진되면 이전 객체를 지우기 위해 CPU 사용량이 늘어나 결국 캐시 효율이 떨어집니다. 그러므로 과도한 개인화 콘텐츠 캐시는 지양해야 합니다. 위 그림처럼 로그인 전, 브라우저 타입, 사용자 성별에 따른 콘텐츠 등 크게 그룹화할 수 있는 콘텐츠들에 국한해 사용하는 것을 권장합니다.

그러나 캐시 키에 요청 쿠키, 헤더 또는 쿼리 스트링을 포함해 캐시할 수 있는 캐시 서버가 많지 않은 점은 아쉽습니다. 오픈 소스로는 Vanish Cache가 이러한 기능을 지원하며 Apache Traffic Server는 별도의 플러그인을 통해 지원합니다. CDN 서비스를 사용한다면 업체에서 이런 기능을 지원하는지 확인 후 활용하기 바랍니다.

Ajax 요청을 통해 전달되는 동적 콘텐츠를 캐시하는 방법은 간단합니다. Ajax 요청에 대한 응답 형태인 JSON/XML 타입 콘텐츠는 다른 정적 응답 타입과 동일한 방식으로 캐시할 수 있기 때문입니다. 단지 시간에 민감한지 여부가 관건입니다. 따라서 캐시하고자 하는 콘텐츠의 시간에 따른 민감도를 미리 결정하고 이에 맞게 캐시 주기를 설정하여, 이 시간이 만료된 경우에만 캐시 서버가 원본 서버에서 갱신된 결과를 받아오도록 해야 합니다.

```
TTL 1-3mins : sport results, currency feed, …
TTL 0s : real time data polling (e.g. trading feed…)
```

아래 그림은 지금까지의 설명을 바탕으로 정리한, 콘텐츠 캐시 가능 여부를 판단할 수 있는 의사 결정 트리입니다.

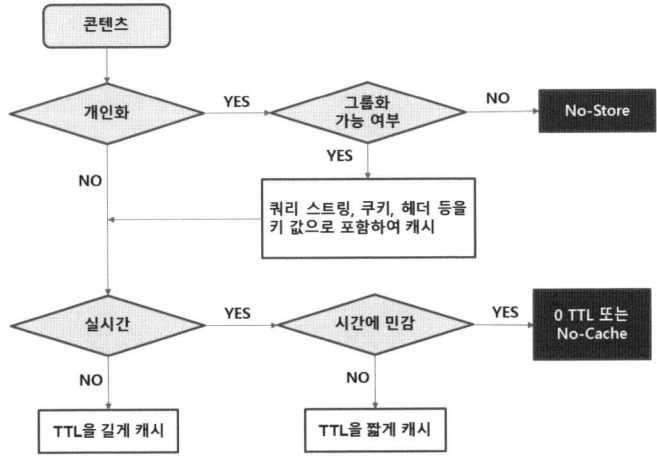

[그림 6-21] 캐시 가능 여부 의사 결정 트리

여기서 두 가지 주의할 점이 있습니다. 첫째, 캐시는 통상 HTTP GET 방식에서 동작하므로 Ajax 요청에 대한 응답을 캐시하고자 하면 HTTP POST 방식보다 GET 방식을 사용합니다. 둘째, 캐시 주기로 0 TTL을 사용하려면 서버에서 해당 콘텐츠에 대한 If-Modified-Since(IMS) 요청을 지원해야 합니다. IMS 요청을 지원하지 않으면 캐시 서버는 모든 요청을 서버로 보내고 서버는 매 요청마다 새로운 콘텐츠로 응답하므로 캐시하지 않는 것과 동일합니다. 반면 최소 1분 이상 캐시 주기를 사용한다면 서버가 해당 콘텐츠에 대한 IMS 요청을 지원하지 않더라도 서버로 향하는 요청을 충분히 감소시키고 캐시 사용에 따라 응답 속도도 향상시킬 수 있습니다.

6.4.2 POST 응답 캐시

POST 메소드는 HTTP 페이로드 메시지에 쿼리 스트링을 포함시켜 보낼 때 사용합니다. GET 메소드는 요청 URL에 붙여 보낼 수 있는 쿼리 스트링 길이에 제한이 있습니다. 그리고 요청 URL이 타인에게 쉽게 노출될 수 있으므로 개인 정보들을 GET 메소드를 이용해 서버에 보내는 것은 적합하지 않습니다. 반면 POST 메소드를 사용하면 HTTP 페이로드에 쿼리 스트링 내용을 포함해 보내므로 데이터 크기에 제한이 없습니다. 또한 타인이 브라우저를 통해 쉽게 볼 수 없어 보안 측면에서도 상대적으로 안전합니다. 따라서 POST 메소드는 보통 브라우저 캐시나 조회 이력에 남지 않고 캐시 서버에 캐시되어서도 안 됩니다.

일반적으로 POST 메서드에 의한 응답은 POST 요청 본문에 포함된 매개 변수들에 의해 결정됩니다. 만약 입력 매개 변수가 동일할 때 서버로부터 항상 동일한 응답이 반환된다면, 또 그 응답 내용이 보안 측면에서 공개되어도 안전한 내용이라면 이 POST 요청/응답 역시 캐시할 수 있습니다. 단 캐시 키에 요청 매개 변숫값들이 모두 포함되어야 캐시 오염, 캐시 충돌 같은 오류 현상을 방지할 수 있습니다. 또한 캐시 키에 매개 변숫값들이 노출되지 않아야 하므로 MD5 같은 해시 알고리즘을 이용해 타인이 쉽게 알 수 없도록 값을 암호화해야 합니다. 다음 그림에는 이러한 POST 메소드 캐시 원리가 잘 표현되어 있습니다.

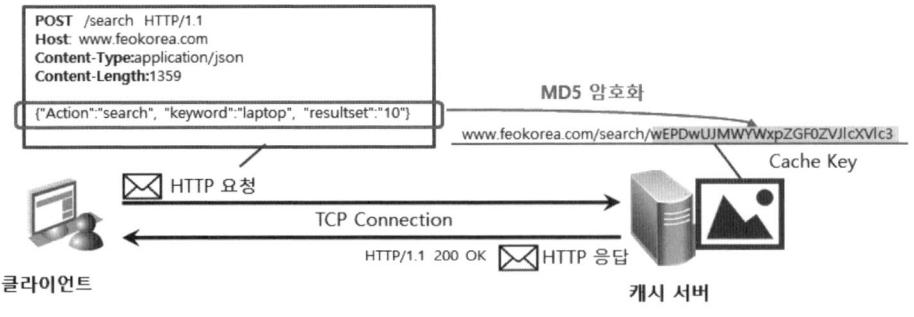

[그림 6-22] POST 요청 응답 캐시하기

POST 요청/응답을 캐시하려면 다음과 같은 조건을 만족해야 합니다.

- 매개 변숫값에 항상 같은 응답이 오는 경우
- 개인 정보가 포함되지 않은 경우
- 요청 사이즈가 크지 않은 경우

요청 사이즈는 캐시 키를 구성하는 중요한 요소입니다. HTTP 페이로드와는 다르게 캐시 키는 하나의 스트링으로 구성되기 때문에 그 길이에 제한이 있을 수 있습니다. 그러므로 사용하는 캐시 서버의 POST 요청 캐시에 대한 제약 사항을 사전에 알아보고 사용하기 바랍니다.

오픈 소스 캐시인 Vanish는 POST 요청 캐시를 지원합니다. 또한 몇몇 CDN 업체에서 이를 지원하고 있으니 활용을 권장합니다.

6.5 : 고급 캐시 전략

웹 사이트의 90% 이상이 정적 콘텐츠인 것을 고려하면 캐시 서버의 성능이 웹 사이트 로딩 속도에 얼마나 큰 영향을 미치는지 짐작할 수 있습니다. 이 절에서는 캐시 서버에서 기본적으로 제공하는 캐시 기능 이외에 캐시 성능을 더욱 향상시키는 부가 기능들을 살펴보겠습니다.

6.5.1 Edge Side Include

하나의 웹 페이지는 많은 리소스들로 구성됩니다. 그 중 브라우저가 서버에서 가장 먼저 HTML 문서 리소스를 다운로드하고 해석하여 나머지 리소스들을 다운로드합니다. 이 첫 번째 HTML이 서버에서 브라우저까지 도달하는 시간을 Time To First Byte라고 하며 웹 사이트 성능을 측정하는 매우 중요한 지표입니다. 그럼에도 불구하고 많은 웹 관리자들이 이 첫 HTML을 캐시하지 않습니다. 이 HTML을 구성하는 콘텐츠 중 서버에서 동적으로 만들어내는 부분들이 존재하기 때문입니다. 아래 웹 사이트 그림에서 로그인 이후 사용자 프로필 정보가 동적으로 표현되는 것을 확인할 수 있습니다.

[그림 6-23] 동적 콘텐츠가 포함된 포털 페이지

위 그림에서 동적으로 변하는 프로필 부분은 매우 작습니다. 그런데도 이 부분 때문에 전체 HTML 페이지를 캐시할 수 없어 페이지 로딩 속도에 영향을 미칩니다. 만약 프로필 부분만 따로 떼어 별도로 수행시킨 후 캐시된 나머지 부분과 다시 조합할 수 있다면 로딩 성능이 개선될 수 있습니다. 특히 이 HTML 콘텐츠가 CDN의 에지 서버에 캐시되어 있다면 개선 폭은 훨씬 더 커질 수 있습니다. 이처럼 인터넷 에지에서 웹 페이지 조각을 동적으로 조합, 조립, 전달할 수 있도록 이에 대한 문법과 용도 등을 정의한 XML 기반 표준 마크업 언어가 ESI[6]입니다. 애플리케이션 서버, 인프라, 콘텐츠 관리, CDN 분야 리더들이 ESI 명세를 협업 작성하여 W3C에 제출했고 표준화하는 논의가 여전히 진행 중입니다. 아래는 ESI를 사용했을 경우와 사용하지 않았을 경우를 그림으로 나타냅니다. ESI를 사용해 웹 캐시에 저장된 메인 페이지 index.html과 사용자 프로필을 표현하는 login.html을 조합해 완전한 HTML을 클라이언트에 제공합니다.

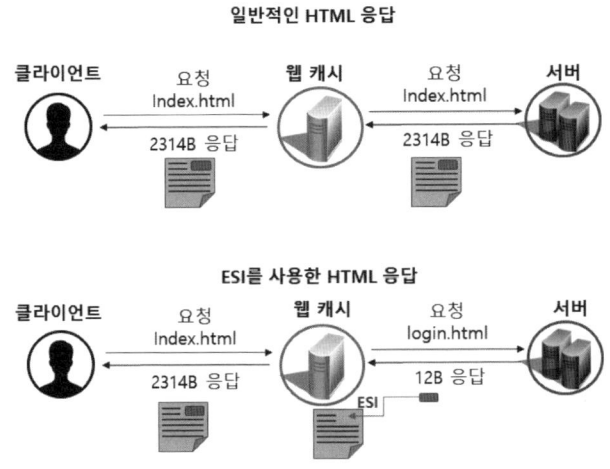

[그림 6-24] ESI 사용 아키텍처

ESI를 사용하면 한 페이지 안에 다른 페이지를 포함시킬 수 있을 뿐만 아니라 각 페이지들이 독립 객체로 취급되어 각각 다른 캐시 정책을 사용할 수 있습니다. 또한

---

6) ESI 명세: https://www.w3.org/TR/esi-lang

HTTP 헤더 정보를 변수로 참조할 수 있고, 조건문을 사용해 이 변숫값에 따라 다른 비즈니스 로직을 적용할 수도 있습니다. 또한 에러 발생 시 이에 따른 예외 처리를 할 수도 있습니다. 무엇보다 ESI는 HTML과 같은 마크업 언어이며 문법이 단순해 쉽게 배우고 빠르게 사용할 수 있는 장점이 있습니다.

ESI를 사용하려면 먼저 사용 중인 웹 캐시가 ESI 언어를 지원해야 합니다. 다시 말해 웹 캐시가 ESI 문법을 이해하고 실행할 수 있어야 합니다. ESI 언어를 지원하는 대표적인 오픈 소스 웹 캐시는 Varnish, Squid 등이 있고 Oracle, IBM 등 주요 기업형 소프트웨어 업체에서 판매하는 상용 웹 캐시도 ESI를 지원합니다. Akamai, CloudFlare, Fastly 등 주요 CDN 서비스 업체에서도 이를 지원하고 있으니 CDN을 사용 중이라면 지원 여부를 확인한 뒤 활용하기 바랍니다. 사용 방식은 JSP나 ASP와 비슷한데 ESI 역시 일종의 프로그램 언어로 HTML 문서 내에서 프로그램 로직을 구현합니다. 그림 6-24를 예로 들면 기존 Index.html 소스 중 사용자 프로필을 조회하여 표현하는 부분을 떼어 login.html과 같은 별도 HTML 문서로 작성한 뒤 떼어낸 부분에 ESI를 사용해 login.html을 포함하도록 아래와 같이 프로그램합니다.

```
<Index.html> 예
<html>
    <head>
      <title> esi example <title>
        <link rel="stylesheet" href="style.css" type="text/css"/>
        <script type="text/javascript" src="jquery.js"></script>
    (중략)
    </head>
    <body>
      <!-- 헤더 부분 -->
        <!-- 사용자 프로필 표시 부분 -->
        <esi:include src="http://www.feokorea.com/login.html" alt=http://www.
                    feokorea.com/fail_over.htmlonerror="continue"/>
        (중략)
    </body>
</html>
```

캐시 서버는 위 HTML을 캐시 또는 서버에서 먼저 가져온 뒤 ESI 작성 부분을 수행하여 완벽한 HTML을 만들어 클라이언트에게 전달합니다. ESI에서 사용되는 대표적인 태그는 다음과 같습니다.

〈include〉 태그

현재 페이지의 현재 위치에 포함시키고자 하는 리소스를 명시합니다. ESI 처리기는 src 속성에 명시된 URL을 호출해 응답을 아래 태그와 그대로 교체합니다.

```
<esi:include src="URI" alt="URI" onerror="continue" />
```

〈choose〉 / 〈when〉 / 〈otherwise〉 태그

조건부 로직을 만들 때 아래와 같은 구조를 사용합니다.

```
<esi:choose>
    <esi:when test="{CONDITION1}">
      (중략)
    </esi:when>
    <esi:when test="{CONDITION2}">
      (중략)
    </esi:when>
    <esi:otherwise>
      (중략)
    </esi:otherwise>
</esi:choose>
```

〈try〉 / 〈attempt〉 / 〈except〉 태그

자바 프로그램의 Try - catch와 유사하게 예외 처리 기능을 제공하며 아래와 같은 구조로 사용할 수 있습니다.

```
<esi:try>
    <esi:attempt>
      (중략)
    </esi:attempt>
    <esi:except>
```

```
        (중략)
    </esi:except>
</esi:try>
```

⟨remove⟩ 태그

⟨remove⟩ 태그 안의 내용은 ESI 처리기가 제거하고 넘어가 최종 HTML에는 보이지 않습니다. 만약 ESI 처리기가 동작하지 않으면 이 태그 안의 내용이 브라우저에 나타납니다. 그러므로 사용자가 캐시 서버를 거치지 않고 해당 HTML을 응답받았을 때 민감한 내용이 보일 수 있습니다.

```
<esi:remove> ESI is not supported! </esi:remove>
```

기타 자세한 문법은 ESI 명세나 웹 캐시 솔루션에서 제공하는 ESI 사용자 가이드를 참고하시기 바랍니다.

ESI는 다음과 같이 다양한 경우에 사용할 수 있습니다.

첫째, 도입부 예시처럼 페이지 내에 일부 동적인 부분이 존재할 때 이 부분만 별도 페이지로 만들어 본래 페이지에 동적으로 삽입할 수 있습니다. 이를 통해 일부 동적 콘텐츠가 있더라도 나머지 콘텐츠를 캐시하여 성능 향상을 꾀할 수 있습니다. 이 기능은 Ajax를 사용한 동적 페이지 로딩과 기능적 측면에서 비슷하지만 동작 방식에 많은 차이가 있습니다. Ajax 방식은 브라우저가 첫 HTML을 다운로드한 후 Ajax 스크립트를 통해 동적 리소스를 가져오기 위해 다시 한번 서버를 호출해야 합니다. 그러나 ESI는 첫 HTML을 다운로드하는 시점에 캐시 서버에서 실행되어 동적 리소스를 서버에서 불러오기 때문에 Ajax에 비해 한 번의 RTT를 절약할 수 있습니다.

단 ESI는 Ajax처럼 서버를 주기적으로 호출할 수 없어 실시간 주식 시세처럼 주기적 업데이트가 필요한 용도에는 적합하지 않습니다. 또한 동적 콘텐츠 생성에 너무 많은 시간이 소요되거나 응답이 없을 경우 오히려 성능 저하를 일으키거나 단일 실패 지점이 발생할 위험이 있습니다. 그러므로 과도한 연산이 필요한 페이지에도 적합하지 않습니다.

둘째, 서로 다른 성격의 콘텐츠를 각각의 캐시 정책을 사용해 캐시하고자 할 때 유용합니다. 하나의 웹 페이지에는 헤더, 푸터, 로고같이 좀처럼 변하지 않는 정적 콘텐츠와 일주일, 한 달 단위로 업데이트되는 메인 콘텐츠 그리고 뉴스, 날씨처럼 분이나 시간 단위로 업데이트되는 동적 콘텐츠 등 서로 다른 캐시 주기를 가진 리소스들이 공존합니다. ESI를 사용하지 않고 각각 다른 주기로 이들을 캐시하는 것은 매우 어렵습니다.

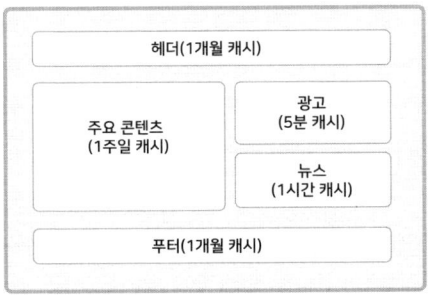

[그림 6-25] 다양한 성격의 콘텐츠 예시

각 콘텐츠를 다르게 캐시하려면 웹 캐시 설정에 콘텐츠별 캐시 주기를 다르게 지정하고 메인 HTML 안에 ESI를 사용해 나머지 콘텐츠들을 적절히 조합하기만 하면 됩니다.

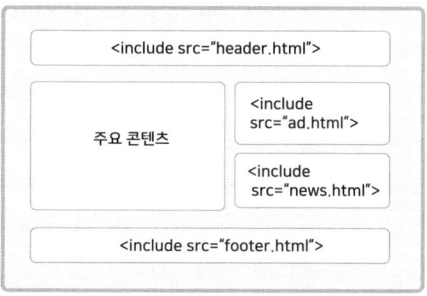

[그림 6-26] ESI를 사용한 다양한 콘텐츠 조합

셋째, 사용자 등급에 따라 콘텐츠를 제한하고자 할 때 유용합니다. 아래 그림처럼 사용자 등급을 나타내는 쿠키를 추가하고 그 값에 따라 별도 페이지를 가져오도록 ESI 프로그램을 작성합니다. 그러면 최초 접속 시 모든 사용자가 프리미엄 영역에 all_user.html 내용을 보게 됩니다. 사용자가 로그인하면 인증과 함께 사용자 등급을 UserType 변수에 표시해 쿠키에 추가한 후 ESI를 사용하여 UserType 값에 따라 별도 구현된 페이지들을 적절히 호출하면 됩니다.

이 방식을 사용하려면 보안을 더욱 구체적으로 고려해야 합니다. 사용자별 보안 토큰을 발급하고 각 페이지 호출 전 이 토큰 검증 단계를 추가해 인가되지 않은 사용자가 유료 콘텐츠를 사용하는 사례를 방지해야 합니다.

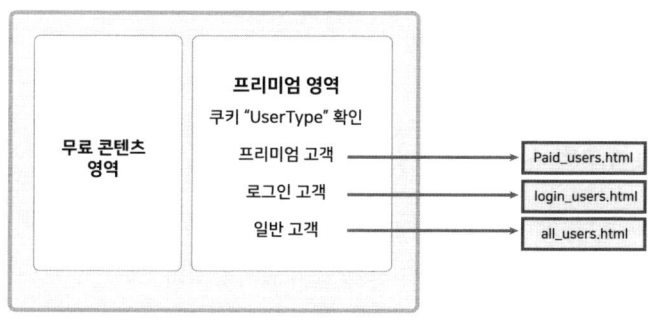

[그림 6-27] 사용자 등급별 콘텐츠 조합

이때 앞서 언급했던 〈choose〉/〈when〉/〈otherwise〉 태그를 사용해 비즈니스 로직을 작성할 수 있습니다.

```
<esi:choose>
    <esi:when test="$(HTTP_COOKIE{userType})=='Paid'">
        <esi:include src="http://www.feokorea.com/paid_users.html"/>
    </esi:when>
    <esi:when test="$(HTTP_COOKIE{userType})=='Login'">
        <esi:include src="http://www.feokorea.com/login_users.html"/>
    </esi:when>
    <esi:otherwise>
        <esi:include src="http://www.feokorea.com/all_users.html"/>
    </esi:otherwise>
</esi:choose>
```

넷째, 웹 애플리케이션 개발에 협업이 필요할 때 유용합니다. 두 번째 예 중 뉴스나 광고 콘텐츠는 별도 개발팀이나 타사에 의뢰해 개발할 수 있습니다. 공통으로 사용할 스타일 시트나 자바스크립트만 미리 협의하면 개발팀들은 맡은 페이지만 독립적으로 개발 및 유지 보수하고 ESI를 사용해 최종 조립하면 됩니다. 그러므로 편리하게 개발 및 협업할 수 있습니다.

또한 헤더, 푸터처럼 모든 페이지에서 공통으로 사용되는 부분을 별도로 분리해 공유, 관리할 수 있습니다. 헤더, 푸터 부분을 별도 페이지로 구성하고 모든 페이지에서 ESI로 이들을 포함하도록 템플릿화해 개발하면 향후 헤더, 푸터 부분이 변경될 때 모든 페이지를 수정할 필요가 없어 유지 보수하기 쉽습니다.

6.5.2 HTML5 로컬 스토리지

HTML5는 Web Hypertext Application Technology Working Group(WHATWG)에서 작업한 표준으로 2014년 W3C를 통해 발표되었습니다. W3C에서는 XHTML 2.0을 표준화하기 위한 작업을 동시에 진행했으나 HTML5로 통합되며 하나의 표준안을 발표했습니다. HTML5의 큰 장점 중 하나는 HTML5만의 다양한 기능을 API를 통해 사용할 수 있게 함으로써 웹 페이지 자체가 일종의 웹/모바일 애플리케이션으로 구동될 수 있다는 것입니다. 예를 들어 기존에는 Plugin을 사용해야 했던 멀티미디어 및 그래픽 기능들을 표준 API로 손쉽게 구현할 수 있습니다. 또한 HTML5는 CSS3와 함께 사용해 반응형 웹 같은 기기 중립적 웹 사이트도 구현할 수 있습니다.

표준안	연도	설명	관련 기관
HTML 2.0	1995	IETF의 HTML Working Group이 개발함. 1994년 실제 사례를 기반으로 HTML 핵심 기능들을 표준으로 개발	IETF
HTML 3.2	1997	1996 동안 사용된 HTML 주요 특징들에 대한 상호 합의를 기반으로 W3C에서 처음 권고 HTML3.2는 현재도 널리 쓰이는 테이블, 애플릿 이미지 주변의 텍스트 플로우 등의 기능들을 추가	W3C
HTML4.01	1999	추가적인 멀티미디어 옵션들, 스크립팅 언어, 스타일 시트 등 사용자 접근성을 높이는 기능들을 추가	W3C
XHTML 1.0	2000	HTML4.01과 XML의 강점을 통합하여 새로운 표준 제시	W3C
HTML5	2014	HTML4.01과 XHTML1.0을 대체할 새로운 표준으로 등장	W3C, WHATWG

[표 6-2] HTML 표준안

다음은 HTML5의 주요 기능입니다.

- **WeSemantic Tag**: 본래 많은 양의 DIV를 통해 부여했던 Semantic을 표준 Tag로 정의해 사용하게 되었다. 머신 간 가독성 및 사용자 접근성을 향상시켰다.
- **Web Storage**: API를 통해 세션 스토리지, 로컬 스토리지 IndexedDB를 사용할 수 있고 오프라인 상태에서 웹 페이지를 로딩할 수 있다.
- **Multimedia**: 플러그인 없이 오디오와 비디오를 재생할 수 있다.
- **Graphics**: 그래픽을 위한 툴박스가 SVG, Canvas, WebGL, CSS3 3D 등으로 확대되어 플러그인 없이 화려한 그래픽을 표현할 수 있다.

- **Device Access**: 기기의 마이크로폰, 카메라, 연착처, 이벤트 등에 네이티브 앱처럼 접근할 수 있다.
- **Performance**: Web Worker를 도입해 백그라운드 프로세싱 기능과 멀티스레드를 사용해 속도를 향상시켰다.
- **Connectivity**: Web Soket을 사용해 클라이언트와 서버 간 TCP 통신을 할 수 있다. 이를 통해 실시간 메시징, 푸시 알림 등 양방향 통신을 구현할 수 있다.
- **CSS3**: CSS3를 지원하여 유연하고, 풍성한 화면을 더욱 쉽게 구현할 수 있다.

[그림 6-28] HTML5 주요 기능들

이 중 웹 성능과 관련해 웹 스토리지 API 기능을 주의 깊게 살펴봐야 합니다. 이 기능을 사용하면 사용자의 주요 정보들이나 웹 리소스들을 브라우저 로컬 저장소에 저장하여 재사용할 수 있습니다. 기존에는 쿠키를 통해서만 사용자 정보를 저장했으나 최소 5MB 크기의 웹 스토리지 API를 사용함으로써 더 많은 데이터를 안전하게 저장할 수 있습니다. 이 데이터는 프로토콜을 포함한 도메인별로 저장되며 같은 도메인 내에서는 모든 리소스에서 접속할 수 있습니다.

스토리지는 세션이 살아 있는 동안에만 저장되는 세션 스토리지와 영원히 저장되는 로컬 스토리지가 있습니다. IndexedDB는 오브젝트 스토어로써 더 광범위한 데이터를 저장할 때 사용합니다.

HTML5 웹 스토리지의 가장 중요한 역할은 쿠키를 대체하는 것입니다. 일반적으로 사용자 정보는 쿠키를 통해 저장되고 매번 네트워크를 통해 전달되어 보안에 취약합니다. 그리고 기존 쿠키는 도메인당 약 4KB 이내로 만들어져야 하며 50개를 초과할 수 없는 제약이 있습니다. 또한 별도 제한이 없다면 같은 도메인의 모든 요청에 쿠키가 추가되어 네트워크 대역폭을 낭비했습니다.

쿠키 대신 웹 스토리지를 사용할 경우 데이터가 한 번 저장되면 세션 주기 내에 또는 만료 없이 로컬 스토리지에서 얼마든 불러 쓸 수 있어 보안상 더 안전합니다. 데이터 용량 제한이 5MB로써 쿠키 대비 훨씬 많은 사용자 데이터를 저장할 수도 있습니다. 원하는 때에 필요한 데이터만 조회하여 쓸 수 있어 불필요한 요청이 줄고 페이지 로딩이 빨라지며 네트워크 대역폭도 절감할 수 있습니다. 또한 웹 스토리지 데이터는 Key/Value 페어로 저장되어 편리하게 사용할 수 있습니다.

```
<script>
  // 브라우저 지원 여부 확인
  if (typeof(Storage) !== "undefined") {
    // 로컬스토리지에 데이터 저장
    localStorage.setItem("firstName", "Kildong");
    localStorage.setItem("surName", "Hong");
    localStorage.setItem("age", "20");
    // 데이터 조회
    document.getElementById("firstName").innerHTML = localStorage.getItem("firstName");
    document.getElementById("surName").innerHTML = localStorage.getItem("surName");
    document.getElementById("age").innerHTML = localStorage.getItem("age");
  }
  else {
    // 예외
    document.getElementById("notification").innerHTML = "HTML5를 지원하지 않는 브라우저입니다.";
  }
</script>
```

웹 스토리지는 사용자 정보뿐만 아니라 웹 사이트의 중요한 리소스를 저장하는 데도 사용할 수 있습니다. 로컬 스토리지는 한 번 저장하면 브라우저의 세션이 종료되어도 자동으로 삭제되지 않습니다. 따라서 렌더링에 있어 중요한 CSS, 자바스크립트를 저장해놓으면 나중에 사용자가 재방문할 때 로딩 속도를 대폭 개선할 수 있습니다.

우리나라의 웹 사이트에서 사용하는 폰트 파일은 크기가 큰 편입니다. 폰트 파일 역시 렌더링 프로세스를 저해하는 요소이므로 이를 로컬 스토리지에 저장하면 폰트로 인한 사이트 로딩 지연을 방지할 수 있습니다. 이때 API를 통해 관련 리소스가 스토리지에 있는지 먼저 확인하고 없는 경우 사이트에 동적으로 로딩시키며 리소스를 다운로드하면 URL을 키 값으로 스토리지에 저장합니다.

CHAPTER

CDN

7.1 : CDN을 사용하는 이유

CDN은 웹 캐시 서버들을 전 세계에 분산 배치하고 원본 서버의 콘텐츠들을 웹 캐시 서버에 캐시해 사용자들에게 서비스함으로써 사용자 기기나 브라우저가 웹 콘텐츠를 보다 빠르게 다운로드할 수 있도록 하는 기술입니다. 사용자들은 먼 곳에 위치한 원본 서버에 접속하기보다 가장 가까운 캐시 서버에 접속하여 원하는 콘텐츠를 빠르게 다운로드할 수 있습니다. 그렇다면 웹 사이트 제공자가 CDN 서비스를 사용할 경우 어떤 효과가 있을까요?

여러분이 국내 온라인 쇼핑몰 기업의 CEO라고 가정하겠습니다. 국내 어느 지역에 데이터 센터를 두고 웹 애플리케이션 서비스를 제공하는데, 비즈니스가 번창하여 해외 시장에 진출하고자 할 때 두 가지를 생각해야 합니다.

- 추가 트래픽을 감당할 수 있는 서버 용량
- 해외 사용자들의 웹 사이트 로딩 속도

서버 용량은 서비스 가용성 및 안정성에 큰 영향을 미칩니다. 이를 해결할 쉬운 방법은 첫 번째로 기존 서버의 용량을 증설하는 것입니다. 하드웨어 및 소프트웨어 용량을 모두 늘려야 하므로 비용이 들겠지만 기존 애플리케이션 아키텍처를 크게 변경하지 않아도 됩니다. 그러므로 비교적 짧은 시간 안에 글로벌 서비스를 제공할 수 있습니다. 하지만 원본 데이터 센터와 해외 사용자들 간 지리적 위치가 멀기 때문에 해외 사용자들의 사이트 로딩 속도를 보장하기 어렵습니다. 따라서 고객 만족도를 떨어뜨리고 결과적으로 비즈니스에 부정적인 영향을 줄 수 있습니다.

두 번째로 해외에 직접 데이터 센터를 구축하는 방법이 있습니다. 데이터 센터를 새로 구축하려면 막대한 예산을 투입해야 합니다. 특히 미주 지역은 한국과 달리 서비스해야 할 지리적 범위가 넓어 두세 개 데이터 센터 구축을 고려해야 할 수 있습니다. 이 때문에 투자 대비 수익을 보장하려면 철저한 시장 조사와 수요 예측이 필요합니다. 그리고 기존 애플리케이션과 동기화하려면 복잡한 아키텍처를 설계해야 합니다.

세 번째로 해외에 있는 호스팅 서비스를 이용하는 방법이 있습니다. 호스팅 서비스를 사용하면 직접 데이터 센터를 설립하는 데 비해 훨씬 많은 비용을 절감할 수 있습니다. 하지만 원본 애플리케이션의 수정, 테스트 및 배포에 대한 계획을 꼼꼼하게 세워야 하며 동기화 이슈도 여전히 남아 있습니다.

한편 CDN 서비스를 이용할 경우 다음과 같은 이점이 있습니다.

1. **성능 및 안정성 보장**

   CDN 서비스 업체들은 일반 호스팅 업체에 비해 많은 수의 Point Of Presence(POP)를 보유하고 있습니다. POP은 웹 애플리케이션을 완벽히 수행하는 것보다 데이터를 캐시하는 데 목적을 둡니다. 그러므로 호스팅 업체처럼 복잡한 컴퓨팅을 보장하는 고사양 하드웨어가 필요하지 않습니다. 따라서 중소형 규모 POP을 가능한 많이 보유하는 것이 CDN 업체에 유리합니다. POP 수가 많을수록 인터넷 병목 구간을 피할 수 있어 캐시된 콘텐츠를 더 많은 사용자에게 더 빠르게 전송할 수 있습니다. 또한 POP 간 failover 기능이 있어 몇 개의 POP이 장애로 정지되어도 다른 POP에서 서비스할 수 있기 때문에 끊김 없이 서비스를 제공할 수 있습니다.

2. 아키텍처 단순화

    CDN을 사용하면 아키텍처를 특별히 변경하지 않아도 됩니다. 원본 애플리케이션을 재배포하는 방식이 아니므로 애플리케이션 수정이나 동기화 방안 등을 고려하지 않아도 됩니다. CDN의 동작 원리나 사용 방법은 다음 절에서 더 자세히 설명하겠습니다.

3. 높은 비즈니스 투자 수익

    CDN을 사용하면 데이터 센터를 새로 만들지 않아도 글로벌 시장에 디지털 서비스를 쉽게 제공할 수 있습니다. 일반적으로 CDN은 사용한 트래픽만큼 비용을 지불하고 그 원가가 굉장히 저렴해 투자 대비 효율성이 높습니다. 또한 서비스 시작 후 운영에 하드웨어나 네트워크 유지 보수를 위한 별도의 비용이 필요하지 않습니다. 그리고 언제든 CDN 사용을 중지할 수 있어 융통성 있게 시스템을 운영할 수 있습니다. 또한 빠른 응답 속도로 사용자의 만족도를 향상시켜 매출 증가로 연결될 수 있습니다.

물론 CDN을 사용한다고 해서 항상 비용 효율적이며 높은 성능을 발휘하지는 않습니다. CDN 업체마다 강점이 다르므로 자신의 비즈니스 요구 사항에 부합하는 CDN 서비스 제공자를 선택하는 것을 권합니다. 또한 현재 CDN 제공 업체들은 이미 콘텐츠 캐시라는 기본 기능을 넘어 다양한 목적을 제공하는 다기능 클라우드 서비스 업체로 진화하고 있습니다. 이 점을 고려할 때 기존 개념의 틀 안에서 단순하게 사용하기보다 전체 웹 아키텍처 관점에서 다양한 기능들을 효율적으로 활용하는 것이 바람직합니다.

다음으로 CDN의 특징을 정리해 보겠습니다.

- 동적 콘텐츠 가속

    기업 웹 사이트에서 텍스트, 이미지 등 정적 리소스 전송을 넘어 개인화, 모바일 앱 서비스 등을 위한 동적 리소스 전송이 많아졌습니다. 이에 따라 CDN 서비스 제공자들은 이러한 동적 리소스 전송 지원을 위해 다양한 방안을 연구하고 도입하였습니다. 이것이 애플리케이션 전송 네트워크(Application Delivery Netwerk, ADN)로 불리는 개념입니다. 동적 콘텐츠 가속의 핵심은 네트워크 혼잡 구간을 어떻게 회피하느냐에 있습니다. 기존 CDN 제공자들은 이 문제 해결을 위해 더 많은 ISP 업체와 파트너십을 강화하고 전체 네트워크 구간을 모니터링해 고유의 알고리즘으로 최적의 경로를 선택하는 등 다양한 방식을 사용하고 있습니다. IOT 시대가 본격화되어 모든 사물이 네트워크를 통해 연결되고 있습니다. 또한 많은 데이터를 더욱 안정적이고 빠르게 전송해야 합니다. 이러한 관점에서 볼 때 ADN의 개념은 앞으로 더욱 중요해질 것입니다.

- 프런트엔드 최적화

    프런트엔드 최적화의 중요성은 이 책 전반에 걸쳐 설명하는 주제이므로 여기서 부연 설명을 붙이진 않겠습니다. 스티브 사우더스가 프런트엔드의 중요성을 강조한 후 많은 프런트엔드 분석 툴이 온라인에 등장했습니다. CDN 제공자들은 이러한 최적화 모범 사례들을 에지 서버상에서 자동화합니다. 따라서 원본 서버에서 최적화를 구현하지 않아도 손쉽게 웹 사이트 로딩 속도를 향상시킬 수 있는 방안을 제공합니다. 빠른 시간 안에 웹 사이트의 속도를 향상시킬 필요가 있거나 프로모션 등으로 특정 페이지를 일정 기간 가속시킬 필요가 있거나 또는 개선해야 할 페이지가 많아 작업이 어렵다면 CDN의 프런트엔드 최적화 기능 사용을 권장합니다.

- 동영상 또는 라이브 스트리밍 서비스

    최초 웹 사이트는 텍스트 중심이었지만 지금은 기술이 발전해 다양하고 화려한 영상들이 사이트를 장식합니다. CDN의 VOD(Video On Demand) 서비스를 이용하면 동영상을 수월하게 제공할 수 있습니다. 더 나아가 자신의 영상을 촬영해 인터넷을 통해 사용자들에게 방송하는 실시간 라이브 스트리밍 또한 빼놓을 수 없는 CDN의 주요 서비스입니다. CDN 제공자들은 HTTP 프로토콜 기반에 스트리밍 영상을 전송할 수 있는 HLS, HDS, MPEG-DASH 같은 기술 프로토콜을 지원합니다. 또한 플레이어와 연동하여 사용자의 네트워크 품질에 따라 영상의 비트 전송율을 조정함으로써 어디서든 끊김 없이 영상을 즐길 수 있도록 지원합니다.

- 클라우드 보안

    이미 많은 기업들이 CDN을 통해 콘텐츠를 빠르게 전송하고 있지만 이제는 속도뿐만 아니라 콘텐츠를 안전하게 전달할 필요성이 대두되었습니다. 기업의 데이터 센터에 DDoS나 악의적 공격들이 가해질 때 보안 장비가 모든 공격을 힘들게 차단하기보다 사용자와 인터넷의 접점에 위치한 CDN의 에지 서버들이 개별 공격을 선제 차단하는 것이 비용 효율적임은 분명합니다. 대형 CDN 업체들은 이러한 기업들의 요구에 맞춰 보안 분야까지 사업 영역을 확대하고 디도스(DDoS) 방어 서비스, 웹 애플리케이션 방화벽(WAF) 서비스 등을 제공합니다.

아래는 대표적 CDN 업체들입니다. CDN 시장과 중요성이 날로 커짐에 따라 CDN 제공 업체 수도 크게 늘었습니다. CDN 업체들은 비즈니스 모델을 다변화하고 비용 효율화를 꾀하며 경쟁력을 키워 나가고 있습니다.

[그림 7-1] 대표적인 글로벌 CDN 서비스

- Akamai Technologies

    1998년에 설립되었습니다. 136여 개국에 약 30만 대의 서버를 갖추고 광범위한 서비스를 제공하고 있으며 초당 100테라비트 이상의 웹 트래픽을 전송하고 있습니다. 해마다 글로벌 트래픽을 분석하여 인터넷 현황 보고서를 발표합니다.

- CDNetworks

    우리나라에서 창립해 글로벌 주요 CDN 업체로 성장했습니다. 전 세계 약 1,500개 POP을 중심으로 글로벌 규모의 CDN 솔루션을 제공합니다. 최근에는 중국 차이나넷센터로 인수되어 중국 시장에서 경쟁력을 보입니다.

- Amazon CloudFront

    아마존 웹 서비스에서 제공하는 CDN 서비스로 현재 44개국 87개 도시에서 220개 이상 POP으로 구성된 글로벌 네트워크를 사용하고 있습니다. 특히 북아메리카 쪽에 많은 POP을 보유하고 있어 미주 시장에서 큰 성장세를 보입니다.

- Limelight Networks

    CDN 사업을 시작한 선발 주자 중 하나입니다. 전 세계 약 123개 POP을 보유하고 있으며 초당 80테라비트 이상의 웹 트래픽을 전송합니다. 미디어 콘텐츠 전송에 경쟁력이 있습니다.

- Microsoft Azure

    마이크로소프트사가 본격적인 클라우드 사업을 시작하면서 도입한 CDN 서비스입니다. 자사 클라우드 솔루션의 경쟁력 향상을 위해 Akamai와 파트너십을 맺어 공격적으로 시장 공략에 나서고 있습니다.

- Cloudflare

    개인 사용자에게 무료 서비스를 제공하면서 비약적으로 성장한 글로벌 CDN 업체입니다. 글로벌 애니캐스트 네트워크가 100개국 200개 도시에 걸쳐 있어 고성능 장비를 기반으로 성능 및 가용성 높은 서비스를 제공합니다.

7.2 : CDN의 원리

오늘날 CDN 서비스는 많은 기업에서 널리 사용합니다. CDN 업체들은 대부분 사용자 스스로 CDN 설정을 수정하고 관리하도록 권장합니다. 여러분이 CDN의 기본 아키텍처와 동작 원리를 잘 이해한다면 스스로 CDN을 설정하고 관리하는 데 큰 도움이 될 것입니다. 무엇보다 현재 관리하고 있거나 또는 새로 개발할 웹 애플리케이션 아키텍처의 일부분으로 CDN을 고려할 수 있습니다. 따라서 불필요한 인프라에 대한 투자를 줄이고 더 효율적으로 성능을 향상시킬 수 있습니다.

7.2.1 CDN 서비스 아키텍처

CDN 서비스는 콘텐츠를 제공하는 원본 서버와 실제 인터넷을 통해 콘텐츠를 사용하려는 최종 사용자들 사이에서 리버스 프록시 서버 형태로 존재합니다. 6장에서 설명한 웹 캐시 서버의 아키텍처와 유사합니다. 캐시된 콘텐츠들을 최종 사용자에게 빠르게 전달하기 위해서는 사용자와 가장 가까운 곳에 캐시 서버들이 위치해야 합니다. 그래서 CDN 업체들은 사용자들이 많은 곳에 가능한 더 많은 서버들을 배치합니다. 네트워크의 끝단, 사용자와 가장 가까운 곳에 위치한 이러한 서버들을 에지 서버(edge server)라고 부르며 CDN 업체들은 전 세계에 또는 특정 지역에 여러 개의 POP을 만들어 에지 노드들을 구성합니다.

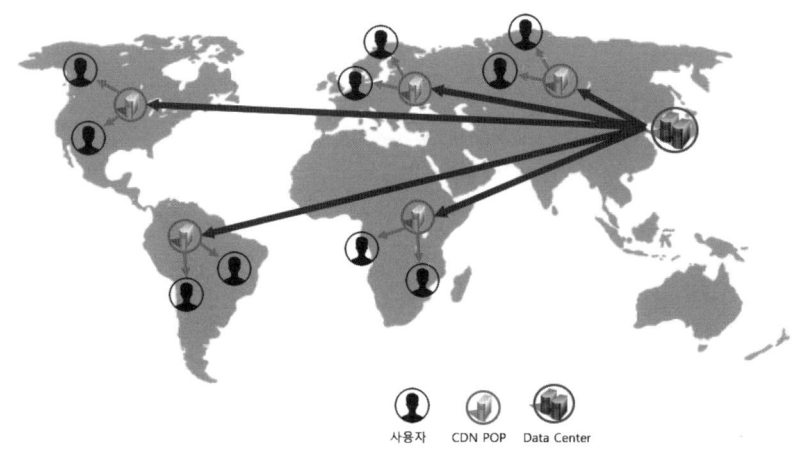

[그림 7-2] CDN 서비스 토폴로지

CDN 업체마다 자체 네트워크를 구축하는 방법에 차이가 있습니다. 세계 주요 도시에 데이터 센터들을 구축하고 이를 중심으로 POP들을 구성하거나 자체적인 데이터 센터 없이 주요 ISP 데이터 센터나 POP 내 서버들을 임대하여 사용하는 경우도 있습니다. 어느 쪽을 사용하든 사용자에게 빠르고 안정적인 서비스를 제공하려면 가능한 많은 위치에 많은 수의 에지 노드가 필요합니다.

7.2.2 CDN 동작 방법

사용자가 어떤 웹 사이트에 접속하기 위해 브라우저 주소창에 URL을 입력하면 브라우저는 가장 먼저 DNS로부터 웹 사이트의 IP 주소를 조회합니다. 그리고 도메인 이름을 조회하는 메커니즘에 의해 최종적으로 웹 사이트를 호스팅하는 조직의 DNS 서버가 도메인명에 대한 IP 주소를 반환합니다. 그 후 브라우저는 그 IP 주소로 웹 콘텐츠를 요청합니다. 만약 사용자가 웹 사이트 호스팅 서버와 지리적으로 먼 곳에 있다면 요청이 서버에 도착해 응답이 올 때까지의 시간(RTT)이 오래 걸립니다.

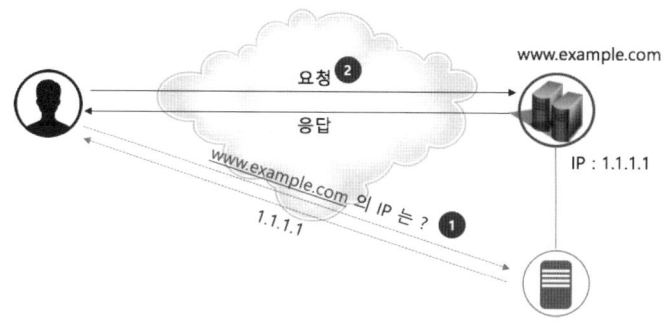

[그림 7-3] CDN 적용 전 웹 사이트 접속 방식

반면 CDN을 사용하면 브라우저가 웹 사이트 IP 주소를 조회할 때 호스팅 조직의 DNS 서버는 자사 서버의 IP 대신 CDN 서비스 제공자의 도메인명을 반환합니다. 이 경우 사용자 브라우저는 CDN 서비스 제공자의 DNS 서버에 해당 도메인명에 대한 IP를 다시 요청하고 CDN 업체의 DNS 서버는 사용자와 가장 가까이 위치한 에지 서버의 IP를 최종 반환합니다. 에지 서버의 IP를 받은 브라우저는 사용자 요청을 그 에지 서버로 보냅니다. 에지 서버는 캐시된 콘텐츠를 사용자에게 빠르게 반환하거나 캐시되어 있지 않은 경우 원본 서버에서 콘텐츠를 받아와서 캐시한 후 브라우저에 응답합니다.

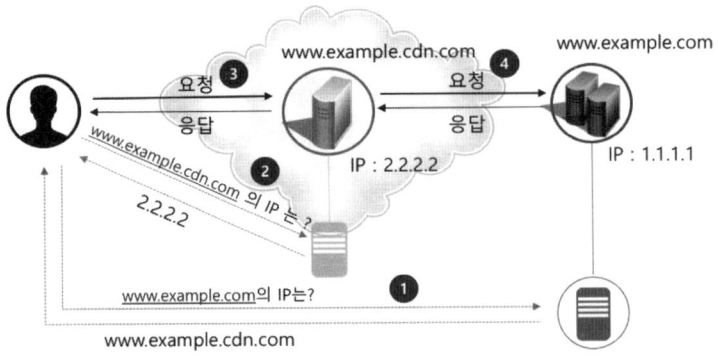

[그림 7-4] CDN 적용 후 웹 사이트 접속 방식

7.2.3 CDN 적용 방법

CDN을 사용하려면 웹 애플리케이션의 소스를 수정해야 한다고 생각할 수도 있습니다. 기존에는 사용자들이 자신의 웹 서버에 직접 접속했으나 CDN 적용 후에는 에지 서버에 먼저 접속합니다. 그러므로 적어도 소스 안에 하드 코딩된 호스트명을 바꿔야 한다고 생각할 것입니다. 하지만 실제 CDN을 적용할 때 직접 소스 코드를 수정하지 않고 DNS만 변경하면 됩니다. 일반적으로 CDN 서비스를 사용하려면 다음과 같은 절차를 거칩니다.

1. 원본 서버로 사용할 호스트명과 IP를 네임 서버의 A 레코드로 추가합니다.

   만약 여러분이 기존에 서비스하던 도메인명이 www.example.com이라면 네임 서버에는 www.example.com에 대한 IP 정보가 A 레코드에 저장되어 있습니다. 여기에 org-www.example.com이라는 이름의 새로운 도메인명을 생성하고 www.example.com과 동일한 IP를 가지도록 A 레코드를 추가합니다.

   ```
   Authoritative Name Server Records
   www.example.com      IN  A   106.10.178.36
   org-www.example.com  IN  A   106.10.178.36
   ```

2. CDN 설정에 원본 서버의 호스트명으로 org-www.example.com을 등록합니다.

   이는 CDN 네트워크 내의 에지 서버들이 원본 콘텐츠를 찾기 위해 www.example.com이 아닌 org-www.example.com으로 접속해야 한다는 것을 의미합니다. 만약 CDN의 원본 서버로 www.example.com을 등록할 경우 이후 세 번째 단계에서 HTTP 요청이 CDN 내에서 무한 루프에 빠질 수 있으니 주의해야 합니다.

3. 마지막으로 기존 도메인명에 부여되어 있던 IP 정보를 CDN 서비스 제공자의 도메인명으로 변경해야 합니다.

   DNS 서버에 등록된 도메인명에 다른 도메인 정보를 부여하는 것을 CNAME 레코드라고 하는데 이 레코드를 생성하려면 CDN 업체에서 도메인 정보를 부여받아야 합니다. 일반적으로 원하는 CDN 업체에 서비스를 신청하면 CDN 업체는 고유한 도메인명을 하나 생성해 알려주는데 여러분은 이 도메인 정보를 자사 네임 서버에 CNAME으로 등록하면 됩니다. 이제 위 예제의 도메인 정보들이 아래와 같이 변경됩니다.

```
Authoritative Name Server Records
www.example.com      IN  CNAME    www.example.cdn.com.
org-www.example.com  IN  A        106.10.178.36
```

> **TIP** 1번 단계에서 쉬운 설명을 위해 원본 서버명을 org-www.example.com으로 예를 들었습니다. 하지만 이처럼 예측하기 쉬운 서버명을 사용하면 DDoS 같은 악의적 공격의 표적이 될 수 있습니다. 가능하다면 기존 서버명의 해시값을 사용하는 등 공격자들이 쉽게 예측할 수 없는 도메인명 사용을 권장합니다.

7.3 : 다중 캐시 전략

CDN에 콘텐츠를 캐시한다고 해서 캐시가 100% 보장되지는 않습니다. 따라서 상황에 따라 캐시를 극대화할 수 있는 방안을 찾아야 합니다. 다중 캐시란 사용자와 서버 사이에 여러 개의 캐시 계층을 주어 캐시 효율을 극대화하는 기술입니다. 이번 절에서는 다중 캐시가 필요한 이유와 다중 캐시 동작 방식을 알아봅니다.

7.3.1 캐시 축출

콘텐츠가 CDN 서버에 캐시된 후 지정한 만료일까지 온전하게 캐시되어 있지는 않습니다. CDN의 캐시 서버는 제한된 용량으로 많은 양의 콘텐츠를 캐시해야 합니다.

그러므로 용량이 일정 한계치에 도달하면 캐시된 콘텐츠에 우선순위를 부여해 낮은 순위의 콘텐츠부터 삭제하는데 이를 캐시 축출(cache eviction)이라고 합니다. CDN 서비스 제공 업체에 따라 우선순위를 부여하는 정책이 다르겠지만 공통적으로 아래와 같은 사항들이 적용됩니다.

1. **일정 기간 캐시 적중(cache hit)이 없었던 콘텐츠**
   마지막 캐시 적중 이후 오랜 기간 해당 콘텐츠에 재방문하지 않았을 경우 가장 먼저 삭제됩니다.
2. **캐시 적중률(cache hit rate)이 미미한 콘텐츠**
   1번 사항에 해당하는 콘텐츠가 없으면 캐시 적중률을 비교해 적중률이 낮은 콘텐츠부터 삭제됩니다.
3. **더 오래된 콘텐츠**
   캐시 적중률이 동일하다면 캐시에 더 오래 남아 있었던 콘텐츠가 삭제됩니다.

만약 캐시 서버 사용량이 임계치에 도달하면 규칙에 의해 정해진 우선순위에 따라 낮은 순위의 콘텐츠를 삭제하고 새로운 콘텐츠를 캐시합니다. 물론 모든 콘텐츠를 원하는 만큼 무한히 캐시하면 가장 좋겠지만 물리 자원은 한정적이고 캐시해야 할 콘텐츠 수는 불안정하게 변하므로 CDN 업체들은 다양한 방법으로 이를 관리하기 위해 노력합니다.

7.3.2 롱테일 콘텐츠

특정 콘텐츠가 캐시에서 축출되는 주 요인은 물리적 한계뿐만 아니라 그 콘텐츠의 캐시 적중률이 매우 낮기 때문입니다. 우리가 자주 사용하는 소셜 미디어를 예로 들겠습니다. 사용자들은 꾸준히 자신의 콘텐츠를 서로에게 공유하지만 곧 다른 새 콘텐츠들에 의해 빠르게 아래로 밀려나고 특별히 인기 있는 콘텐츠가 아닌 이상 좀처럼 다시 찾아볼 기회가 없습니다. 하지만 소셜 미디어 서비스 제공 업체는 인기가 없고 기간이 오래되었다고 해서 그 콘텐츠들을 지울 수 없습니다. 사용자 방문 없이 오랫동안 방치된 콘텐츠는 캐시 서버에도 재방문 없이 오래 남아 있고 일정 기간이 지나면 축출됩니다. 이처럼 생성 초기 많이 조회되다가 짧은 시간이 흐른 후 조회 수가 확 줄고 이후 거의 조회되지 않는 콘텐츠를 롱테일 콘텐츠라 합니다.

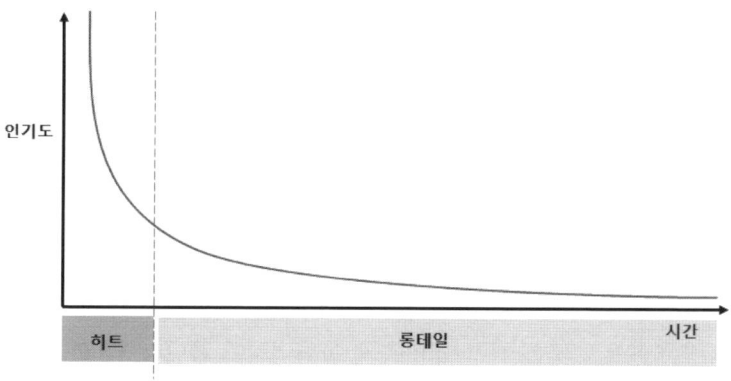

[그림 7-5] 롱테일 콘텐츠

소셜 미디어 외에도 온라인 쇼핑몰은 롱테일 콘텐츠의 대표적 예입니다. 온라인 쇼핑몰에는 많은 양의 상품 이미지들이 게시되어 있지만 그 중 인기 있는 상품은 그리 많지 않으며 자연히 상품 이미지의 대부분은 캐시 적중률이 떨어져 결국 캐시에서 축출됩니다. 이러한 현상은 웹 사이트 내 콘텐츠 종류가 많을수록 그리고 사용자층이 여러 국가에 넓게 퍼져 있을수록 심화됩니다.

7.3.3 캐시 서버 간 캐시 콘텐츠 공유

위에서 설명한 것처럼 사용자 방문이 적은 콘텐츠들은 캐시 저장소에서 자연스럽게 축출됩니다. 그런데 왜 사용자층이 여러 국가에 넓게 퍼져 있을수록 캐시 적중률이 더 떨어질까요? 국내든 해외든 사용자가 많으면 콘텐츠 재방문도 많아져 캐시 적중률이 더 높아야 하지 않을까요?

기본적으로 사용자가 많을수록 캐시 적중률이 높아지는 것이 사실입니다. 만약 하나의 콘텐츠가 서울의 특정 에지 서버에만 캐시되어 있고 전 세계에 흩어진 모든 사용자가 그 콘텐츠를 다운로드하기 위해 해당 에지 서버에만 접속해야 한다면 그 콘텐츠의 캐시 적중률이 굉장히 높아질 것입니다. 하지만 그 콘텐츠는 실제로 모든 국가나 주요 도시마다 설치되어 있는 수많은 에지 서버들에 캐시되어 있을 것입니다. 그러므로 하나의 에지 서버를 기준으로 실제 사용자 방문에 의한 캐시 적중률은 매우 낮습니다.

캐시된 콘텐츠가 전 세계에 분산된 에지 서버들 사이에서 마치 하나의 서버를 사용하는 것처럼 공유될 수 있다면 아무리 널리 퍼져 있다 해도 해당 콘텐츠의 캐시 적중률이 높아질 것입니다. 이러한 에지 서버 간 캐시 공유는 ICP(Internet Cache Protocol)와 같은 특별한 프로토콜을 사용해 빠르게 이루어져야 합니다. 따라서 동일한 백본 네트워크[1]에 연결된 서버 사이에서만 이루어집니다. 일반적으로 동일한 POP 서버들은 캐시된 콘텐츠를 서로 공유할 수 있습니다.

그렇다면 국가 간 흩어져 있는 캐시 콘텐츠들을 서로 공유할 수 있는 방법은 없을까요?

7.3.4 다중 계층 캐시

전 세계에 흩어져 있는 캐시 콘텐츠들을 공유하기 위해 다중 계층 캐시 전략을 사용할 수 있습니다. 다중 계층 캐시란 에지 서버들과 원본 서버 사이에 추가 캐시 서버 계층(부모 계층)을 두어 같은 콘텐츠를 여러 번 캐시하는 방식입니다. 추가 캐시 계층을 통한 공유 효과를 얻으려면 다음 조건을 만족해야 합니다. 첫째, 부모 계층은 원본 서버에 가까이 존재해야 하며 둘째, 부모 계층의 캐시 서버 수가 자식 계층의 캐시 서버 수보다 훨씬 적어야 합니다.

---

1) 백본은 여러 소형 네트워크들을 묶어 대규모 파이프라인을 구성해서 높은 대역폭으로 다른 네트워크 집합과 연결되는 네트워크를 뜻합니다.

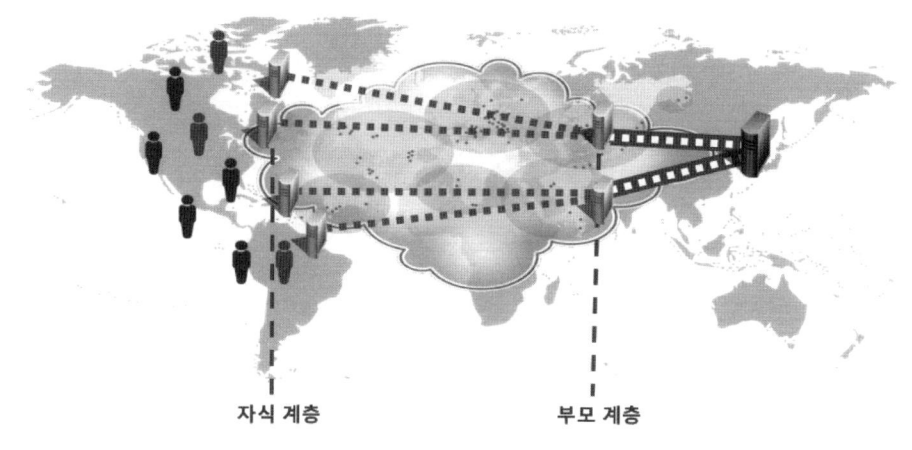

[그림 7-6] 다중 계층 캐시 토폴로지

위 조건을 만족했을 때 다중 계층 캐시를 사용하면 다음과 같은 효과를 얻을 수 있습니다.

캐시 적중률 향상

그림 7-7처럼 자식 계층(사용자와 가까운 캐시 계층)의 캐시 서버들은 부모 계층(원본 서버와 가까운 캐시 계층)의 캐시 서버들을 사용해 콘텐츠를 공유할 수 있습니다. 마치 한 팀원이 공유 폴더에 필요한 자료를 올리면 나머지 팀원들이 이를 다운로드할 수 있는 것과 같은 이치입니다. 최초로 콘텐츠 요청을 받은 에지 서버가 그 요청을 부모 계층의 에지 서버에 전달합니다. 그리고 부모 계층의 에지 서버가 원본 서버에서 콘텐츠를 응답받아 캐시한 후 자신을 호출한 에지 서버에 다시 전달합니다. 이렇게 부모 계층의 에지 서버에 콘텐츠가 캐시되면 자식 계층의 나머지 에지 서버들은 원본 서버에 콘텐츠를 요청할 필요 없이 부모 계층에서 캐시된 콘텐츠를 받아 서비스합니다. 이렇게 함으로써 부모 계층 캐시 서버들의 캐시 적중률이 높아지고, 이에 따라 캐시된 콘텐츠가 캐시 서버에서 축출될 확률도 낮아집니다.

1. 특정 에지 서버의 요청에 의해 캐시
2. 부모 서버에서 캐시된 콘텐츠 제공

[그림 7-7] 다중 계층 캐시 동작 방식

과도한 트래픽으로부터 원본 서버 보호

CDN 업체가 제공하는 POP 수가 적을수록 원본 서버의 캐시 트래픽은 줄지만 사용자에게 응답하는 속도가 느려집니다. 반면 POP 수가 많을수록 원본 서버의 트래픽은 늘어나지만 사용자에게 응답하는 속도는 빨라집니다. 후자의 경우 다중 계층 캐시를 사용하면 사용자의 응답 속도를 떨어뜨리지 않으면서 원본 서버로의 트래픽을 획기적으로 줄일 수 있습니다.

트래픽 감소량은 다음과 같이 간단히 계산할 수 있습니다. 하나의 콘텐츠로 1,000명의 사용자가 100대의 에지 서버를 통해 단위 시간(TTL 주기) 동안 한 번씩 요청을 보냈다고 가정하겠습니다. 각 에지 서버로 향하는 최초 100개 요청은 캐시된 콘텐츠가 없으므로 원본 서버에 요청을 보내 콘텐츠를 가져옵니다. 반면 900개 요청은 이미 캐시된 콘텐츠를 사용하므로 단위 시간당 원본 서버의 트래픽 감소율은 900/1000, 즉 90%로 계산할 수 있습니다. 여기에 부모 계층에 10대의 에지 서버를 추가했다고 생각해 보겠습니다. 에지 서버로부터 원본 서버로 향하는 100개의 요청 중 10개의 요청만이 추가된 에지 서버를 경유해 원본 서버에 접속하고, 나머지 90개의 요청은 캐시된 콘텐츠를 반환받습니다. 결론적으로 총 100개의 요청 중 원본 서버로는 10개의 요청만 전달되므로 부하 감소율은 990/1000, 즉 99%입니다. 물론 실제 부하 감소율을 이렇게 손쉬운 수학으로 계산할 수 없지만 원리를 이해하는 데 도움이 되었을 것입니다.

사용자 요청에 대한 응답 속도 향상

CDN 서비스를 사용하면 최초 요청만 원본 서버에 접속하고 나머지 요청은 사용자와 가장 가까운 캐시 서버에서 처리되므로 일반적으로 사용자에 대한 응답 속도는 빠릅니다. 하지만 TTL 주기가 짧을 경우 원본으로 접속하는 요청이 많아지면서 평균 응답 속도에 영향을 미칩니다. 다중 계층 캐시를 사용하면 자식과 부모 에지 서버 사이에 전달 경로 최적화가 적용되므로 사용자 요청에 더 빠르게 응답할 수 있습니다.

7.4 : 전달 경로 최적화

CDN의 트렌드를 설명하며 언급했듯 현재 CDN 서비스 업체들은 콘텐츠 캐시뿐만 아니라 애플리케이션 가속 서비스를 동시에 제공합니다. 특히 모바일 사용자들이 늘고 이를 위한 모바일 애플리케이션의 중요성이 강조되면서 API 호출이 속도를 증가시키는 주요 해결책으로 각광받고 있습니다. 전달 경로 최적화는 애플리케이션 응답 속도를 빠르게 하는 중요한 기능입니다. API 호출 같은 동적 데이터뿐만 아니라 캐시가 만료된 콘텐츠를 원본에서 다시 불러올 때도 필요한 기능입니다.

전달 경로를 최적화할 때 경로를 라스트 마일, 미들 마일, 퍼스트 마일 세 구간으로 나눌 수 있습니다. 라스트 마일은 최종 사용자와 CDN 에지 서버 간 구간을, 미들 마일은 CDN 네트워크 구간을, 퍼스트 마일은 에지 서버와 원본 서버와의 구간을 지칭합니다.

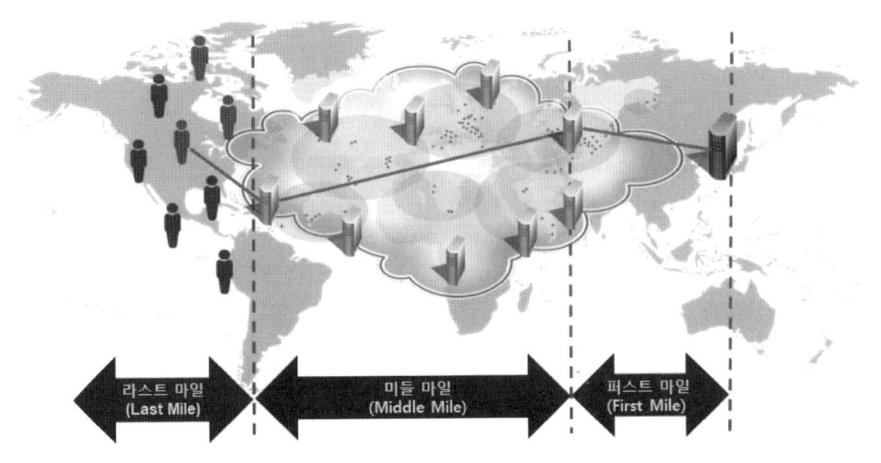

[그림 7-8] 네트워크 구간별 분류

7.4.1 라스트 마일 최적화

라스트 마일 구간의 경로 최적화는 최종 사용자 요청을 사용자와 가장 가까운 곳에 있는 에지 서버로 전송하는 일입니다. CDN에서 일반적으로 사용하는 가장 가까운 에지 서버 선택 방법은 크게 두 가지로 나눌 수 있습니다.

DNS 기반 에지 선택

사용자 브라우저에 최종적으로 에지 서버의 IP를 전달하는 시스템은 DNS입니다. 그래서 CDN 서비스 업체들은 평소 자사 에지 서버들의 상태와 네트워크 상황을 모니터링하고 있다가 자사 DNS 서버로 특정 웹 사이트 도메인명에 대한 쿼리가 요청되면 사용자의 로컬 DNS와 가장 가깝고 사용량이 적은 에지 서버의 IP를 반환합니다.

DNS 쿼리에는 사용자 기기의 IP 정보가 포함되지 않아 실제 사용자 위치를 정확히 알아낼 수 없습니다. 대신 사용자의 로컬 DNS IP 정보는 DNS 쿼리에 포함되어 있어 이를 활용해 사용자 위치 정보를 짐작할 수 있습니다. 자신이 사용하지 않는 DNS 정보를 미리 지정하지 않는 한 가입된 인터넷 제공 업체(ISP)에서 제공하는 DNS가 자동으로 사용됩니다. 또한 사용자와 가장 가까운 DNS 서버가 배정되도록 최적화되어 있습니다.

DNS 프로토콜은 매우 기본적이고 안정적으로 사용되기 때문에 DNS 기반 에지 선택 방안도 안정적으로 운영됩니다. 또한 CDN 제공자에 의해 모든 에지 서버들의 상태가 자세히 모니터링되므로 사용자 요청이 있을 시 최선의 에지 서버가 선택될 확률이 높습니다.

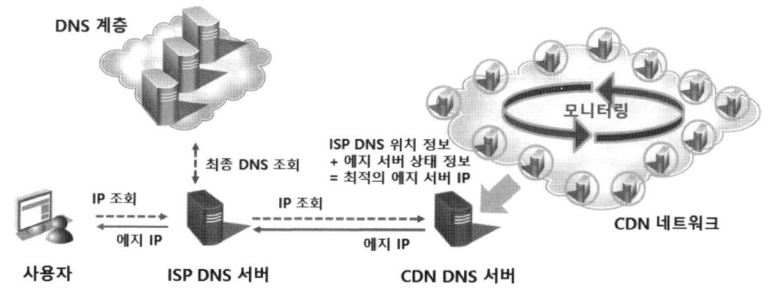

[그림 7-9] DNS 기반의 에지 선택 방식

하지만 사용자 위치 정보가 실사용자의 아이피 정보가 아닌 인터넷 서비스 제공자의 DNS 서버 위치 정보이므로 사용자가 특정 DNS 서버를 지정해 사용하는 경우 엉뚱한 곳의 에지 서버가 선택될 수 있습니다. 실제로 최근 많은 사용자들이 구글 Public DNS 또는 Open DNS를 사용하고 있어 도메인명 조회 시 사용자 IP 정보를 일부 포함시키는 방법을 추진 중입니다.

> **TIP** ECS(EDNS-CLIENT-SUBNET, EDECS)
>
> ECS는 DNS 그룹과 CDN 제공 업체들이 공동 제안한 DNS 확장 규격[2]입니다. 이 규격의 핵심은 DNS 리졸버(resolver)가 최종 DNS 서버(authoritative DNS 서버)에서 도메인명을 조회할 때 쿼리 요청 안에 최종 사용자의 IP 정보 일부를 포함해 보내자는 것입니다. 제안 규격에 대한 내용은 웹 사이트[3]를 참고하기 바랍니다.

애니캐스트 기반의 에지 선택

네트워크에서 데이터를 전송하는 여러 방식 중 유니캐스트(unicast) 방식을 흔하게 사용합니다. 유니캐스트 방식은 보내는 측과 받는 측이 1:1로 통신하는 방식으로써 보내는 측은 받는 측 주소를 정확히 알고 메시지를 전송해야 합니다. 여러분이 접속하는 웹 사이트는 대부분 유니캐스트를 사용합니다. 반대로 멀티캐스트(multicast)는 1:N 통신 방식으로 보내는 측은 받은 노드들의 그룹 주소 또는 포트를 알고 있어야 합니다. 클러스터(cluster) 환경에서 관리 노드가 자식 노드들을 관리할 때 흔히 사용하는 방식입니다. 브로드캐스트(broadcast)는 불특정 다수에게 메시지를 전송하는 방식으로 메시지를 받을지 말지는 전적으로 수신자가 결정합니다.

애니캐스트(anycast) 역시 네트워크상에서 원하는 IP 주소로 데이터를 전송하는 방식 중 하나입니다. 애니캐스트도 1:1 전송 방식이지만 유니캐스트와는 다르게 다수 노드가 같은 IP 주소를 가집니다. 그리고 보내는 측이 그 IP 주소로 메시지를 보낼 때 네트워크상 가장 가까운 노드를 선택해 전송하는 방식입니다. 보내는 측의 라우터(router)와 경계 경로 프로토콜(Board Gateway Protocol, BGP)에 의해 전송될 노드가 결정되는 것입니다.

애니캐스트 기반 에지 선택 방식에서 CDN 제공자는 모든 에지에 동일 IP를 부여하거나 또는 지역별 클러스트를 만들어 클러스트마다 다른 IP를 부여하기도 합니다.

---

[2] RFC 7871
[3] https://tools.ietf.org/html/draft-ietf-dnsop-edns-client-subnet-03

사용자 브라우저가 웹 사이트의 도메인명에 대한 IP 정보를 요청하면 최종적으로 CDN의 DNS 서버가 사용자에게 가장 가까운 지역의 IP를 반환합니다. 그리고 브라우저가 그 IP에 HTTP 요청을 보내면 애니캐스트 방식에 의해 가장 가까운 에지 서버가 자동 선택되어 요청을 처리합니다.

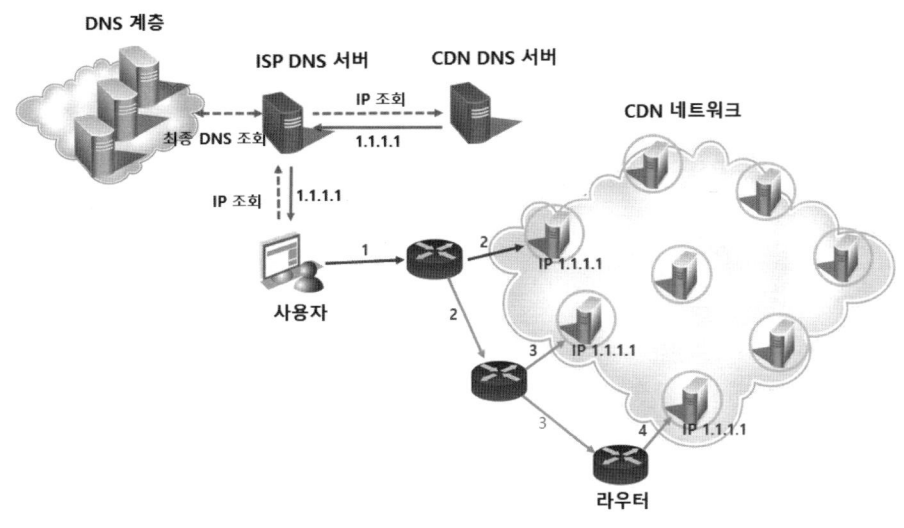

[그림 7-10] 애니캐스트 기반 에지 선택 방식

애니캐스트를 사용해 에지를 선택하는 장점은 실제 사용자와 가장 가까운 네트워크의 에지 서버가 선택된다는 것입니다. 또한 서버 장애 시 자동 우회하므로 가용성도 어느 정도 보장됩니다. 하지만 애니캐스트 방식 또한 실제 사용자와 지리적으로 가장 가까운 에지 선택을 보장하지는 않습니다. 애니캐스트에 사용되는 BGP는 지리적 경로보다 ISP 정책에 따른 경로를 선택하기 때문입니다. 이러한 정책은 저비용과 고효율에 기반하여 결정되므로 결국 ISP 간 계약 관계에 따라 최적 경로가 결정됩니다. 흔히 이것을 네트워크적으로 가장 가깝다고 표현합니다.

또한 BGP를 통한 경로 탐색 시 에지 서버들의 성능 상태를 고려하지 않기 때문에 간혹 수행되지 않는 에지 서버가 선택될 수도 있습니다. 서버 자체가 죽지 않는 이상 라우터는 네트워크상에서 발견되는 모든 서버를 양호하다고 간주합니다. 애니캐스트를 사용하는 CDN 업체들은 이러한 문제를 해결하려고 에지 서버들의 상태를 감시하면서 용량 임계점에 도달한 서버는 네트워크 라우팅 테이블에서 제외하는 등의 방안을 제공합니다.

라스트 마일 구간에서 최적의 에지 서버를 찾았다면 퍼스트 마일에서는 최적의 원본 서버를 찾아야 합니다. 오직 하나의 데이터 센터를 운영하는 웹 사이트라면 퍼스트 마일 구간의 경로 최적화가 크게 효과적이지 않습니다. 그러나 다수 데이터 센터를 통해 고가용성을 유지하고자 한다면 상황에 따라 적절한 데이터 센터를 찾아 사용자 요청을 전달하고 응답을 받는 것이 중요합니다. CDN 업체마다 지원 여부에 차이가 있겠지만 일반적으로 트래픽 분산은 다음과 같은 방식으로 수행됩니다.

- 비율에 따른 트래픽 분산
  각 데이터 센터로 전송하는 트래픽을 지정한 비율에 맞추어 분산시킵니다.

- 지역에 따른 트래픽 분산
  전 세계 사용자에게 서비스를 제공하고 있다면 지역을 구분하여 사용자 위치에 가장 가까운 데이터 센터로 HTTP 요청을 보내 빠르게 처리하도록 합니다.

- 성능에 따른 트래픽 분산
  각 데이터 센터의 성능을 고려해 트래픽을 분산시킵니다. 데이터 센터가 서버들의 성능 정보를 CDN 업체와 공유하면 CDN에서는 데이터 센터의 가용량에 따라 사용량이 적은 데이터 센터로 트래픽을 보내 처리하도록 합니다.

[그림 7-11] 지역에 따른 트래픽 분산

데이터 센터가 선택되면 에지 서버가 사용자 요청을 선택된 데이터 센터로 전송합니다. 한 가지 주의할 점은 한 사용자 요청이 어떤 하나의 데이터 센터에서 처리되었다면 그 사용자의 이어지는 요청들이 모두 똑같은 데이터 센터에서 처리되어야 한다는 것입니다. 이는 웹 사이트를 사용하는 동안 사용자의 로그인 세션이 끊기지 않도록 하려는 것입니다. 이를 위해 CDN에서는 사용자 쿠키에 선택된 데이터 센터의 정보를 넣어 동일 사용자 요청들은 동일 데이터 센터로 전송되도록 합니다.

> **TIP** CDN과 sticky session
>
> OSI 7계층 중 L3, L4 장비로 부하 분산을 할 때 사용자 세션을 유지시키기 위해 클라이언트 IP 정보 기반으로 부하를 분산하는 방식을 사용하기도 하는데 이를 해시 방식이라고 합니다. 해시 방식이란 최초 HTTP 요청이 인입되면 이를 요청한 클라이언트 IP 정보를 입력값으로 해시값을 계산해 그 값에 따라 처리할 서버를 선택한 뒤 이후 요청들에 대해 동일 해시값이 계산되면 동일 서버로 요청을 보내 처리하게 하는 방식입니다.
>
> 이런 방식은 CDN 서비스를 이용하면 정상 동작하지 않을 수 있습니다. 이는 CDN의 에지 서버가 클라이언트와 서버 사이에 존재하므로 L3, L4 장비가 인식하는 클라이언트 IP가 실제로는 에지 서버의 IP이기 때문입니다. 이 에지 서버는 한 사용자가 웹 사이트를 누비는 동안에도 네트워크 상황에 따라 언제든 바뀔 수 있기 때문에 동일 사용자 요청을 서로 다른 서버로 보내 세션이 끊길 가능성이 높습니다.

> 따라서 CDN을 사용하려면 L3, L4 장비의 부하 분산에 의존하기보다 웹 서버를 사용한 부하 분산 또는 L7 계층 부하 분산 방식 등 애플리케이션 계층에서 쿠키 기반 부하 분산을 사용하는 것을 권장합니다.

미들 마일 전달 경로 최적화는 사용자 요청을 받은 에지 서버와 원본 서버 간 가장 빠른 네트워크 경로를 찾아내는 작업입니다. 일반적으로 에지 서버는 BGP 프로토콜을 이용해 최선의 경로를 찾아냅니다. 앞서 언급했듯 BGP가 가장 빠른 경로를 보장하지 않으며 지리적 최적 경로를 찾았다 할지라도 그 네트워크 구간에 트래픽이 몰리면 우회 경로보다 더 오랜 시간 지연을 초래하기도 합니다.

CDN 서비스 제공자들은 원거리 네트워크 경로 최적화를 위해 많은 ISP 업체들과 협업 관계를 유지합니다. 또한 각 나라의 대표적인 ISP 데이터 센터 또는 POP 내에 자사의 에지 노드들을 구축해 언제든 우회 경로를 생성할 수 있는 환경을 만듭니다. 그리고 자사 네트워크 구간을 끊임없이 모니터링해 정체 구간을 파악하고 사용자가 특정 원본 서버의 웹 콘텐츠를 요청하면 두 구간의 최적 경로 파악 후 선택된 경로로 요청과 응답을 전송합니다. 최적 경로를 파악하는 알고리즘은 CDN 업체마다 다릅니다. 예를 들어 BGP로 선택된 경로와 모니터링으로 선택된 2개 경로를 경합시켜 가장 빠른 경로를 최종 선택하는 방식도 있습니다[4].

---

4) https://developer.akamai.com/learn/Optimization/SureRoute.html

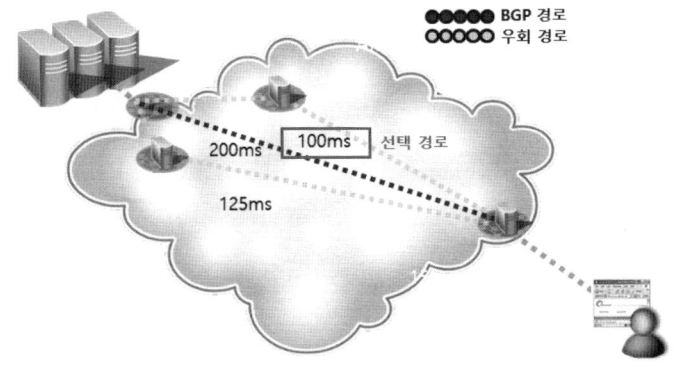

[그림 7-12] CDN 업체의 경로 최적화 방식

7.4.2 프로토콜 최적화

사용자 기기와 원본 서버 간 웹 트래픽 가속화를 위해 경로 최적화와 더불어 프로토콜 최적화가 병행되어야 합니다. 경로 최적화가 빠른 길을 찾는 과정이라면 프로토콜 최적화는 한번에 많은 트래픽을 보낼 수 있도록 길을 넓히는 작업입니다.

앞서 살펴본 것처럼 웹 트래픽은 HTTP를 기반으로, HTTP는 TCP/IP 프로토콜을 기반으로 동작합니다. 그리고 보내는 측과 받는 측이 3-way handshake 방식으로 TCP를 연결하고 본격적으로 데이터 패킷을 주고받습니다. 이때 요청 및 응답을 더 빠르게 전달하려면 한번에 가능한 많은 패킷을 보내는 것이 유리합니다. 물론 보내는 측이 많은 데이터 패킷을 보낸다 해도 받는 측이 이를 모두 수용할 수 있는 것은 아닙니다. 받는 측이 수용할 수 없는 양의 데이터를 한꺼번에 보내 데이터가 유실되면 보내는 측에서 다시 유실 데이터를 전송해야 하므로 네트워크 자원을 낭비합니다. 이러한 상황을 제어하기 위해 받는 측은 윈도우 사이즈(Receivers Advertised Window Size, RWIN), 즉 수신 가능한 데이터 크기를 서버에 통지합니다. 보내는 측은 항상 받는 측의 윈도우 사이즈 값을 고려해 그보다 더 적은 양의 데이터를 보내야 합니다.

TCP 최적화

모든 네트워크 참여자들이 무분별하게 많은 패킷들을 한번에 보내면 공용으로 써야 하는 네트워크가 혼잡해져 모두에게 피해가 갈 수 있습니다. TCP는 이러한 혼잡 상황을 제어하기 위해 느린 시작(slow start)이라는 알고리즘을 사용하는데 느린 시작이란 송신 측이 전송을 시작할 때 적은 양의 데이터부터 전송하는 것을 의미합니다. 이렇게 전송하는 데이터의 크기를 혼잡 윈도우라고 합니다. 느린 시작은 다음과 같이 간단히 설명할 수 있습니다.

1. 초기 혼잡 윈도우에 정해진 만큼 데이터 패킷을 전송합니다.
2. 문제가 없으면 혼잡 윈도우 값은 제곱으로 증가합니다.
3. 네트워크가 혼잡해 재전송 타임아웃(Resubmit Time Out, RTO)이 발생하면 현재 혼잡 윈도우의 절반 값으로 임계치가 설정되고 처음부터 다시 전송을 시작합니다.
4. 이후 혼잡 윈도우 값이 정해진 임곗값보다 커지면 혼잡 회피를 위해 혼잡 윈도우 값은 제곱이 아닌 선형으로 증가합니다.
5. 이후 임곗값은 패킷 유실이나 네트워크 에러, 중복 응답 등에 따라 다른 방식으로 계산되어 정해집니다.

이를 그래프로 표현하면 아래와 같습니다.

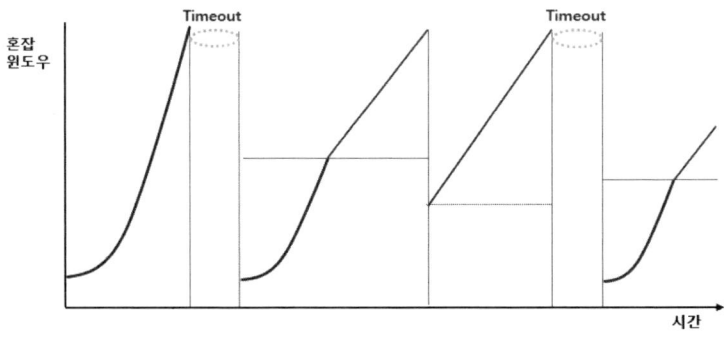

[그림 7-13] 느린 시작 사용 시 혼잡 윈도우 변화

그렇다면 CDN 구간에서는 어떻게 최적화를 진행할까요? TCP를 최적화하려면 먼저 미들 마일의 네트워크가 잘 관리되고 양호하다는 전제가 있어야 합니다. 일반적으로 CDN 제공자들은 대형 ISP들과 파트너십을 맺어 경로 최적화가 잘 이루어졌기 때문에 이런 전제가 성립할 수 있습니다. 이 전제 하에서 첫 번째로 초기 혼잡 윈도우 값을 늘려 한번에 많은 데이터 패킷을 보낼 수 있게 합니다. 보통 이더넷 환경에서 초기 혼잡 윈도우 기본값은 3MSS(Maximum Segment Size)[5]입니다. 다시 말해 아무리 네트워크 상황이 뛰어나다 해도 서버는 초기에 3개의 패킷부터 보내야 합니다. 이 때문에 CDN 업체들은 자사의 미들 마일 구간에서 수신 에지 서버의 윈도우 사이즈와 송신 에지 서버의 초기 혼잡 윈도우 값을 크게 늘려 한번에 보낼 수 있는 패킷 양을 늘립니다.

두 번째로 RTO 값을 낮춰 실패한 패킷을 빠르게 재전송합니다. 일반적 TCP 환경에서는 네트워크 혼잡에 의한 RTO 값이 수 분까지 길어질 수 있습니다. 즉 수신 측까지의 네트워크의 일시적 문제로 패킷이 전송되지 못했을 때도 서버는 몇 분 이상 기다려야 이 상황을 인지하고 재전송한다는 뜻입니다. CDN은 이 값을 낮춰 누락 데이터를 훨씬 빠르게 전송합니다. 이외에도 임계치 수치가 급격히 떨어지는 비율을 낮추거나 임계치 이후 혼잡 윈도우 증가량을 늘리는 등 다양한 최적화 방법을 사용합니다. 이 같은 방법들에 의해 패킷 전송 패턴이 다음과 같은 그래프로 바뀌고 미들 마일의 전송 속도는 기존보다 훨씬 빨라집니다.

---

[5] Maximum Segment Size: 연결을 생성할 때 보내는 측과 받는 측이 합의한 전송량(Segment) 크기

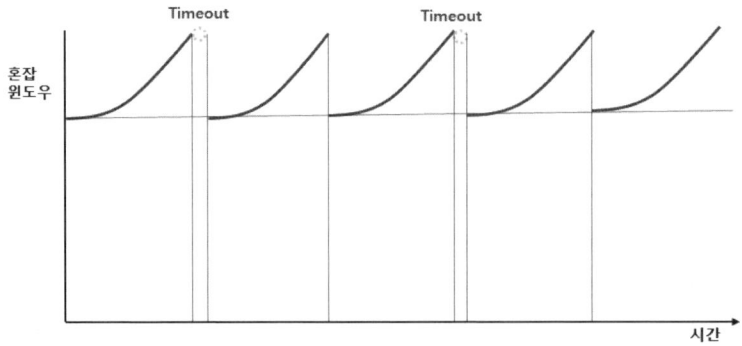

[그림 7-14] CDN 미들 마일에서 혼잡 윈도우 변화

이러한 이론은 퍼스트 마일에서도 적용할 수 있으며, 퍼스트 마일에서는 데이터를 송신하는 측이 원본 서버가 됩니다. 현재 CDN을 적용하고 있다면 초기 혼잡 윈도우를 늘리는 방안을 검토할 수 있습니다. 단 혼잡 윈도우를 늘리면 네트워크 트래픽이 갑작스럽게 증가하는 현상이 생길 수 있으니 CDN 담당자, 네트워크 담당자와 충분히 상의한 후 결정해야 합니다.

TLS 종료와 TCP 연결 재사용

HTTP 통신을 위해 클라이언트와 서버는 TCP 연결을 맺기 위한 3-way handshake를 수행합니다. 추가로 상호 인증서를 확인하고 메시지를 암호화하기 위한 TLS handshake를 수행합니다. 클라이언트와 서버 사이 네트워크 거리가 멀다면 이에 소요되는 시간이 길어지고, 모바일 환경에서는 시간이 더욱 길어질 수 있습니다. CDN 서비스를 사용하면 최종 사용자는 CDN과 TCP 연결을 맺고 CDN은 원본 서버와 또 다른 TCP 연결을 생성합니다. HTTP 통신을 할 때 TLS handshake는 최종 사용자와 CDN 사이, CDN과 원본 서버 사이에 한 번씩 발생합니다[6]. 모든 사용자가

---

6) TLS 연결이 CDN 구간에서 한 번 종료되는 것을 TLS 종료(termination)라고 부릅니다. 이 때문에 CDN 업체에서는 고객사 원본 서버와의 연결을 위해 고객사의 인증서를 추가로 발급받아 CDN 네트워크에 배포해야 하고 발급받은 고객사의 인증서들을 철저히 관리해야 합니다.

CDN의 에지 서버와 TCP/IP 연결을 생성할 때 에지 서버가 원본 서버와 사용자 수만큼의 연결을 새로 한 번 더 생성하는 것은 비효율적입니다. 그래서 CDN 서비스 제공자들은 효율성을 높이기 위해 원본 서버와의 TCP 연결을 바로 끊지 않고 이미 생성된 연결들을 재사용합니다.

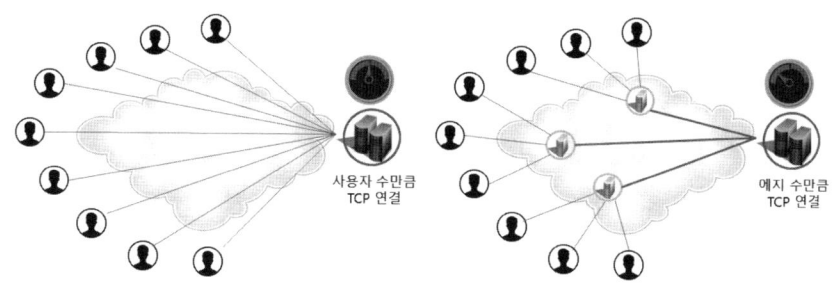

[그림 7-15] TCP 연결 재사용 적용 전/후

위 그림에 나타난 것처럼 CDN 서비스를 사용하면 원본 서버는 기존처럼 많은 TCP 연결을 생성하고 유지할 필요가 없어 서버 자원을 아낄 수 있습니다. 최종 사용자는 멀리 떨어진 원본 서버가 아닌 가장 가까운 에지 서버와 TCP, TLS handshake를 수행하므로 응답 속도가 개선됩니다.

> **TIP 프로토콜 다운그레이드**
>
> 성능을 이유로 사용자와 CDN 구간만 HTTPS로 연결하고 CDN과 원본 구간은 HTTP 연결을 유지하는 경우가 있습니다. 암호화된 연결을 사용하지 않으면 중간자 공격(man in the middle)의 위험성이 항상 존재합니다. 중간자 공격이란 클라이언트와 서버 사이 네트워크 통신에 침투하여 전송 데이터를 복제 또는 위조하는 공격을 말합니다. CDN에서 아무리 철저하게 관리 감독한다 해도 이러한 공격의 위험성이 항상 존재하며 결국 최종 책임은 스스로 져야 합니다. CDN 에지 서버와 원본 서버가 프라이빗 네트워크에 있지 않다면 누구도 이러한 공격에서 안전하다고 장담할 수 없습니다. 그러므로 전 구간에서 항상 암호화된 통신을 사용하시기 바랍니다.

7.5 : 기타 성능 옵션

지금까지 CDN 동작 원리와 함께 주요 최적화 기능들을 살펴봤습니다. 이 절에서는 기타 다른 성능 옵션에 대해 설명합니다.

CDN 서비스를 사용하는 장점 중 하나는 웹 사이트 호스팅 서버에서 제공하지 못했던 기능을 CDN이 제공한다는 것입니다. 이런 기능들은 기본적이지만 관리 부서에서 적용하지 못했거나 도입이 부담스러운 신기술, 또는 적용 방법을 자체를 모르는 기능들일 수도 있습니다. 어떤 경우든 서버에서 제공하지 못했던 부가 기능을 대신 제공하는 것은 매력적인 일입니다. 이제부터 CDN이 제공하는 기타 성능 옵션들을 하나씩 살펴보겠습니다.

7.5.1 CDN이 대신 제공하는 기본 기능

웹 애플리케이션을 설계하고 구축하는 과정에서 많은 기업들이 최적화 과정을 간과합니다. 소스 코드의 최적화는 계획적으로 수행하지만 그 외 웹 서버와 웹 프로토콜 등의 웹 아키텍처 최적화는 미처 생각하지 못해 누락하는 경우도 있습니다. 지금부터 설명하는 기능들은 웹 호스팅 서버에서도 쉽게 구현할 수 있습니다. 그러나 CDN에서도 관련 기능을 제공하므로 잘 활용하면 추가로 수고하지 않아도 해당 기능들을 아주 편리하게 사용할 수 있습니다.

HTTP 압축

텍스트 파일 전송 시에 압축은 매우 중요한 역할을 하며 대부분 브라우저는 gzip 압축 방식을 지원합니다.

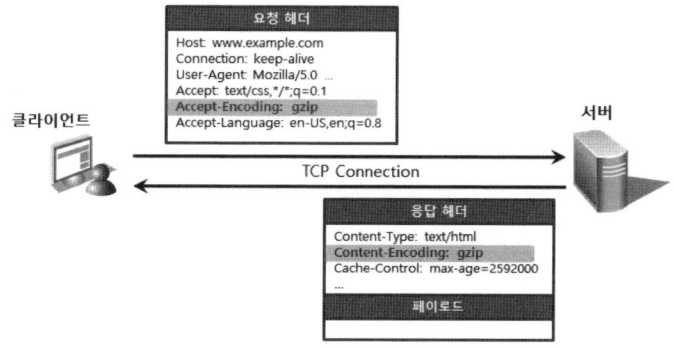

[그림 7-16] HTTP 압축을 위한 HTTP 헤더

gzip으로 HTML, CSS, Javascript, SVG 등의 텍스트 파일을 압축하면 약 75% 정도 크기를 줄일 수 있습니다. 압축을 적용하면 네트워크 대역폭을 절약할 수 있고 사용자가 콘텐츠를 다운로드하는 속도도 빨라집니다. HTTP 압축은 웹 서버 설정을 통해 쉽게 구현할 수 있습니다. Apache 웹 서버에서는 mod_deplate 모듈을 추가하고 압축 대상 파일 확장자들의 압축 설정을 추가하면 됩니다.

```
# 아파치 모듈 추가
LoadModule deflate_module modules/mod_deflate.so

# 압축 대상 추가
AddOutputFilterByType DEFLATE text/plain
AddOutputFilterByType DEFLATE text/html
AddOutputFilterByType DEFLATE text/xml
AddOutputFilterByType DEFLATE text/css
AddOutputFilterByType DEFLATE text/javascript
AddOutputFilterByType DEFLATE application/javascript
(생략)
```

CDN 서비스를 사용 중이라면 에지 서버는 기본적인 텍스트 파일 포맷에 위와 같은 gzip 압축을 적용해 브라우저로 전송할 것입니다. 웹 사이트 호스팅 서버가 gzip 압축을 지원하지 않으면 이 기능을 아주 유용하게 사용할 수 있습니다. 이 기능을 더욱 잘 활용하려면 웹 사이트에서 사용되는 모든 텍스트 파일 형식을 확인해 CDN 압축 설정에 추가해야 합니다. JSON 파일, SVG 이미지 파일, EOT나 TTF 등의 폰트 파일은 압축할 수 있지만 쉽게 누락되는 파일 형식들입니다.

CDN이 제공하는 압축은 에지 서버와 브라우저 네트워크 구간에만 적용됩니다. 그러므로 호스팅 서버와 에지 서버 사이의 네트워크 구간을 가속화하려면 서버 측에서 압축 설정을 해야 합니다. 여러분의 웹 서버에 위와 같은 압축 설정이 되지 않았다면 지금 바로 사용자 가이드를 참고해 추가할 것을 권합니다.

브라우저 캐시

브라우저 캐시는 중요한 성능 옵션입니다. 사용자가 웹 사이트를 재방문할 때 브라우저는 그간 콘텐츠가 변경되었는지 검사하고 변경된 파일만 다운로드합니다. 이러한 기능으로 사용자와 서버 사이 네트워크 대역 사용량을 줄일 수 있고 사용자는 원하는 웹 페이지를 빠르게 로딩할 수 있습니다. 물론 사용자가 브라우저 설정을 바꾸면 같은 파일도 매 방문 시마다 다운로드할 수 있지만 특별한 상황이 아니라면 그런 경우는 거의 없습니다.

브라우저 캐시는 쉽고 확실하게 성능을 향상하는 기능이지만 동작 방식을 알지 못해서 잘못 사용하는 경우가 많습니다. 일반적인 캐시의 동작 방식은 이미 설명했으니 여기서는 CDN 서비스 이용 시 주의 사항만 설명하겠습니다.

CDN 서비스를 사용하면 콘텐츠 캐시 주기를 별도로 설정합니다. 따라서 서버가 CDN에 콘텐츠를 캐시하기 위해 Cache-Control: max-age나 expire 헤더를 사용할 필요가 없습니다. 그렇다고 해서 Cache-Control을 사용하지 않으면 브라우저 캐시를 사용할 수 없습니다. 따라서 대부분 CDN 업체는 브라우저를 위한 Cache-Control을 어떻게 처리할 것인지 옵션을 제공합니다. CDN 업체마다 차이가 있겠지만 다음과 같은 몇 가지 옵션이 기본 제공됩니다.

1. **CDN에 설정한 TTL 값을 그대로 사용**

   응답 시점에 에지 서버에 설정된 캐시 주기 값을 기반으로 남은 시간과 만료일을 계산해 Cache-Control 헤더 값을 설정 후 브라우저에 전송합니다. 에지에 캐시된 콘텐츠 주기가 만료되는 시점에 브라우저 캐시도 같이 만료되는 가장 일반적인 방식입니다.

2. **서버에서 응답한 헤더를 그대로 브라우저로 전송**

   서버에서 직접 캐시를 조정하고자 할 때 사용합니다. 콘텐츠 갱신 주기가 일정하지 않고 잦은 이벤트로 융통성 있는 캐시 주기 조절이 필요할 경우에 유용합니다.

3. **CDN에 설정한 캐시 주기와 서버 응답 헤더의 캐시 주기 중 더 길게 남은 값을 사용**

   응답 시점에 CDN에 설정된 캐시 주기와 응답 헤더에 설정된 캐시 주기의 만료일을 계산하여 남은 시간이 더 큰 값을 사용합니다. 가능한 오랫동안 브라우저의 캐시를 활용하고 싶을 때 사용합니다. 이 설정은 콘텐츠를 수정하고 긴급히 반영해야 할 경우 CDN의 캐시를 지우고 브라우저 캐시까지 Cache-Control 헤더로 지워야 하므로 관리하기 복잡할 수 있습니다. 캐시 삭제가 잘 수행되지 않아 콘텐츠 변경 사항이 신속히 갱신되지 않으면 브라우저에서 웹 페이지 깨짐 현상이 나타날 수 있습니다. 또한 중요 업데이트를 놓쳐 소비자 불만이 발생할 수 있습니다. 따라서 자주 변경해야 하거나 사용자에게 신속히 반영되어야 하는 중요 콘텐츠에는 사용하지 않는 것을 권합니다.

4. **CDN에 설정한 캐시 주기와 서버 응답 헤더의 캐시 주기 중 더 짧게 남은 값을 사용**

   응답 시점에 CDN에 설정된 캐시 주기와 응답 헤더에 설정된 캐시 주기의 만료일을 계산해 더 짧은 값을 사용합니다. 상대적으로 브라우저가 에지 서버에 콘텐츠 변경 여부를 더 자주 묻습니다. 그러나 콘텐츠가 변경되면 브라우저에도 그만큼 신속하게 변경 사항이 반영됩니다.

5. **브라우저 캐시를 사용하지 않음**

   Cache-Control: max-age=0; no-store 헤더를 브라우저에 전송해 항상 에지에서 콘텐츠를 다운로드하게 합니다. 사용자가 브라우저 캐시 때문에 잘못된 정보를 받는 일이 없도록 하고 싶을 때 사용할 수 있습니다.

HTML, CSS, 자바스크립트 최소화

텍스트 파일 사이즈를 줄이는 것은 쉬운 최적화 방법 중 하나입니다. 소스 코드에 불필요하게 존재하는 공백과 주석문들만 제거해도 전체 전송 사이즈를 줄일 수 있습니다. 하지만 주석문은 개발, 운영 및 이력 관리를 위해 남기는 경우가 많아 제거하기 쉽지 않습니다. 조직 내에서 툴을 사용해 형상, 배포 관리를 자동화했다면 소스 배포 시점에 주석, 공백을 제거하도록 자동화하는 것을 권하지만 그렇지 않다면 CDN 업체에서 제공하는 최적화 기능을 사용하는 것도 대안이 될 수 있습니다. 에지 서버에서는 응답 콘텐츠에서 공백, 주석 등을 제거해 캐시한 후 같은 요청에 대해서 이미 최적화된 콘텐츠를 제공함으로써 사용자에게 응답하는 속도를 높일 수 있습니다.

DNS 프리페치와 프리커넥트

앞서 언급했듯 웹 개발자는 〈link〉 태그를 사용해 브라우저에 성능 개선 힌트를 줄 수 있습니다. 아래 예제는 앞으로 사용될 도메인의 IP 정보를 미리 쿼리하라는 의미입니다.

```
<link rel="dns-prefetch" href="//image.example.com">
```

리소스를 다운로드할 도메인이 많은 경우 미리 도메인명의 IP를 찾으면 브라우저가 실제로 해당 리소스를 다운로드하는 시점에 IP 검색 시간을 줄일 수 있습니다. 따라서 보다 빠르게 페이지를 로딩할 수 있습니다. 모든 웹 페이지에 위의 〈link〉 태그를 삽입하기 어렵다면 CDN에서 제공하는 DNS 프리페치 기능을 사용할 수 있습니다. 이 경우 소스에 직접 〈link〉 태그를 삽입하기보다 HTTP 응답에 아래와 같은 link 헤더를 추가해 도메인에 IP를 미리 조회합니다.

```
Link: <http://image.example.com>; rel=dns-prefetch
```

최근에는 DNS 조회와 더불어 아래 예처럼 TCP 연결까지 미리 생성하는 프리커넥트(preconnect)[7]가 추가되었으니 이를 활용하면 더 큰 성능 개선 효과를 얻을 수 있습니다.

```
Link: <http://image.example.com>; rel=preconnect
```

---

7) https://w3c.github.io/resource-hints/#preconnect

7.5.2 신기술 적용을 위한 CDN 기능

CDN 서비스 제공 업체들은 경쟁력을 위해 네트워크나 웹 기술에 관심을 기울이고 이와 관련된 신기술을 누구보다 빠르게 검증하고 도입합니다. 여러분이 이러한 기술에 관심이 있지만 검증과 도입에 필요한 인적, 시간적 자원이 부족하다면 CDN이 제공하는 관련 기술들을 검토해 쉽게 사용할 수 있습니다.

HTTP/2와 HTTP/3

HTTP/2는 이미 많은 기업에서 도입해 사용 중이므로 신기술이라 하기엔 어렵습니다. 그러나 CDN 업계에서는 HTTP/2의 전신인 SPDY가 적용되던 시기부터 이를 발빠르게 검증하고 홍보해 왔습니다. CDN 네트워크에서 HTTP/2는 대부분 브라우저와 에지 서버 사이 구간에서만 캐시할 수 있는 정적 콘텐츠를 가속하는 데 사용합니다. 따라서 원본 서버의 HTTP/2 지원 여부와 상관없이 이를 적용하고 사용자들에게 HTTP/2의 이점을 제공할 수 있습니다. 웹 콘텐츠의 90% 이상이 정적 콘텐츠임을 감안하면 단순히 이 기능을 켜는 것만으로도 가속 효과가 있습니다. HTTPS 환경에서 HTTP/2는 HTTP/1.1보다 웹 콘텐츠 다운로드 시간을 30% 이상 가속시킨다고 하니 이 기능을 사용해보는 것을 권장합니다.

HTTP/3은 HTTP/2보다 빠르고 안전한 차세대 프로토콜로써 활발하게 표준화 논의가 진행 중입니다. 아직은 CloudFlare에서만 유일하게 지원하고 있으나 주요 CDN 업체들도 HTTP/3을 지원할 것으로 예상됩니다.

서버 푸시

HTTP/2의 주요 기능 중 하나인 서버 푸시 기능은 CDN 설정에 HTTP/2 기능을 추가해도 즉시 사용할 수 없는 조금 특별한 기능입니다. 이미 소개했듯 서버 푸시는 리소스에 대한 다운로드 요청을 보내지 않아도 필요한 자원들을 미리 전송해주는 기능입니다. 필요한 자원들을 미리 푸시하려면 웹 페이지를 로딩하는 데 중요한 자원들이 무엇인지 분석하고 결정해서 푸시 대상으로 지정하는 일련의 작업을 해야 합니다. 서버 푸시는 푸시 대상을 지정하는 방식에 따라 크게 두 가지로 구분합니다.

첫 번째는 CDN에 푸시할 자원들을 미리 지정하는 방식입니다. CDN에 푸시할 자원들을 미리 지정하면 CDN은 HTML 요청을 받는 즉시 푸시 객체를 브라우저에 보냅니다. 따라서 브라우저는 푸시 객체를 파악하려 서버에 요청을 보낼 필요가 없어 더 빠르게 로딩을 시작할 수 있습니다. 다만 푸시할 객체를 변경하려는 경우 CDN 설정을 변경해야 하고, 페이지별로 푸시할 대상이 다르면 각 페이지마다 이를 설정해야 하는 번거로움이 있습니다.

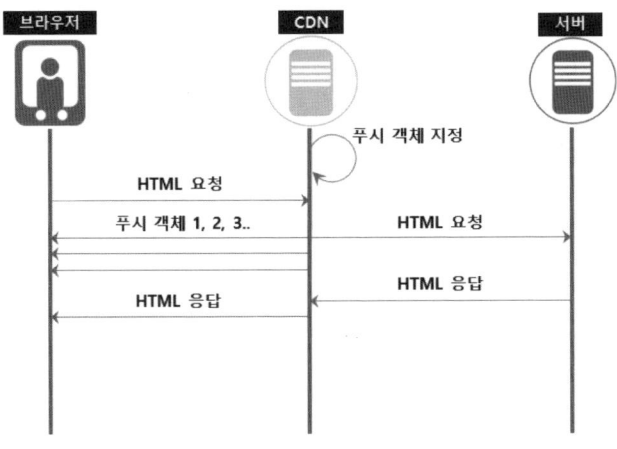

[그림 7-17] 푸시 객체를 미리 지정하는 서버 푸시 방식

두 번째는 웹 페이지에 푸시할 리소스를 태그로 지정하는 방식입니다. 일반적으로 푸시 리소스를 판단하기 위해 아래 예처럼 〈link〉 태그의 preload를 많이 사용합니다.

```
<link rel="preload" href="style.css" as="style">
```

CDN 에지는 원본 서버에서 응답받은 HTML에 preload로 지정된 리소스가 있을 경우 미리 캐시된 그 리소스를 푸시합니다. 이는 원본 서버에서 푸시할 리소스를 자유롭게 조정할 수 있다는 점에서 매우 융통성 있는 방식입니다. 하지만 푸시 객체 판단을 위해 적어도 한 번은 원본 서버에 다녀와야 하므로 다른 방식보다 약간의 시간 지연이 발생합니다.

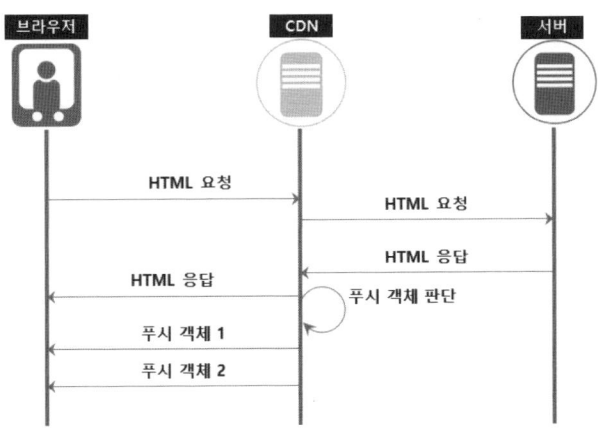

[그림 7-18] 푸시 객체를 웹 페이지에 지정하는 서버 푸시 방식

따라서 현재 이용하는 CDN 업체의 서버 푸시 서비스 방식을 살펴보고 적절히 이용하기 바랍니다. 푸시 서비스를 잘 활용하면 큰 수고 없이 웹 사이트 렌더링 속도를 개선할 수 있으므로 사용을 권장합니다.

IPv6 듀얼 스택

인터넷 사용자가 급증하여 IPv4로 할당할 수 있는 IP 주소는 이미 포화 상태에 이르렀습니다. 머지 않아 사물 인터넷 시대에는 주변 모든 사물에 일일이 IP 주소를 부여하고 인터넷을 통해 연결할 것이므로 무한대에 가까운 IP 주소를 제공할 수 있는 생성 메커니즘이 절대적으로 필요합니다.

IETF(Internet Engineering Task Force)에서는 이와 같은 IP 주소의 필요성을 이미 인식해 1996년 IPv6 표준을 만들어 발표했습니다. IPv4가 32비트 길이를 사용해 주소를 만드는 반면 IPv6는 128비트 길이를 사용하므로 약 340조 개의 고유 IP를 만들 수 있습니다.

IPv6의 주요 장점은 다음과 같습니다.

1. 128비트 길이를 사용해 방대한 주소를 생성할 수 있습니다. 이를 이용해 모든 사용자에게 직접 주소를 지정할 수 있어 별도의 네트워크 주소 변환(NAT) 장치가 필요하지 않습니다.
2. IPv4의 헤더에서 불필요한 부분을 제외해 간소화했습니다. 헤더가 복잡하면 헤더 처리에 많은 작업이 필요하므로 패킷 처리 효율이 떨어집니다. IPv6에서는 필요한 헤더만 처리함으로써 보다 빠르게 패킷을 처리할 수 있습니다.
3. 자동 구성 기능을 제공해 훨씬 단순하며 관리하기 쉽습니다.
4. IPv6의 자동 네트워킹 기능은 단말기를 움직일 때마다 고유 IP를 자동으로 설정합니다. IP를 재부여 받거나 재설정해야 했던 IPv4의 단점을 해소합니다.
5. 등급별, 서비스별로 패킷을 구분할 수 있어 품질을 보장할 수 있습니다.
6. 보안 기능이 강화되었습니다. IPv4는 보안 기능(IPSec)을 별도 설치해야 하지만 IPv6는 확장 기능을 통해 보안 기능을 기본으로 제공합니다.

글로벌 통신 사업자들은 이미 IPv6를 도입해 사용하고 있습니다. IPv6는 IPv4보다 너 빠른 처리 속도를 보인다는 연구 결과[8]가 있습니다. 페이스북은 수년 전 IPv6로 마이그레이션하여 10~15%의 액세스 속도가 개선[9]되었습니다.

이렇듯 많은 장점을 제공하는 IPv6지만 기업 네트워크 인프라스트럭처를 전환하는 것은 간단하지 않습니다. 또한 여전히 많은 웹 사용자들이 IPv4를 사용하고 있습니다. 그러므로 CDN 서비스 제공자들은 IPv4/IPv6를 모두 사용할 수 있는 듀얼 스택을 장착해 IPv6의 장점을 미리 경험할 수 있는 기회를 제공합니다.

---

8) https://blogs.akamai.com/2018/06/six-years-since-world-ipv6-launch-entering-the-majority-phases.html
9) https://engineering.fb.com/networking-traffic/ipv6-it-s-time-to-get-on-board/

CHAPTER

웹 프로토콜 최적화

8*

이 책의 대부분이 프런트엔드 최적화의 다양한 방법에 관한 내용이지만 이번에는 마지막 방법인 프로토콜 최적화를 소개합니다. 웹 프로토콜 최적화를 이해하려면 HTTP의 버전별 특징을 이해해야 하며 상위 버전일수록 더욱 최적화된 기술을 포함하고 있습니다.

8.1 : HTTP의 발전

우리가 사용하는 HTTP는 1991년에 0.9버전이 만들어져 4년 후 1.0으로 업데이트되었습니다. 1997년에 등장한 HTTP/1.1은 현재까지도 가장 많이 사용되고 있습니다.

초기 HTTP에는 버전 정보가 따로 없었지만 이후 구분을 위해 0.9버전이라 이름 붙였습니다. HTTP/0.9는 웹 콘텐츠를 요청하는 GET 메소드만 존재하고 HTML만

읽을 수 있을 뿐, 클라이언트의 정보를 서버에 전달할 방법은 없었습니다. 또한 전달받는 콘텐츠 중 텍스트만 읽을 수 있었습니다. 그러나 HTTP/0.9는 이후 웹을 통해 정보를 전달하는 월드 와이드 웹의 근간이 되었습니다.

HTTP/1.0부터는 HTML을 포함하는 HTTP 페이로드 외에도 헤더를 통해 클라이언트와 서버의 정보를 전달할 수 있었습니다. 또한 Content-Type 헤더를 이용해 HTML뿐만 아니라 이미지나 동영상 등 다양한 정보를 주고받을 수 있게 되었습니다. POST 메소드를 추가하여 클라이언트의 정보를 웹 서버로 전달하는 방법도 HTTP/1.0부터 지원하기 시작했습니다. Content-Encoding 헤더를 통해 클라이언트 서버 간 압축 정보를 공유하며 HTML 등의 스크립트를 압축해 크기를 줄여 전송하고 클라이언트는 이를 압축 해제해 브라우징 했습니다.

POST 메소드가 추가되면서 클라이언트의 정보를 웹 서버로 전달하는 방법 역시 HTTP/1.0 버전부터 지원했습니다. 웹 최적화 관점에서는 Content-Encoding 헤더를 통해 클라이언트- 서버 간 지원하는 압축 알고리즘 정보를 서로 공유함으로써 서버는 HTML 등의 스크립트를 압축하여 크기를 줄여 클라이언트에게 전달하고, 브라우저는 다운로드 완료 후 압축을 해제하여 브라우징합니다.

8.1.1 HTTP/1.1

HTTP/1.1은 HTTP의 첫 번째 공식 표준 버전입니다. GET, POST 외에도 PUT과 DELETE를 이용해 파일을 업로드하거나 웹 서버의 내용을 삭제할 방법도 생겼습니다. 또한 Via 헤더를 사용해 중계 서버 정보를 공유하고 Accept 헤더로 클라이언트가 어떤 형식의 콘텐츠를 지원하는지 미리 서버에 알려줄 수 있게 되었습니다. 또한 하나의 TCP 연결을 재사용해 많은 콘텐츠를 전달할 수 있는 지속적 연결 기술이 추가되었습니다.

HTTP/1.1의 또 다른 특징 중 하나는 파이프라이닝 기술입니다. 파이프라이닝은 브라우저가 웹 서버에 여러 개의 콘텐츠를 요청했을 때, 이전 요청에 대한 응답을 완전하게 받지 않더라도 지속적 연결로 확보한 하나의 TCP 연결 내에서 미리 다음 요청에 대한 처리를 시작하면서 전체적인 전달 시간을 줄이는 방식입니다.

그렇다면 HTTP/1.1에는 어떤 문제점이 있을까요? 아래 그림에서 볼 수 있듯 클라이언트와 서버가 요청하며 주고받는 통신에는 순서가 있습니다. 그러므로 서버가 하나의 요청에 응답을 지연하면 나머지 모든 요청 역시 지연되는 문제가 있습니다. 이것을 HOL(Head-Of-Line blocking) 문제라고 합니다. 아래 그림은 정상 상태의 요청과 응답 그리고 HOL이 발생하여 모든 응답이 지연된 상태를 나타냅니다.

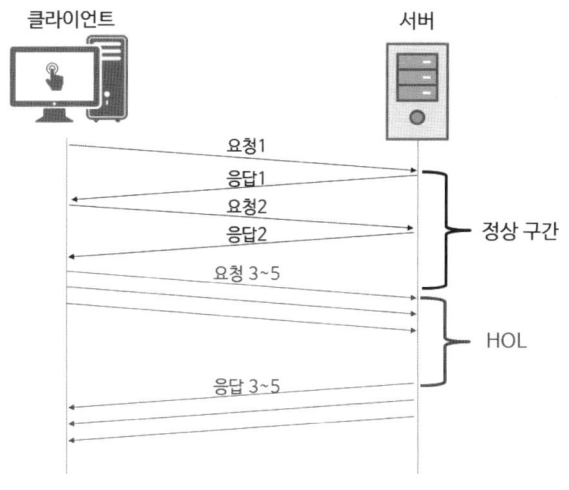

[그림 8-1] HTTP/1.1의 순차적인 요청과 응답 구조

HTTP/2와 HTTP/3은 각각 자체적인 HOL 극복 기술을 선보였습니다.

8.1.2 HTTP/2

HTTP/2의 전신 기술은 HTTP/1.1보다 개선된 웹 프로토콜을 만들기 위해 구글이 시작한 SPDY 프로젝트입니다. 텍스트 방식의 프로토콜 메시지를 과감히 버리고 이진 포맷(binary format)을 사용하면서 프로토콜 자체를 경량화하려고 시도했습니다. 아래 그림은 텍스트 방식인 HTTP/1.1의 헤더와 페이로드가 HTTP/2부터 이진 형태의 프레임(frame)으로 추상화되는 과정입니다.

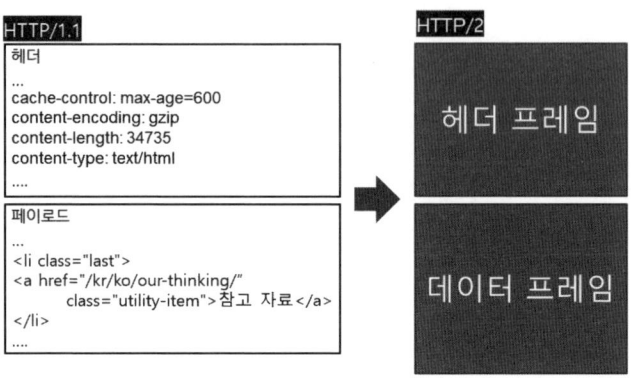

[그림 8-2] HTTP/2의 프레임 구조

HTTP/2에는 HTTP/1.1의 기능에 멀티플렉싱, 스트림 우선순위 설정, 헤더 압축(HPACK), 서버 푸시 같은 새로운 프로토콜 최적화 기능이 추가되었습니다. HTTP/2는 HTTP의 HOL 문제를 해결할 수 있었지만 HTTP의 상위 프로토콜인 TCP의 HOL 문제는 해결하지 못했습니다. 이 문제를 해결하기 위해 HTTP/3이 개발되었습니다.

8.1.3 HTTP/3

HTTP/3은 새로운 인터넷 프로토콜인 QUIC[1]을 사용하는 HTTP 최상위 버전입니다. QUIC의 가장 큰 특징은 UDP(User Datagram Protocol)를 사용한다는 점입니

---

1) Chromium의 공식 QUIC 홈페이지: https://www.chromium.org/quic

다. TCP의 오랜 단점을 TCP 프로토콜 내에서 수정하기는 어렵습니다. UDP 프로토콜 구조가 최적화를 진행하기 더 쉬운 형태이기 때문에 HTTP/3은 UDP를 사용합니다. 또한 클라이언트와 HTTP/3 서버 사이에 한 번 맺은 QUIC 연결을 최대한 재사용하는 구조이므로 클라이언트와 서버 간 연결을 만드는 과정에서 소모되는 시간이 대폭 줄어들었습니다. HTTP/3은 아직까지는 실험적인 프로토콜이지만 가장 최근 HTTP 버전인 만큼 강력한 기능과 최적화가 추가된 프로토콜입니다.

8.2 : HTTP/2의 최적화 기술

HTTP/2의 가장 큰 목표는 클라이언트와 서버가 콘텐츠를 주고받는 시간을 줄이고, 서버 응답이 느린 콘텐츠가 다른 정상적인 콘텐츠의 전달을 방해하지 않도록 하는 것입니다.

이를 위해 기존 문자열(text) 방식의 프로토콜을 이진 프레임(binary frame)으로 바꾸어 프로토콜을 좀 더 가볍고 유연하게 만들었습니다. 또한 HTTP 요청과 응답에 포함된 중복 헤더 값들은 걸러내고, 전송해야 하는 값을 기존과 다르게 압축해 헤더의 크기를 최소화했습니다. 그리고 서버 푸시를 통해 클라이언트가 요청하지 않은 콘텐츠도 서버가 미리 빠르게 전송하여 RTT를 더욱 최소화했습니다.

이 기술들은 HTTP/1.1과 HTTP/2의 중간 단계 프로토콜인 SPDY에서 시작되었습니다. 구글이 본격 참여해 개발한 SPDY는 최대 55% 빠른 웹을 만들 수 있었습니다. HTTP Working Group은 SPDY를 통해 프로토콜 최적화를 테스트한 후 몇 가지 보안성을 보완해 새로운 정식 HTTP 버전을 제안하였고, 이것이 바로 HTTP/2 입니다.

8.2.1 HTTP/2의 이진 프레임

HTTP/2의 이진 프레임(binary frame)을 이해하기 위해서는 먼저 HTTP가 어떻게 구성되었는지 알아야 합니다. HTTP/2 이전 버전에서 HTTP의 요청과 응답은 메시지(message)라는 단위로 구성되어 있었습니다. HTTP의 메시지는 상태 라인(state line), 헤더와 페이로드로 이루어져 요청과 응답에 필요한 정보를 담고 있습니다.

curl 명령을 통해 HTTP/1.1로 특정 사이트에 접속하면 다음과 같이 HTTP/1.1 기반의 메시지 구성을 확인할 수 있습니다. curl 명령의 결과는 HTTP 응답 메시지가 어떤 내용으로 구성되어 있는지 가시적으로 나타냅니다.

```
$ curl -s -v www.example.com
(중략)
> GET / HTTP/1.1
> Host: www.example.com
> User-Agent: curl/7.67.0
> Accept: */*

< HTTP/1.1 200 OK
< Date: Wed, 08 Jan 2020 11:17:38 GMT
< Expires: -1
< Cache-Control: private, max-age=0
< Content-Type: text/html; charset=ISO-8859-1
< Server: gws
(중략)
< Accept-Ranges: none
< Vary: Accept-Encoding
< Transfer-Encoding: chunked

<html>
(중략)
</html>
```

예제를 살펴보면 응답에 사용된 HTTP 버전 및 RFC에 정의된 응답 코드(status code), 응답 내용에 대한 정보가 담긴 헤더, 실제 HTML이 있는 페이로드로 구성된 것을 알 수 있습니다.

HTTP/2에는 기존 HTTP/1.1 버전의 메시지 단위 외에도 프레임(frame), 스트림(stream)이라는 단위가 추가되었습니다. HTTP/2의 구조를 이해하려면 3개 단위의 구조를 기술적으로 이해해야 합니다. 다음에서 각 구조를 살펴보겠습니다.

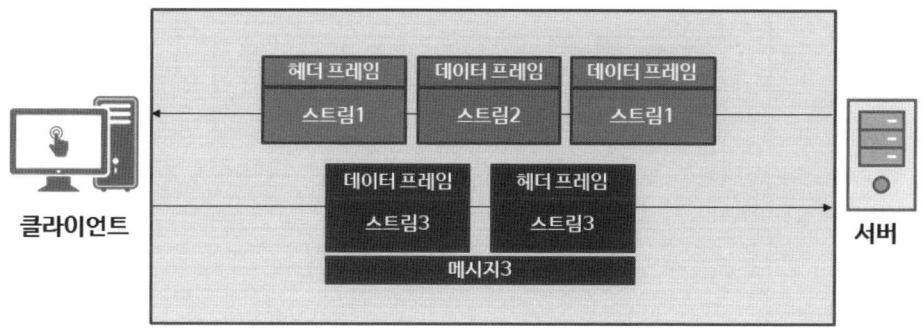

[그림 8-3] HTTP/2의 프레임, 스트림, 메시지

- **프레임**: HTTP/2 통신상 제일 작은 정보 단위이며 헤더나 데이터 중 하나입니다.
- **메시지**: HTTP/1.1 마찬가지로 요청 혹은 응답 단위이며 다수의 프레임으로 이루어졌습니다.
- **스트림**: 클라이언트와 서버 사이 맺어진 연결을 통해 양방향으로 주고받는 하나 혹은 복수의 메시지입니다.

즉 여러 개의 프레임이 모여 메시지가 되고 여러 개의 메시지가 모여 스트림이 되는 구조입니다. HTTP/1.0과 HTTP/1.1에서는 요청과 응답이 메시지라는 단위로 완벽하게 구분되어 있었으나 HTTP/2에서는 스트림이라는 단위를 통해 요청과 응답이 하나의 단위로 묶일 수 있는 구조가 만들어졌습니다. 스트림에는 고유 번호가 있는데 하나의 요청이 스트림으로 보내지면 그 응답은 요청 스트림과 같은 스트림 번호를 가집니다. 클라이언트는 응답 스트림의 번호를 통해 어떤 요청에 대한 응답인지 구분합니다.

다음 그림은 클라이언트 서버 간 하나의 TCP 연결 상태에서 N개의 스트림 구성을 나타냅니다.

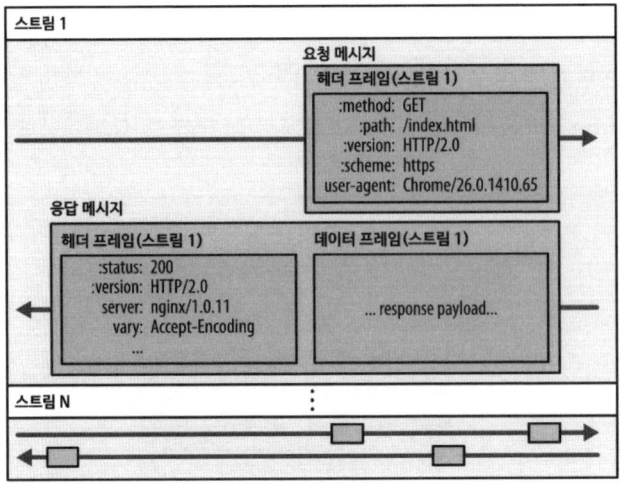

[그림 8-4] HTTP/2 스트림의 상세 구조[2]

위 그림 상단에 있는 스트림 1번은 요청과 응답 메시지가 각각 하나씩 있습니다. 요청 메시지는 GET 요청으로써 하나의 헤더 프레임으로만 구성되어 있습니다. 이에 대한 응답 메시지는 헤더 프레임과 데이터 프레임으로 구성되어 있으며 동일한 스트림 번호 1을 가지고 있습니다.

하단의 스트림 N 그림은 요청과 응답에 사용된 여러 개의 프레임으로 구성되어 있음을 표현합니다. 큰 데이터는 여러 개의 프레임에 나누어 전달할 수 있고 응답 역시 여러 개의 프레임으로 나누어 전달됩니다. 또한 멀티플렉싱이 적용되어 순서에 상관없이 클라이언트에게 전달됩니다. 클라이언트는 전달받은 프레임들을 조립하여 완전한 형태의 데이터를 만듭니다.

HTTP/1.1에서 요청과 응답은 하나의 메시지가 각 오브젝트의 요청과 응답을 담당했습니다. 그러나 HTTP/2에서는 하나의 스트림이 다수의 요청을 포함하고 이에 대

---

2) https://developers.google.com/web/fundamentals/performance/http2

한 다수의 응답 정보를 포함하는 구조로 바뀌었습니다. 스트림 방식을 사용함으로써 HTTP/1.1 버전보다 동시 요청 및 응답할 수 있는 오브젝트의 개수가 많아졌습니다.

그동안 '스트림'이라는 단어는 비디오, 오디오, 파일 스트림 등 주로 멀티미디어 관련 콘텐츠나 파일을 끊김 없이 연속 전달할 때 사용했습니다. 하지만 이제는 멀티미디어뿐만 아니라 스트림을 통해 웹상에서도 콘텐츠를 연속적으로 주고받음으로써 더 유연한 요청과 응답 구조를 가집니다.

스트림의 유연한 구조 덕분에 서버에서 만들어지는 응답 프레임들이 요청 순서에 상관없이 만들어진 순서대로 클라이언트에게 전달될 수 있습니다. 즉 HTTP/2에서는 하나의 TCP 연결을 통해 다수의 클라이언트 요청과 서버 응답이 비동기 방식으로 이루어지는 멀티플렉싱이 사용됩니다. 이를 통해 HTTP/1.1의 HOL 문제가 자연스레 해결되었습니다.

많은 콘텐츠를 한 번에 전달해야 하는 포털 사이트나 쇼핑몰처럼 수많은 이미지와 자바스크립트, CSS 등의 오브젝트로 덮여 있는 사이트라 해도, HTTP/2 프로토콜로 업그레이드하면 특별히 프런트엔드 최적화를 진행하지 않아도 로딩 속도가 빨라질 수 있습니다.

8.2.2 멀티플렉싱

멀티플렉싱(multiplexing)은 HTTP/1.1의 파이프라이닝 기능을 개선한 것입니다. 파이프라이닝은 요청과 응답을 반복하는 HTTP를 개선해 먼저 요청한 콘텐츠 전달이 완료되지 않아도 다음 콘텐츠를 미리 처리하면서 웹 성능을 더욱 빠르게 만들기 위해 개발된 기능입니다. 하지만 이 기능은 여전히 선입 선출 방식을 사용했습니다. 즉 먼저 요청된 콘텐츠가 완전히 전달되어 완료될 때까지 다음 콘텐츠들은 대기 상태로 있어야 했습니다.

HTTP/2의 스트림이 가진 유연한 구조 덕분에 서버에서 만들어진 응답 프레임들은 요청 순서에 상관없이 만들어진 순서대로 클라이언트에 전달될 수 있습니다. 즉 하나의 TCP 연결상에서 다수의 클라이언트 요청과 서버의 응답이 비동기 방식으로 이루어지는 기술을 멀티플렉싱이라 명명하였습니다. 이를 통해 HTTP/1.1에서 특정 요청의 응답이 지연되면 뒤이은 응답이 모두 지연되는 HOL 문제가 자연스레 해결되었습니다.

멀티플렉싱은 스트림을 사용하여 웹 서버에서 나중에 요청받았더라도, 전달할 수 있는 경우 클라이언트에게 먼저 전달하는 구조입니다. 따라서 크기가 크거나 처리가 오래 걸리는 콘텐츠를 전달할 때 발생하는 병목 현상을 피할 수 있게 되었습니다.

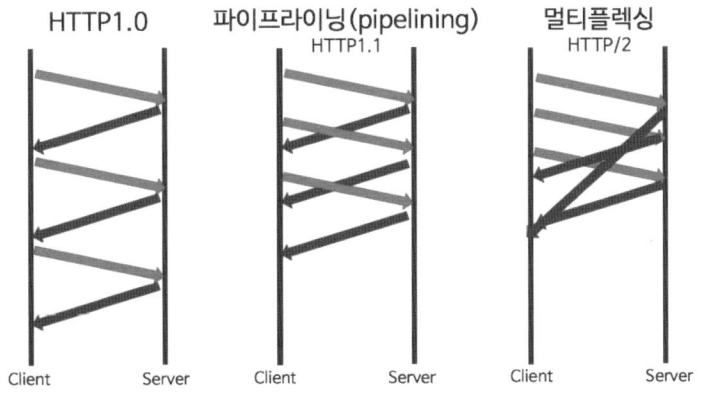

[그림 8-5] HTTP/2의 멀티플렉싱

8.2.3 헤더 압축

HTTP/1.1 버전까지 Content-Encoding 헤더를 통해 결정된 알고리즘을 사용하여 HTTP 페이로드를 서버에서 압축하였습니다. 클라이언트는 실제 페이로드보다 작은 크기로 압축된 파일을 내려받을 수 있었지만, 헤더는 압축 없이 원래 크기 그대로 전달받는 문제점이 있었습니다. 헤더는 결국 클라이언트와 서버가 자신의 정보를 주고받는 값인데 모든 웹 콘텐츠를 요청하고 받을 때마다 같은 정보 값들을 의미 없이 반복해서 주고받는 구조적인 문제도 있었습니다.

HTTP/2는 클라이언트와 서버 사이에 가상 테이블을 만들어서 동일하고 중복되는 헤더 값들을 테이블에 저장하고 참고하는 방식을 사용해 중복 전달을 제거하였습니다.

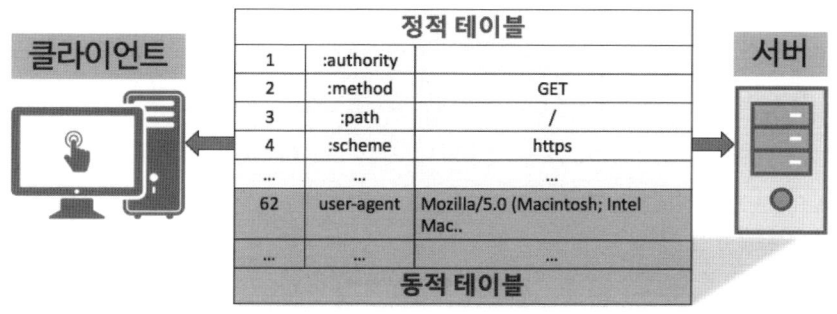

[그림 8-6] HTTP/2의 테이블 정보

가상 테이블은 정적 테이블과 동적 테이블로 나눌 수 있는데 정적 테이블에는 미리 정의된 자주 사용되는 헤더 필드를 저장합니다. 동적 테이블은 클라이언트와 서버가 통신하며 주고받는 값들을 업데이트합니다. 각 테이블에는 숫자로 표기된 인덱스 번호가 있는데, 동일한 값을 전달할 때는 중복 값을 보내는 대신 그 값을 가진 인덱스 번호로 대체하여 보냅니다.

또한 헤더 압축 알고리즘인 HPACK[3]을 사용해 허프만 알고리즘(Huffman algorithm) 방식으로 헤더를 압축하여 좀 더 경량의 데이터를 주고받을 수 있게 되었습니다. 허프만 알고리즘은 자주 등장하는 값과 그렇지 않은 값마다 코드 값을 다르게 부여하는 알고리즘입니다. 예를 들어 'Hello'라는 문자열이 데이터에 많이 나타나면 이 문

---

3) https://tools.ietf.org/html/rfc7541

자열에 작은 크기의 코드 값을 부여하고, 이후 등장하는 'Hello' 문자열 대신 코드 값으로 데이터를 전달하는 방식입니다. 자주 전달하는 HTTP 헤더에 허프만 알고리즘을 적용해 같은 헤더 값을 더 가볍게 만들어 보낼 수 있습니다.

8.2.4 서버 푸시

HTTP/2에는 클라이언트의 요청이 없어도 서버가 여러 응답을 알아서 보내는 서버 푸시 기능이 추가되었습니다. 즉 클라이언트가 특정 콘텐츠를 요청하면 서버는 이후 추가될 요청을 미리 예상하고 요청 없이도 응답한다는 의미입니다. 이는 요청과 응답을 반복하고 요청 없이 응답하지 않던 기존 HTTP 프로토콜에 큰 혁신을 가져왔습니다.

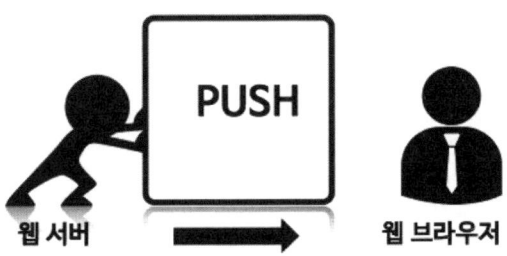

[그림 8-7] HTTP/2의 서버 푸시

다음 그림은 HTTP/1.1, HTTP/2, HTTP/2와 서버 푸시를 사용했을 때 성능을 비교한 그림입니다. 동일한 웹 페이지 로딩에 HTTP/1.1을 사용했을 때, HTTP/2를 사용했을 때 그리고 HTTP/2와 서버 푸시를 함께 사용했을 때의 속도를 폭포 차트로 나타냈습니다. 로딩 완료 시간을 비교해보면 서버 푸시가 웹 페이지를 빠르게 로딩하는 데 얼마나 도움을 주었는지 알 수 있습니다.

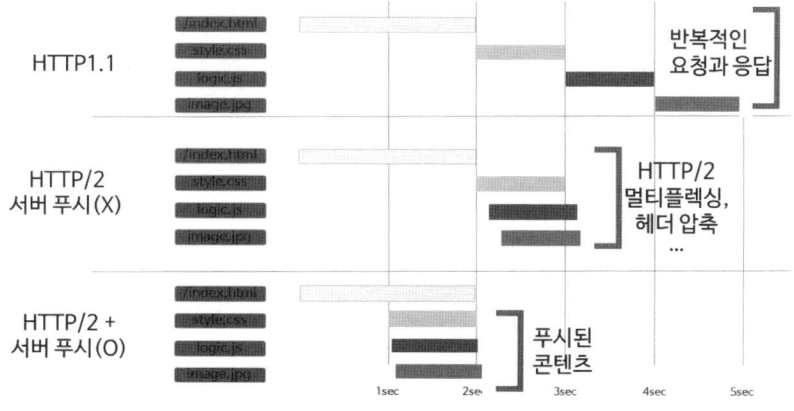

[그림 8-8] 서버 푸시의 성능

서버 푸시 대상은 웹 서버 관리자나 개발자가 미리 정할 수 있습니다. 일반적으로 HTML을 호출한 후 해당 페이지가 호출하는 CSS 파일이나 자바스크립트, 이미지 파일 대상이 고정되어 있다면 HTTP/2를 지원하는 웹 서버에 서버 푸시 대상으로 미리 설정할 수 있습니다. 최근의 APM(Application Performance Management) 솔루션들은 서버 푸시 대상을 자동으로 설정해 주는 기능을 포함합니다. 그러므로 웹 페이지의 구조와 호출하는 후속 파일 대상이 변경되어도 이를 자동으로 탐지하고 적용하는 기능이 포함되었습니다.

8.3 : HTTP/3의 최적화 기술

HTTP/3은 HTTP 프로토콜의 세 번째 주요 업데이트 버전입니다. HTTP/3은 RFC의 draft 17 이전 버전인 'HyperText Transfer Protocol over QUIC'의 내용을 바탕으로 하여 draft 18 버전부터 공식 용어로 사용 중입니다. 따라서 HTTP/3을 이해하려면 먼저 QUIC을 알아야 합니다. QUIC은 구글이 개발한, OSI 레이어 중 네 번째 계층에 해당하는 전달 계층 프로토콜입니다.

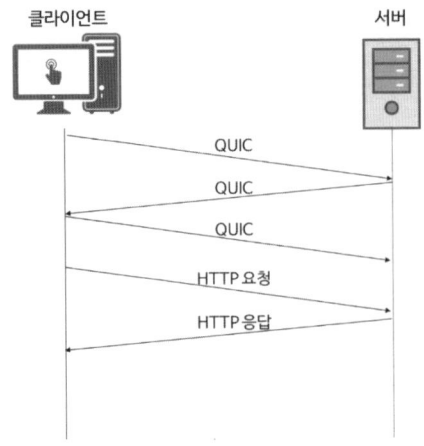

[그림 8-9] QUIC을 사용한 HTTP

8.3.1 QUIC

QUIC은 짐 로스킨드(Jim Roskind)를 주축으로 한 구글 팀에서 공식 발표한 프로토콜입니다. 초창기 QUIC이란 단어는 Quick UDP Internet Connections를 의미했습니다. QUIC은 UDP를 채택해 TCP의 성능을 개선하려는 기술입니다. 전달 속도와 향상과 더불어 클라이언트와 서버의 연결 수를 최소화하고 대역폭을 예상해 패킷 혼잡을 피하는 것이 QUIC의 주요 특징입니다.

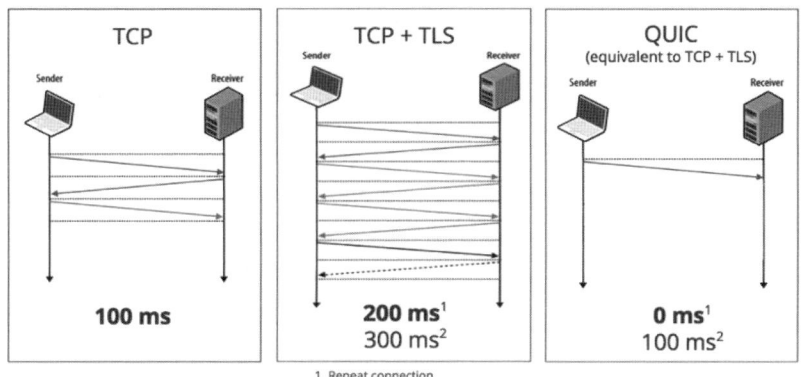

[그림 8-10] QUIC의 Zero RTT[4]

위 그림은 TCP, TCP와 TLS 그리고 UDP 기반의 QUIC을 사용했을 때 송신자와 수신자간 연결을 맺는 데 걸리는 시간을 테스트한 결과입니다. 이때 소요되는 시간이 RTT입니다. 이전에는 서로의 정보를 조금씩 보내어 결국 모든 정보 교환이 완료되었을 때 최종 연결을 완료하는 방식이었습니다.

QUIC은 이전에 클라이언트가 한 번이라도 접속했던 서버라면, 별도의 정보 교환 없이 바로 데이터를 보내는 기술을 소개하였습니다. 이 기능을 Zero RTT라고 합니다. 아직 실험 단계지만 완전히 상용화되면 HTTP/3 기술 중 가장 획기적인 기능이 될 것입니다.

8.3.2 HTTP/3의 등장 배경

TCP는 오래된 프로토콜로써 성능보다 기능에 초점을 두었습니다. 그러므로 멀티미디어 콘텐츠를 다양한 기기에 빠르게 전달해야 하는 상황에서 TCP의 한계를 극복

---

4) https://blog.chromium.org/2015/04/a-quic-update-on-googles-experimental.html

하고 최적화하는 것이 많은 기업들의 도전 과제였습니다. 구글은 이 분야에 핵심적인 견인차 역할을 해왔으며 SPDY와 HTTP/2, QUIC의 탄생에 깊이 관여했습니다.

이진 형태의 HTTP/2 프로토콜이 선보인 HPACK, 서버 푸시 등은 어느 정도 성공을 거두었습니다. 프레임을 사용한 멀티플렉싱은 HOL 문제를 해결했지만, 여전히 TCP 스택을 사용하였으므로 TCP 프로토콜 자체의 HOL을 완벽하게 해결하지는 못했습니다. 구글 그리고 HTTP/3을 담당하는 IETF 분과는 TCP의 높은 신뢰성과 UDP의 빠른 성능을 토대로 차기 버전의 연구를 계속하여 마침내 QUIC(Quick UDP Internet Connections) 기반의 HTTP/3을 고안했습니다. 현재는 HTTP/3이 HTTP 내에 QUIC을 구현한 최신 버전입니다.

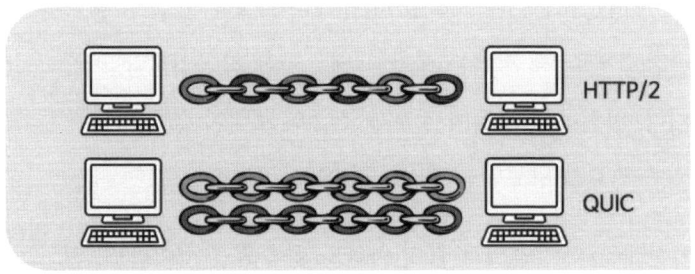

[그림 8-11] HTTP/2와 QUIC 비교

HTTP/2는 HTTP/1.1의 단점을 보완하고 새 기능을 추가해 웹 성능을 이끌어내는 전략을 사용했습니다. 그러나 HTTP/3은 새로운 기능을 추가하기보다 QUIC이라는 UDP 기반의 프로토콜을 사용해 TCP가 가지고 있는 HTTP/2의 단점을 보완하는 데 중점을 두었습니다.

8.3.3 HTTP/3의 특징

HTTP/3의 가장 큰 특징은 TCP/IP 기반 애플리케이션 레이어 프로토콜인 HTTP를 QUIC 위로 위치시켰다는 것입니다. 이를 'HTTP over QUIC', 줄여서 HQ라고 합니다. TCP의 일종이던 HTTP가 UDP 기반의 QUIC으로 바뀐 것이 큰 변화입니다. HTTP/2의 기술은 큰 변화없이 HTTP/3에 이어졌고 명칭은 HQframe, QPACK 등으로 변경되었습니다.

아래 그림의 HTTP/2와 HTTP/3의 기술 스택을 비교하면 UDP 기반 QUIC을 통한 성능 개선, TLS 1.3 버전 업그레이드를 통한 성능과 보안 개선이 주요 변화임을 알 수 있습니다.

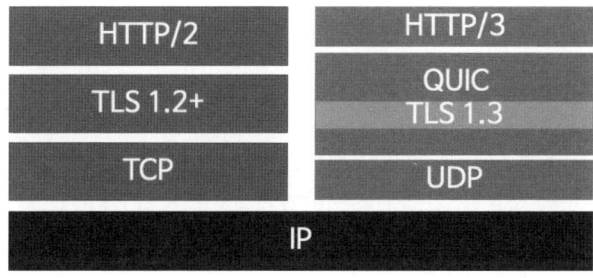

[그림 8-12] HTTP/3의 프로토콜 스택

그러므로 HTTP/3은 HTTP/2의 TCP HOL 문제만 개선한 것이 아니라 HTTP/2의 모든 기능을 계승해 UDP의 빠른 성능, QUIC의 효율성, TLS 1.3의 보안성까지 모든 장점을 가집니다.

8.3.4 HTTP/3을 지원하는 제품군

HTTP/3을 사용하려면 HTTP/2와 마찬가지로 웹 브라우저와 웹 서버, 즉 클라이언트와 서버 모두 HTTP/3 프로토콜을 지원해야 합니다.

LiteSpeed는 처음으로 HTTP/3 RFC의 내용에 따라 서버를 구현했습니다. 같은 시기 페이스북은 클라이언트가 HTTP/3을 지원하도록 업데이트했습니다. HTTP 서버의 구현체 라이브러리인 페이스북의 proxygen 프로젝트는 SPDY와 HTTP/2뿐만 아니라 HTTP/3까지 지원하도록 업데이트하였습니다.

페이스북의 또다른 프로젝트인 mvfst 라이브러리는 IEFT QUIC을 구현한 것입니다. 마이크로소프트의 에지 브라우저도 2019년 10월부터 HTTP/3을 지원하며 HTTP 클라이언트 도구인 curl도 적용 완료하였습니다.

Cloudflare와 구글은 Cloudflare의 CDN 상품에서 HTTP/3을 적용할 수 있는 옵션을 발표했습니다. 또한 크롬 브라우저의 카나리아 버전에 HTTP/3을 적용하기 위해 공동으로 개발 및 테스트를 진행했습니다. Nginx 또한 HTTP/3 구현체를 발표했으며 파이어폭스와 크롬 브라우저의 지원이 시작되었습니다.

8.3.5 새로운 프로토콜 적용 시 고려할 점

새로운 IT 기술을 먼저 적용할 경우 대두되는 사안은 보안 취약점과 사례의 부족입니다. 기존에도 넷플릭스와 구글 엔지니어가 HTTP/2의 여러 보안 취약점을 발견해 모든 업체가 이에 대한 보안 패치를 적용한 사례가 있었습니다.

또한 이미 HTTP/1.1이나 HTTP/2 기반 프런트엔드 최적화를 적용한 기업은 최적화 방안을 수정해야 합니다. 예를 들어 기업에서 브라우저의 병렬 다운로드를 통해 리소스를 빠르게 받아오는 도메인 분할 기법을 적용했다면, 멀티플렉싱 기반의 HTTP/2나 HTTP/3을 사용했을 때 오히려 성능이 반감될 수 있습니다. 브라우저의 프리페치 기능을 적용한 경우에는 이를 서버 푸시 기능으로 변경해야 할지 기술적으로 판단하고 충분한 성능 비교 테스트를 해야 합니다.

마지막으로 아직은 시장의 레퍼런스가 부족합니다. QUIC과 HTTP/3은 대부분 구글 서비스에 한정되어 있습니다. W3Techs의 조사 결과[5]에 따르면 HTTP/3을 사용하는 서비스는 아직 7.3% 수준이고 여전히 HTTP/1.1을 사용하는 서비스들도 상당히 많습니다. HTTP/3은 웹 서비스에 UDP를 사용하므로 얼마나 많은 기업과 공공기관, 통신사들이 특정 프로토콜을 내부 네트워크에 지원할지 그리고 이에 맞는 보안 설정을 빠르게 적용할지 여부도 미지수입니다.

HTTP/3이 발표된 지 얼마 되지 않아 현재는 과도기라 할 수 있습니다. 그러나 다양한 레퍼런스와 오픈 소스가 진행됨에 따라 앞으로 HTTP/3이 더욱 활성화될 것입니다.

---

5) https://w3techs.com/technologies/details/ce-http3

C H A P T E R

웹 최적화 트렌드

9.1 : 웹 최적화의 역사

웹 성능 최적화는 어떻게 시작되었고 지금은 어떤 상태일까요? HTTP 프로토콜이 처음 만들어졌을 때 웹 사이트에 게시된 콘텐츠는 대부분 텍스트였습니다. 초기 HTTP 버전은 텍스트 메시지를 효과적으로 전송하는 데 목적이 있었습니다. 그때만 해도 아날로그 전화선을 사용한 인터넷의 데이터 전송 속도가 50Kbps 미만이었기 때문에 텍스트만으로 이루어진 웹 사이트의 로딩 속도도 그리 빠르지 않았습니다. 이후 웹 기술들이 폭발적으로 발전하였습니다. 또한 일반 텍스트보다 더 풍부해진 정보들을 보내기 위해 HTTP/1.0이 만들어졌습니다. 상용 웹 브라우저들이 등장하면서 HTML 스펙도 1.0에서 2.0으로 업그레이드되었습니다. 무엇보다 일반인에게 인터넷 통신이 제공되어 이를 이용한 기업들의 비즈니스가 시작되는 시기이기도 했습니다.

텍스트와 더불어 이미지들이 페이지를 장식하기 시작하면서 기업들은 로딩 속도를 개선하는 백엔드 인프라에 투자를 시작했습니다. 따라서 이 시기의 웹 성능 최적화는 주로 서버 용량 증설이나 웹 서버 등 소프트웨어 성능 개선에 집중되었습니다. 이에 발맞추어 1997년 HTTP/1.1에는 웹 성능 최적화를 위한 여러 기능들이 추가되었습니다. 연결 효율화를 위한 Keep-Alive, 데이터 분할 전송을 위한 Chunked encoding, byte-range 기능 그리고 무엇보다 브라우저 캐시를 위한 메커니즘 등이 추가되었습니다.

2000년대에 들어서면서 온라인 상거래가 활성화되고 기업들의 디지털 전환[1]이 본격화되면서 웹 성능 최적화에 대한 기업들의 관심이 크게 높아졌습니다. 야후, 구글, 월마트 등의 글로벌 기업들이 웹 사이트 로딩 속도를 개선시키는 연구를 진행했습니다. 이 시기에 스티브 사우더스를 비롯한 많은 웹 전문가들이 웹 사이트 성능 최적화에 있어 프런트엔드의 중요성을 강조하기 시작했습니다. 또한 웹 사이트의 로딩 속도가 이탈률이나, 구매 전환율 같은 비즈니스 지표에도 큰 영향을 준다는 사실을 밝혔습니다. 오늘날 디지털 비즈니스에는 사용자 경험이 매우 강조됩니다. 그리고 웹 사이트 성능 개선은 사용자 경험 향상의 초석이자 첨병으로 평가됩니다. 앞서 설명한 것처럼 웹 사이트 로딩 시 대부분 시간이 브라우저 렌더링에 소요됩니다. 그러므로 웹 사이트의 성능을 높이고 사용자 경험을 향상시키려면 브라우저가 웹 리소스들을 처리하는 프런트엔드 최적화에 중점을 두어야 할 것입니다.

9.1.1 모바일 기기의 등장과 모바일 사이트 최적화

웹 사이트 최적화의 역사에서 모바일 기기의 등장을 빼놓을 수 없습니다. 모바일 네트워크 기반의 스마트폰 사용자들이 증가하여 웹 사이트의 많은 것들을 바꾸었습니다. 최초의 스마트폰은 1992년에 등장했다고 알려졌지만, 우리가 알고 있는 최초의 스마트폰은 2007년에 등장한 아이폰이라고 할 수 있습니다. 이후 삼성 갤럭시가 시장에 가세

---

1) 디지털 기술을 비즈니스의 모든 측면에 통합하는 과정.

하면서 모바일 트래픽이 크게 증가했습니다. 모바일 기기의 트래픽이 데스크톱 기기의 트래픽을 크게 앞지르면서, 이제는 모바일 사용자의 경험이 훨씬 중요해졌습니다.

이후 모바일과 데스크톱 사용자의 사이트 경험을 동일하게 만들기 위해 반응형 웹 기술이 적용되었습니다. 반응형 웹은 데스크톱과 모바일 기기 사용자가 동일한 기능과 사용자 인터페이스를 경험하도록 하자는 디자인 패러다임입니다. 하지만 하나의 웹 사이트에서 데스크톱과 모바일 브라우저 모두에 적용되는 콘텐츠를 제공하려다 보니, 데스크톱에서 나타나는 커다란 이미지들을 모바일 기기에도 동일하게 다운로드했습니다. 이로 인해 모바일 기기에서 사이트 로딩이 크게 느려져 모바일 사용자들의 경험에 부정적인 영향을 미쳤습니다.

이러한 문제를 해결하기 위해 미디어 쿼리, ⟨picture⟩ 태그, srcset 속성 등을 이용해 사용자 기기에 따라 다른 크기의 리소스들을 다운로드하도록 했습니다. 또는 브라우저에서 자바스크립트가 그때그때 필요한 데이터를 다운로드해 처리하는 등의 기법이 도입됩니다. Single Page Application(SPA) 관련 기술들도 여기에 해당합니다. 이러한 기법을 사용하면 모바일 기기는 모바일에 필요한 리소스들만 다운로드하면 되므로 전송되는 리소스 크기가 작고 렌더링은 빨라집니다. 그러나 브라우저에서 수행되는 자바스크립트들이 무거워져 초기 다운로드와 구동 시 시간이 걸릴 수 있는 단점이 있습니다.

또 다른 접근법으로 서버 측에서 접속자의 환경을 미리 파악하여 최적화된 리소스들을 만들어 내려주는 방법이 있습니다. 이 접근법은 여러가지 면에서 이상적이긴 합니다만, 아직 접속 기기의 정보를 정확하기 파악하기 어렵다는 단점이 있습니다. 따라서 어떤 접근법이 이상적이라고 말하기 어려우므로 사이트의 성격에 따라 다른 접근법을 사용하는 것을 권장합니다. 예약 사이트나 장바구니, 결제 페이지처럼 기능이 강조되거나 페이지의 일부분이 변경되는 사이트에는 SPA 접근법이 적절합니다. 이미지나 동영상 등 시각적인 부분이 강조되고, 다음 페이지로 이동할 때마다 전체 페이지가 다시 로딩되어야 하는 경우에는 서버 측 접근법이 더 효율적입니다.

이 밖에 구글은 모바일 사용자의 경험을 극대화하기 위해 PWA(Progressive Web Application)와 AMP(Accelerate Mobile Page)를 제시했습니다. 이 두 가지 개념과 관련 기술은 나머지 절에서 자세히 알아보겠습니다.

9.2 : PWA

여러분은 스마트폰을 사용할 때 모바일 앱과 모바일 웹 중 어느 것을 더 선호하시나요? 글로벌 디지털 미디어 분석 기관인 ComScore의 보고서에 따르면 스마트폰 이용자들의 90%가 모바일 웹보다 모바일 앱에서 더 많은 시간을 보낸다고 합니다.

스마트폰에 설치되어 구동되는 네이티브 앱에는 여러 가지 장점이 있습니다. 인터넷이 연결되지 않아도 앱이 구동되므로 브라우저처럼 인터넷 연결이 끊어졌을 때 하얀 화면을 보아야 하는 답답함이 없습니다. 또한 기기의 운영 체제와 보다 잘 통합되어 더 매끄러운 사용자 경험을 할 수 있습니다. 백그라운드에서 관심 있는 뉴스나 정보의 푸시 알림을 보내줍니다. 기기의 고유 기능들에도 쉽게 접근해 다양하고 편리한 기능을 수행할 수도 있습니다.

하지만 네이티브 앱을 사용하려면 앱 스토어에서 검색하고 다운로드해야 하는 불편함이 있습니다. 용량이 큰 앱은 다운로드와 설치가 완료될 때까지 시간이 걸린다는 단점도 있습니다. 또한 설치된 앱들이 많을수록 기기의 성능이 떨어지고 앱의 수행 속도도 눈에 띄게 느려집니다. ComScore의 보고서에 따르면 대부분 사용자는 전체 모바일 사용 시간 중 약 50% 시간을 1개 앱에서 보내며 약 80% 시간을 3개 앱에서, 약 96% 시간을 10개 앱에서 보냅니다. 나머지 앱은 대부분 일회성으로 사용되고 잊

혀집니다. 그런데도 많은 앱들을 지우지 않고 유지하는 이유는 필요할 때 다시 설치해야 하는 불편함 때문일 것입니다. 스마트폰 가격이 비싸지면서 중저가 스마트폰 구매자들도 늘어나고 있어 최신 사양에 맞추어 개발된 모바일 앱들은 오히려 중저가 스마트폰 사용자의 경험을 저하시킬 수 있습니다.

반면 네이티브 앱과 다르게 모바일 웹에서 제공하는 몇 가지 중요한 이점들이 있습니다. 브라우저에서는 URL만 클릭하면 웹 사이트에 접속할 수 있어 애플리케이션을 검색하고 설치하는 것보다 빠르고 쉽게 접근할 수 있습니다. URL 링크만으로 많은 사용자들에게 사이트 정보를 전파할 수도 있습니다. 정리하자면 네이티브 앱은 높은 기능성을, 모바일 웹은 넓은 범용성을 제공한다고 할 수 있습니다.

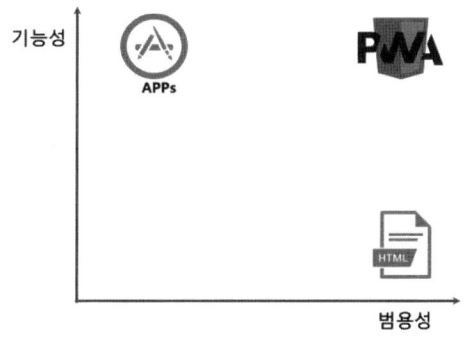

[그림 9-1] 네이티브 앱과 모바일 웹의 차이

PWA는 이러한 네이티브 앱과 모바일 웹의 장점을 모두 갖추도록 특정 기술과 표준 패턴을 사용해 개발한 웹 앱입니다. 구글의 개발자인 알렉스 러셀(Alex Russell)과 디자이너 프랜시스 베어만(Frances Berriman)에 의해 처음 제시되었습니다. 알렉스가 블로그[2]에 설명한 PWA의 세부 사항은 구글 I/O 2016에 소개되며 널리 사용되기 시작했습니다.

---

2) https://infrequently.org/2015/06/progressive-apps-escaping-tabs-without-losing-our-soul/

PWA는 브라우저를 통해 구동되므로 사용자가 접근하기에 유용하며, 별도로 설치하지 않아도 됩니다. 오프라인에서 동작할 수 있고, 필요한 경우 푸시 알림을 통해 주요 정보를 능동적으로 전달할 수도 있습니다. 전체 화면은 모바일 앱처럼 구성되고, 모바일 앱과 동일하게 홈 화면에 앱 아이콘을 추가할 수도 있습니다. 또한 이미 잘 알려진 기술들을 사용하므로 비교적 적은 노력으로 PWA의 핵심 기능들을 구현할 수 있습니다.

알렉스는 PWA가 다음과 같은 몇 가지 핵심 특징을 가져야 한다고 강조합니다.

1. 모든 형태의 화면에 반응(responsiveness)해야 합니다. 즉 모든 기기 화면이나 브라우저에서 사용할 수 있어야 합니다. 모바일, 노트북뿐만 아니라 시계, 냉장고, 안경 등 인터넷이 가능한 기기가 확대되고 있어 이러한 기기 화면에서도 실행할 수 있어야 합니다. 현재 사용되는 반응형 웹 기술들은 이러한 요구 사항을 잘 충족합니다.

2. 네트워크 독립적이어야 합니다. 이에 따라 오프라인이나 네트워크 연결이 불안정한 상황에서도 동작할 수 있어야 합니다. 서비스 워커(service worker) 기술은 주요 리소스들을 캐시해 오프라인일 때도 로딩시킬 수 있습니다.

3. 앱과 같은 상호 작용 기능이 있어야 합니다. 웹 콘텐츠지만 앱처럼 사용자에게 편리한 기능들을 제공해야 합니다. PWA는 셸(shell)과 콘텐츠가 분리된 모델을 사용하여 탐색과 조작 방식이 웹과 비슷합니다.

4. 항상 최신 내용으로 업데이트되어 있어야 합니다. 서비스 워커의 업데이트 프로세스가 캐시된 리소스들을 최신으로 유지합니다.

5. 웹이나 앱의 모든 연결은 보안상 안전해야 합니다. 대부분의 앱이 민감한 사용자 정보들을 포함하므로 항상 HTTPS를 사용해 암호화된 데이터를 전송해야 합니다.

6. 아무리 훌륭한 웹 앱이라도 사용자들이 알지 못하면 무용지물입니다. 그러므로 구현된 애플리케이션은 웹의 검색 엔진에서 쉽게 찾을 수 있어야 합니다. 애플리케이션 매니페스트 파일(application manifest file)은 브라우저가 응용 프로그램을 식별하는 데 중요한 역할을 하며 애플리케이션 이름, 작성자 및 설명을 포함한 응용 프로그램 정보가 들어 있습니다.

7. 재참여할 수 있어야 합니다. 예를 들면 새 콘텐츠를 사용할 수 있을 때 알림을 보내 사용자가 다시 열어볼 수 있게 해야 합니다. 이러한 기능은 브라우저의 푸시 알림 API를 사용해 구현할 수 있습니다.

8. 설치할 수 있어야 합니다. 기기 홈 화면에 언제든 아이콘을 추가해 빠르게 접속할 수 있어야 하며 이러한 기능은 모바일 브라우저 기능으로 지원됩니다. 예를 들어 사이트를 방문해 홈 화면에 추가 옵션을 클릭하면 앱이 홈 화면에 즉시 나타납니다.

9. 쉽게 연결할 수 있어야 합니다. 웹처럼 간단하게 URL을 전송해 콘텐츠를 공유할 수 있어야 하며 이것은 웹이 가진 가장 큰 장점입니다.

다음은 PWA를 사용할 때의 몇 가지 이점입니다.

1. 서비스 워커를 사용한 캐시로 앱 로딩 시간을 줄이고 데이터를 경제적으로 사용할 수 있습니다. 심지어 오프라인에서도 앱 로딩이 가능하므로 사용자의 웹 앱 경험을 향상시킬 수 있습니다.
2. 앱 업데이트 시 변경된 콘텐츠만 업데이트할 수 있어 매우 효율적입니다. 네이티브 앱은 조그마한 수정에도 애플리케이션 전체를 다시 다운로드해야 하므로 많은 시간과 비용이 낭비됩니다.
3. 플랫폼과 상관없이 반응형으로 동작하므로 다양한 플랫폼들 위에서 보다 통합된 형태를 전달할 수 있습니다.
4. 시스템 알림 및 푸시 메시지를 통해 사용자의 재참여를 이끌어내고 이를 통해 구매 전환율 같은 비즈니스 지표를 개선할 수 있습니다.

9.2.1 PWA 주요 기술

지금까지 PWA의 특징을 설명했습니다. 이번 절에서는 그 특징들을 구현하는 PWA의 주요 기술에 대해 알아보겠습니다.

PWA 애플리케이션 아키텍처

PWA는 크게 애플리케이션 셸과 콘텐츠로 구성된 아키텍처입니다. 애플리케이션 셸은 응용 프로그램의 인프라를 설명하는 개념입니다. 앱이 처음 동작하는 데 필요한 모든 정적 파일로 구성되며 웹 개발과 관련된 HTML, CSS, 자바스크립트 및 이미지 파일이 여기에 포함됩니다. 콘텐츠는 애플리케이션 수명 주기 동안 변경될 수 있는 데이터로써 동적인 데이터가 주를 이루므로 애플리케이션 셸에서는 제외됩니다. 콘텐츠는 일반적으로 API 서비스를 통해 노출, 조회됩니다.

앱을 처음 로딩할 때 애플리케이션 셸 파일들을 캐시해야 네트워크 연결 없이 앱이 작동할 수 있습니다. 첫 페이지가 로딩되지 않으면 사용자가 앱에서 완전히 이탈할 가능성이 높아집니다. 네트워크 문제가 사용자 경험에 영향을 줄 수 있지만 사용자를 완전히 이탈하게 하면 안 됩니다. 이때 PWA는 콘텐츠가 로딩되지 않아도 캐시된 정적 파일들을 활용해 다양한 방법으로 사용자가 응용 프로그램에 계속 참여하도록 할 수 있습니다. 작지만 재미있는 이미지나 애니메이션을 넣는다든가 스피닝 아

아이콘을 보여주는 방법 등을 적용할 수 있습니다.

오프라인 로딩은 서비스 워커를 이용해 수행됩니다. 서비스 워커가 오프라인 상황을 대비해 정적 리소스들을 캐시할 수 있지만, 사용자가 웹 사이트를 최초 로딩하면 서비스 워커 스크립트를 비롯한 모든 리소스들을 다운로드해야 합니다. 따라서 이들을 모두 로딩하는 데 걸리는 시간을 최소화하려면 지금까지 살펴보았던 파일 크기 줄이기, 네트워크 요청 수 최소화, 렌더링 가속화 등의 최적화 방법들을 고려해 개발해야 합니다.

애플리케이션 셸은 네이티브 앱과 비슷한 사용자 인터페이스를 제공하기 위한 것입니다. 간단하게는 머리글(header), 바닥글(footer), 탐색 메뉴로 구성될 수도 있지만 특별히 정해진 양식은 없습니다. 콘텐츠에 따라 사용자 내비게이션이 크게 달라지는 사이트라면 기존 애플리케이션 셸이 적합하지 않을 수도 있습니다. 일반적으로 오프라인에서 사용하기 위해 셸에 필요한 리소스들과 가장 많이 사용되는 리소스들을 캐시합니다.

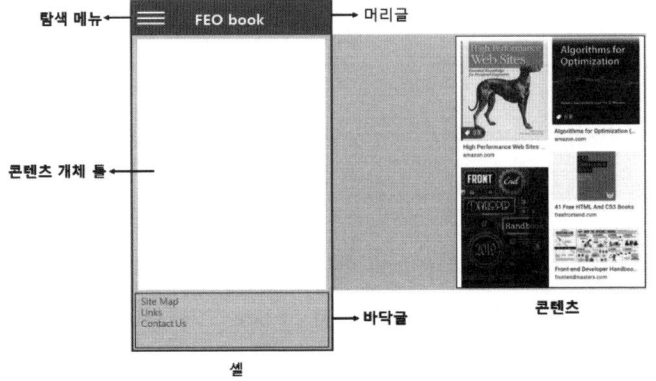

[그림 9-2] 애플리케이션 셸 아키텍처

애플리케이션 매니페스트 파일[3]

매니페스트 파일은 앱의 정보를 담고 있는 JSON 기반 파일입니다. 홈 화면에 앱 아이콘을 설치하거나 앱이 로딩될 때 첫 페이지, 표시 방향 등의 구동 정보를 설정하기 위해 필요합니다.

```
<script type="application/ld+json">
{
    "lang": "ko"
    "name": "Feo Books",
    "description": "This guides you how to optimize your websites!",
    "icons": [{
        "src": "/images/icons-1.png",
        "type": "image/png",
        "sizes": "192x192"
    },{
        "src": "/images/icons-2.png",
        "type": "image/png",
        "sizes": "512x512"
    }],
    "scope": "/books/",
    "start_url": "/books/index",
    "background_color": "#3367D6",
    "display": "fullscreen",
    "orientation": "landscape",
    "theme_color": "aliceblue",
}
</script>
```

---

[3] https://w3c.github.io/manifest/

매니페스트 파일에 정의할 수 있는 주요 속성들은 아래 표와 같습니다.

속성	설명
name or short_name	홈 화면에 추가할 때 사용될 이름을 추가합니다. short_name은 전체 이름을 나타내기에는 허용된 공간이 충분하지 않을 때 사용합니다.
Icons	홈 화면, 앱 런처 등에 사용될 아이콘을 지정합니다. 여러 개의 아이콘들을 설정할 수 있으며, 최소한 192 x 192, 512 x 512와 같이 두 개의 아이콘을 추가할 것을 권장합니다. 크롬에서는 이 두개의 아이콘을 앱 로딩이 완료되기까지의 구동 화면으로 사용합니다.
start_url	앱이 처음 구동될 때 로딩시킬 페이지의 URL을 지정합니다. 사용자가 특정 화면에서 앱을 홈 화면에 추가했더라도 구동 시에는 이 화면이 로딩됩니다. 앱이 처음 로딩될 때 사용자들에게 가장 필요한 화면을 지정하는 것을 권장합니다.
background_color	앱 로딩이 완료될 때까지 사용자에게 보이는 구동 화면의 배경색을 지정합니다.
display	웹 앱이 화면에 나타나는 방법을 결정합니다. 일반적인 네이티브 앱은 standalone 방식으로 구현됩니다. 이 외에도 fullscreen, minimal-ui 등의 옵션이 있습니다.
orientation	구동 시 화면을 가로 방향으로 할지 세로 방향으로 할지 결정합니다.
scope	해당 웹 앱이 탐색 가능한 URL들의 범위를 지정하며 범위는 '/books/'와 같이 URL 콘텍스트로 표현합니다. 사용자가 범위를 벗어나는 URL을 탐색할 경우 일반 웹 페이지로 간주되며 start_url도 scope에 포함해야 합니다.
Theme_color	모든 페이지에 적용될 주소창의 색을 지정합니다.

[표 9-1]

그리고 브라우저가 이 매니페스트 파일을 쉽게 찾을 수 있도록 아래 예처럼 모든 웹 페이지에 파일 링크를 설정해 두는 것을 권합니다.

```
<link rel="manifest" href="/manifest.json">
```

서비스 워커

서비스 워커(service worker)는 오프라인에서 PWA를 구동할 수 있는 자바스크립트 형태의 핵심 기술입니다. 브라우저와 독립적으로 백그라운드에 실행되며 다양한 요청들을 비동기적으로 처리합니다. 브라우저와 네트워크 사이에서는 일종의 프록시처럼 동작하며 네트워크 관련 요청을 가로채 처리하기도 합니다. 또한 캐시에 리소스를 캐싱하거나 검색하고 필요에 따라 푸시 메시지를 전달할 수도 있습니다.

이를 통해 PWA는 인터넷에 연결되어 있지 않을 때도 캐시에 저장된 데이터나 애플리케이션 셸을 표시하고 네트워크에 연결되지 않았음을 사용자에게 알릴 수 있습니다. 이후 네트워크에 연결되면 경고가 비활성화되고 최신 데이터가 검색됩니다.

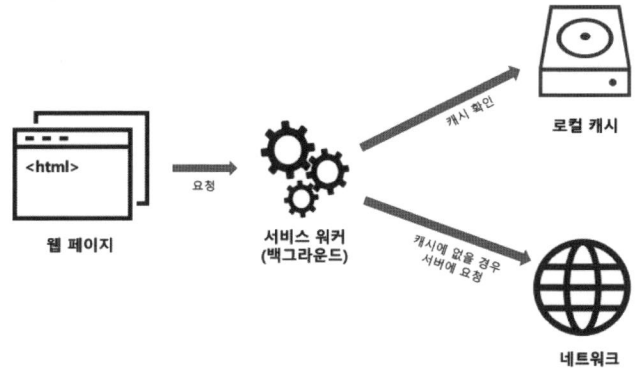

[그림 9-3] 서비스 워커 아키텍처

현재는 푸시 알림과 백그라운드 동기화 기능도 제공하는데 푸시 알림은 서버에서 사용자 측에 필요한 정보를 일방적으로 전달하는 것을 의미합니다. 물론 이를 위해 사용자의 동의를 구하는 절차가 선행되어야 합니다. 사용자가 푸시와 알림에 동의하면 서비스 워커는 푸시 서비스에 구독한 것으로 등록하고 이후 서버는 구독한 사용자에게 필요한 데이터를 푸시할 수 있습니다.

백그라운드 동기화 기능은 전송 중인 메시지나 데이터가 네트워크 문제로 정상 전달되지 못했을 때 잠시 로컬 저장소에 저장해 두었다가, 네트워크가 다시 원활해지면 백그라운드에서 전송을 완료하는 기능입니다. 이 기능은 채팅 외에도 이메일, 문서나 사진 업로드와 다운로드 등의 작업을 온전히 전송하는 데 유용합니다.

한 가지 알아둘 점은 서비스 워커는 DOM에 직접 엑세스할 수 없다는 것입니다. 이는 웹 워커처럼 자바스크립트를 사용하는 워커들의 공통 특성이므로 새로운 점은 아닙니다. 대신 postMessage 인터페이스를 통해 전달된 메시지에 응답하는 콜백(callback)방식으로 제어 대상 페이지와 통신할 수 있으며 이러한 비동기적 방식으로 DOM을 조작할 수 있습니다.

서비스 워커는 등록, 설치, 활성화의 단계를 거칩니다. 등록은 사용자가 웹 앱을 최초 방문 시 서비스 워커 스크립트를 다운로드하고 브라우저에 등록하는 단계입니다. 서비스 워커도 자바스크립트이므로 최초 한 번뿐이라 해도 브라우저 렌더링에 영향을 줄 수 있습니다. 따라서 등록 시점을 적절히 결정해 등록하는 것을 권합니다. 설치 단계에서는 캐시를 생성하고 필요한 파일들을 캐시에 저장하는 작업들이 수행됩니다. 셸에 필요한 스타일 시트나 스크립트 파일들, 오프라인에서도 사용될 리소스들을 미리 캐시합니다. 활성화 단계가 되면 요청된 캐시를 제공하거나 네트워크 프록시 역할 등을 수행합니다.

서비스 워커의 수명 주기와 세부 상태는 크롬 개발자 도구에서 다음 그림과 같이 확인할 수 있습니다.

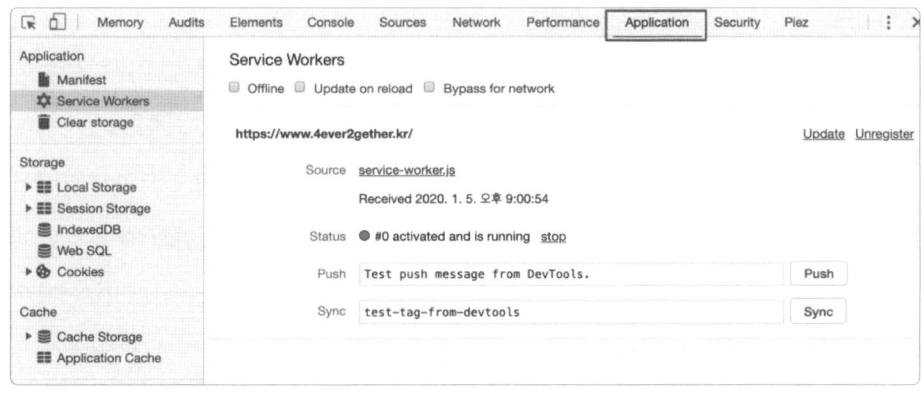

[그림 9-4] 크롬 개발자 도구에서 서비스 워커 상태 확인

서비스 워커 기능은 계속 진화하고 있습니다. 조만간 주기적 동기화와 지오펜싱 기능도 추가될 예정이라고 하니 향후 서비스 워커를 통해 네이티브 앱의 기능들을 웹 앱에서도 구현할 수 있을 것입니다.

9.2.2 PWA 사례

웹 사이트에서 다양하고 재미있는 PWA 구현 사례들을 확인할 수 있습니다. QR Scanner, Voice Memo 등 실생활에 유용한 사례들 그리고 POKEDEX 같은 게임 사례들뿐만 아니라 산업별로 잘 구현된 PWA 사이트들을 찾아 방문할 수 있습니다. 지금부터는 PWA가 잘 구현된 사례들을 소개합니다.

스타벅스

스타벅스(App.starbucks.com)는 사용자 친화적인 주문 시스템을 PWA로 구현했습니다. 네이티브 앱이 이미 있지만 이와 유사한 경험을 제공하는 PWA를 추가로 개발한 이유는 다음과 같습니다. 기존 네이티브 앱보다 웹 앱이 훨씬 가볍고 오프라인에서도 동작할 수 있어 네트워크 연결이 자주 끊어지거나 불안정한 지역의 사용자들에게도 긍정적인 경험을 제공할 수 있기 때문입니다. 실제로 기존 네이티브 앱을 지우고 웹 앱을 이용하는 사용자가 지속적으로 증가하고 있고 매일 웹 주문을 하는 사용자 수는 기존 대비 두 배로 늘어났습니다.

[그림 9-5] 스타벅스의 PWA

MakeMyTrip

인도의 여행 사이트인 MakeMyTrip(www.makemytrip.com) 역시 PWA의 모범 사례입니다. 매달 약 800만 명의 방문자가 이 사이트를 방문합니다. 인도는 대부분 사용자가 모바일 환경을 선호하고 중저가 기기를 많이 사용합니다. 그러므로 MakeMyTrip은 이러한 환경에서 빠르고 신뢰할 수 있는 모바일 웹 경험을 제공하고자 PWA를 개발했습니다. 이를 통하여 페이지 로딩 시간을 38% 단축하였고 구매 전환율을 3배로 높였습니다. 이전 모바일 사이트 대비 사용자 세션이 160% 증가하고 이탈률이 20% 감소했습니다.

[그림 9-6] MakeMyTrip의 PWA

Pinterest

Pinterest(www.pinterest.co.kr)는 사용자가 스크랩한 이미지를 포스팅하고 대중과 공유하는 소셜 네트워크 서비스입니다. Pinterest에서 비로그인 사용자들의 로그를 분석해 모바일 웹의 성능이 느리기 때문에 전체 사용자의 1%만 실제 가입, 로그인 또는 앱 설치로 전환한다는 결과를 얻었습니다. Pinterest는 이 전환율을 높이기 위해 PWA 기술을 사용해 모바일 웹을 재구축하였고 이후 긍정적인 결과를 얻었습니다. 이전 모바일 웹에 비해 사용자들이 머문 시간이 40% 증가하였고 이에 따른 광고 수익 또한 44% 증가했습니다. 그리고 주요 기능에 대한 이용자들의 참여도 60% 증가했습니다.

[그림 9-7] Pinterest의 PWA

이 외에도 많은 PWA 성공 사례들이 PWA Stats[4]에 게시되어 있습니다.

9.3 : AMP

지금까지 살펴본 웹 최적화 기법은 모두 잘 알려져 있습니다. 웹 사이트 최적화에 관심을 갖고 있거나 관련 업무를 수행하는 분들이라면 저어도 한 번쯤 관련 서적이나 개발자 블로그 등을 통해 흥미롭게 읽었을 내용들입니다. 그렇다면 웹 사이트를 가속화할 널리 알려진 방법들이 있는데도 우리의 웹 사이트는 왜 성능 이슈에서 벗어나지 못할까요?

바로 웹 개발자들이 성능 최적화 방법들을 바르게 알지 못하거나, 알고 있다 해도 개발 일정에 밀려 필요한 최적화 기법들을 적시 적소에 적용하지 못하기 때문입니다. 웹 사이트 개시 초기에는 매우 경량화되어 있어 로딩 속도가 빠르다 하더라도 시간

---

4) https://www.pwastats.com/

이 지날수록 관리 부재로 사이트가 점점 무거워집니다. 또한 무분별한 광고 또는 분석 스크립트 같은 타사 리소스들이 추가되어 로딩 속도가 점차 느려지고 결국 사용자 경험에 부정적인 영향을 줍니다.

AMP는 이미 성능 최적화가 된 웹 컴포넌트들을 제공합니다. 또한 타사 리소스들을 무분별하게 추가할 수 없도록 강제함으로써 개발자가 복잡하고 어려운 최적화 기법에 더 이상 신경쓰지 않고 사이트 개발에만 집중할 수 있도록 도와주는 프레임워크입니다. 이론상 AMP에서 제시하는 방법대로 개발하면 웹 사이트는 기존보다 4배 정도 빠르게 로딩되어 사용자 경험에 긍정적인 영향을 미칩니다. 따라서 이탈률, 구매 전환율 같은 기업의 비즈니스 지표 역시 향상시킬 수 있습니다.

AMP는 구글이 공개하여 현재까지 구글 주도로 개발되고 있습니다. 또한 WICG(Web Platform Incubator Community Group)의 프로젝트들을 통한 웹 표준화 작업도 진행 중입니다. AMP의 특징들이 표준화되면 굳이 AMP를 사용하지 않더라도 빠른 웹 사이트를 구축할 수 있게 될 것입니다. 특히 구글은 현재 AMP로 구현된 사이트에만 개방되어 있는 top stories carousel과 같은 특별한 구글 검색 기능들을 모든 사이트에 개방할 수 있게 됩니다.

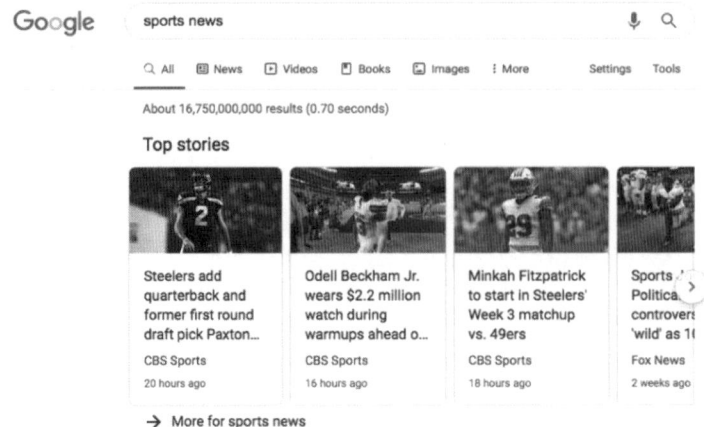

[그림 9-8] 구글 검색의 top stories carousel

9.3.1 AMP의 특징

구글은 AMP가 웹 사이트의 성능을 향상시키는 방법을 다음 7가지로 설명합니다.

1. **콘텐츠 렌더링을 방해하지 않습니다.**

   앞서 브라우저의 중요 렌더링 경로에서 살펴보았듯 자바스크립트는 브라우저의 HTML 구문 분석과 렌더링 작업을 방해하기 때문에 비동기 방식으로 처리하는 것을 권합니다. AMP는 모든 자바스크립트들을 비동기적으로 로딩시키고 처리함으로써 주요 콘텐츠들의 렌더링을 방해하지 않습니다. AMP는 자체적으로 제공하는 컴포넌트뿐만 아니라 Lightbox, twitter, facebook 등 확장 컴포넌트에도 이러한 비동기식 자바스크립트 처리 방법을 적용합니다. 또한 타사에서 제공하는 스크립트가 렌더링을 방해하지 않도록 임의 스크립트 추가를 금지하며 AMP에서 제공하는 스펙에 맞도록 개발된 타사 스크립트만 정해진 양식에 맞추어 사용하도록 합니다.

2. **레이아웃을 미리 결정하여 리플로우를 방지합니다.**

   브라우저가 HTML의 구문을 분석해 관련 리소스들을 다운로드한 후 레이아웃을 결정할 때 다운로드한 리소스들의 정확한 크기를 알지 못하면 기존의 배치를 자주 수정하고 변경합니다. 이때 문서 내의 위치와 블록 크기를 다시 계산하고 문서 일부 또는 경우에 따라서는 문서 전체를 다시 렌더링하는 리플로우(reflow)를 발생시킵니다. 이러한 브라우저 리플로우는 웹 페이지 로드 지연 요소 중 하나입니다.

   AMP는 이미지나 iframe 등 정적 리소스들의 크기를 필수 지정하도록 합니다. 따라서 리소스들을 모두 다운로드하기 전에 브라우저는 미리 필요한 레이아웃을 만들어 놓을 수 있고 불필요한 리플로우를 방지함으로써 렌더링 속도를 향상시킵니다.

3. **경량화된 CSS를 HTML 내부에 작성하여 렌더링을 빠르게 시작합니다.**

CSS는 웹 페이지를 구성하는 데 필수적인 요소지만 자바스크립트와 더불어 렌더링과 페이지 로딩을 방해하는 요소기도 합니다. 웹 사이트가 복잡해지며 CSS 파일도 점점 커지는 경향이 있습니다. 이는 하나의 페이지에 필요한 스타일 룰이 극히 적은데도 불필요한 다른 스타일 룰 세트가 많이 추가되기 때문입니다. AMP는 사이트 렌더링을 빠르게 시작하기 위해 HTML 안에 하나의 스타일 시트만 작성하도록 강제합니다. 정리하면 웹 폰트를 다운로드하는 목적 외에는 외부 CSS 링크를 허용하지 않으며 크기를 50KB로 제한하여 불필요한 스타일 룰들이 추가되는 것을 방지합니다.

4. **웹 폰트를 최적화합니다.**

   웹 폰트는 중요한 스타일 요소 중 하나입니다. 폰트 다운로드가 늦어지면 텍스트 렌더링이 지연되어 결국 페이지 로딩 시간을 느리게 하는 원인이 됩니다. 특히 기업이나 개인이 별도로 만든 맞춤 폰트는 크기가 매우 커서 다운로드에 많은 시간이 걸립니다. AMP에는 폰트 다운로드를 방해할 만한 HTTP 요청이 없어 필요한 폰트들을 빠르게 다운로드할 수 있습니다. 실제로 CSS는 HTML 안에 포함되고 자바스크립트 파일들은 async 속성을 이용해 별도 다운로드하므로 다른 중요 리소스들이 폰트 다운로드에 영향을 주지 않습니다. 게다가 다운로드가 실패하지 않도록 다양한 장치들을 준비하고 있습니다.

5. **스타일과 화면 재배치를 최소화합니다.**

   일반적으로 브라우저는 모든 콘텐츠가 다운로드되기 전까지 전체 크기를 계산할 수 없습니다. 여러 개의 자바스크립트가 화면 재배치를 시도하면 계산이 더욱 복잡해집니다. 하지만 자바스크립트를 이용한 동적 화면 구성은 요즘의 웹 사이트에는 필수적이므로 성능을 이유로 사용하지 않을 수는 없습니다. 그래서 AMP는 화면 재배치 작업을 최대한 효율적으로 관리하는 기능을 제공합니다. 화면 재배치와 같은 고성능 작업을 최소화하기 위해 지능적으로 모든 읽기와 변경을 통합합니다. 실제로 AMP는 페이지가 로딩을 완료하기까지 1회에서 2회 정도의 화면 재배치만을 수행합니다.

6. **GPU 가속으로 CPU 사용을 효율화합니다.**

   지금까지 브라우저는 CPU(Central Processing Unit)만 사용해 페이지를 화면에 표현하는 모든 작업을 수행했습니다. 그러나 초당 픽셀 처리량에는 CPU보다 GPU(Graphic Processing Unit)가 훨씬 효율적이며 빠르다고 알려졌습니다. GPU는 컴퓨터에서 애니메이션이나 3D 게임 같은 시각적 리소스들을 빠르게 처리할 수 있도록 최적화된 프로세서로 사용자에게 끊김 없는 영상을 제공하기 위해서는 초당 60회 이상의 프레임이 처리되어야 합니다. 이와 같은 고성능 계산을 전적으로 CPU가 처리하면 다른 작업 처리가 지연됩니다. 그러므로 AMP는 이러한 고성능 그래픽 처리 작업을 GPU에 넘겨 분산 처리하게 하고 CPU가 처리해야 할 작업들을 줄여줌으로써 페이지를 더 빠르게 로딩시킵니다.

7. **중요한 리소스부터 로딩시킵니다.**

   AMP는 가장 중요한 리소스들을 먼저 다운로드하도록 설계되었습니다. 또한 전체 페이지의 레이아웃을 빠르게 파악할 수 있어 첫 페이지 로드 시 화면에 보이는 부분(above the fold)의 리소스들과 스크롤링을 해야 보이는 부분(below the fold)의 리소스들을 미리 파악합니다. 이후 보이지 않는 부분의 리소스들을 사용자가 찾기 전까지는 화면에 로딩하지 않습니다. 하지만 사용자가 스크롤 같은 이벤트로 해당 리소스 로딩을 요청하면 이들을 빠르게 화면에 로딩시키기 위해 필요한 리소스들을 별도의 스레드로 미리 다운로드합니다(프리페치).

9.3.2 AMP의 구성 요소

AMP 웹 사이트에서는 AMP의 주요 모듈을 아래와 같이 크게 4가지로 나눕니다.

1. AMP Websites

   AMP를 사용해 고성능 웹 사이트를 만듭니다. AMP HTML 명세에 맞추어 HTML을 작성함으로써 구현합니다.

2. AMP Stories

   AMP를 사용해 스토리 기반 웹 사이트를 구현합니다. 이는 일종의 프레젠테이션 모드라 생각하면 이해하기 쉽습니다. 특정 주제와 관련된 텍스트, 이미지, 애니메이션, 비디오 등을 각각의 페이지로 구성하고 이들을 묶어 하나의 스토리로 구성함으로써 흥미로운 주제와 시각적 콘텐츠로 사용자의 몰입을 이끌어낼 수 있습니다.

3. AMP Ads

   AMP를 사용해 사이트 성능에 영향을 주지 않고 광고를 송출합니다. 이때 AMP Ads 명세에 맞추어 광고 콘텐츠를 제작합니다.

4. AMP Email

   다양한 AMP 컴포넌트들을 이메일 본문에 사용해 더욱 동적이며 사용자와 상호 작용이 가능한 내용을 추가할 수 있습니다. 이메일 콘텐츠 내에 AMP HTML이 제공하는 여러 시각적인 컴포넌트와 대화형 컴포넌트들을 추가할 수도 있습니다. 또한 이메일 내에서 수신자가 다양한 작업을 수행할 수 있습니다.

위 모듈들은 몇 개의 AMP 명세와 다양한 컴포넌트들에 의해 만들어지는데 이 절에서는 AMP Websites를 중심으로 설명합니다. 나머지 모듈들은 AMP Websites와 비슷하거나 AMP의 일부 컴포넌트를 사용하여 구현할 수 있습니다. 각 명세와 구성 요소들에 대한 자세한 설명 및 구현 가이드는 AMP 공식 사이트[5]를 참고하시기 바랍니다.

AMP HTML

AMP Websites, AMP Stories, AMP Ads 모듈들은 AMP HTML 명세에 의해 만들어집니다. AMP HTML 명세는 HTML5를 기반으로 하기 때문에 구동하는 데 별도의 엔진이 필요하지는 않습니다. 하지만 웹 사이트 로딩 속도 향상을 위한 몇 가지 규

---

5) https://amp.dev/

칙과 AMP 태그를 제시하고 있으니 이를 준수하여 개발해야 원하는 성능을 낼 수 있습니다.

■ 마크업 규칙

다음은 AMP HTML의 마크업이 지켜야 할 가장 기본적 규칙입니다.

- 도큐먼트 타입⟨!doctype html⟩으로 시작해야 합니다.
- 최상위 레벨 태그로 ⟨html ⚡⟩ 또는 ⟨html amp⟩를 사용합니다.
- ⟨head⟩와 ⟨body⟩ 태그가 존재해야 합니다.
- AMP로 변환하기 전 HTML 문서가 있을 경우 ⟨link rel="canonical" href="$SOME_URL"⟩를 사용해 서로의 페이지를 링크시킵니다. 이는 구글 검색 엔진이 비AMP 페이지를 찾았을 때 이에 해당하는 AMP 페이지를 추가로 불러오기 위해 사용됩니다. AMP 문서만 있는 경우에는 문서의 URL을 링크합니다.
- 페이지 인코딩을 위해 ⟨meta charset="uft-8"⟩이 첫 번째 태그로 와야 합니다.
- ⟨head⟩ 태그 내에 ⟨meta name="viewport" content="width=device-width"⟩ 태그를 사용해 뷰포트 정보를 명기해야 합니다. 뷰포트 지정은 리소스 다운로드 우선순위를 정하거나 AMP HTML을 반응형 웹으로 만들기 위해 꼭 필요한 작업입니다.
- ⟨head⟩ 태그 내에 반드시 ⟨script async src=http://cdn.ampproject.org/v0.js⟩⟨/script⟩ 태그를 포함해야 합니다. v0.js는 AMP를 실행시키는 필수 라이브러리입니다. 이 라이브러리는 런타임에 로딩되어 AMP 전용 맞춤 태그를 수행하고 리소스 로딩, 다운로드 우선순위 결정, AMP 런타임 코드 검증 등의 작업을 수행합니다.
- AMP boilerplate 코드 (head ⟩ style[amp-boilerplate] and noscript ⟩ style[amp-boilerplate])가 헤더에 포함되어야 합니다. 이 코드는 AMP 자바스크립트가 로딩될 때까지 HTML 콘텐츠를 보이지 않게 숨기는 기능입니다.

```html
<!DOCTYPE html>
<html ⚡ >
  <head>
    <meta charset="utf-8" />
    <title>Sample document</title>
    <link rel="canonical" href="./regular-html-version.html" />
    <meta
      name="viewport"
      content="width=device-width,minimum-scale=1,initial-scale=1"
    />
    <style amp-custom>
      h1 {
        color: red;
      }
    </style>
    <script type="application/ld+json">
      {
        "@context": "http://schema.org",
        "@type": "NewsArticle",
        "headline": "Article headline",
        "image": ["thumbnail1.jpg"],
        "datePublished": "2015-02-05T08:00:00+08:00"
      }
    </script>
    <style amp-boilerplate>
      body {
        -webkit-animation: -amp-start 8s steps(1, end) 0s 1 normal both;
        -moz-animation: -amp-start 8s steps(1, end) 0s 1 normal both;
        -ms-animation: -amp-start 8s steps(1, end) 0s 1 normal both;
        animation: -amp-start 8s steps(1, end) 0s 1 normal both;
      }
      @-webkit-keyframes -amp-start {
        from {
    </style>
    <noscript
      ><style amp-boilerplate>
        body {
          -webkit-animation: none;
          -moz-animation: none;
          -ms-animation: none;
          animation: none;
        }
      </style></noscript
    >
    <script async src="https://cdn.ampproject.org/v0.js"></script>
  </head>
  <body>
    <h1>Sample document</h1>
    <p>
      Some text
      <amp-img src="sample.jpg" width="300" height="300"></amp-img>
    </p>
  </body>
</html>
```

[그림 9-9] AMP HTML 샘플 코드

또한 AMP HTML에서 일부 HTML 태그 사용이 금지되어 있고, 일부는 AMP에서 제공하는 맞춤 태그(custom tag)를 대신 사용해야 합니다. 중요한 예로 〈script〉 태그는 정해진 목적 외에 사용할 수 없으며 'application/ld+json'이나 'text/plain'처럼 정적 콘텐츠 전달에만 사용되거나 추후 설명할 확장 컴포넌트를 로딩할 경우에만 비동기적으로 사용할 수 있습니다.

AMP에 중요하게 탑재된 대표적인 맞춤 태그는 ⟨amp-img⟩, ⟨amp-video⟩, ⟨amp-audio⟩, ⟨amp-iframe⟩ 같은 것들이 있습니다. 이 맞춤 태그들은 각각 ⟨img⟩, ⟨video⟩, ⟨audio⟩, ⟨iframe⟩ 대신 사용해야 합니다.

■ 속성

AMP HTML에서는 onclick이나 onmouseover처럼 on으로 시작되는 속성은 허용되지 않습니다. 이들 속성값은 브라우저의 이벤트를 상징하며 해당 이벤트가 발생했을 때 수행될 자바스크립트 함수가 나와야 하는데 AMP에서는 임의의 자바스크립트를 허용하지 않기 때문입니다. 대신 AMP에서는 각 요소들에 대한 다양한 이벤트를 처리하기 위해 on 속성을 사용합니다. 예를 들어 AMP 문서에서 onclick에 대한 속성값은 아래 예와 같이 정의할 수 있습니다.

```
// 일반 HTML code
<div id="warning-message">Warning...</div>
<button onclick="hide()">Cool, thanks</botton>
<script>
function hide() {
   var x = document.getElementById("warning-message");
   x.style.display = "none";
}
</script>

// AMP HTML code
<div id="warning-message">Warning...</div>
<button on="tap:warning-message.hide">Cool, thanks!</button>
```

AMP에서는 onclick 이벤트가 스크립트 없이 매우 간단하게 구현되는 것을 확인할 수 있습니다. on 속성에 정의된 이벤트 처리는 아래 예와 같은 형식을 따릅니다.

```
eventName:targetId[.methodName[(arg1=value, arg2=value)]]
```

eventName은 특정 요소에 발생하는 이벤트 이름을, targetId는 이벤트를 처리할 특정 요소명을, methodName은 이벤트 발생 시 수행될 작업을 의미합니다. 아래 예제는 클릭과 유사한 tap 이벤트가 발생하면 warning-message 요소를 숨기라는 의미입니다.

```
tap:warning-message.hide
```

AMP에서는 이처럼 각 요소마다 필요한 이벤트와 수행할 수 있는 작업들을 정의해 놓았으니 종류와 구체적인 설명은 AMP 제공 가이드 문서[6]를 참고하시기 바랍니다. 다만 다음 표의 이벤트와 작업들은 모든 요소에 공통적으로 사용할 수 있으므로 미리 알아두는 것을 권합니다.

구분	구성 요소	설명
이벤트	tab	요소가 클릭되었을 때 발생한다.
작업	hide	대상 요소를 숨긴다.
	show	대상 요소를 나타낸다.
	toggleVisibility	대상 요소의 시각 여부를 토글한다.
	toggleClass(class=STRING, force=BOOLEAN)	대상 요소의 클래스를 토글한다.
	scrollTo(duration=INTEGER, position=STRING)	대상 요소를 스크롤과 함께 특정 위치에 나타낸다.
	focus	대상 요소가 포커스를 얻는다.

[표 9-2] AMP 요소의 공통 이벤트와 속성

---

6) https://amp.dev/documentation/guides-and-tutorials/optimize-and-measure/configure-analytics/analytics-vendors/?format=websites

'on' 속성 외에도 layout, width, height, media, placeholder, fallback 등의 속성을 AMP가 제공하는 모든 맞춤 요소에 사용할 수 있습니다. 이러한 속성들은 요소의 레이아웃을 정의합니다. 앞서 언급했듯 AMP는 리소스를 다운로드하기 전 각 요소들의 크기를 미리 파악하고 필요 공간을 확보함으로써 레이아웃이 여러 번 변경되는 것을 방지합니다. 이러한 레이아웃 관련 속성들은 각 요소들의 크기를 미리 파악하기 위해 필요합니다.

- **스타일 시트**

스타일 시트도 일반 HTML 규칙과 같이 작성할 수 있지만 몇 가지 제약이 있습니다. 이 제약들은 브라우저 렌더링을 방해할 수 있는 사항들을 제거하고 페이지 로딩을 빠르게 하기 위한 규칙들입니다.

스타일 시트는 페이지당 한 개, 50KB 크기로 제한됩니다. 아래와 같이 〈style〉 태그에 amp-custom 속성을 설정해야 브라우저가 이를 AMP 스타일로 인지하고 처리합니다.

```
<style amp-custom>
```

일반 HTML에서도 사용을 권장하지 않는 !important[7]와 @import[8]는 AMP에도 사용할 수 없습니다.

- **폰트**

〈link〉 태그를 사용한 외부 CSS 사용은 금지되지만 예외적으로 맞춤 폰트는 허용됩

---

7) !important는 이미 정의된 css 우선순위를 무시하고, 지정된 스타일 규칙을 먼저 수행시킵니다. !important는 경우에 따라 유용하게 쓰일 수 있으나, 무분별하게 사용하면 스타일 규칙을 더욱 복잡하게 만들어 성능, 관리 측면에서 부정적인 영향을 미칩니다.
8) @import는 CSS 파일을 순차적으로 다운로드합니다. 〈link〉를 사용하면 CSS 파일들을 별도의 스레드가 병렬로 다운로드하는 것과 대조적입니다. 따라서 성능면에서는 〈link〉를 사용하는 것이 import보다 훨씬 유리합니다.

니다. 하지만 웹 폰트 역시 크기가 크고 페이지 로드를 방해하는 요소이므로 몇 가지 제약이 있습니다. ⟨link⟩를 통해 사용할 수 있는 웹 폰트 제공 서버는 현재 아래 4곳으로 제한되지만 향후 추가될 수도 있습니다.

- **Fonts.com**: https://fast.fonts.net
- **Google Fonts**: https://fonts.googleapis.com
- **Font Awesome**: https://maxcdn.bootstrapcdn.com
- **Typekit**: https://use.typekit.net/kitId.css (kitid는 변숫값입니다)

사용자가 제작한 맞춤 폰트는 ⟨style amp-custom⟩ 태그 내에서 @font-face로 적용할 수 있습니다.

■ **Metadata**

Head에 포함되는 Scheme.org 정의는 AMP에서 반드시 준수해야 하는 요구 사항은 아닙니다. 그러나 콘텐츠가 구글 검색의 top stories carousel 같은 특정 영역에서 노출되게 하려면 필수 작성하기를 권합니다.

```
<script type="application/ld+json">
{
    "@context": "http://schema.org",
    "@type": "NewsArticle",
    "headline": "Article headline",
    "image": ["thumbnail1.jpg"],
    "datePublished": "2015-02-05T08:00:00+08:00"
}
```

컴포넌트

AMP HTML 페이지는 기본적으로 일반 HTML 태그를 사용해 작성됩니다. 그러나 웹 성능을 위해 일부 HTML 태그는 사용이 금지되고 일부는 AMP에서 제공하는 맞춤 태그로 대체해 사용해야 합니다. 이러한 맞춤 태그는 기존 HTML에 존재하지 않기 때문에 보통 브라우저에서는 수행될 수 없습니다. 따라서 자바스크립트를 사용하여 맞춤 태그의 기능들을 구현해야 하는데 AMP는 이러한 자바스크립트들을 성능에 최적화된 방식으로 구현해 라이브러리로 제공합니다. 이렇게 AMP HTML 에서 사용되는 맞춤 태그들을 컴포넌트라 부르는데 AMP에서 컴포넌트를 만든 이유는 크게 두 가지입니다.

첫째, 외부 리소스 다운로드를 제어하여 렌더링을 가속하기 위해서입니다. 컴포넌트를 사용하면 리소스 레이아웃, 다운로드 우선순위 등을 관리할 수 있습니다.

둘째, 표준 HTML 이상의 기능들을 제공하기 위해서입니다. 예를 들어 유용한 속성들이 구버전 브라우저에서 polyfill 없이도 완벽하게 동작할 수 있도록 지원하거나, 사용자 경험을 향상시키기 위해 발전된 UI 컴포넌트를 제공합니다. 또한 표준 HTML에서 적용되지 않은 보안, 성능 관련 요구 사항들이 반영되었습니다.

AMP는 내장 컴포넌트(built-in component)와 함께 확장 컴포넌트(extended component)를 제공합니다. 내장 컴포넌트는 주로 HTML 태그를 개선하거나 자주 쓰이는 기능들을 HTML 태그에 추가하기 위해 만든 컴포넌트들이며 대표적으로 〈amp-img〉, 〈amp-iframe〉, 〈amp-video〉, 〈amp-audio〉, 〈amp-pixel〉 등이 있습니다.

확장 컴포넌트는 AMP HTML에 사용자 편의를 위한 기능, 개선된 UI 등 보다 확장된 기능을 제공하는 컴포넌트입니다. 대표적 예로 다양한 SNS 콘텐츠를 웹 사이트에 게시하기 위한 태그인 〈amp-youtube〉, 〈amp-facebook〉, 〈amp-twitter〉, 사이트 분석을 위한 〈amp-analytics〉 등이 있습니다. 또한 AMP로 개발할 수 있는 주요 모듈인 AMP Stories, AMP Ads도 모두 확장 컴포넌트를 사용해 개발합니다. 쉽지는 않지만 여러분들이 직접 확장 컴포넌트 수정 개발에 기여할 수도 있습니다. 확장 컴포넌트들을 사용하려면 관련 자바스크립트 라이브러리를 다음 예와 같이 명시적으로 포함시켜야 합니다.

```
// Amp-youtube 사용 예
<script async custom-element="amp-youtube" src="https://cdn.ampproject.org/
                                     v0/amp-youtube-0.1.js"></script>

<amp-youtube
 id="myLiveChannel"
 data-live-channelid="UCB8Kb4pxYzsDsHxzBfnid4Q"
 width="358"
 height="204"
 layout="responsive">
</amp-youtube>
```

추가로 여러분이 필수로 알아두어야 할 확장 컴포넌트들을 몇 가지 소개합니다.

- **amp-script**

웹 사이트 개발자가 작성한 별도의 스크립트를 다운로드해 수행시킵니다. 스크립트 코드는 웹 워커(web worker)에 의해 백그라운드에서 수행되고 DOM 변경 사항은 메인 스레드에 전달되어 실제 웹 페이지에 반영됩니다. Amp-script는 웹 워커와 메인 스레드 사이에서 작업을 조율하는 역할을 합니다. DOM 변경 사항이 발생할 때마다 전달하기보다 이들을 모아 한꺼번에 전달함으로써 전체 레이아웃이 리플로우되는 현상을 최소화시킵니다.

- **amp-analytics**

사이트에서 사용자 행동에 대한 정보나 성능 정보를 수집하고 분석하는 분석 도구들을 수행시킵니다. Google Analytics, Adobe Analytics, Akamai mPulse, New Relic browser 등 타사 솔루션을 사용하려면 이 컴포넌트가 필요합니다. Amp-analitics는 분석 데이터를 한 번만 수집해서 여러 수집 서버에 동시에 보내는 것을 목표로 합니다. 그러므로 솔루션 업체들은 수집 서버 정보, API 키 같은 메타 정보와 수집하고자 하는 항목들을 AMP 페이지에 정의할 수 있도록 자세한 사용자 가이드를 제공해야 합니다. AMP에 연동할 수 있는 분석 솔루션들은 AMP 가이드에 정리되어 있습니다.

아래 예는 Akamai mPulse에 분석 정보를 보내기 위한 AMP HTML 소스입니다.

```
<script async custom-element="amp-analytics" src="https://cdn.ampproject.org/
                                        v0/amp-analytics-0.1.js"></script>

<amp-analytics type="mpulse" config="https://c.go-mpulse.net/api/amp-config.
                json?d=SOURCE_HOST&amp;key=XXXXX-XXXXX-XXXXX-XXXXX-XXXXX">
<script type="application/json">
{
    "extraUrlParams": {
        "ab_test": "a",
        "page_group": "Home",
        "custom_metric.Cache_Hits": 15,
        "custom_metric.Cache_Misses": "0",
        "custom_metric.SQL_Queries": 2,
        "custom_dimension.Market_Vertical": "Sports",
        "custom_dimension.Page_Language": "English"
    }
}
</script>
</amp-analytics>
```

- amp-ad

〈amp-ad〉 태그는 다양한 네트워크에서 제공하는 광고 콘텐츠를 성능에 영향 없이 AMP 페이지에 로딩시키는 역할을 합니다. AMP HTML 안에서는 기본적으로 타사 자바스크립트를 허용하지 않습니다. 그러므로 iframe sandbox 안에서 광고 네트워크에서 제공하는 스크립트를 수행시키고 그 결과를 페이지에 로딩합니다. AMP를 지원하는 광고 네트워크에서는 〈amp-ad〉 사용에 필요한 속성값들을 가이드로 제공합니다. 이는 AMP를 지원하지 않는 광고 네트워크의 광고들은 AMP 페이지에 게시될 수 없음을 의미합니다. 또한 광고주들이 광고 콘텐츠를 빠르게 로딩시키기 위해 다음 그림처럼 〈HTML 4ads〉로 시작하는 별도의 AMP Ads 명세를 참고해 콘텐츠를 제작할 것을 권장합니다.

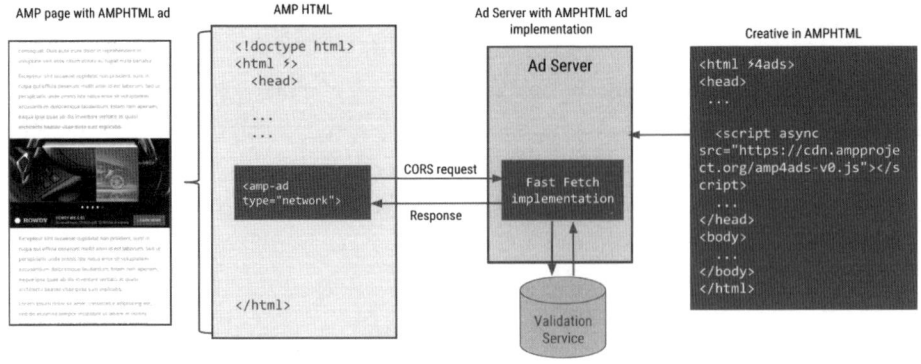

[그림 9-10] AMP Ads 동작 방식

AMP cache

AMP 캐시는 모든 검증된 AMP 문서를 사용자에게 빠르게 제공하기 위한 CDN 서비스입니다. AMP 캐시는 전송 효율을 극대화하기 위해 모든 리소스를 동일 도메인에서 HTTP/2 기반으로 전송합니다. 또한 캐시에는 검증 시스템이 내장되어 있어 캐시될 페이지가 유효한 AMP 페이지인지 확인합니다. 현재 구글과 빙(Bing) 두 개의 CDN 제공자가 있습니다.

AMP 캐시는 자동으로 AMP HTML 페이지를 가져와 검증하고 캐시함으로써 페이지 성능을 향상시킵니다. 이때 게시자가 콘텐츠를 직접 캐시하는 방식이 아니라 구글 검색을 통해 검색된 페이지들이 유효한 AMP 페이지일 경우 AMP 캐시가 이들을 자동으로 캐시합니다. 일단 캐시되면 아래 예와 같이 콘텐츠의 URL이 변경됩니다.

```
캐시전: https://foo.com/amp_document.html
캐시후: https://foo-com.cdn.ampproject.org/c/s/foo.com/amp_document.html
```

또는 이 AMP 콘텐츠를 사용하고자 하는 플랫폼이나 모바일 앱에서 위 예와 같은 URL 형태로 해당 콘텐츠를 링크하면, AMP 캐시는 자동으로 이 콘텐츠를 캐시해 전송합니다. 이러한 캐시는 약간 복잡하지만 구글 검색 엔진이 해당 콘텐츠를 빠르게 검색해 사용자에게 나타내므로 검색 순위 랭크에 유리하게 적용됩니다. 뿐만 아니라 사용자가 어떤 환경에 있든 페이지를 빠르게 로딩할 수 있어 웹 사이트의 사용자 경험이 향상되는 장점이 있습니다. 그러나 자동화된 캐시에 동적 페이지나 데이터가 있으면 캐시 충돌 현상[9]이 발생할 수 있으므로 주의해야 합니다.

9.3.3 AMP와 반응형 웹 디자인

AMP Websites 역시 반응형 웹으로 구현할 수 있습니다. 'layout'이라는 속성값을 사용하면 보다 간편하고 성능이 뛰어난 반응형 웹을 디자인할 수 있습니다. 예를 들어 이미지의 width와 height를 지정하고 'layout' 속성에 'responsive' 값을 입력하면 상위 컨테이너에 대한 비율이 자동 계산되어 화면이 커지거나 작아질 때마다 비율에 맞게 이미지 크기가 조절됩니다. 또한 반응형 웹 구현에 필요한 미디어 쿼리나 srcset 등이 모두 지원되므로 화면의 브레이크 포인트에 맞는 웹 페이지를 구성할 수 있습니다.

지금껏 살펴보았듯 AMP는 기존 HTML 명세와 다른 점들이 적지 않고 제공되는 컴포넌트들도 무척 많습니다. AMP에서 제공하는 컴포넌트가 많다는 것은 단점이자 장점이 될 수 있습니다. 기존 개발 방식을 뒤집고 AMP를 새로 도입하고자 하는 기업의 입장에서는 학습해야 할 것들이 많아 부담이 될 수 있습니다. 그러나 일단 AMP로 개발을 시작하면 컴포넌트를 통해 표현할 수 있는 UI나 기능들이 많아지므로 장점이라고 할 수 있습니다.

---

9) 동일한 URL에 다수의 콘텐츠가 존재할 경우 각 콘텐츠를 구분할 수 있는 키 값으로 캐시 키를 설정해야 합니다. 그렇지 않으면 처음 호출되는 한 개의 콘텐츠만이 캐시되어 원치 않는 콘텐츠가 사용자에게 전달될 수 있습니다.

모든 최적화 사례들을 잘 수행하고 유지할 수만 있다면 AMP를 도입할 필요가 없습니다. AMP를 도입해도 제시된 명세를 제대로 준수하지 않는다면 성능 향상을 기대하기 어렵습니다. 무엇보다 중요한 것은 사이트 성능을 향상시키기 위한 끊임없는 노력입니다. 이러한 노력이 있다면 AMP는 다른 개발 방법보다도 목표에 가까이 도달하게 하는 훌륭한 도구가 될 수 있습니다.

9.4 : 웹 최적화의 실상과 과제

1절에서는 웹 기술의 발달과 웹 최적화 기술의 변화에 대해 간단히 살펴봤습니다. 웹 기술은 계속 발전해왔고, 앞으로도 크게 발전할 것입니다. 특히 모바일 사용자가 대세가 되면서 모든 웹 기술은 모바일 사용자 중심으로 발전하고 있습니다.

이를 위해 무선 네트워크 속도가 매우 빨라졌습니다. LTE를 넘어서 이제는 5G의 시대가 도래했습니다. 5G는 이론상 LTE 보다 최대 20배 빠른 것으로 알려져 있고, 2.5GB 크기의 영화 파일을 1초 안에 다운로드할 수 있습니다. 더불어 최신 스마트폰의 사양도 크게 발전하였습니다. 아이폰 X의 클럭 속도는 2.4GHz로 웬만한 테스크톱 속도와 비슷합니다. 전문가들은 조만간 스마트폰의 CPU 처리속도가 데스크톱을 앞지를 것이라고 말합니다.

하지만 여기서 주목해야 할 점은 이러한 모바일 기술의 눈부신 발전에도 웹 사이트의 로딩 속도는 크게 나아지지 않았다는 사실입니다. 다음 그림을 통해 알 수 있듯 2020년 글로벌 주요 웹 사이트의 평균 웹 페이지 로딩 속도는 2012년과 차이가 없습니다. 이유는 무엇일까요?

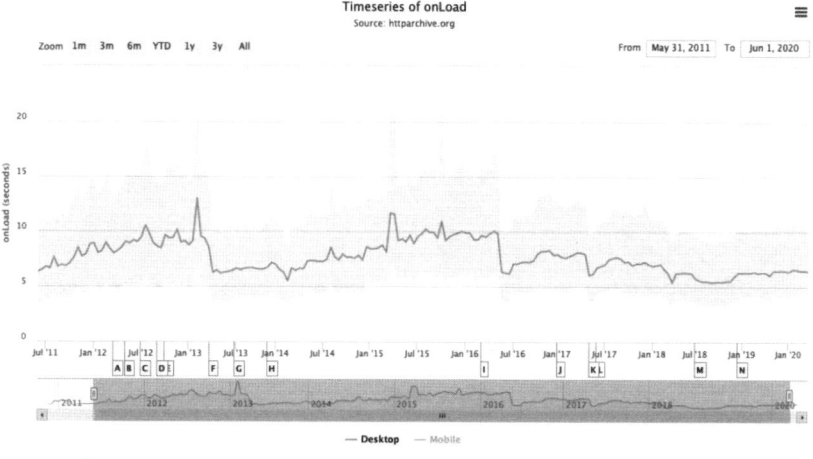

[그림 9-11] 페이지 로딩 시간 변화[10]

9.4.1 웹 최적화의 실상

모바일에서 웹 사이트 로딩 속도가 개선되지 않은 이유는 모바일 사용자 비율이 크게 늘었기 때문입니다. 현재 모바일 사용자의 비율은 데스크톱 사용자 비율보다 훨씬 높습니다. 4G, 5G 같은 초고속 무선 인터넷망이 보급되었지만 전 세계를 기준으로 보면 적용률이 낮습니다.

---

10) https://httparchive.org/

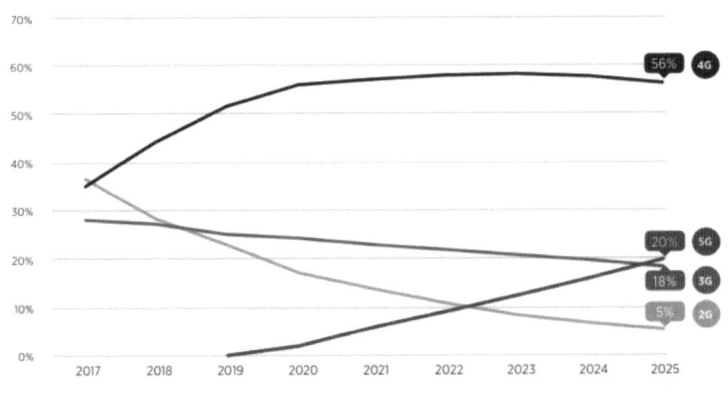

[그림 9-12] 무선 네트워크 적용 실태

GSMA 2020 리포트[11]에 따르면 2020년 4G 네트워크의 보급율은 약 50%에 불과하고 5G역시 2025년에도 20% 수준에 머무를 것이라고 합니다(그림 9-12).

무선 네트워크 보급율 증가에 비해 웹 사이트는 점점 더 복잡해지고 무거워지고 있습니다. 웹 사이트에서 사용되는 전체 이미지 크기는 2011년에 비해 300배, 모바일은 약 1,000배가 증가했고 여전히 증가하고 있습니다.

---

11) https://www.gsma.com/r/mobileeconomy/

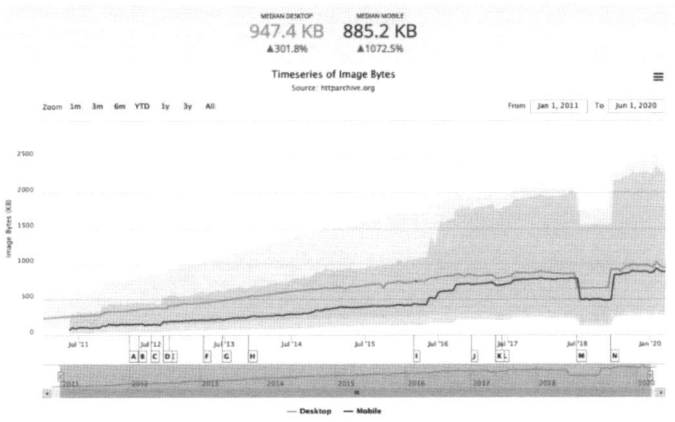

[그림 9-13] 전송 이미지 크기 변화

2.5GB를 1초 안에 전송하는 5G 환경에서는 이미지 크기가 문제되지 않습니다. 그러나 5G, 심지어 4G 네트워크 보급율도 높지 않으므로 전체 이미지 다운로드 속도는 더욱 느려질 수밖에 없습니다.

특히 자바스크립트 크기의 증가는 눈여겨봐야 합니다. 자바스크립트는 웹에 여러 기능을 사용하고 사용자의 경험 향상을 꾀하기 위해서 빠질 수 없는 리소스입니다. 그러므로 다양한 기능을 가진 자바스크립트 라이브러리들이 등장하고 이에 따라 스크립트의 크기도 크게 증가하고 있습니다. 웹 최적화를 위한 기능들도 자바스크립트로 구현되고 있으니 역설적인 현상입니다.

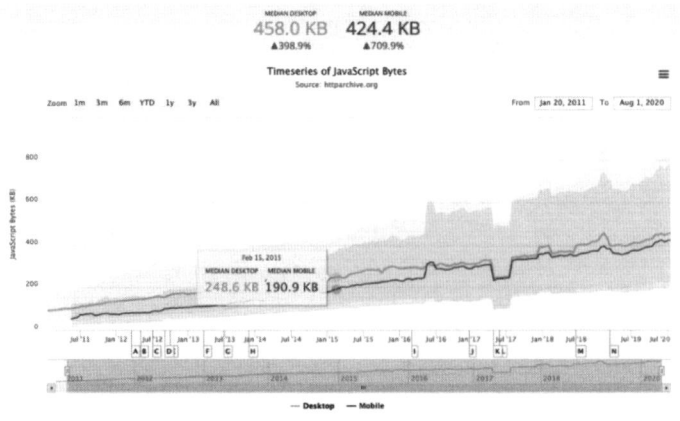

[그림 9-14] 자바스크립트 전송 크기 변화

그러므로 자바스크립트의 크기 증가는 이미지의 크기 증가보다 주의 깊게 받아들여야 합니다. 이미지는 브라우저가 여분의 스레드를 사용하여 렌더링에 지장없이 다운받을 수 있습니다. 그러나 자바스크립트는 페이지의 배열을 바꾸거나 브라우저의 동작을 제어하기 때문에 렌더링에 영향을 주어 페이지 로딩을 지연시키기 때문입니다.

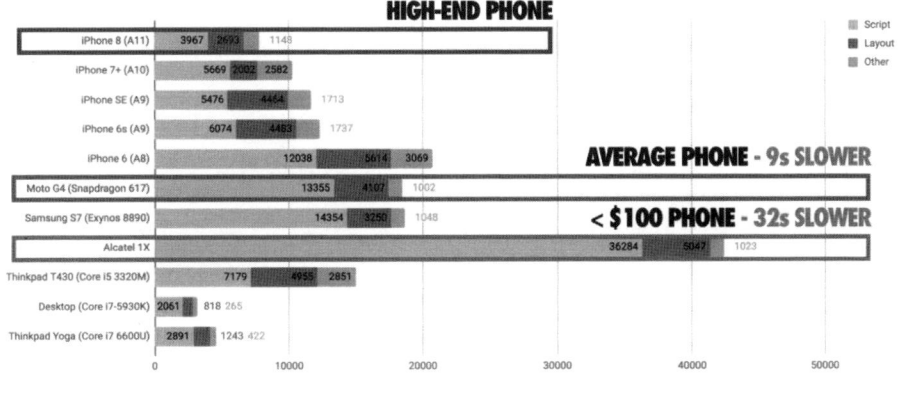

[그림 9-15] 기기별 자바스크립트 처리 시간[12]

스마트폰 기기 사양은 갈수록 좋아지지만 가격 역시 비싸져 소비자에게 부담이 되고 있습니다. 이에 따라 보급형 스마트폰이 인기를 끌고 있습니다. 미국에서는 200달러 이하 저가폰 판매율이 증가하고, 우리나라 역시 2020년 1분기 저가 스마트폰 판매 비율이 지난 해 같은 분기에 비해 10% 증가했습니다.

저사양 스마트폰일수록 자바스크립트를 처리하는 데 오랜 시간이 소요됩니다. 위 그림에서 볼 수 있듯 평균 사양의 스마트폰에서 자바스크립트 처리 시간은 고사양 스마트폰에 비해 9초 느립니다. 저사양 스마트폰에서 자바스크립트 처리 시간은 고사양 스마트폰에 비해 무려 32초나 느립니다. 같은 스마트폰을 5년째 사용하고 있는 필자 역시 고사양 스마트폰 사용자보다 약 3배 정도 느린 웹 경험을 하고 있습니다. 이미 언급했듯 전 세계적인 추세를 살펴보면 중·고가 스마트폰보다 저가 스마트폰 시장이 더 크게 확대될 것입니다. 따라서 앞으로 자바스크립트 크기 증가는 웹 사이트 성능에 무엇보다 큰 영향을 줄 것입니다.

---

12) https://medium.com/@addyosmani/the-cost-of-javascript-in-2018-7d8950fbb5d4

일반적으로 기업의 웹 개발자들은 좋은 환경에서 개발을 합니다. 고사양 데스크톱을 사용해 개발하고, 케이블이나 LTE 망에서 테스트를 진행합니다. 성능 테스트 역시 비교적 좋은 환경에서 수행합니다. 이 책에서 자주 참조하는 HTTPArchive의 데이터도 유선 환경에서 크롬 브라우저를 이용해 테스트한 결과입니다. 마치 실험실처럼 잘 꾸며진 환경에서 웹 사이트를 개발하고 테스트하므로 일부 사용자는 긍정적인 경험을, 나머지 사용자는 부정적인 경험을 합니다.

9.4.2 웹 최적화의 과제

이러한 실상에 제대로 대처하고 누구나 만족하는 웹 성능에 도달하려면 어떻게 해야 할까요?

첫 번째로, 자신의 웹 사이트의 정확한 성능을 알아야 합니다. 내 웹 사이트의 실제 성능을 파악하려면 웹 사이트를 이용하는 모든 사용자의 성능 정보를 수집하고 이를 통계적으로 분석해야 합니다. 수집한 데이터의 평균값만 사용할 것이 아니라 75분위, 95분위 사용자들의 로딩 속도와 지연 원인도 파악해야 합니다. 어느 나라, 어떤 브라우저에서 웹 로딩 지연이 발생하는지 파악하고 결과를 바탕으로 개선할 것을 권장합니다.

사이트 성능 향상은 사용자들의 접근성을 높이고 결국 비즈니스 성장으로 이어질 수 있습니다. 특히 최근 시장에서는 새롭게 인터넷에 접속하는 사용자들을 Next Billion Users(NBU)라고 명명하며 그들의 구매력을 중요시 여깁니다. NBU의 50% 이상은 아시아의 저소득 국가나 개발 도상국에서 나타납니다. 국내 사용자만을 대상으로 웹 사이트를 운영하는 분들은 그 눈을 다른 아시아 국가들로 돌려보시기 바랍니다. 많은 비즈니스 기회를 찾을 수 있을 것입니다.

> **TIP** Next Billion Users(NBU)

많은 기업들은 Next Billion Users에게 관심을 기울입니다. NBU란 미래에 최초로 인터넷 접속을 시작하는 수십억 명의 사용자들을 지칭합니다. 그림 9-16에서 알 수 있듯 절반 이상의 NBU는 아시아 국가에서 나올 것으로 예상됩니다. 아시아에 많은 인구를 가진 저소득층 국가들이 있고 이들이 스마트폰을 사용해 인터넷에 접속할 수 있는 환경이 만들어지고 있기 때문입니다. 아시아권 NBU의 특징은 다음과 같습니다.

첫 번째로 대부분 모바일 사용자들입니다. 가격이 비싸고 휴대할 수 없는 데스크톱 컴퓨터보다 저가 스마트폰을 구매하여 인터넷에 접속할 것입니다. 따라서 이들의 자바스크립트 처리 속도는 일반 스마트폰 대비 현저히 느릴 것입니다.

두 번째로 저비용, 저품질의 인터넷망을 사용할 것입니다. 대부분 2G 또는 3G를 사용할 것입니다. 동남아 인구의 70%는 여전히 2G를 사용하고 있습니다. 이런 환경에서 자사 웹 사이트가 경쟁사보다 조금이라도 빠르게 로딩된다면 더 많은 비즈니스 기회를 얻을 수 있습니다.

세 번째로 데이터 요금에 민감합니다. 이들은 수입 대비 높은 데이터 요금을 지불할 가능성이 높습니다. 그래서 빠르고 값비싼 무제한 요금제보다는 저렴한 종량제 요금을 선택할 것이고 크기가 큰 데이터 다운로드는 피하려고 할 것입니다. 이러한 현상은 저소득층 국가의 사용자뿐만 아니라 소득이 적거나 일정하지 않은 학생들이나 사회 초년생들에게도 공통적으로 나타나는 현상입니다.

결론적으로 이들의 웹 사이트 접근성을 높이려면 모바일 중심의 가볍고 빠른 웹 페이지를 만들어야 합니다.

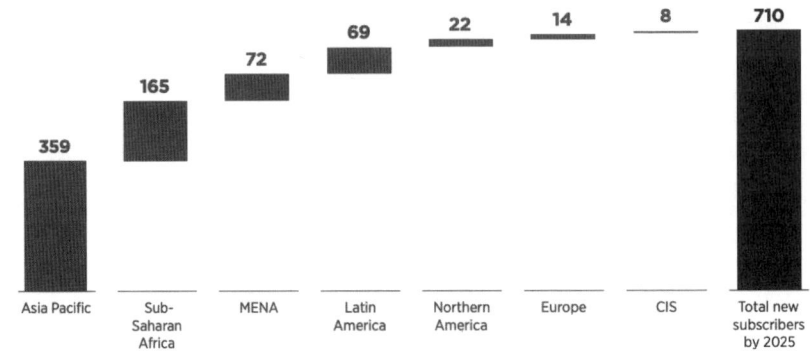

[그림 9-16] 국가별 Next Billion Users 분포(GSMA Intelligence)

웹 성능을 제대로 알기 위해 어떤 지표를 측정할 것인가도 중요한 문제입니다. 브라우저에서 제공하는 페이지 로딩 시간은 오랫동안 웹 사이트의 성능 지표로 사용되었습니다. 그러나 이제는 브라우저 동작 중심의 성능 지표보다 실제 사용자의 경험을 나타낼 수 있는 지표들을 측정하고 관리해야 합니다. 구글을 중심으로 이러한 사용자 중심 지표 연구가 지속적으로 진행되고 있습니다. 하지만 아직 표준화가 진행 중이므로 브라우저별로 특정 지표를 정의하는 방식이나 측정하는 방식이 다르고, 이들을 지원하는 모니터링 솔루션도 많지 않습니다.

잘 알려진 온라인 성능 측정 도구 WebPageTest나 구글 PageSpeed에서는 다양한 사용자 중심 지표를 제공합니다. 그러나 에뮬레이터에 의한 가상 측정 방식(synthetic test)을 사용하기 때문에 기기 종류, 네트워크 품질 등에 따라 달라지는 실사용자의 경험을 정확하게 파악하거나, 사이트의 전반적인 특징을 알려주지는 않습니다.

반면 사용자들의 브라우저에 스크립트를 주입하여 성능을 측정하는 실사용자 성능 모니터링(Real User Monitoring, RUM) 방식은 다양한 환경에 있는 모든 사용자의 실제 성능을 파악할 수 있다는 장점이 있습니다. 그러나 대량의 데이터를 수집, 가공하고 결과를 시각화하는 인프라가 필요합니다. 이런 인프라는 여러분이 클라우드 서비스를 활용하여 비용 효율적인 방법으로 직접 구축할 수 있습니다. 또는 이미 구축된 상용 모니터링 솔루션을 사용하여 구현 및 관리 비용을 절감하는 방법도 있습니다.

특정한 하나의 웹 페이지 성능만 측정하는 경우 가상 측정 방식이 실사용자 성능 모니터링 방식에 비해 좀 더 구체적인 성능 정보를 제공합니다. 또한 두 개의 웹 페이지를 객관적으로 비교할 수 있는 것이 장점입니다. 자신의 웹 사이트 성능을 정확히 측정하고 관리하려면 가상 측정 방식과 실사용자 성능 모니터링 방식을 상호 보완하여 사용하는 것을 권합니다. 예를 들어 일일 성능 모니터링 및 관리는 실사용자 성능 모니터링 방식을 사용하고, 특정 페이지의 성능 저하가 발견된 경우 가상 측정 방식을 사용해 세부적인 원인을 찾는 전략을 생각할 수 있습니다.

두 번째로, 자바스크립트를 최소화해야 합니다. 이미 언급했듯 앞으로의 웹 성능은 자바스크립트의 수와 크기에 따라 크게 달라질 것입니다. 고사양 스마트폰을 기준으로 자바스크립트 코드를 개발하기 보다는 중저가 스마트폰의 낮은 사양에서도 충분히 빠르게 수행되는 자바스크립트 코드를 개발하는 것이 중요합니다. 자바스크립트의 크기를 줄이는 방법으로 다음 4가지 방법을 생각할 수 있습니다.

1. 웹 사이트에 필요한 전체 기능 개수를 줄입니다.
   웹 사이트가 조금 단순해지지만 그만큼 많은 사용자들이 접속해 즐거운 경험을 할 수 있습니다. 자신의 웹 사이트에 불필요한 기능들이 있지 않은지 점검하고 사용 빈도가 적거나 비즈니스 전환율에 크게 기여하지 않는 기능들은 과감히 정리해야 합니다.

2. 가능한 많은 기능을 서버 측에 전가합니다.
   이는 서버에서 사용자 기기에 응답할 때 서버에서 수행할 수 있는 기능들은 미리 수행하고 브라우저에서만 수행할 수 있는 기능들만 남겨서 응답하는 방법입니다. 보통 타사에서 제공하는 리소스들은 모두 브라우저에서 수행되고 필요한 정보들을 수집해 각 수집 서버로 보내거나 광고 화면을 만들어 화면 일부에 표현합니다.

최근 이러한 기능들을 서버에 위임하여 처리하는 사례가 늘어나고 있습니다. 브라우저에서 수집 가능한 정보들을 한번에 추출하여 서버에 보내고 서버에서는 각 타사 수집 서버로 데이터들을 분기하여 보내거나, 필요할 경우 정적인 HTML을 생성하여 브라우저로 응답해 주는 방식입니다.

이미지 역시 브라우저가 사용자 기기에 맞는 이미지를 서버에 요청해 사용하기보다 미디어 쿼리를 이용해 사용자 기기에 맞는 이미지를 서버에서 미리 선택해 응답하면 불필요한 요청을 줄이고 렌더링 속도를 향상시킬 수 있습니다.

이러한 서버 측 수행 방식은 점점 진화하여 이제는 자바스크립트의 일부 기능들을 클라우드에 분산 수행시키는 '서버리스 컴퓨팅(serverless computing)' 방식이 등장했습니다. 이 방식들은 서버의 컴퓨팅 부담을 덜어주고 비용을 절감할 수 있으며 확장성이 높아 큰 호응을 얻고 있습니다.

> **TIP 서버리스 컴퓨팅(serverless computing)**
>
> 서버리스 컴퓨팅이란 컴퓨터가 없는 것이 아닙니다. 개발 또는 운영자의 입장에서 서버를 신경쓰거나 관리할 필요가 없다는 의미입니다. 관리할 서버가 눈에 보이지 않으므로 서버리스 컴퓨팅이라고 부르지만 실제 수행되는 서버는 클라우드나 분산 컴퓨팅 환경에 존재합니다. '서버리스 컴퓨팅이 클라우드 컴퓨팅 아니야?'라고 생각하는 분도 있을 것입니다. 그러나 서버리스 컴퓨팅은 애플리케이션을 아주 작은 무상태(stateless)의 함수(function) 조각으로 분리하여 클라우드에서 수행시킨다는 점이 크게 다릅니다. 그래서 Function as a Service 라고 부르기도 합니다.
>
> 대표적인 서버리스 컴퓨팅 서비스는 AWS의 람다(Lambda)를 예로 들 수 있습니다. AWS 람다는 AWS S3, DB, EC2 등의 시스템에서 발생시키는 이벤트를 기반으로 특정 함수를 수행시킵니다. 가령 사용자가 어떤 이미지를 S3에 업로드했을 때, 이 이벤트를 감지하여 업로드된 이미지를 다양한 크기로 가공하는 작업을 람다 함수를 이용해 구현할 수 있습니다.
>
> 웹 애플리케이션의 경우 웹 페이지에서 수행될 자바스크립트 코드들을 CDN 에지 서버에서 수행시키면 클라이언트와 서버 모두 이점을 얻습니다. 서버에서 수행해야 할 기능들을 클라이언트와 가까이 있는 에지 서버에서 수행시킴으로써 사용자는 빠른 응답 속도를 얻을 수 있고 서버는 많은 리소스를 절약할 수 있습니다. 현재 CDN에서 제공하는 서버리스 컴퓨팅 기능은 Akamai의 Edge Workers, Cloudflare의 Cloudflare Workers, Fastly의 Compute@Edge 정도가 있습니다.

3. **각 페이지별로 꼭 필요한 자바스크립트만 포함시킵니다.**

    자바스크립트 크기가 커지는 일반적인 이유는 모든 스크립트 기능을 한두 개의 파일로 통합해 모든 페이지에 포함시키기 때문입니다. 이것은 관리하기 편하고 캐시에 저장한 후 재사용할 수 있어 선호하는 방식이었습니다. 무엇보다도 HTTP/1.1 프로토콜 기반에서는 요청 수를 최소화할 수 있어 성능 향상에도 도움이 되었습니다. 하지만 HTTP/2 기반에서는 멀티플렉싱 기능이 있어 요청 수가 많아져도 성능에 큰 영향을 미치지 않습니다. 그러므로 웹 페이지 내에 포함되는 자바스크립트의 전체 크기를 줄이는 데 노력을 기울여야 합니다. 자바스크립트 크기가 커질수록 그 파일을 해석하고 컴파일하는 데 많은 시간이 소요되기 때문입니다. 자바스크립트 파일들을 적절한 크기로 분할하고 각 페이지에 필요한 스크립트만을 포함시켜 브라우저로 응답하는 것을 권장합니다.

4. **네이티브 코드를 활용합니다.**
웹 사이트에 점점 증가하는 자바스크립트는 고급 프로그램 언어에 속하므로 이 언어를 해석하거나 컴파일하고 실행 및 관리하는 데 적지 않은 리소스가 소모됩니다. 이미 언급하였듯 자바스크립트가 많아질수록 저사양의 모바일 기기에서는 수행 속도가 느려집니다. 따라서 최근에는 네이티브 수행 코드로 자바스크립트를 대체하는 웹어셈블리(WebAssembly)기술이 등장했습니다.

> **TIP 웹어셈블리(WebAssembly: WASM)**
>
> 웹어셈블리는 웹 브라우저에서 네이티브 프로그래밍 언어를 수행할 수 있게 하는 새로운 개념의 표준입니다. 구글, 모질라, 마이크로소프트 등 대중화된 브라우저를 제공하는 업체들이 이 표준에 참여했습니다. 웹어셈블리는 자바스크립트를 완전히 대체하기보다 자바스크립트로 수행하기 어려운 작업들을 빠르게 처리하기 위해 만들어졌습니다. 따라서 웹어셈블리를 사용할 경우 CPU나 메모리를 집중적으로 사용하는 작업들을 빠르게 처리할 수 있습니다. 웹어셈블리는 C, C++이나 RUST 등의 언어로 코드를 구현하고 변환 툴을 사용하여 웹어셈블리 표준을 준수하는 이진 코드로 변경하여 사용합니다. 웹어셈블리는 많은 변화를 겪었으며 앞으로 더 폭넓게 채택될 것입니다. 앞으로는 게임, 그래픽, 비디오 편집 등 브라우저를 이용해 더 많은 작업들을 빠르게 수행할 수 있게 될 것입니다.

세 번째로, 맞춤형 최적화를 수행해야 합니다. 앞으로의 웹 최적화 작업이 직면할 가장 큰 숙제는 맞춤형 최적화를 수행하는 일입니다. 예를 들어 최적화된 크기의 이미지를 만들어 전송하는 작업을 고려할 수 있습니다. 기기의 CPU나 메모리 사양에 따라 브라우저에서 수행시킬 기능 수를 제한(자바스크립트 수를 제한)하거나 네트워크의 속도나 품질을 판단하여 브라우저로 보낼 이미지들의 품질이나 개수를 결정하는 등의 작업들도 적용할 수 있습니다. 이러한 작업은 이미 서버측 반응형 웹(Responsive Design with Server-Side Component, RESS)이라는 이름으로 일부 수행되고 있습니다. 그러나 사용자 기기(user agent)를 정확히 판별해야 하는 핵심 작업이 여전히 숙제로 남아 있습니다.

현재는 세상 모든 기기 정보를 로컬 저장소에 저장해두고 HTTP 요청의 User-Agent 헤더 값을 찾아 기기 정보를 조회하는 방법을 사용합니다. 그러나 이런 방법을 사용하면 매번 새로운 기기들을 찾아 정확히 업데이트해야 RESS가 조금의 오류도 없이 수행될 수 있기 때문에 관리하기 어렵습니다. 로컬에서 이와 같은 인프라를 구축하고 관리하기에는 여러가지 어려움이 있으므로, CDN 제공 업체들이 이러한 서비스를 차별화 전략으로써 제공하기도 합니다.

가장 효율적인 방법은 사용자 기기에서 자신의 정보를 서버측에 제공하는 방법입니다. 이는 Client Hints라는 이름으로 표준화 작업이 진행 중입니다. 현재는 크롬을 비롯한 일부 안드로이드 브라우저에서만 지원하지만 표준화가 완료되면 모든 브라우저에서 지원할 것입니다. Client Hints에 대한 자세한 내용은 4장에서 이미 설명했으니 참고하시기 바랍니다. Client Hints를 사용하면 브라우저가 서버에 리소스를 요청할 때 서버에서 요구하는 클라이언트 환경 정보를 요청 헤더에 추가하여 보낼 수 있습니다. 서버에서는 클라이언트의 기기 크기, 네트워크, 심지어 메모리 사용량까지 체크하여 요청 클라이언트에 최적화된 리소스를 전송할 수 있습니다.

웹 최적화를 위한 기술들은 앞으로도 발전을 거듭할 것입니다. 그러나 세계 인구의 절반 이상이 아직 그 발전된 기술들의 혜택을 받지 못하고 있다는 사실을 알아야 합니다. 그들은 많은 제약 조건 하에서 온라인을 사용하기 시작했습니다. 이제 웹 성능은 좋은 환경에 있는 사용자들의 웹 성능을 0.5초 앞당기기보다 저사양 스마트폰, 느린 네트워크 환경에서 사이트에 접속하고자 하는 새로운 몇십 억 사용자의 접근성을 개선하는 방향으로 나아가야 합니다. 이것이 비즈니스 성장에 도움이 될 것입니다.

CHAPTER 10*

웹 최적화 실습하기

지금까지는 웹 프런트엔드 최적화의 이론적인 부분을 다뤘습니다. 이번에는 앞서 배운 최적화 방법들을 직접 적용해 보겠습니다. 이번 장에서는 WebPageTest로 웹 페이지의 성능을 진단하는 방법을 자세히 소개합니다. 또한 웹 페이지 속도를 향상시키기 위해 여러 웹 사이트에서 제공하는 속도 최적화 모듈, CDN, 그리고 HTTP/2 프로토콜 등을 적용하는 방법을 소개합니다.

10.1 : WebPageTest로 웹 성능 진단하기

1장에서 이미 웹 성능을 측정하는 다양한 방법을 소개했습니다. 웹 사이트의 실제 성능은 사용자의 기기 사양이나 네트워크 환경 등에 따라 달라지므로 이를 측정하거나 분석하려면 이러한 변수들을 고려해야 합니다. 또한 내비게이션 타이밍 지표를 포함한 자세하고 정확한 성능 정보를 제공해야 합니다. 물론 모든 실사용자의 데이터를 수집하여 분석하는 방법이 효과적이지만 이를 위해서는 대용량의 데이터를 수집, 처리하고 시각화하는 인프라나 솔루션이 필요하므로 많은 시간과 비용이 요구됩니다.

이런 다양한 측면들을 고려했을 때 WebPageTest는 다른 방법들보다 유연하고 섬세하며 무료기까지 한 강력한 도구입니다. 이번 절에서는 WebPageTest를 십분 활용해 좀 더 정확하고 빠르게 웹 사이트를 진단하는 방법을 알아보겠습니다.

10.1.1 WebPageTest 고급 기능 활용하기

WebPageTest의 기본적인 사용법은 1장에서 이미 설명하였으므로 여기서는 보다 유용한 기능들을 살펴봅니다.

모바일 사이트 성능 측정하기

모바일 트래픽이 데스크톱의 트래픽을 넘어선 지금도 WebPageTest는 여전히 데스크톱 위주의 성능 측정 도구입니다. 하지만 최근 들어 모바일 기기를 사용해 성능을 측정할 수 있는 에이전트들이 추가되었습니다. 다음 그림처럼 [Test Location] 드롭 박스 메뉴에서 안드로이드 기기들과 애플 기기들로 구성된 테스트 에이전트들을 볼 수 있습니다. 여기서 적절한 모바일 기기를 선택하고 [Advanced Settings] → [Connection] 항목에서 원하는 모바일 네트워크 환경을 선택한 후 〈START TEST〉 버튼을 클릭하면 테스트가 시작됩니다.

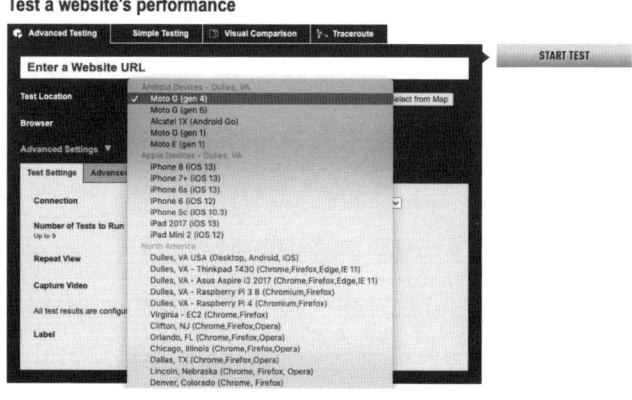

[그림 10-1] WebPageTest에서 기기 선택하기

하지만 이 에이전트들은 Dulles, VA 지역에서만 사용할 수 있는 한계가 있어 우리나라에서 호스팅하고 있는 웹 사이트들을 측정할 경우 정확한 성능을 확인하기 어렵습니다. 이 경우 Chromium[1]의 Emulator를 사용하는 것을 추천합니다.

Chromium Emulator는 WebPageTest 화면의 [Advanced Settings] → [Chromium] 탭에서 찾을 수 있습니다. [Emulate Mobile Browser]의 체크 박스를 체크하고 드롭 박스 리스트에서 원하는 모바일 기기를 선택합니다. 테스트를 시작하기 전 [Test Location]이 테스트하고자 하는 지역이 맞는지 확인합니다.

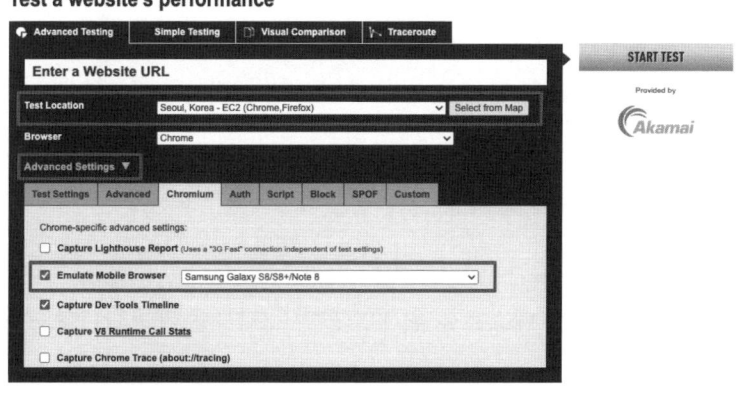

[그림 10-2] WebPageTest 모바일 에뮬레이터

모바일 사이트 성능을 측정하려면 적절한 모바일 네트워크 환경을 필수로 제공해야 합니다. WebPageTest에서는 2G부터 LTE까지 다양한 모바일 네트워크 환경을 선택해 테스트할 수 있습니다. 물론 실제 모바일 네트워크망을 제공하는 것은 아니고 인위적으로 네트워크 대역폭을 제한하는 방식입니다. 네트워크 제한은 업 링크(BW Up), 다운 링크(BW Down), 지연 시간(Latency)의 세 가지 메뉴로 구성됩니다. 이 세 가

---

[1] 크롬 브라우저의 근간이 되는 오픈 소스 브라우저 프로젝트. www.chromium.org

지 조건 값을 알고 있다면 [Connection] → [Custom]을 선택하여 직접 환경을 설정할 수도 있습니다.

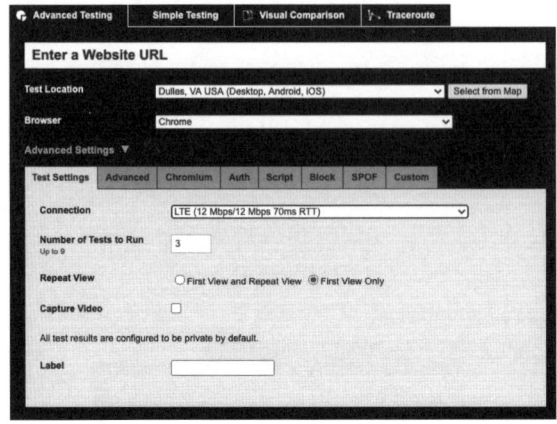

[그림 10-3] WebPageTest LTE 연결 설정

스크립트 활용하기

WebPageTest는 더 유연한 테스트를 위해 스크립트 기능을 제공합니다. 스크립트를 사용하여 IP를 스푸핑(spoofing)하거나 폼 데이터를 보내거나 스크롤을 내리는 등 다양한 작업들을 수행할 수 있습니다. IP 스푸핑은 사이트의 호스트명이 아직 DNS에 등록되어 있지 않을 때 또는 특정 도메인의 IP를 다르게 해 호출하고자 할 때 유용하게 사용됩니다.

스크립트는 WebPageTest의 [Advanced Settings] → [Script] 탭에서 작성합니다.

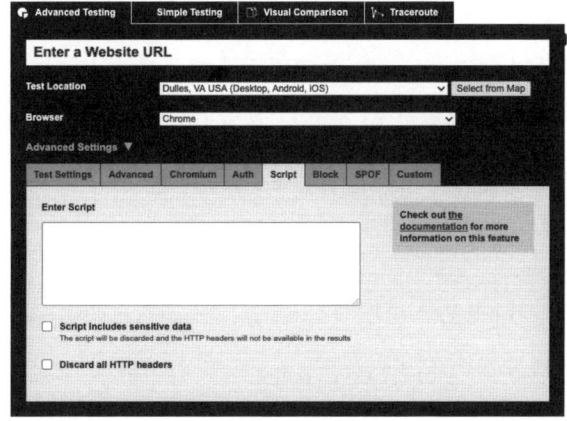

[그림 10-4] WebPageTest 스크립트 입력 화면

만약 www.example.com의 IP 주소를 1.1.1.1 로 설정하고자 한다면 아래와 같이 스크립트를 작성합니다.

```
setDns www.example.com 1.1.1.1
navigate www.example.com
```

스크립트 기능을 사용하려면 반드시 한 개 이상의 navigate 명령어가 있어야 테스트를 수행할 수 있다는 점을 주의해야 합니다. 위와 같은 방식으로 스크립트를 작성하면 www.example.com 호스트를 사용하는 모든 리소스에 대한 요청은 IP주소 1.1.1.1 로 보내집니다.

또 다른 예로 화면의 스크롤을 아래로 내렸을 때의 성능을 측정하는 스크립트는 아래와 같습니다.

```
logData 0
navigate   https://www.example.com
logData 1
execAndWait window.setInterval('window.scrollBy(0,600)', 1000);
```

앞 예제는 www.example.com 페이지를 로딩한 후 1초 간격으로 아래 방향으로 600 픽셀만큼 스크롤하여 내려가는 자바스크립트를 수행시킵니다. logData 값이 1인 경우에만 측정 결과를 보여주므로 이 예제는 스크롤했을 때의 성능만 측정됩니다. 페이지 로딩부터 스크롤까지의 성능을 모두 보고 싶다면 logData 0을 logData 1로 변경하면 됩니다.

이 외에도 다양한 시나리오를 수행시킬 수 있는 스크립트들이 제공되니 추가 기능들에 대해서는 관련 온라인 문서[2]를 참고하시기 바랍니다.

장바구니 성능 측정하기

만약 장바구니에 들어 있는 상품 리스트들의 로딩 속도를 측정해보고 싶다면 어떻게 해야 할까요? 장바구니처럼 로그인 후에야 열어볼 수 있는 페이지들은 스크립트를 이용하여 먼저 로그인한 후 해당 페이지를 로딩해야 합니다. 로그인 페이지가 아래 예제와 같이 일반적인 form 형태일 경우 필요한 스크립트는 매우 간단합니다.

```
<예제 HTML #1>
<form name="login_form">
    <input type="text" id="id" name="id">
    <input type="password" id="passwd" name=" passwd">
<input type="submit">

<예제 script #1>
logData 0

// 로그인 페이지로 이동
navigate    https://login.example.com/login

// name 속성을 이용하여 input 박스에 값을 채우고 Form을 submit
setValue    name=id myid@example.com
setValue    name=pw mypasswd
submitForm  name=login_form
logData 1
```

---

2) https://sites.google.com/a/webpagetest.org/docs/using-webpagetest/scripting

```
// 로그인 후 카트로 이동
navigate https://www.example.com/cart
```

만약 로그인 페이지가 일반적인 form 형태가 아닌 경우 아래와 같이 jQuery를 사용할 수도 있습니다.

```
<예제 HTML #2>
<form class="form root">
    <input type="email" class="form id" id="id">
    <input type="password" class="form pw" id="pw">
    <button id="loginbutton" type="button" data-click="$parent.submit()">
</form>

<예제 script #2>
logData 0

// 로그인 페이지로 이동
navigate    https://login.example.com/login

// jQuery를 이용하여 필요한 데이터를 채우고 버튼을 클릭
exec $("form input[type=email]").val('myid@example.com');
exec $("form input[type=password]").val('mypasswd');
clickAndWait        id=loginbutton

logData 1
// 로그인 후 카트로 이동
navigate https://www.example.com/cart
```

로그인을 위한 스크립트에는 개인 패스워드 데이터가 포함되어 있습니다. 그러므로 스크립트를 적는 텍스트 박스 아래 [Script includes sensitive data] 항목에 꼭 체크를 해야 원치 않는 개인 정보 유출을 방지할 수 있습니다.

이러한 스크립트를 사용한 로그인 방식은 일종의 봇(bot) 형태의 요청으로 간주되어 대형 사이트에서는 접속을 막거나 캡처를 요청할 수 있습니다. 따라서 약간 번거롭더라도 로그인 쿠키를 사용해 장바구니 페이지를 로딩하는 방법을 사용할 수 있습니다. 대부분 사이트는 사용자가 로그인을 완료하면 보안 토큰을 생성하여 쿠키에

추가합니다. 크롬 브라우저의 [도구 더보기] → [개발자 도구]를 사용하면 HTTP 요청 헤더에서 사이트의 쿠키 값을 어렵지 않게 찾아낼 수 있습니다.

[그림 10-5] 크롬 개발자 도구를 사용하여 쿠키 값 찾기

이렇게 찾아낸 쿠키 값을 복사하여 WebPageTest의 커스텀 헤더 값에 추가하고 원하는 페이지의 성능을 측정합니다. 커스텀 헤더는 [Advanced Settings] → [Advanced] → [Custom headers]에서 추가할 수 있습니다.

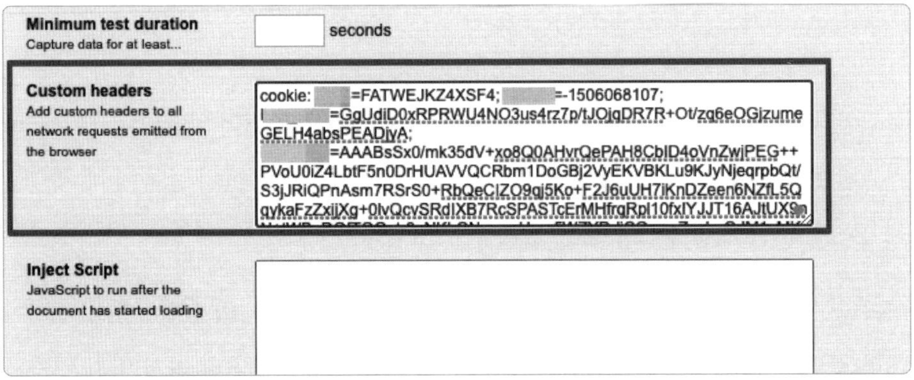

[그림 10-6] WebPageTest에서 커스텀 헤더 추가

이 방법은 보안상의 허점을 이용한 것으로 특정 사이트에서는 허용되지 않을 수도 있습니다. 또한 이 쿠키 값이 만료되기 전 타인에게 노출될 경우 계정이 도용될 위험이 있습니다. 그러므로 개인 계정 대신 테스트 계정을 이용하거나 테스트 후에는 비밀번호를 변경해야 위험을 방지할 수 있습니다.

필름 영상으로 사용자 경험 알아보기

필름 영상은 측정된 지표 값이 실제 사용자 경험에 부합하는지 확인할 수 있는 중요한 측정 결과입니다. 필름 영상을 보려면 WebPageTest의 [Advanced Settings] → [Test Settings] → [Capture Video] 항목에 체크하면 됩니다. 테스트 완료 후 [Video] 항목에서 확인할 수 있습니다.

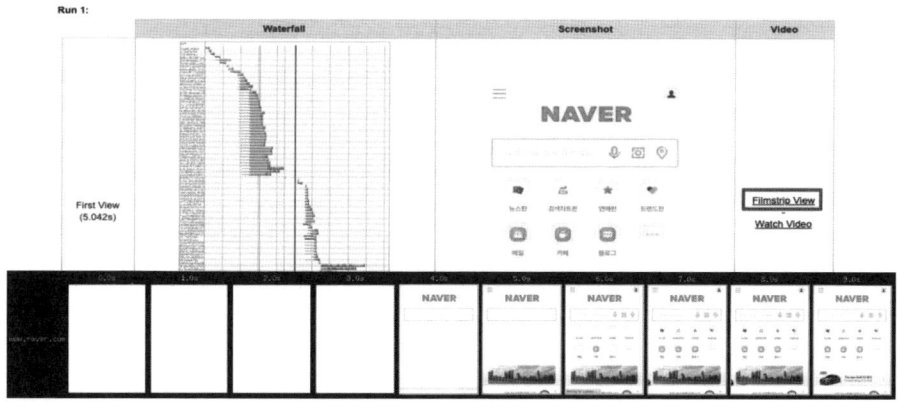

[그림 10-7] WebPageTest에서 필름 영상 확인하기

만약 두 개의 테스트 결과를 비교하고 싶다면 [Visual Comparison] 메뉴를 이용하거나, 최상위 메뉴의 [TEST HISTORY] 탭으로 이동해 비교하고 싶은 테스트들을 체크한 후 〈Compare〉 버튼을 누르면 됩니다.

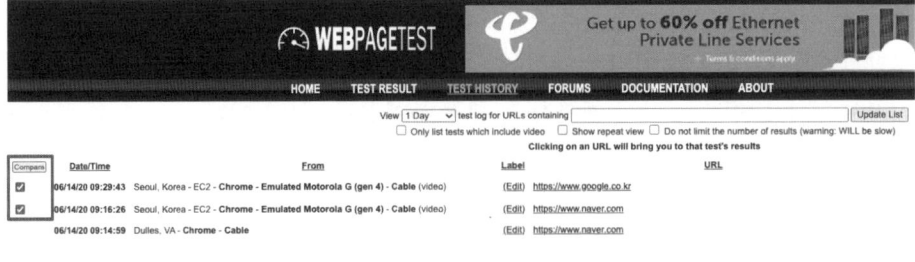

[그림 10-8] WebPageTest 테스트 결과 비교하기

비교 페이지에서는 필름 영상뿐만 아니라 폭포 차트, 다양한 성능 지표, 요청 수, 페이지 크기 등 다양한 항목에 대한 비교 데이터를 이해하기 쉬운 차트 형태로 제공합니다. 비교 데이터를 오프라인으로 내려받을 수 없는 것은 아쉬운 점이지만 필요할 경우 API를 사용하여 데이터를 받아올 수 있습니다.

10.1.2 WebPageTest의 최적화 진단 요소

WebPageTest는 자세한 성능 결과뿐만 아니라, 기본적인 최적화 진단 결과를 제공합니다. 1장에서 살펴본 6개의 최적화 진단 요소를 더 자세히 살펴보겠습니다.

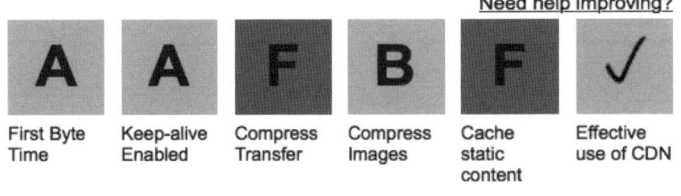

[그림 10-9] WebPageTest에서 제공하는 6개 진단 요소

First Byte Time

First Byte Time은 HTTP 요청을 했을 때 처음 byte가 브라우저에 도달하여 프로세싱이 시작되는 시간을 뜻합니다. 구체적으로 First Byte Time은 브라우저의 요청 준

비 시간, 서버 처리(백엔드 프로세싱) 시간과 네트워크 혼잡에 따른 지연 시간을 포함하지만, DNS 처리나 TLS Handshake 같은 TCP 연결 시간은 포함되지 않습니다. 따라서 First Byte Time이 느린 경우 대부분 서버의 처리 시간이 오래 걸렸다고 의심해 봐야 합니다.

First Byte Time 값은 WebPageTest의 결과 요약 화면에서 확인할 수 있고 폭포 차트를 이용해 세부 항목을 확인할 수도 있습니다. 아래 그림을 보면 최초 요청이 두 번 재전송되면서 First Byte Time까지 시간이 지연된 것을 알 수 있습니다. 그리고 실질적인 세 번째 요청의 상세 항목에 보이는 또 다른 Time To First Byte 수치는 개별 HTTP 요청에 대한 First Byte 수치를 나타냅니다. 여기서 Request Start 시간과 Time To First Byte 시간을 합하면 이 페이지의 First Byte 시간이 됩니다. 정리하면 서버 처리 시간이나 네트워크상의 문제는 없었고 First Byte Time의 대부분이 브라우저 재전송에 소요되었다 할 수 있습니다.

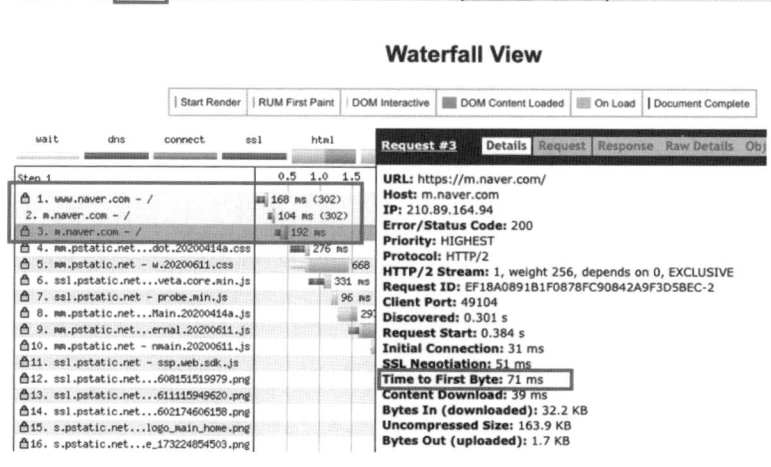

[그림 10-10] First Byte Time 분석

일반적으로 개별 TTFB는 300ms 이하, 전체 First Byte Time은 500ms 이하의 속도가 나오도록 최적화할 것을 권장합니다. First Byte Time은 SEO 측면에서도 중요합니다. 구글 크롤러는 TTFB를 확인하여 검색 결과 노출 순위를 결정합니다. 물론 SEO 랭킹을 올릴 수 있는 여러 가지 요소가 있지만 비슷한 연관성을 가진 두개의 웹 페이지가 존재한다면 TTFB 속도를 기준으로 순위가 상승합니다.

Keep-alive Enabled

HTTP 프로토콜에서 한 번 접속 후 자료 전송이 완료되면 접속을 끊어버리지만 Keep-alive를 활성화하면 일정 시간 동안 접속을 끊지 않고 다음 접속을 기다립니다.

이미지, HTML 등 정적 파일로만 구성된 서버는 Keep-alive가 활성화되어 있으면 최대 50%의 성능 향상을 보입니다. 그러나 서버 사용, 접속 트래픽을 고려하지 않고 Keep-alive 옵션을 설정하면 웹 페이지는 접속 불능 상태가 될 수 있습니다. Keep-alive 옵션을 사용하면 모든 접속자의 연결을 유지해야 하므로 Apache 프로세스 수가 기하급수적으로 늘어나 MaxClient 값을 초과하거나 메모리 사용량을 초과할 수 있습니다.

Apache 웹 서버의 Keep-alive timeout 기본값은 15초지만 서버 사양과 사이트 특성에 따라 시간을 더 늘리거나 off로 설정할 수 있습니다. 일반적으로 웹 서버의 하드웨어 메모리가 충분하다면 시간을 30초에서 1분 정도로 충분히 늘리는 것을 추천합니다. 서버 사양에 비해 훨씬 많은 사용자 트래픽이 예상된다면 timeout 시간을 줄이거나 off로 설정하는 것을 권합니다. HTTP/2는 멀티플렉싱 기능을 위해 별도의 연결 관리 기능을 제공하므로 별도의 Keep-alive 설정이 필요하지 않습니다.

Compress Transfer

압축 전송(Compress Transfer)은 gzip으로 정적 파일을 압축하여 전송하는 기법입니다. 콘텐츠를 압축하면 트래픽 자원을 아끼고 사이트 속도도 향상시킬 수 있습니다.

클라이언트의 경우 인터넷 익스플로러 4.0 이상 모든 브라우저에서 압축 전송을 지원합니다. 서버의 경우 Apache 또는 Nginx와 같은 웹 서버상에서도 간단한 설정을 통해 사용할 수 있습니다. 일반적인 텍스트 파일은 모두 압축할 수 있으므로 압축에서 누락되는 리소스가 없도록 웹 서버에서 설정할 것을 권합니다.

압축 대상에서 흔히 누락되는 리소스들은 아래와 같습니다.

- **SVG 파일**: 이미지 파일이므로 바이너리 파일로 오해하기 쉽습니다. 그러나 SVG 파일은 이미지의 메타 정보들을 담고 있는 텍스트 파일이므로 압축해서 전송합니다.
- **폰트 파일**: 폰트 파일 중 Woff와 Woff2는 이미 압축된 파일이므로 추가 압축 필요는 없습니다. 특히 Woff2는 Woff 파일보다 30~50% 높은 압축 효과가 있으므로 Woff2 파일 사용을 권합니다. 이 외에 EOT, TTF 파일들은 압축되어 있지 않으므로 꼭 압축하여 사용하시기 바랍니다.

너무 작은 파일은 압축하지 않는 경우도 있습니다. 압축 과정도 CPU가 처리해야 하는 작업인데 1K 이하의 작은 파일은 압축을 하지 않아도 어차피 한개의 패킷(1MTU, 약 1,500바이트)으로 전송할 수 있어 득보다는 실이 많다는 논리입니다. 최근에는 gzip 압축보다 훨씬 효율이 높은 Brotli 압축이나 Zopfli 압축을 사용할 것을 권장합니다.

Compress Images

웹 페이지상에서 이미지는 많은 트래픽을 유발하며 로딩 지연을 발생시킵니다. 이미지 압축은 사람의 눈에 띄지 않게 이미지 품질을 낮추면서 파일 크기를 최소화하는 작업입니다. 파일 크기를 줄이면 웹 페이지에서 다운로드하는 데 필요한 시간을 줄여줍니다. 압축이 필요한 이미지들에 대한 상세 정보는 Compress Image 점수 부분을 클릭하면 확인할 수 있습니다.

```
Compress Images: 75/100  Learn More
686.0 KB total in images, target size = 509.9 KB - potential savings = 176.1 KB
    FAILED - (232.9 KB, compressed = 89.2 KB - savings of 143.8 KB) -
        https://ssl1.▨▨▨▨▨▨▨/wcsfrontend/campaign/mobile_img/2020/05/ps0528/images/0530/ps0528_03.jpg
    WARNING - (51.0 KB, compressed = 28.3 KB - savings of 22.8 KB) -
        https://ssl1.▨▨▨▨▨▨▨/wcsfrontend/campaign/mobile_img/2020/05/ps0528/images/0530/ps0528_04.jpg
    FAILED - (6.9 KB, compressed = 3.0 KB - savings of 4.0 KB) - https://ssl1.▨▨▨▨▨▨▨/wcsfrontend/campaign/mobile_img/2018/03/newspring20180323/blue.jpg
    FAILED - (3.8 KB, compressed = 1.7 KB - savings of 2.1 KB) -
        https://ssl1.▨▨▨▨▨▨▨/wcsfrontend/campaign/mobile_img/2018/03/newspring20180323/exclusive.jpg
    FAILED - (3.6 KB, compressed = 1.6 KB - savings of 2.1 KB) - https://ssl1.▨▨▨▨▨▨▨/wcsfrontend/campaign/mobile_img/2018/03/newspring20180323/red.jpg
    WARNING - (31.2 KB, compressed = 29.7 KB - savings of 1.5 KB) -
        https://ssl1.▨▨▨▨▨▨▨/wcsfrontend/campaign/mobile_img/2020/05/ps0528/images/0602/ps0528_02.jpg

Use Progressive JPEGs: 47/100  Learn More
273.6 KB of a possible 557.5 KB (49%) were from progressive JPEG images
    FAILED (232.9 KB) - https://ssl1.▨▨▨▨▨▨▨/wcsfrontend/campaign/mobile_img/2020/05/ps0528/images/0530/ps0528_03.jpg
    FAILED (51.0 KB) - https://ssl1.▨▨▨▨▨▨▨/wcsfrontend/campaign/mobile_img/2020/05/ps0528/images/0530/ps0528_04.jpg
    Info (6.9 KB) - https://ssl1.▨▨▨▨▨▨▨/wcsfrontend/campaign/mobile_img/2018/03/newspring20180323/blue.jpg
    Info (3.8 KB) - http://ssl1.▨▨▨▨▨▨▨/wcsfrontend/campaign/mobile_img/2017/03/lipzone20170330/button_0331.jpg
    Info (3.8 KB) - https://ssl1.▨▨▨▨▨▨▨/wcsfrontend/campaign/mobile_img/2018/03/newspring20180323/exclusive.jpg
    Info (3.6 KB) - https://ssl1.▨▨▨▨▨▨▨/wcsfrontend/campaign/mobile_img/2018/03/newspring20180323/red.jpg
```

[그림 10-11] WebPageTest 이미지 압축 정보

위 그림의 이미지 크기 절감 예측치는 이미지 품질 85%로 손실 압축을 수행했을 경우를 기준으로 계산된 값입니다. 이미지 압축에 대한 자세한 내용은 4장을 참고하기 바랍니다.

Cache static content

이 항목에 대한 점수를 클릭하면 브라우저 캐시가 적용되지 않은 리소스들의 목록을 볼 수 있습니다.

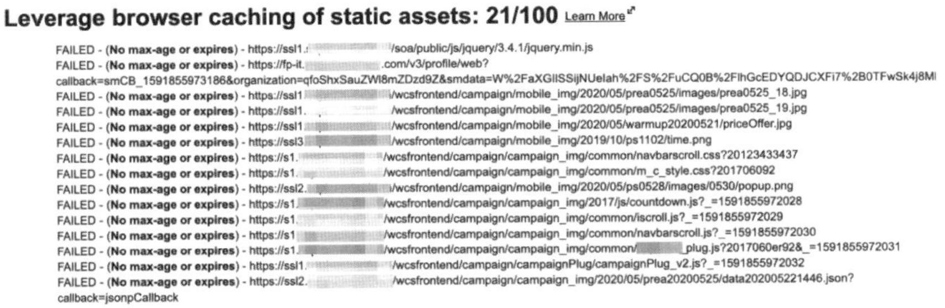

```
Leverage browser caching of static assets: 21/100  Learn More
    FAILED - (No max-age or expires) - https://ssl1.▨▨▨▨▨▨▨/soa/public/js/jquery/3.4.1/jquery.min.js
    FAILED - (No max-age or expires) - https://fp-it.▨▨▨▨▨▨▨.com/v3/profile/web?
        callback=smCB_1591855973186&organization=qfoShxSauZWl8mZDzd9Z&smdata=W%2FaXGlISSijNUelah%2FS%2FuCQ0B%2FlhGcEDYQDJCXFi7%2B0TFwSk4j8MI
    FAILED - (No max-age or expires) - https://ssl1.▨▨▨▨▨▨▨/wcsfrontend/campaign/mobile_img/2020/05/prea0525/images/prea0525_18.jpg
    FAILED - (No max-age or expires) - https://ssl1.▨▨▨▨▨▨▨/wcsfrontend/campaign/mobile_img/2020/05/prea0525/images/prea0525_19.jpg
    FAILED - (No max-age or expires) - https://ssl1.▨▨▨▨▨▨▨/wcsfrontend/campaign/mobile_img/2020/05/warmup20200521/priceOffer.jpg
    FAILED - (No max-age or expires) - https://ssl3.▨▨▨▨▨▨▨/wcsfrontend/campaign/mobile_img/2019/10/ps1102/time.png
    FAILED - (No max-age or expires) - https://s1.▨▨▨▨▨▨▨/wcsfrontend/campaign/campaign_img/common/navbarscroll.css?20123433437
    FAILED - (No max-age or expires) - https://s1.▨▨▨▨▨▨▨/wcsfrontend/campaign/campaign_img/common/m_c_style.css?201706092
    FAILED - (No max-age or expires) - https://ssl2.▨▨▨▨▨▨▨/wcsfrontend/campaign/mobile_img/2020/05/ps0528/images/0530/popup.png
    FAILED - (No max-age or expires) - https://s1.▨▨▨▨▨▨▨/wcsfrontend/campaign/campaign_img/2017/js/countdown.js?_=1591855972028
    FAILED - (No max-age or expires) - https://s1.▨▨▨▨▨▨▨/wcsfrontend/campaign/campaign_img/common/iscroll.js?_=1591855972029
    FAILED - (No max-age or expires) - https://s1.▨▨▨▨▨▨▨/wcsfrontend/campaign/campaign_img/common/navbarscroll.js?_=1591855972030
    FAILED - (No max-age or expires) - https://s1.▨▨▨▨▨▨▨/wcsfrontend/campaign/campaign_img/common/▨▨▨▨plug.js?2017060er92&_=1591855972031
    FAILED - (No max-age or expires) - https://ssl1.▨▨▨▨▨▨▨/wcsfrontend/campaign/campaignPlug/campaignPlug_v2.js?_=1591855972032
    FAILED - (No max-age or expires) - https://ssl2.▨▨▨▨▨▨▨/wcsfrontend/campaign/campaign_img/2020/05/prea20200525/data202005221446.json?
        callback=jsonpCallback
```

[그림 10-12] WebPageTest 브라우저 캐싱 정보

이러한 정적 파일들은 자주 바뀌지 않습니다. 그러므로 캐시하면 일정 기간 동안 또는 새로운 파일로 바뀌지 않는 이상 클라이언트의 브라우저 내에 다운로드된 파일을 로딩할 수 있습니다. 브라우저 내에서 캐시 기간은 응답 헤더의 Cache-Control: max를 이용해 설정합니다. 대부분 웹 서버에서 간단히 설정할 수 있습니다.

Apache에서는 mod_expires 모듈을 설치하고 설정 파일에 아래와 같이 지시자를 추가하면 됩니다.

```
# 기본 한달 캐시
ExpiresDefault "access plus 1 month"

# 타입별 세부 캐시
ExpiresByType text/html "access plus 1 month 15 days 2 hours"
ExpiresByType image/gif "modification plus 5 hours 3 minutes"
```

또는 응답 헤더에 직관적으로 추가할 수도 있습니다.

```
<filesMatch ".(ico|pdf|flv|jpg|jpeg|png|gif|js|css|swf)$">
Header set Cache-Control "max-age=84600, public"
</filesMatch>
```

Nginx는 설정 파일에 아래와 같은 형식으로 추가합니다.

```
location ~* \.(jpg|jpeg|gif|png|ico|cur|gz|svg|svgz|mp4|ogg|ogv|webm|htc)$ {
expires 1M;
add_header Cache-Control "public";
}

location ~* \.(js|css|png|jpg|jpeg|gif|ico)$ {
expires 2d;
add_header Cache-Control "public, no-transform";
}
```

Effective use of CDN

CDN을 이용하면 전 세계 사용자들에게 빠르게 웹 페이지를 전달할 수 있습니다. 최근 CDN은 여러 프런트엔드 최적화 기법을 적용하므로 서버 관리자가 최적화 세팅을 하지 않아도 최적화된 페이지를 사용자에게 전달합니다. CDN을 사용하면 트래픽 비용을 절감하고 속도를 향상시킬 수 있지만 비용이 부과되므로 자신의 사이트 트래픽에 맞는 CDN 제공 업체를 찾아 적용하면 됩니다. 이 장에서는 개인 사이트에서 무료로 사용할 수 있는 Cloudflare사의 CDN 사용법을 다룹니다.

10.1.3 WebPageTest API 활용하기

WebPageTest의 기능과 사용법을 살펴봤으니 이번에는 프로그래밍 방식으로 측정 결과 데이터를 가져오는 방법을 알아보겠습니다. WebPageTest는 자체적인 RESTful API를 사용하므로 사이트에서 할 수 있는 대부분의 작업을 프로그래밍 형태로 수행하고 결과 데이터를 받아올 수 있습니다. API를 사용하여 주요 사이트에 대한 성능 테스트를 주기적으로 수행하고 그 결과 데이터를 시각화 도구와 통합하는 등 웹 사이트의 지속적인 성능 관리 및 개선 프로세스에 통합하여 구현할 수 있습니다.

여기에서 소개하는 예제 코드들은 WebPageTest API를 참조하여 Node.js 환경용 자바스크립트 버전 ECMAScript 5(ES5)로 작성되었습니다. 그러나 제공되는 API가 RESTful를 사용한 오픈 API이므로 HTTP 요청을 보낼 수 있는 모든 프로그래밍 언어나 환경을 사용하여 구현할 수 있습니다.

WebPageTest API를 이용하려면 먼저 API Key를 발급받아야 합니다. API Key는 https://www.webpagetest.org/getkey.php에서 이메일, 이름, 회사명, 웹 사이트 주소를 입력하여 발급받습니다. WebPageTest는 공유 인스턴스이므로 한 개의 키에 대해 하루 최대 200번만 페이지 로딩 테스트를 실행할 수 있습니다. 또한 30일 동안만 서버에 저장됩니다. 이보다 많은 테스트가 필요하다면 Amazon EC2에 구성되어 있는

WebPageTest용 AMI를 활용하여 프라이빗 인스턴스를 구성한 후 사용합니다.

키를 발급받은 후 Node.JS를 이용해 API 사용 예제를 개발해 보겠습니다. 먼저 npm을 통하여 webpagetest 모듈을 다운로드하고 설치합니다.

```
$ npm install webpagetest --save
```

설치가 완료되면 가장 먼저 JS 코드상에서 WebPageTest 객체를 생성합니다. WebPageTest 클래스는 두 개의 인자 값이 필요한 생성자가 있습니다.

```
var WebPageTest = require('WebPageTest')
var wpt = new WebPageTest('https://www.webpagetest.org/', 'API 키')
```

위의 WebPageTest 생성자에 인자 값으로 전달될 내용은 아래와 같습니다.

1. WebPageTest 인스턴스 URL(개인 인스턴스를 사용하지 않는다면 https://www.webpagetest.org/를 입력)
2. WebPageTest에서 발급받은 API Key 값

API를 사용하여 간단한 테스트 요청 예제를 작성합니다. 테스트를 수행하려면 runTest라는 함수를 실행시켜야 하는데 아래 두 개 변수가 필요합니다.

- 테스트할 사이트의 URL
- 테스트를 구성하는 옵션 목록 객체

사용할 수 있는 옵션은 테스트 인스턴스의 위치, 네트워크 속도, 실행 횟수 등 여러 가지가 있는데 전체 옵션 목록은 관련 사이트[3]를 참조하시기 바랍니다.

---

3) https://github.com/marcelduran/webpagetest-api#options-1

```
<API를 이용한 테스트 요청 예제>
wpt.runTest('http://naver.com', {
    connectivity: 'Cable',
    location: 'Dulles:Chrome',
    firstViewOnly: false,
    runs: 1,
    video: true
}, function processTestRequest(err, result) {
    console.log(err || result)
})
```

코드 내에서 사용된 매개 변수는 다음과 같습니다.

- **connectivity**: (Cable | DSL | 3GSlow | 3G | 3GFast | 4G | LTE | Edge | 2G | Dial | FIOS | Native | custom) 중 선택할 수 있습니다. 측정할 클라이언트의 인터넷 속도를 설정합니다.
- **location**: 클라이언트가 테스트할 위치
- **firstViewOnly**: 캐시와 쿠키를 지운 브라우저로 수행하는 테스트이며 처음 방문한 기록만 남깁니다.
- **runs**: 오차 범위를 줄이고 정확한 테스트를 수행하기 위해 테스트 횟수를 설정합니다.
- **video**: 로딩하는 영상을 캡처할지 설정합니다.

위 코드를 실행해 반환된 응답은 테스트 결과가 아닙니다. 대기열에서 테스트 진행 상황을 확인하거나 테스트 완료 후 결과를 얻을 수 있는 메타 정보들이 아래와 같이 반환됩니다.

```
{
    "statusCode": 200,
    "statusText": "Ok",
    "data": {
        "testId": "170414_W3_211",
        "ownerKey": "ad50468e0d69d1e6d0cda22f38d7511cc4284e40",
        "jsonUrl": "https://www.webpagetest.org/jsonResult.php?test=170414_W3_211",
        "xmlUrl": "https://www.webpagetest.org/xmlResult/170414_W3_211/",
        "userUrl": "https://www.webpagetest.org/result/170414_W3_211/",
        "summaryCSV": "https://www.webpagetest.org/result/170414_W3_211/page_data.csv",
        "detailCSV": "https://www.webpagetest.org/result/170414_W3_211/requests.csv"
    }
}
```

statusCode: '200' 응답일 때 성공입니다. 이 외의 코드는 오류며 오류에 대한 자세한 정보는 HTTP 상태 코드[4]를 참고하기 바랍니다.

응답에 나타난 메타 정보들은 다음과 같습니다.

- **statusText**: 'OK' 응답일 때 성공입니다. 오류 시 오류 메시지를 표현합니다.
- **testId**: WebPageTest 내 테스트 고유 번호입니다.
- **ownerKey**: 요청에 대한 SHA-1 해시의 고유 식별자입니다.
- **jsonUrl**: 테스트 결과를 JSON 형식으로 저장한 URL입니다.
- **xmlUrl**: 테스트 결과를 XML 형식으로 저장한 URL입니다.
- **userUrl**: 테스트 결과를 WebPageTest에서 직접 확인할 수 있는 URL입니다.
- **summaryCSV**: 요약된 테스트 결과를 CSV 형식으로 저장한 파일입니다.
- **detailCSV**: 모든 내용의 테스트 결과를 CSV 형식으로 저장한 파일입니다.

위 runTest 결과에서 data.testId를 가져온 후 아래와 같이 getTestStatus 메소드를 사용해 테스트가 완료되었는지 주기적으로 확인할 수 있습니다.

```
<getTestStatus 메소드를 사용한 테스트 완료 확인>

wpt.getTestStatus('170414_W3_211', function processTestStatus(err, result) {
    console.log(err || result)
})

<테스트 완료 확인 결과>
[
    {
        "statusCode": 200, "statusText": "Ok",
        "data": {
        "testId": "170414_W3_211",
        (중략)
        }
    }
]
```

---

4) https://developer.mozilla.org/ko/docs/Web/HTTP/Status

위 응답에서 statusCode 값이 200이라면 getTestResult 함수로 테스트 결과를 받아
올 수 있습니다.

```
wpt.getTestResults('170414_W3_211', function processTestResult(err, result) {
    console.log(err || result)
})
```

지금까지 설명한 예제 코드들은 상태 코드가 200인 응답을 얻을 때까지 getTestStatus
를 계속 호출해야 하는 번거로움이 있습니다. 이를 해결하기 위하여 테스트가 완료
되면 runTest에 pingback 옵션을 사용하여 결과를 전달받을 URL을 지정할 수 있습
니다. 또는 pollResult 옵션을 사용하여 초 단위로 테스트 상태를 체크하여 테스트 결
과가 나온 후에만 콜백 함수(processTestResult)가 실행되도록 구현할 수 있습니다. 아
래 코드는 pollResults 옵션을 사용하여 5초마다 테스트 상태를 체크하도록 설정했습
니다.

```
wpt.runTest('http://naver.com', {
    connectivity: 'Cable',
    location: 'Dulles:Chrome',
    firstViewOnly: false,
    runs: 1,
    pollResults: 5,
    video: true
}, function processTestResult(err, result) {
    console.log('Load time:', result.data.average.firstView.loadTime)
    console.log('First byte:', result.data.average.firstView.TTFB)
    console.log('Start render:', result.data.average.firstView.render)
    console.log('Speed Index:', result.data.average.firstView.SpeedIndex)
    console.log('DOM elements:', result.data.average.firstView.domElements)
    console.log('(Doc complete) Requests:', result.data.average.firstView.requestsDoc)
    console.log('(Doc complete) Bytes in:', result.data.average.firstView.bytesInDoc)
    console.log('(Fully loaded) Time:', result.data.average.firstView.fullyLoaded)
    console.log('(Fully loaded) Requests:', result.data.average.firstView.requestsFull)
    console.log('(Fully loaded) Bytes in:', result.data.average.firstView.bytesIn)
    console.log('Waterfall view:', result.data.runs[1].firstView.images.waterfall)
});
```

이와 같이 WebPageTest의 API를 이용하여 손쉽게 특정 사이트의 성능을 측정해볼 수 있습니다. 앞 테스트 예제 외에도 실행 시간에 대한 동영상 결과를 가져오거나 구글 시트를 사용하여 자동화하는 등 API를 활용한 다양한 작업을 수행할 수 있습니다. 필자의 GitHub[5] 사이트에서 WebPageTest API를 활용한 HTTP/2 적용 시뮬레이션 비교 예제 코드를 확인해보시기 바랍니다.

10.2 : 구글의 웹 최적화 기술 적용하기

10.2.1 Lighthouse 웹 사이트 측정 도구

구글에서 개발한 Lighthouse는 웹 페이지의 성능 지표를 비롯한 항목들을 검사하고 개선할 수 있도록 도움을 주는 오픈 소스 형태의 자동화 도구입니다. 모두에게 공개된 웹 페이지 또는 특정 사용자를 위한 인증이 필요한 웹 페이지에도 사용할 수 있습니다. Lighthouse는 웹 성능, 접근성, PWA, 검색 엔진 최적화 등 여러 항목에 걸쳐 현재 웹 페이지에 적용된 내용을 분석하고 그에 대한 메트릭스 점수를 알려줍니다. 점수가 낮은 항목은 사용자가 개선 작업을 할 수 있도록 개선 사항을 알려주는 방식입니다.

Lighthouse는 다음과 같은 대표적인 6개 메트릭스를 사용해 웹 성능을 측정합니다. 그 외에 16개의 성능 개선 가능 항목과 9개의 진단 항목을 부가적으로 포함합니다.

- First Contentful Paint
- Speed Index
- Largest Contentful Paint
- Time to Interactive
- Total Blocking Time
- Cumulative Layout Shift

---

[5] https://github.com/victorrica/HTTP2-Simulator

Lighthouse는 웹 페이지 검사를 진행하여 얻은 각 성능 메트릭 점수를 가중치와 곱한 후, 모든 결과를 합하여 0에서 100 사이의 성능 점수를 반환합니다. 100점은 98번째 백분위수를 나타내는 최고 점수입니다. 50점은 75번째 백분위수를 나타냅니다. Lighthouse가 지적한 항목에 대해 개선을 진행하고 또다시 테스트를 수행하여 해당 항목의 점수가 올라갔는지 확인하는 방식으로 웹 성능 지표를 향상시킬 수 있습니다.

Lighthouse는 완전히 새로운 방식의 도구가 아니라 구글에서 개발한 PageSpeed Index의 기능을 그대로 계승하였습니다. 그러나 최근 발표된 Lighthouse 6.0부터 Largest Contentful Paint(LCP)와 Cumulative Layout Shift(CLS), Total Blocking Time(TBT) 같은 새로운 메트릭이 추가되었습니다.

- Largest Contentful Paint(LCP)는 실제 사용자가 인지하는 로딩 경험입니다. Largest라는 단어의 뜻처럼 웹 페이지의 가장 중요하거나 큰 콘텐츠가 로딩되어 사용자가 볼 수 있을 때까지 걸린 시간을 의미합니다. 이는 기존의 유사한 메트릭인 First Contentful Paint(FCP)를 보완한 것입니다. FCP가 로딩 경험의 시작 시간만을 측정한 것이라면 LCP는 실제 사용자가 주요 콘텐츠를 보기 시작한 시간을 특정합니다. 그러므로 사용자가 느끼는 실제적인 시간에 조금 더 가깝습니다.
- Cumulative Layout Shift(CLS)는 시각적인 안정성을 측정한 값입니다. 페이지 내용이 시각적으로 얼마나 많이 바뀌었는지 정량화한 값입니다. 이 점수가 낮으면 콘텐츠가 과도하게 변하지 않는 것이고 점수가 높다면 많은 광고나 이미지 변화로 사용자에게 시각적 피로감을 준 것입니다.
- Total Blocking Time(TBT)는 로딩 중 메인 스레드가 긴 시간 동안 중단되어 응답을 받지 못한 시간을 의미합니다. 즉 사용자의 기능을 차단하는 주요 스레드 활동을 계량한 것이며, TBT는 First Contentful Paint(FCP)와 Time to Interactive(TTI) 사이의 시간을 측정합니다.

Lighthouse는 다음 세 가지 방식으로 사용할 수 있습니다.

1. Node.js로 개발한 커맨드 라인 도구를 테스트 PC에 설치하고 사용하기
2. 크롬 개발자 도구에 설치된 Lighthouse 도구 사용하기
3. 크롬이나 사파리 브라우저에서 확장(extension) 프로그램 형태의 Lighthouse 사용하기

세 가지 방식 모두 동일한 기능을 사용할 수 있습니다. 웹 페이지 URL을 Lighthouse에 입력하면 Lighthouse는 해당 페이지에 대해 일련의 검사를 수행하고 결과 리포트를 제작합니다. 이 과정에서 검사 결과가 좋지 않은 항목은 웹 페이지를 어떻게 개선할지 목표를 설정할 때 참고할 수 있습니다. 각 검사의 중요도와 드러난 문제점을 어떻게 수정할 수 있는지에 대한 참조 문서를 제공하므로 이를 참고해 후속 조치를 취할 수 있습니다.

Node.js로 개발한 커맨드 라인 도구를 테스트 PC에 설치하고 사용하기

여러분이 프로그램 개발이나 커맨드 라인 명령어에 수행에 익숙하다면 사용해볼 만한 옵션입니다. CLI 명령어를 자신의 코드에 적용하여 반복적이거나 주기적인 테스트를 수행하도록 할 수도 있습니다.

먼저 테스트 PC의 Node.js 버전을 확인합니다.

```
$ node --version
v12.18.3
```

만약 설치된 Node.js가 없거나 버전 5 이하의 Node를 사용 중이라면 https://nodejs.org/en/download/에서 최신 버전을 설치합니다.

Lighthouse를 글로벌 모듈로 설치합니다.

```
$ sudo npm install -g lighthouse
Password:
npm WARN deprecated request@2.88.2: request has been deprecated, see https://github.com/request/request/issues/3142
/usr/local/bin/chrome-debug -> /usr/local/lib/node_modules/lighthouse/lighthouse-core/scripts/manual-chrome-launcher.js
/usr/local/bin/lighthouse -> /usr/local/lib/node_modules/lighthouse/lighthouse-cli/index.js
+ lighthouse@6.0.0
added 233 packages from 205 contributors in 15.369s
(생략)
```

$ lighthouse [URL] 형식 명령으로 조사할 웹 페이지 주소를 입력하고 Lighthouse를 실행합니다. 크롬 브라우저가 실행되면서 해당 웹 페이지를 로딩하고, 커맨드 창에는 조사 결과가 기록됩니다.

```
$ lighthouse https://airhorner.com/
We're constantly trying to improve Lighthouse and its reliability.
Learn more: https://github.com/GoogleChrome/lighthouse/blob/master/docs/
error-reporting.md
May we anonymously report runtime exceptions to improve the tool over time?
Yes
ChromeLauncher Waiting for browser. +0ms
(중략)
config:warn IFrameElements gatherer requested, however no audit requires it.
+881ms
status Connecting to browser +32ms
(중략)
status Generating results... +0ms
Printer html output written to /Users/brandon/airhorner.com_2020-06-13_17-20-
49.report.html +138ms
CLI Protip: Run lighthouse with `--view` to immediately open the HTML report in
your browser +0ms
ChromeLauncher Killing Chrome instance 42625 +1ms
```

로그의 마지막 부분에 결과 리포트 파일(HTML)의 경로가 있습니다. 이 HTML을 실행하여 결과 리포트를 조회합니다. 다음과 같은 5개 항목의 검사 결과를 100점 만점 점수로 환산하여 알려줍니다.

- **Performance(성능)**: 웹 페이지가 얼마나 빠르게 로딩되는지에 대한 지표
- **Accessiblity(접근성)**: 사용자가 얼마나 쉽게 웹 페이지의 기능들을 사용할 수 있는지에 대한 지표
- **Best Practice**: 웹 페이지 제작 시 일반적인 기능들이 얼마나 적용되었는지에 대한 지표
- **SEO(검색 엔진 최적화)**: 검색 엔진에 의해 검색될 수 있도록 웹 페이지 구조를 만들었는지에 대한 지표
- **Progressive Web App**: PWA 관점에서 확인한 지표

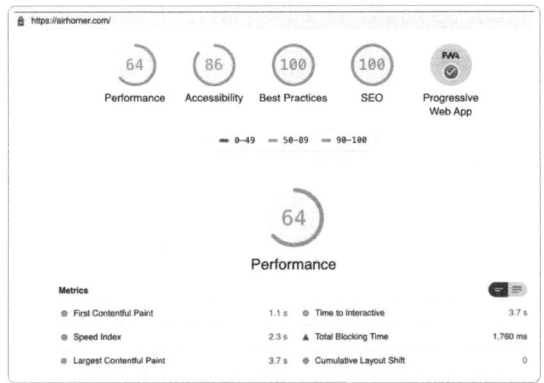

[그림 10-13] 구글 Lighthouse 성능 지표

각 항목에 대한 세부 지표는 항목별 점수를 클릭하여 조회합니다. PWA는 웹을 통해 제공되는 HTML, CSS 및 자바스크립트를 포함한 일반적인 웹 기술을 사용하여 구축된 웹 페이지를 의미합니다.

[그림 10-14] Lighthouse의 PWA 항목

리포트의 마지막 부분에 있는 Run Time Settings 항목은 웹 페이지를 검사할 때 사용한 옵션을 알려줍니다.

크롬 개발자 도구에 설치된 Lighthouse 도구 사용하기

검사하려는 웹 페이지 접속 후 크롬 브라우저의 [도구 더보기] → [개발자 도구] → [Lighthouse]를 선택하고 〈Generate report〉 버튼을 클릭하면 해당 웹 페이지의 검사 리포트를 생성합니다.

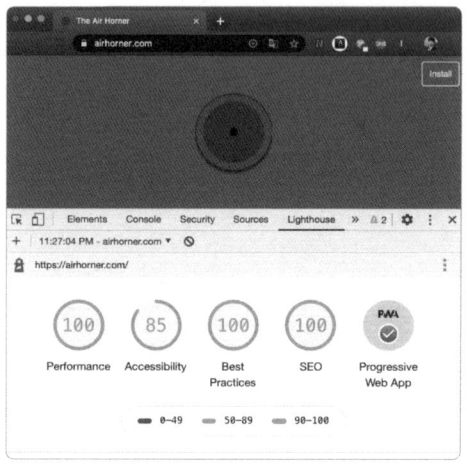

[그림 10-15] 크롬 브라우저의 Lighthouse 확장 프로그램

크롬이나 사파리 브라우저에서 확장 프로그램 형태의 Lighthouse 사용하기

구글의 Lighthouse 공식 페이지[6]에서 확장 프로그램을 설치할 수 있습니다.

[그림 10-16] Lighthouse 확장 프로그램 설치 페이지

〈Lightouse 설치〉 버튼을 누르면 크롬 웹 스토어로 이동합니다. 〈Chrome에 추가〉 버튼을 눌러 확장 프로그램을 추가합니다.

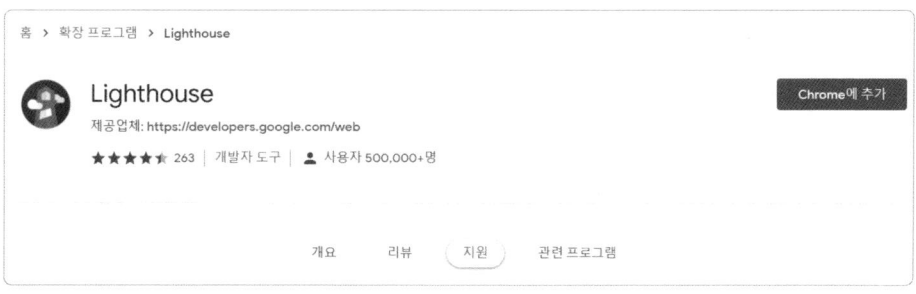

[그림 10-17] Lighthouse 확장 프로그램 추가하기

---

6) https://developers.google.com/web/tools/lighthouse

검사를 원하는 페이지 접속 후 해당 확장 프로그램의 〈Generate report〉를 클릭하면 Lighthouse Report Viewer 페이지로 이동하여 검사를 계속 진행할 수 있도록 도와줍니다. 가장 간단한 옵션은 제공된 링크를 통해 https://web.dev/measure/페이지에서 테스트할 페이지 URL을 입력하고 테스트하는 방식입니다.

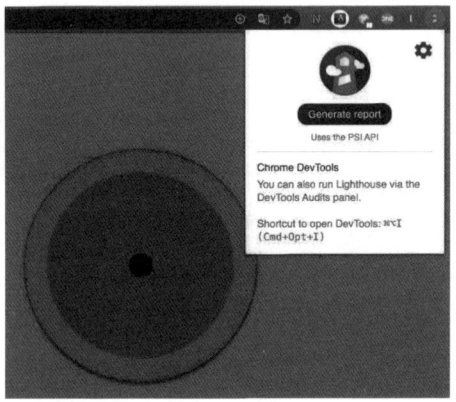

[그림 10-18] Lighthouse 확장 프로그램 구동 화면

Ligthhouse를 사용할 수 있는 세 가지 방법 중 가장 쉬운 방법을 선택해 자신의 웹 사이트 검사 점수를 확인해보기 바랍니다. 실제 사용자들이 사용하기 쉽고 더 빠른 웹 사이트를 서비스하기 위해 어떤 부분을 보완해야 하는지 쉽게 알 수 있습니다.

10.2.2 PageSpeed 웹 성능 최적화 모듈

1장에서 PageSpeed Insights를 통해 웹 사이트 성능을 분석하고 최적화하는 방법을 다뤘습니다. PageSpeed 모듈은 PageSpeed Insights의 최적화 기법을 웹 서버 엔진에 모듈 형태로 탑재하여 해당 사이트를 자동으로 최적화합니다.

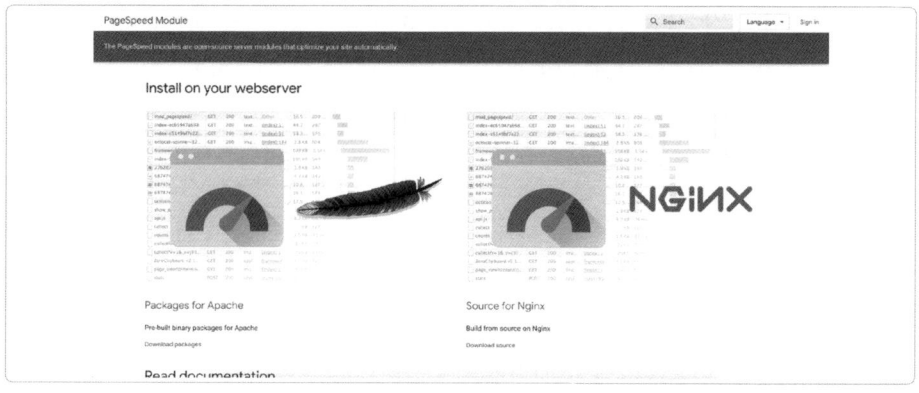

[그림 10-19] 구글 PageSpeed 모듈

아래 내용에 따라 자신이 사용하는 웹 서버 엔진에 해당하는 모듈을 설치한 후 원하는 최적화를 설정할 수 있습니다.

Apache 모듈 설치

https://developers.google.com/speed/pagespeed/module/ 링크에서 직접 모듈을 다운받거나 아래 명령어를 통해 최신 안정화 버전을 다운로드합니다.

```
$ wget https://dl-ssl.google.com/dl/linux/direct/mod-pagespeed-stable_current_amd64.deb
```

다운로드가 완료되면 해당 모듈을 설치합니다.

```
$ sudo dpkg -i mod-pagespeed-stable_current_amd64.deb
$ sudo apt-get install -f
```

설치가 완료되면 Apache를 재시작하여 모듈이 정상적으로 적용되었는지 확인합니다.

```
$ sudo systemctl restart apache2
$ curl --head localhost
```

curl을 사용하여 자신의 웹 사이트에 HTTP 요청을 보냈을 때 X-Mod-Pagespeed 라는 헤더가 응답 헤더에 존재하면 성공적으로 설치가 완료된 것입니다. pagespeed. conf 파일을 사용하여 page_speed 모듈에 대한 다양한 옵션을 설정할 수 있습니다. 전체 서버에 page_speed 모듈을 적용할지 각 가상 서버에 적용할지 설정할 수 있습니다.

pagespeed.conf 파일은 다른 Apache 설정 파일들과 동일한 위치에 존재합니다. nano 에디터를 통해 설정 내용을 확인합니다.

```
$ sudo nano /etc/apache2/mods-available/pagespeed.conf
```

mod_pagespeed 모듈을 끄려면 아래와 같이 Modpagespeed 옵션을 off 로 변경합니다.

```
ModPagespeed off
```

mod_pagespeed는 최적화 정도에 따라 'PassThrough', 'CoreFilters', 'OptimizeforBandwidth' 세 단계로 설정할 수 있으며 기본 타입은 'CoreFilters'입니다. 'CoreFilters'는 대부분 사이트에 적용할 수 있는 안전한 최적화 기법들을 포함합니다.

최적화 레벨을 비활성화하려면 아래와 같이 'ModPagespeedRewriteLevel' 값을 'CoreFilters'에서 'PassThrough'로 변경합니다.

```
# ModPagespeedRewriteLevel CoreFilters
ModPagespeedRewriteLevel PassThrough
```

OptimizeForBandwidth는 웹 페이지가 깨질 위험은 최소화하고 대역폭 감소만을 목적으로 하는 단계로 CDN 또는 호스팅 서비스에 적합합니다. 이 단계에서는 HTML 자체는 변경하지 않고, 이미지를 압축하거나 자바스크립트, CSS등 리소스

크기를 축소합니다. 리소스 크기가 줄어들어 대역폭을 크게 아낄 수 있을 뿐만 아니라 로딩 시간도 개선할 수 있습니다.

Nginx 모듈 설치

Nginx 모듈은 간단하게 자동 설치할 수 있습니다. 아래의 스크립트를 실행하면 Nginx와 PSOL(PageSpeed Optimization Libraries) 최신 버전을 다운로드해 빌드합니다.

```
$ bash <(curl -f -L -sS https://ngxpagespeed.com/install) --nginx-version latest
```

[그림 10-20] PageSpeed Nginx 자동 빌드

자동 설치하는 경우 Nginx가 이미 설치되어 있다면 새로 설치한 Nginx 내 mods 폴더에 있는 ngx_pagespeed.so 파일을 현재 사용 중인 Nginx와 교체해야 합니다. 특정 버전의 Nginx와 소스를 수동으로 설치하고 싶다면 홈페이지[7]에 접속하여 사용 중인 OS 버전에 따라 설치를 진행합니다.

---

7) https://www.modpagespeed.com/doc/build_ngx_pagespeed_from_source

모듈 설치가 완료되면 nginx.conf 파일을 열어 http { }와 server { } 내에 아래와 같이 코드를 추가하여 PageSpeed 모듈을 활성화하고 캐싱 디렉터리를 생성합니다.

```
$ sudo vim /usr/local/nginx/conf/nginx.conf
http {

        (중략)
    pagespeed on;
    pagespeed FileCachePath /var/ngx_pagespeed_cache;

    server {
            (중략)
        location ~ "\.pagespeed\.([a-z]\.)?[a-z]{2}\.[^.]{10}\.[^.]+" {
            add_header "" "";
        }
        location ~ "^/pagespeed_static/" { }
        location ~ "^/ngx_pagespeed_beacon$" { }
        (중략)
    }
            (중략)
}
```

nginx.conf 파일을 수정 후 아래 명령어로 Nginx를 시작합니다.

```
/usr/local/nginx/sbin/nginx
```

서버가 시작되면 curl 명령어를 사용해 자신의 웹 사이트에 HTTP 요청을 보내고 응답 헤더에 아래와 같이 X-Page-Speed 헤더가 존재하는지 확인합니다. 헤더가 존재한다면 모듈이 성공적으로 적용된 것입니다.

```
curl -I http://webfrontend.org
```

```
root@150-95-140-202:~/nginx-1.19.0/conf# curl -I http://webfrontend.org
HTTP/1.1 200 OK
Server: nginx/1.19.0
Content-Type: text/html
Connection: keep-alive
Vary: Accept-Encoding
Date: Tue, 09 Jun 2020 07:13:03 GMT
X-Page-Speed: 1.13.35.2-0
Cache-Control: max-age=0, no-cache
```

[그림 10-21] X-Page-Speed Nginx 적용 결과

다음은 필자가 제작한 webfrontend.org 홈페이지 내에서 PageSpeed 모듈을 적용했을 때와 적용하지 않았을 때를 비교한 결과 화면입니다. PageSpeed 모듈을 적용했을 때 34% 정도 속도가 향상된 것을 확인할 수 있습니다.

[그림 10-22] WebPageTest를 이용한 두 개 사이트의 Visual Comparision

10.3 : 웹 사이트에 프로토콜 최적화 적용하기

HTTP/2와 HTTP/3은 HTTPS 프로토콜만을 지원하므로 프로토콜을 최적화하려면 웹 서버에 SSL 인증서를 발급받아야 합니다. HTTPS 프로토콜을 이용하면 보안이 강화될 뿐만 아니라 HTTP/2를 사용할 수 있게 되어 속도도 향상시킬 수 있

습니다. 이번 절에서는 SSL 인증서와 HTTP/2를 적용하는 방법을 알아봅니다. 또한 Cloudflare사에서 제공하는 QUICHE 라이브러리를 이용해 HTTP/3도 적용합니다.

10.3.1 프로토콜 최적화를 위한 조건

이 과정들을 진행하기 전에 몇 가지 필요한 조건들이 있습니다.

첫 번째, 웹 서버를 설치할 운영 체제의 sudo 권한이 있어야 합니다. 예제에서는 Ubuntu 18.04를 사용합니다. 만약 단독 서버가 아닌 호스팅 제공 업체에서 제공하는 공용 서버 형태의 웹 호스팅을 받고 있다면 호스팅 관리 매니저에게 도움을 받아야 합니다.

두 번째, 자신의 도메인이 있어야 합니다. 이 책의 예제는 webfrontend.org라는 도메인을 이용해 진행합니다. 만약 도메인을 소유하지 않았다면 가비아, 후이즈, GoDaddy 등의 도메인 등록 대행자에서 자신의 도메인을 등록할 수 있습니다.

세 번째, 소유한 도메인의 A 레코드가 서버 주소로 등록되어 있어야 합니다. Let's Encrypt에서 소유 도메인에 대한 검증 작업을 진행하므로 이 과정이 필요합니다. 설치 과정은 webfrontend.org와 www.webfrontend.org 두 개의 DNS를 이용해 진행합니다.

10.3.2 Let's Encrypt 인증서 발급 및 설치하기

Let's Encrypt

Let's Encrypt는 새로운 인증 기관으로 SSL 인증서를 무료로 쉽게 발급받을 수 있습니다. SSL 인증서로 자신의 웹 사이트에 HTTPS를 적용해 암호화할 수 있습니다. 인증서는 letsencrypt라는 소프트웨어 클라이언트를 이용해 간단하게 발급받을 수 있습니다.

이 책에서는 Ubuntu 환경에서 SSL 발급부터 Nginx와 Apache에 적용하는 과정을 설명합니다. 공식 문서에 따르면 Debian은 6 이상 버전, Ubuntu 12.04 이상 버전에서만 SSL 인증서를 발급받을 수 있습니다.

우리나라에서는 웹 사이트의 로그인 또는 회원 가입 부분은 HTTPS 암호화를 필수로 적용하도록 법으로 정했습니다. 또한 크롬 브라우저의 홈페이지 메인은 SSL 미적용 시 주소 입력 창에서 '안전하지 않음'이라는 경고를 보여줍니다. 이처럼 SSL을 적용하지 않은 사이트는 방문자에게 불안감을 줄 수 있습니다. HTTPS를 적용하면 데이터를 전송할 때 SHA-2 암호화 방식을 사용하므로 데이터 양이 늘어나 사이트 속도를 느리게 할 수 있습니다. 그러나 HTTP/2 프로토콜을 적용하면 이를 최적화할 수 있습니다.

Apache에서 Let's Encrypt 인증서 발급 및 적용

certbot 공식 저장소를 추가하고 Apache 전용 letsencrypt 클라이언트를 설치합니다.

```
$ sudo add-apt-repository ppa:certbot/certbot
$ sudo apt-get update
$ sudo apt-get install python-certbot-apache
```

다른 웹 서버와 달리 Apache에서는 한 번에 SSL 인증을 하고 발급까지 받을 수 있습니다. 책에서 사용하는 webfrontend.org 도메인을 여러분이 소유한 도메인으로 바꾸어 진행해보기 바랍니다.

```
$ sudo letsencrypt --apache -d webfrontend.org
```

위와 같은 명령어를 입력하면 webfrontend.org 도메인에 대한 인증서를 발급받을 수 있습니다.

만약 한 서버에 가상 호스트(virtual host)를 사용하여 여러 개의 도메인에 대해 SSL 인증서를 발급받거나 서브 도메인의 인증서도 발급받고 싶다면 아래와 같이 -d 옵션과 함께 도메인을 입력합니다.

```
$ sudo letsencrypt --apache -d webfrontend.org -d www.webfrontend.org
```

명령어를 입력하면 이메일 입력란이 나옵니다. 이메일 주소는 키를 잃어버렸을 때 복구하기 위해 사용됩니다.

```
root@150-95-140-202:~# sudo certbot --apache -d webfrontend.org -d www.webfrontend.org
Saving debug log to /var/log/letsencrypt/letsencrypt.log
Plugins selected: Authenticator apache, Installer apache
Enter email address (used for urgent renewal and security notices) (Enter 'c' to cancel):
```

[그림 10-23] Let's Encrypt 이메일 입력

이메일을 입력하면 약관 동의에 관한 내용을 볼 수 있습니다. 'Agree'를 선택합니다.

```
- - - - - - - - - - - - - - - - - - - - - - - - - - - - - - - - - - - - - - - -
Please read the Terms of Service at
https://letsencrypt.org/documents/LE-SA-v1.2-November-15-2017.pdf. You must
agree in order to register with the ACME server at
https://acme-v02.api.letsencrypt.org/directory
- - - - - - - - - - - - - - - - - - - - - - - - - - - - - - - - - - - - - - - -
(A)gree/(C)ancel:
```

[그림 10-24] Let's Encrypt 약관 동의

이후 다음 그림과 같이 HTTPS 재전송과 SSL 설정을 직접 할지 자동으로 할지 선택하는 화면이 보입니다. 자동으로 설정되기 원하면 2를 입력합니다.

```
Please choose whether or not to redirect HTTP traffic to HTTPS, removing HTTP access.
- - - - - - - - - - - - - - - - - - - - - - - - - - - - - - - - - - - - - - - - -
1: No redirect - Make no further changes to the webserver configuration.
2: Redirect - Make all requests redirect to secure HTTPS access. Choose this for
new sites, or if you're confident your site works on HTTPS. You can undo this
change by editing your web server's configuration.
- - - - - - - - - - - - - - - - - - - - - - - - - - - - - - - - - - - - - - - - -
Select the appropriate number [1-2] then [enter] (press 'c' to cancel): 2
```

[그림 10-25] Let's Encrypt HTTPS 자동 재전송 설정

> **TIP** 오류 사항 예외 처리
>
> VirtualHost not able to be selected. 에러가 뜨며 https가 자동으로 적용되지 않았다면 아래 코드에서 주석(#)을 제거한 후 webfrontend.org를 자신의 도메인으로 바꾸어 다시 진행합니다.
>
> ```
> $ sudo nano /etc/apache2/sites-enabled/000-default.conf
> # ServerName www.webfrontend.org
> # ServerAlias webfrontend.org
> ```

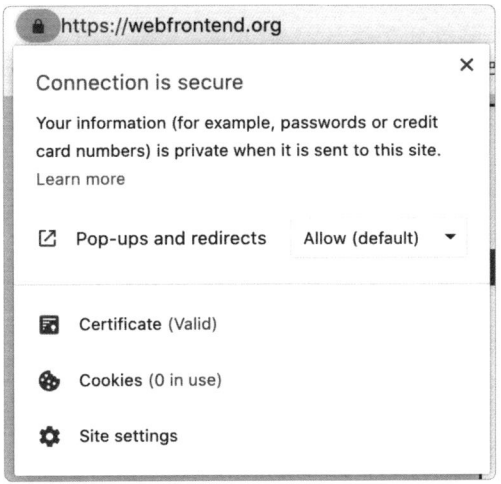

[그림 10-26] HTTPS 접속 확인

설정 완료 후 크롬 브라우저를 통해 여러분의 도메인에 접속하면 Connection is secure 문구와 함께 HTTPS 접속 실행을 확인할 수 있습니다.

Nginx에서 Let's Encrypt 인증서 발급 및 적용

공식 저장소에서 letsencrypt 툴을 설치합니다.

```
$ sudo apt-get update
$ sudo apt-get install letsencrypt
```

인증 디렉터리 설정

Comodo 또는 Symantec과 같은 인증 기관에서 인증서를 발급받으면 웹 사이트 소유주인지 인증을 진행합니다. 인증 절차는 보통 무작위로 생성된 html을 웹 사이트 최상단에 업로드해 확인하거나 admin@webfrontend.org와 같은 이메일을 통해 인증합니다.

Let's Encrypt 역시 소유주 인증을 진행합니다. /.well-known 폴더에 무작위로 생성된 특정 파일을 만들어 웹 사이트에서 접속할 수 있게 하여 Let's Encrypt 기관에서 인증을 진행합니다. 따라서 인증서를 생성하기 전에 /.well-known 폴더에 접속할 수 있도록 설정해야 합니다.

```
$ sudo vi /etc/nginx/sites-available/default
```

server 내에 아래와 같은 코드를 추가하고 Nginx를 재시작합니다.

```
location ~ /.well-known {
allow all;
}
$ sudo service nginx restart
```

인증을 위한 설정을 마쳤으니 이제 인증서를 발급합니다. -d 옵션을 통해 SSL을 적용할 도메인을 입력합니다. www와 같은 서브도메인도 포함하여 인증서를 적용할 모든 서브도메인을 추가합니다. 발급 이후에도 도메인을 추가 확장할 수 있습니다.

```
$ sudo letsencrypt certonly -a webroot --webroot-path=/var/www/html -d
                                      webfrontend.org -d www.webfrontend.org
```

명령어를 입력하면 그림 10-24와 같이 이메일 입력란이 나옵니다. 입력하는 이메일 주소는 키를 잃어버렸을 때 복구를 위해 사용됩니다. 이메일을 입력하면 그림 10-25와 같은 약관 동의 내용을 볼 수 있습니다. 'Agree'를 선택합니다.

인증서를 발급받으면 '/etc/letsencrypt/live/webfrontend.org/' 폴더 내에 다음과 같은 파일들이 생성되어 있습니다.

- **cert.pem**: 입력한 도메인 인증서
- **chain.pem**: Let's Encrypt 체인 인증서
- **fullchain.pem**: 'cert.pem'과 'chain.pem'이 결합된 인증서
- **privkey.pem**: 도메인의 개인 키 파일

Nginx 서버로 웹 사이트에 HTTPS를 적용하는 인증서 파일은 'fullchain.pem'과 'privkey.pem'입니다.

Nginx에서 가상 호스트의 SSL을 설정하고 HTTP로 접속했을 때 HTTPS로 자동 재전송되는 코드는 아래와 같이 작성합니다.

```
$ sudo vi /etc/nginx/sites-available/default
server {
    listen 443 ssl default_server;
    listen [::]:443 ssl default_server;

    root /var/www/html;

    index index.html index.htm index.nginx-debian.html;

    server_name webfrontend.org;

    location / {
        try_files $uri $uri/ =404;
    }
```

```
    ssl_certificate /etc/letsencrypt/live/webfrontend.org/fullchain.pem;
    ssl_certificate_key /etc/letsencrypt/live/webfrontend.org/privkey.pem;

}

server {
    listen       80;
    listen       [::]:80;
    server_name webfrontend.org;
    return      301 https://$server_name$request_uri;
}

$ sudo service nginx restart
```

코드를 추가하고 Nginx를 재시작해 브라우저로 접속하면 초록색 자물쇠와 안전함 표시를 볼 수 있습니다.

10.3.3 Apache 웹 서버에 HTTP/2 적용하기

HTTP/2는 Apache 1.4.17 이상 버전에서만 사용할 수 있습니다. 공식 Ubuntu 저장소에서 설치한 경우 버전이 낮아 PPA(개인 패키지 저장소)를 이용해 Apache를 업그레이드한 후 HTTP/2를 적용할 것입니다.

Apache 최신 버전 설치하기

Apache 최신 버전을 소유한 저장소 'ondrej/apache2'를 추가하고 apache2를 최신 버전으로 설치하거나 업그레이드합니다.

```
$ sudo apt-get install python-software-properties
$ sudo add-apt-repository ppa:ondrej/apache2
$ sudo apt-get update
$ sudo apt-get install apache2 또는 $ sudo apt-get upgrade apache2
```

Apache 설치 또는 업그레이드가 완료되면 아래와 같이 HTTP/2 모듈을 사용할 수 있도록 합니다.

```
$ sudo a2enmod http2
$ sudo service apache2 restart
```

이제 mod_h2 모듈을 사용할 수 있습니다.

HTTP/2 설정 추가하기

Apache 설정 파일을 수정하여 특정 가상 호스트에 적용하는 방법입니다. Apache 설정 파일에서 ServerName과 Protocols h2 http/1.1 두 줄을 가상 호스트 내부에 추가하고 Apache를 재시작하면 HTTP/2 적용이 완료됩니다.

```
$ sudo vi /etc/apache2/sites-available/000-default-le-ssl.conf
<VirtualHost *:443>
 ServerName webfrontend.org
 Protocols h2 http/1.1
</VirtualHost>

$ sudo service apache2 restart
```

10.3.4 Nginx 웹 서버에 HTTP/2 적용하기

HTTP/2 모듈은 Nginx 1.9.5 이상 버전에서만 사용할 수 있습니다. 현재 Ubuntu 환경에서는 다른 설정 없이 모듈을 설치할 수 있습니다. 사용 중인 버전이 1.9.5 보다 낮다면 다음 내용을 참고해 최신 버전을 설치하기 바랍니다.

Nginx 최신 버전 설치하기

Ubuntu 내 apt 저장소 소스에 아래 내용을 추가합니다.

```
$ sudo vi /etc/apt/sources.list.d/nginx.list

deb [arch=amd64] http://nginx.org/packages/mainline/ubuntu/ bionic nginx
deb-src http://nginx.org/packages/mainline/ubuntu/ bionic nginx
```

bionic은 Ubuntu 18.04에 해당되는 부분입니다. Ubuntu 버전이 다를 시 버전에 맞게 수정하면 됩니다. 이제 Nginx 저장소에 접근하기 위한 서명 키를 아래와 같이 다운로드해 설치합니다.

```
$ wget http://nginx.org/keys/nginx_signing.key
$ sudo apt-key add nginx_signing.key
```

서명 키가 추가되면 다시 한번 apt 저장소를 업데이트하고 Nginx 최신 버전을 설치합니다.

```
$ sudo apt update
$ sudo apt install nginx nginx-common nginx-full nginx-core
```

HTTP/2 설정 추가하기

앞서 SSL을 적용한 것 같이 Nginx 설정 파일을 열고 listen 443 ssl과 default_server 사이에 http2를 추가하고 저장합니다.

```
$ sudo vi /etc/nginx/sites-available/default
server {
    listen 443 ssl http2 default_server;
    listen [::]:443 ssl http2 default_server;

    root /var/www/html;

    index index.html index.htm index.nginx-debian.html;
```

```
    server_name webfrontend.org;

    location / {
       try_files $uri $uri/ =404;
    }

    ssl_certificate /etc/letsencrypt/live/webfrontend.org/fullchain.pem;
    ssl_certificate_key /etc/letsencrypt/live/webfrontend.org/privkey.pem;

}
```

설정 파일을 적용시키기 위해 Nginx를 재시작합니다.

```
$ sudo service nginx restart
```

HTTP/2 적용 확인하기

HTTP2.Pro 서비스에서 HTTP/2 적용 유무를 확인할 수 있습니다. HTTP2.Pro 페이지[8]에 접속 후 확인할 웹 사이트 주소를 입력하고 〈Check〉를 클릭합니다.

[그림 10-27] HTTP2.Pro 메인 페이지 화면

---

8) https://http2.pro/

앞 그림과 같이 HTTP/2 적용 유무와 함께 ALPN 또는 서버 푸시가 적용되어 있는지도 확인할 수 있습니다.

크롬 개발자 도구로 HTTP/2 적용 확인하기

크롬 개발자 도구를 이용하면 웹 페이지가 어떤 프로토콜을 사용하는지 쉽게 확인할 수 있습니다. 크롬 브라우저를 실행하고 〈F12〉 키를 누르거나 웹 페이지 위에서 마우스 오른쪽 버튼을 클릭해 [검사] 메뉴를 클릭하면 개발자 도구를 열 수 있습니다. [개발자 도구] → [Network] 탭으로 이동하여 [Name]에 나타나는 제목 중 하나를 마우스 오른쪽 버튼으로 클릭합니다. [Header Option] → [Protocol]을 클릭합니다.

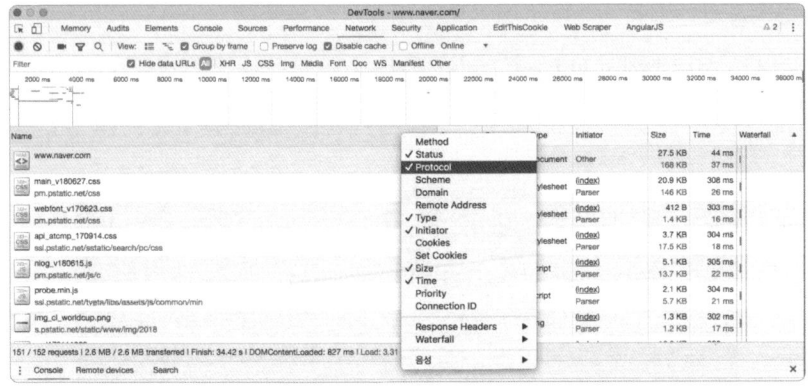

[그림 10-28] 크롬 개발자 도구의 Network 패널

[Protocol] 항목을 추가하면 다음 그림과 같이 HTTP/2를 의미하는 h2나 SPDY, HTTP/1.1 등 브라우저가 웹 서버와 통신하는 프로토콜 버전을 확인할 수 있습니다.

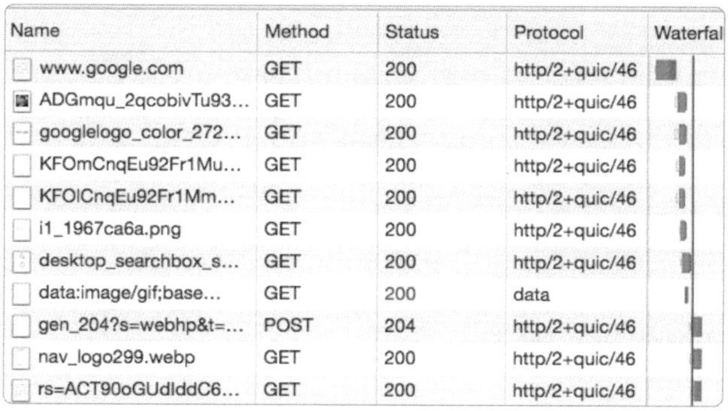

Name	Method	Status	Protocol	Waterfall
www.google.com	GET	200	http/2+quic/46	
ADGmqu_2qcobivTu93…	GET	200	http/2+quic/46	
googlelogo_color_272…	GET	200	http/2+quic/46	
KFOmCnqEu92Fr1Mu…	GET	200	http/2+quic/46	
KFOlCnqEu92Fr1Mm…	GET	200	http/2+quic/46	
i1_1967ca6a.png	GET	200	http/2+quic/46	
desktop_searchbox_s…	GET	200	http/2+quic/46	
data:image/gif;base…	GET	200	data	
gen_204?s=webhp&t=…	POST	204	http/2+quic/46	
nav_logo299.webp	GET	200	http/2+quic/46	
rs=ACT90oGUdIddC6…	GET	200	http/2+quic/46	

[그림 10-29] 크롬 개발자 도구로 프로토콜 확인

10.3.5 QUICHE 라이브러리를 사용해 HTTP/3 적용하기

앞에서 HTTP/3에 대해 자세히 알아보았습니다. 이번에는 HTTP/2에 이어 HTTP/3을 웹 서버에 적용하는 방법을 살펴봅니다.

HTTP/3을 적용하는 방법은 여러 가지가 있지만 대표적으로 웹 서버에 HTTP/3을 지원하는 모듈을 설치하는 방법과 HTTP/3을 지원하는 CDN 서비스를 이용하는 방법이 있습니다. 이번에는 Cloudflare에서 진행하는 QUICHE 프로젝트[9]를 Nginx 웹 서버에 탑재해 HTTP/3을 적용해 보겠습니다.

빌드 전 사전 설치

Nginx 빌드에 QUICHE를 적용하기 전 여러 패키지를 설치해야 합니다. Ubuntu 18.04 버전을 기준으로 아래 명령어를 입력하여 패키지를 설치합니다.

```
$ sudo apt install gcc build-essential cmake make libpcre3 libpcre3-dev
                   libssl-dev openssl zlib1g zlib1g-dev golang cargo
```

---

9) https://github.com/cloudflare/quiche

Nginx 빌드하기

Nginx 소스 코드를 다운로드해 압축을 풉니다. HTTP/3 패치를 적용하려면 Nginx 1.16.1 버전 이상 소스 코드를 다운로드해야 합니다. Nginx 최신 안정 버전인 1.18.0 을 다운로드합니다.

```
$ curl -O https://nginx.org/download/nginx-1.18.0.tar.gz
$ tar xvzf nginx-1.18.0.tar.gz
```

QUIC 기반 구현인 git에서 QUICHE의 최신 버전도 다운로드합니다.

```
$ git clone --recursive https://github.com/cloudflare/quiche
```

이후 Nginx 패치를 다음과 같이 적용합니다.

```
$ cd nginx-1.18.0
$ patch -p01 < ../quiche/extras/nginx/nginx-1.18.patch
```

패치를 적용하고 QUICHE HTTP/3 모듈과 함께 빌드합니다. 아래 명령어를 통해 Nginx 빌드에 이전에 다운로드한 QUICHE를 통한 HTTP/3 지원, TLS와 HTTP/2 옵션을 함께 추가합니다.

```
$ ./configure                                \
    --prefix=$PWD                            \
    --with-http_ssl_module                   \
    --with-http_v2_module                    \
    --with-http_v3_module                    \
    --with-openssl=../quiche/deps/boringssl  \
    --with-quiche=../quiche
$ make
```

Nginx HTTP/3 설정 추가하기

빌드가 완료되면 Nginx 설정 파일을 수정하여 서버에 적용합니다.

```
$ vim conf/nginx.conf
```

vim 에디터를 통해 아래 내용으로 변경합니다.

```
events {
    worker_connections 1024;
}

http {
    include         /etc/nginx/mime.types;
    include         /etc/nginx/conf.d/*.conf;

    brotli_static   on;
    brotli          on;

    # http://nginx.org/en/docs/http/ngx_http_gzip_module.html
    gzip            on;
    gzip_vary       on;
    gzip_proxied    any;

    server {
        listen 443 quic reuseport;

        # Enable HTTP/2 (optional).
        listen 443 ssl http2;

        server_name webfrontend.org;

        ssl_certificate       /opt/nginx/certs/live/webfrontend.org/fullchain.pem;
        ssl_certificate_key   /opt/nginx/certs/live/webfrontend.org/privkey.pem;

        # Enable all TLS versions (TLSv1.3 is required for QUIC).
        ssl_protocols TLSv1.3;
        ssl_early_data on;

        # proxy_set_header Early-Data $ssl_early_data;
        if ($host != "webfrontend.org") {
            return 404;
        }

        add_header alt-svc 'h3-24=":443"; ma=86400, h3-23=":443"; ma=86400';

        location / {
            root    html;
            index   index.html index.htm;
        }
    }
}
```

위 코드의 webfrontend.org를 여러분의 웹 사이트 도메인으로 바꾸면 됩니다. 위 설정은 각각 TCP/443 포트에서 HTTP/2를, UDP/443 포트에서 HTTP/3을 서비스할 수 있도록 합니다. 위 Nginx 세팅 후 클라우드 서버에서 443/udp 포트가 방화벽에서 허용 설정되어야 작동합니다.

HTTP/3 적용 확인하기

HTTP/3 적용은 curl을 이용하거나 QUIC 프로토콜을 지원하는 크롬 카나리아 등 여러 도구를 사용해 확인할 수 있습니다. 이 책에서는 HTTP/3 CHECK 서비스를 통해 HTTP/3 적용을 확인합니다.

[그림 10-30] HTTP/3 CHECK hostname 입력

HTTP/3 CHECK 페이지[10] 접속 후 [Hostname] 창에 HTTP/3 적용 여부를 확인하고 싶은 도메인의 상위 도메인명을 입력하고 〈CHECK〉 버튼을 누릅니다. 다음은 google.com 주소를 입력해 테스트한 결과 화면입니다.

---

10) https://http3check.net/

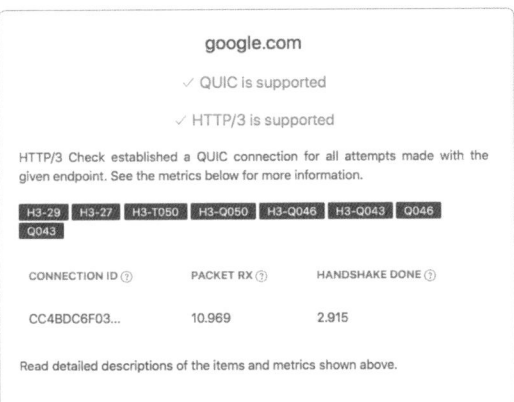

[그림 10-31] HTTP/3 적용 여부 확인

위 그림과 같이 QUIC is supported, HTTP/3 is supported가 표시되면 HTTP/3이 적용된 것입니다. 아래의 〈detailed descriptions〉를 누르면 Zero Round Trip Time 적용 여부, QUIC 버전 등 세부 정보를 확인할 수 있습니다.

10.4 : 다양한 조건에서 웹 성능 비교하기

지금까지 웹 사이트에 HTTP/3를 적용하는 방법을 알아보았습니다. 이번에는 동일한 웹 사이트에 HTTP/1.1과 HTTP/2를 각각 적용하여 웹 성능을 비교합니다.

10.4.1 Golang에서 제공하는 이미지 타일 서비스

Golang은 수많은 이미지로 만들어진 이미지 타일을 사용하여 HTTP/1.1과 HTTP/2의 로딩 속도를 비교하는 서비스를 제공합니다. Golang 사이트[11]에 접속하면 Golang의 대표 캐릭터 이미지를 HTTP/1과 HTTP/2로 나누어 로딩시킬 수 있습

---

11) https://http2.golang.org/gophertiles

니다. 또한 조금 더 시각적으로 확인하기 위해 지연 시간을 주어 천천히 비교할 수 있습니다.

[그림 10-32] 이미지 타일 로딩으로 웹 성능 비교하기

10.4.2 WebPageTest를 사용한 웹 성능 비교

정확한 웹 성능 비교를 위해 WepPageTest를 이용했습니다. 네트워크, 컴퓨팅이 동일한 환경에서 진행하는 [Visual Comparison] 기능을 이용해 로딩 시간을 확인했습니다. 다음 그림에 나타난 테스트 결과를 통해 HTTP/2 버전을 사용한 페이지 로딩 시간이 HTTP/1.1 버전을 사용한 페이지 로딩 시간보다 1.5배 빠른 것을 확인할 수 있습니다.

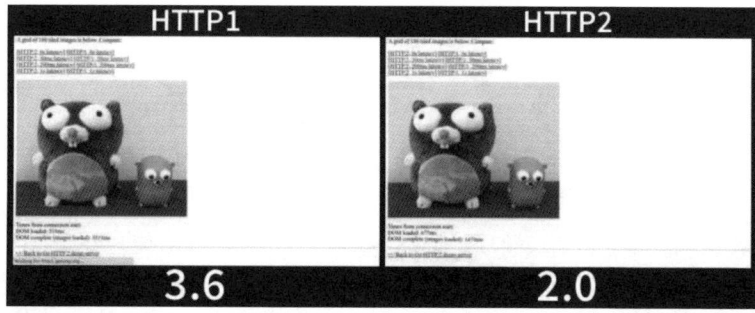

[그림 10-33] HTTP/1.1과 HTTP/2 성능 비교

WebPageTest 서비스에서 HTTP/1.1과 HTTP/2 파일이 다운로드되어 브라우저에 표시되는 폭포 차트만 보아도 속도의 차이를 확연히 알 수 있습니다. 여러분이 직접 실습을 진행하고 차트를 비교해보기 바랍니다.

10.4.3 웹 성능 개선 결과 확인

이번에는 앞 절에서 인증서를 설치하거나 HTTP/2를 적용할 때 사용했던 테스트 도메인 webfrontend.org을 이용해 웹 성능 개선 결과를 확인합니다. 추가로 동일한 웹 사이트에 Cloudflare에서 제공하는 HTTP/2 기능과 CDN 서비스를 모두 적용하여 총 3개 도메인 성능을 WebPageTest로 비교했습니다. 테스트에 사용된 도메인은 다음과 같습니다.

주소	HTTP 버전	CDN 적용 여부
https://http1.webfrontend.org:444	HTTP/1.1	적용 안 함
https://http2.webfrontend.org	HTTP/2	적용 안 함
https://cdn.webfrontend.org	HTTP/2	적용함

[표 10-1] 테스트 도메인

테스트 결과는 다음과 같습니다.

[그림 10-34] WebPageTest에서 웹 성능 비교하기

그림에서 알 수 있듯 CDN이 적용된 페이지 로딩이 가장 빠르고 다음은 HTTP/2 순입니다. HTTP/1.1만 적용된 페이지는 상대적으로 느리게 로딩되었습니다.

cdn.webfrontend.org 도메인은 HTTP/2를 기본적으로 적용하였고 정적 파일 캐싱 등 CDN의 기본 기능을 통해 가장 빠른 성능을 보인 것으로 판단됩니다. HTTP/2는 헤더 최적화 등을 통해 전달하는 패킷의 개수를 줄였습니다. HTTP/2를 사용하는 가장 큰 효과는 하나의 TCP 연결로 여러 개의 파일을 동시에 병렬 다운로드하여 빠르게 페이지를 로딩하는 것입니다.

정리하면 지금까지 학습한 웹 프런트엔드 최적화 기술을 사용하면서 HTTP 상위 버전을 통한 프로토콜 최적화, 그리고 CDN을 모두 사용하는 것이 웹 성능을 향상시키는 가장 알맞은 방법입니다.

Index Page

기타

<attempt> 태그 232
<choose> 태그 232
<except> 태그 232
<include> 태그 232
<otherwise> 태그 232
<picture> 태그 128
<remove> 태그 233
<try> 태그 232
<when> 태그 232
206 Partial Content 83
3MSS(Maximum Segment Size) 265
3-way handshake 41
3초의 법칙 8

A

above the fold 124
Accept 헤더 278
Accept-Encoding 74
Accept-Ranges 82
AGE 198
Ajax 19, 53
Akamai Technologies 113, 245
Amazon CloudFront 245
AMI 357
AMP Ads 316
AMP boilerplate 코드 317
AMP cache 326
AMP Email 316
AMP HTML 316
AMP Stories 316
AMP Websites 316
AMP(Accelerate Mobile Page) 300, 312
amp-ad 325
amp-analytics 324
amp-script 324
Apache Traffic Server 191
APM 289
Art direction 130
async 163

B

Back-end Time 178
background_color 306
background-image 181
below the fold 124

C

Cache-Control 35, 195
Cache-Control: max-age 197
Cache-Control: no-cache 201
Cache-Control: no-store 202
Cache-Control: private 200
Cache-Control: public 200
Cache-Control: s-maxage 199
CDN 12, 241, 341, 356
CDNetworks 245
CI(Continuous Integration) 30
Client Hints 131, 340
Cloudflare 245, 294
Cloudflare Workers 338
Cloudinary 113
CLS 25
Compute@Edge 338
connection coalescing 174
Content-Encoding 74
Content-Length 82

Content-Type	278
CSS	5
CSS 스프라이트	71
CSS3	238
CSSOM	154
CSSOM 트리	154
curl	282

D

Date	196
DCL	15
defer	163
deflate	76
display	306
DNS	9, 35, 36
DNS 기반 에지 선택	256
DNS 프리페치	51, 272
DNS 확장 규격	258
dns-prefetch	272
DOM	19, 153
DOM Monster	159
DOM 트리	153
DOMContentLoaded	10
DPR	93
DSSIM	111

E

ECS(EDNS-CLIENT-SUBNET, EDECS)	258
Edge Side Include	229
Edge Workers	338
ESI	230
ETag	199, 205
eventName	319
Expire	196

F

FCP	15, 25

First Byte Time	14, 350
First Contentful Paint	177, 178
First Input Delay	178
First Paint	178
Flash Of Invisible Text: FOIT	184
Flash Of Unstyled Text: FOUT	184
focus	320
font-display	184
fontdrop	184
font-face	182
fonttools	183

G

Ghostery	186
GIF	100, 104
Giflossy	105
Gifsicle	105
Guetzli	107
gzip	35, 76, 268, 353

H

HDML	23
Hero 이미지	94, 181
hide	320
HOL(Head-Of-Line blocking)	279
HPACK	287
HTML	3
HTML5	53, 236
HTTP	3, 193
HTTP 요청 수 줄이기	65
HTTP/0.9	40
HTTP/1.0	41, 278
HTTP/1.1	41
HTTP/2	17, 273, 341
HTTP/3	40, 273, 374, 385
HTTPS	3

I

ICANN	48
Icons	306
ICP(Internet Cache Protocol)	90, 252
If-Modified-Since	204
If-none-match	206
ImageMagicK	105
Imgmin 프로젝트	108
IndexedDB	238
invalidate	207
IPv6 듀얼 스택	275

J

JPEG	101, 106
JPEG 2000	102
JPEG XR	103
JPEGmini	113
jQuery	49
JSON	74
jxrlib	115

K

Kakadu	115
keep-alive	43, 352
KS X 1001	183

L

Largest Contentful Paint	177, 178
Last-Modified	204
lazyload	134
LCP	25
Let's Encrypt	375
libJpeg	107
libwebp	114
Lighthouse	25, 361
Limelight Networks	245
LiteSpeed	294
Long Task Time	178

M

max-age	88
MD5	227
Mean Squared Error, MSE	110
methodName	319
Microsoft Azure	245
Minify 사이트	77
Modermizr.js	140
MozJPEG	107
must-revalidate	88
mvfst 라이브러리	294

N

name	306
navigation	57
Network Time Protocol(NTP)	196
Next Billion Users	334, 335
Nginx	191, 294
no-cache	88
no-store	88

O

on 속성	319
Open DNS	257
OpenJPEG	115
orientation	306
OSI	37

P

PageLode	176
PageSpeed	15, 25
Peak Signal to Noise Ratio, PSNR	110
performance.timing	54, 57
PNG	100, 106
Pngcrush	106

Pngquant 106
polyfill 130
POST 응답 캐시 227
PPI(Pixel Per Inch) 93
preconnect 272
preload..180, 182, 274
Progressive JPG 168
proxygen 294
Public DNS 257
public 지시자 89
purge 207
PWA(Progressive Web Application) 300

Q
QUIC 280, 290
QUICHE 374, 385

R
Range 82
RequestMap 186
RESTful API.. 356
RFC 44
Round Trip Time(RTT).. 37

S
scope 306
scrollTo... 320
sdch.. 76
service worker... 306
short_name 306
show 320
SI.. 25
Single Page Application(SPA)......................... 299
SPDY... 280, 384
Speed Index.. 176, 178
SpeedTest 22
SPOFO-Matic 187

srcset 127
Start Render 178
start_url 306
sticky session 261
Strong Etag... 199
Structural Similarity, SSIM............................ 110
sudo 374
SVG.. 98

T
tab 320
targetId 320
TBT 25
TCP 291
TCP 연결 재사용 266
TCP 최적화 264
TCP 혼잡 붕괴 38
TCP 혼잡 제어 38
TCP/IP 1
Theme_color 306
Time To First Byte(TTFB)..............178, 179, 229
Time to Interactive................................. 177, 178
tiny png 79
TLS 291
TLS Handshake 351
TLS 종료 266
toggleClass... 320
toggleVisibility... 320
top stories carousel 313
TTI 25
TTL(Time To Live) 88

U
UDP 1, 281, 291
UI 백엔드 151
URL... 2

V

Varnish Cache 191
Vary 헤더 143, 220
Visually Ready 178
Weak ETag 199
Web Soket 238
Web Storage 237
Web Worker 238
WebP 35, 102
WebPageTest 12, 29, 342
WeSemantic Tag 237
window.performance 54
WML 23
WOFF2 183
XHR 19
YSlow 19
Zero Round Trip Time 291, 389

ㄱ

가변 그리드(fluid grid) 120
가변 스트리밍 38
가상 측정 방식(synthetic test) 336
검색 엔진 최적화 33
구매율 6
구조적 유사도 110
규칙 기반 지표 29
글리프(glyph) 183
기기 검출 솔루션 138
기기 픽셀 비율 93

ㄴ

내려받아 숨기기 122
내려받아 줄이기 121
내비게이션 타이밍 341
내비게이션 타이밍 API 53, 175
내장 컴포넌트(built-in component) 323
네트워크 21

네트워크 대역폭 343
느린 시작(slow start) 39, 264

ㄷ

다중 계층 캐시 전략 252
다중 캐시 249
단일 실패 지점(Single Point Of Failure, SPOF) 186
대문 이미지 94
대역폭 21, 371
데이터베이스 20
도메인 2
도메인 분할 기법(domain sharding) 169
동적 콘텐츠 211
디지털 전환 298

ㄹ

라스트 마일 256
라우터 20
람다(Lambda) 338
래스터 이미지 98
레이아웃 156
렌더 트리 155
렌더링 20
렌더링 경로 150
렌더링 엔진 151
로드 밸런싱 35
로컬 DNS 서버 48
로컬 스토리지 238
롱테일 콘텐츠 250
루트 DNS 서버 48
리버스 프록시 캐시 191

ㅁ

마크업 4
맞춤 태그 318
멀티캐스트 258
멀티플렉싱 280, 285, 352

멀티호스트 41
메시지 283
메타 데이터 78
모듈화 67
모바일 23
모바일 우선 접근 134
무손실 압축 104
무손실 이미지 형식 99
미디어 쿼리(media query) 120

ㅂ

반응형 웹 116, 327
반응형 이미지 커뮤니티 그룹(RICG) 126
백본 252
백엔드 9
벡터 이미지 98
보안 토큰 347
부모 계층 253
브라우저 엔진 150
브라우저 캐시 191, 270
브레이크 포인트 140
브로드캐스트 258
비동기 캐시 갱신 208
비율에 따른 트래픽 분산 260
빠른 재전송 40

ㅅ

사용자 경험 175
사용자 경험 지표 175
상위 도메인 51
서버 사이드 20
서버 측 반응형 웹 136
서버 푸시 273, 280, 288
서버리스 컴퓨팅(serverless computing) 338
서버측 반응형 웹(Responsive Design with Server-Side Component, RESS) 339
서브세트 183

서비스 워커 306
성능에 따른 트래픽 분산 260
세션 스토리지 238
손실 압축 107
손실 이미지 형식 99
스위치 20
스크립트 파일 병합 67
스트림 283
스트림 우선순위 설정 280
스티브 사우더스 17
스푸핑 344
시간 기반 지표 29
실사용자 성능 모니터링(Real User Monitoring, RUM) ... 336

ㅇ

알파 채널 97
애니캐스트 258
애니캐스트 기반의 에지 선택 258
애플리케이션 매니페스트 파일 305
애플리케이션 셸 303
애플리케이션 전송 네트워크(Application Delivery Netwerk, ADN) 243
에지 서버(edge server) 89, 246
엠닷(m.) 사이트 116
연결 병합 174
연결 재사용 41, 43
원본 서버(origin server) 86
웹 로딩 시간 6
웹 성능 6
웹 성능 예산 27
웹 성능 최적화 8
웹 스토리지 238
웹 캐시 190
웹어셈블리(WebAssembly: WASM) 339
윈도우 사이즈(Receivers Advertised Window Size, RWIN) 263
유니캐스트 258
유동형 이미지(flexible image) 120

응답 코드 282
이미지 지연 로딩 133
이진 포맷(binary format) 280
인라인 이미지 70
인치당 픽셀 개수 93
인터넷 서비스 사업자 21

ㅈ

자바스크립트 5
자식 계층 253
재전송 타임아웃(Resubmit Time Out, RTO) 264
적응형 이미지 135
전달 경로 최적화 255
정규화 20
정량 기반 지표 28
정적 콘텐츠 210
조건부 요청(conditional request) 203
중간자 공격(man in the middle) 267
중요 렌더링 경로 152
지역에 따른 트래픽 분산 260
지연 시간 21

ㅊ

최대 신호 대 잡음 비 110
최적화(optimization) 33

ㅋ

캐시 142, 189
캐시 기간 355
캐시 서버 89, 189
캐시 오염 제거 218
캐시 오염(cache pollution) 217
캐시 유지 시간(Time To Live) 196
캐시 유효성 체크 202
캐시 적중(cache hit) 250
캐시 최적화 84

캐시 축출(cache eviction) 250
캐시 충돌 방지 221
캐시 충돌(cache collision) 142, 217
캐시 콘텐츠 갱신 206
컴포넌트 322
쿠키 19, 358
클라우드 보안 244
클라이언트 사이드 20

ㅌ

타사 스크립트 35
타사(3rd party) 리소스 185
태그 4
트래픽 352
트랜스패어런트 캐시 191

ㅍ

파비콘 19
파이프라이닝 41
패킷 유실 39
퍼지 207
페이로드 3
페인트 157
평균 제곱 오차 110
포인트 94
폭포 차트 11
프런트엔드 9
프런트엔드 최적화 243
프레임(frame) 280, 283
프로토콜 2
프로토콜 다운그레이드 267
프로토콜 최적화 277
프록시 캐시 191
프록시(proxy) 서버 85
프리로더 168
프리커넥트 272

ㅎ

하이퍼링크 2
하이퍼텍스트 2
허프만 알고리즘 287
헤더 3
헤더 압축(HPACK) 280, 286
혼잡 윈도우 39, 264
화면 바깥 부분 124
화소 밀도 93
확장 컴포넌트(extended component) 323
흐름 제어 40